I libri di Bruno Vespa

Bruno Vespa

# FINIMONDO

*Come Hitler e Mussolini cambiarono la Storia.*
*E come Trump la sta riscrivendo*

Rai Libri

MONDADORI

Dello stesso autore
nella collezione I libri di Bruno Vespa

*Telecamera con vista*
*Il cambio*
*Il duello*
*La svolta*
*La sfida*
*La corsa*
*Il superpresidente*
*Dieci anni che hanno sconvolto l'Italia*
*Scontro finale*
*La scossa*
*Rai, la grande guerra*
*La Grande Muraglia*
*Il Cavaliere e il Professore*
*Storia d'Italia da Mussolini a Berlusconi*
*Vincitori e vinti*
*L'Italia spezzata*
*L'amore e il potere*
*Viaggio in un'Italia diversa*
*Donne di cuori*
*Nel segno del Cavaliere*
*Il cuore e la spada*
*Questo amore*
*Il Palazzo e la piazza*
*Sale, zucchero e caffè*
*Italiani voltagabbana*
*Donne d'Italia*
*C'eravamo tanto amati*
*Soli al comando*
*Rivoluzione*
*Perché l'Italia diventò fascista*
*Perché l'Italia amò Mussolini*
*Perché Mussolini rovinò l'Italia*
*La grande tempesta*
*Il rancore e la speranza*
*Hitler e Mussolini*

mondadori.it

*Finimondo*
di Bruno Vespa
Collezione I libri di Bruno Vespa

ISBN 978-88-04-79286-4


I edizione ottobre 2025

# Indice

# Perché *Finimondo* è davvero un finimondo

*Finimondo* è il titolo giusto per un libro che racconta cose mai viste. In *Hitler e Mussolini* avevamo lasciato i due dittatori nell'idillio del 1937. Il Führer già molto temuto in Europa, il Duce rispettato nel salotto buono europeo per avere impedito ai bolscevichi di andare al potere e per essersi fatto una rispettabile reputazione proteggendo gli ebrei dalle prime persecuzioni naziste. Poi è cominciato lo scivolamento verso il baratro.

Avrebbe potuto impedirlo Ranuccio Bianchi Bandinelli, il giovane e raffinato archeologo che accompagnò i due dittatori nelle visite ai monumenti di Roma e di Firenze, e che avrebbe poi confessato la tentazione di abbatterli a colpi di pistola. Non ne ebbe il coraggio, che tuttavia non gli mancò come mandante dell'assassinio del filosofo Giovanni Gentile. In quel viaggio, negato a Claretta Petacci (Mussolini, in quel periodo, andava a letto anche con sua sorella Myriam), Eva Braun fece spese pazze, svaligiando il negozio di calzature di Salvatore Ferragamo.

Ma torniamo al baratro. Mussolini aveva protetto l'indipendenza austriaca e Hitler gliela sfilò senza che lui battesse ciglio. Diventò un *Salvator Mundi*, patrocinando la finta pace di Monaco che illuse l'Europa e che sarebbe stata presto violata dal dittatore tedesco. Senza che questi glielo chiedesse, firmò le orribili leggi razziali con il compiacimento di Vittorio Emanuele III («Sapesse, caro Balbo, le lagnanze dei professionisti e dei commercianti nostri nel veder arrivare questi ebrei tedeschi, austriaci ... anche un po' arroganti e invadenti...»).

Quando, il 15 marzo 1939, Hitler si prese la Cecoslovacchia, avvertendo l'alleato a cose fatte e senza che le democrazie europee intervenissero per impedirglielo, Mussolini si convinse che la Germania avrebbe dominato l'Europa e s'impiccò al «patto d'acciaio». Costretto alla frustrante «non belligeranza» dalla totale impreparazione militare dell'Italia, il Duce assistette – anche qui senza preavviso – al patto di Hitler con Stalin e all'invasione della Polonia, che Francia e Inghilterra avrebbero potuto scongiurare disponendo in quel momento di forze quattro volte superiori a quelle tedesche. Eva pianse quando la Germania entrò in guerra, Claretta lo fece quanto toccò a noi, pronti a «pugnalare alla schiena» la Francia, occupata ormai dai tedeschi.

La guerra andò male per l'Italia dal primo all'ultimo giorno. Ci bastonarono i francesi, ci «spezzarono le reni» i greci, incautamente invasi per dare alla Germania non so quale pariglia. La morte di Italo Balbo ci privò in Africa di un comandante migliore dei suoi successori, mentre Erwin Rommel – stratega coraggioso e imprevedibile – contribuì a farci perdere la guerra, impedendo la presa di Malta, crocevia essenziale per i rifornimenti alle truppe dell'Asse in Africa. Servì a poco la coraggiosa epopea di El Alamein.

La devastante incoscienza di Mussolini ci costrinse a partecipare alla campagna di Russia, all'inizio senza nemmeno la richiesta di Hitler. Non eravamo assolutamente pronti e, sulla tragica ritirata dal Don, Mario Rigoni Stern, Egisto Corradi e Giulio Bedeschi scrissero pagine memorabili, che qui ricordiamo. Negli ultimi giorni di vita, il Führer disse che il Duce gli aveva fatto perdere la guerra. E aveva ragione. Per venirci in soccorso nei Balcani, Hitler, che pensava di chiudere la partita russa nell'autunno del 1941, lasciò i suoi soldati stretti nella morsa dell'inverno, condannando a morte 200.000 tedeschi nella sola Stalingrado, per l'ostinato rifiuto della resa anche quando era l'ultima scelta ragionevole. (I morti italiani in Russia furono complessivamente 75.000.)

I bombardamenti alleati fiaccarono quel che restava della resistenza psicologica del popolo italiano. I militari si mossero per primi per la sostituzione del Duce. Vittorio Emanuele III si decise all'ultimo momento, solo dopo che l'ordine del giorno Grandi gli diede l'appiglio costituzionale per licenziarlo.

Liberato dai tedeschi sul Gran Sasso, Mussolini avrebbe voluto ritirarsi a vita privata. Ma non era possibile e, se è vero che la nascita della Repubblica di Salò fu il detonatore della guerra civile, è da credere che l'ex Duce abbia ceduto alle pressioni di Hitler per non veder distrutta dai nazisti l'Italia, come era accaduto alla Polonia. Dal Gran Sasso a Giulino di Mezzegra, dove venne fucilato, Mussolini fu un tragico burattino nelle mani di Hitler. I nazisti si arresero in Italia senza che lui lo sapesse e il suo corpo fu venduto dai tedeschi, che dovevano scortarlo in Germania e non vollero battersi con i partigiani che fermarono il convoglio. Le pagine che raccontano le ultime ore dei due dittatori sono quelle in cui il Führer e il Duce appaiono più umani dinanzi alle loro donne. Hitler, sposando Eva in un allucinante ricevimento nuziale nel bunker. Mussolini, tentando invano di allontanare Claretta dalla sorte comune.

Da quei giorni fino al 24 febbraio 2022, per settantasette anni l'Europa è vissuta in pace. Poi Putin ha invaso l'Ucraina come mossa iniziale per ricostituire l'antico impero, prima zarista e poi sovietico. Gli è andata male, perché l'Ucraina non si è arresa e, tre anni e mezzo più tardi, il dittatore russo spera, con l'aiuto di Trump, di prendersi anche territori non conquistati e di stabilire con il presidente americano una nuova Jalta. E qui comincia il nuovo finimondo.

Trump, alla cui biografia è dedicato un denso capitolo, con una raffica di decreti esecutivi ha sconvolto immediatamente la vita politica e sociale statunitense e, con una guerra dei dazi che non conosce soste, la stessa stabilità commerciale dell'Europa. Il presidente americano subisce il fascino del nuovo zar e, nel vertice dell'agosto 2025 ad Anchorage, in Alaska, lo ha riportato all'onor del mondo. Poi, con una sana brutalità che nessun altro avrebbe potuto consentirsi, è riuscito a imporre al primo ministro israeliano Netanyahu e ai dirigenti di Hamas una difficilissima tregua, seguita dall'ordine, ancora più importante e clamoroso, a Israele di non annettere la Cisgiordania, passo essenziale per la creazione di due Stati per due popoli. Visto che sei così bravo, gli ha detto Zelens'kyj, perché non imponi anche a Putin la tregua in Ucraina senza donargli tutto?

I mutamenti di opinione di Trump sono talmente repentini che nemmeno un quotidiano riesce a stargli dietro, figuriamoci un libro. Ma, mentre alla fine di ottobre 2025 chiudiamo il nostro, il rifiuto improvviso di incontrare di nuovo Putin e le sanzioni petrolifere inflitte alla Russia hanno sorprendentemente coinvolto la Cina e l'India, e potrebbero risultare decisive per indurre il dittatore russo alla ragionevolezza.

A proposito delle ricadute di tutto questo sull'Europa e sull'Italia, Giorgia Meloni ci racconta i suoi colloqui con il magnate americano, al quale ha cercato di spiegare che la fine dell'Ucraina può essere molto pericolosa per l'Europa e per lo stesso equilibrio mondiale. La Meloni ha festeggiato il terzo compleanno di governo con il massimo del consenso interno e internazionale, e cerca di spiegarne in queste pagine le ragioni. Così come Antonio Tajani e Matteo Salvini che, pur rimarcando le reciproche differenze in politica internazionale (e non solo), garantiscono quella stabilità di governo alla quale il presidente del Consiglio attribuisce la credibilità sui mercati internazionali e nelle cancellerie di tutto il mondo.

Con Elly Schlein la leader di Fratelli d'Italia usa accenti duri, perfettamente ricambiati, a dimostrazione che si è scelta la sfidante per le elezioni del 2027, di cui è già iniziata la campagna elettorale.

E la Schlein, dal canto suo, ci racconta, punto per punto, la bocciatura della politica del governo Meloni. Come Giuseppe Conte, che deve anche vedersela con un redivivo Beppe Grillo per la titolarità del marchio M5S. Non ha affatto rinunciato all'idea di tornare a palazzo Chigi e ci spiega che la verifica del «Campo largo» (con Renzi e senza Calenda) sarà fatta appena prima del voto.

Tutto è in movimento, come sempre nella politica italiana, in attesa che una nuova legge elettorale – che costringerà i partiti a scrivere nel simbolo il nome del candidato premier – li porti a uscire allo scoperto.

*B.V.*

Roma, 25 ottobre 2025

Finimondo

*A Tommaso Stefano. Il futuro*

# IL FÜHRER E IL DUCE:
# LA ROVINOSA CADUTA

# I

# Due colpi di pistola avrebbero salvato l'Europa

## *Un doppio tirannicidio mancato*

«E se li ammazzassi, i due tiranni? Se mi facessi saltare in aria mentre salgo con loro sul predellino dell'automobile? O se approfittassi del passaggio nel corridoio che unisce gli Uffizi a Palazzo Pitti?»

Il pomeriggio del 9 maggio 1938 Firenze s'era vestita a festa. La pioggia del giorno precedente aveva scacciato anche l'ultimo fiocco di nuvola. Da piazzale Michelangelo, Mussolini poté mostrare a Hitler la capitale del Rinascimento fino alle vette azzurrognole delle Apuane e ai cipressi di Fiesole… Incollato a loro, c'era un giovane archeologo di 38 anni, Ranuccio Bianchi Bandinelli, antica nobiltà senese, residente a Firenze e professore a Pisa. Poteva farlo e non lo fece.

Avrebbe potuto farlo anche quando i due dittatori entrarono nella Galleria degli Uffizi. Il Führer si trovò «dinanzi al primo Michelangelo della sua vita» racconta Bianchi Bandinelli nel suo *Dal diario di un borghese*: la *Sacra famiglia* del Tondo Doni. «Le mani sul basso ventre (a nascondere, dicevano i maligni, l'unico disoccupato che fosse rimasto in Germania), guardava il dipinto mormorando in fondo alla gola: "*Michelanghelo, Michelanghelo*". Poi volgendosi a Mussolini: "*Wenn der Bolchewismus gekommer war…*" (*Se fosse venuto il bolscevismo…*). Il ritornello fu completato dal Duce, con una certa malagrazia e con una spallucciata, ma nel suo più schietto tedesco romagnolo: "*Alles zerstèert*" (*Tutto distrutto*).» Con allusione alla guerra civile spagnola.

Bianchi Bandinelli, che si definiva un «antifascista generico», racconta di aver eseguito con riluttanza l'ordine di accompagnare Hitler e Mussolini nei musei di Roma, Napoli e Firenze durante la visita del Führer in Italia fra il 3 e il 9 maggio 1938. Era stato scelto per la perfetta conoscenza della lingua tedesca (quella della madre) e la sua «disinvoltura mondana». Ma le fotografie e i filmati dell'epoca lo mostrano tutt'altro che riluttante: i suoi sguardi nei confronti di Hitler sono più che deferenti e indicano l'esplicita volontà di servire al meglio l'illustre ospite, emozionato dinanzi a esempi luminosi dell'arte italiana, come notano anche Franco Cardini e Roberto Mancini nel loro *Hitler in Italia*. E non rifiutò di tenere nel 1940 un'importante conferenza a Berlino. Rinunciò all'atto eroico che avrebbe cambiato il corso della Storia. E ne firmò uno assai meno eroico il 15 aprile 1944 come mandante, insieme a Bruno Sanguinetti, capo del comunismo toscano, dell'assassinio di Giovanni Gentile. In un'intervista del 2004 Teresa Mattei, moglie di Sanguinetti e parlamentare del Pci nell'Assemblea costituente, riferì che Bianchi Bandinelli aveva giudicato la morte del filosofo «un atto terribile, ma necessario». (Arrestato come sospetto mandante e rilasciato dopo un mese per l'intervento della famiglia Gentile che non voleva rappresaglie, Bianchi Bandinelli fece le condoglianze al figlio del filosofo, Federico, per la «tragedia acerbissima» che l'aveva colpito.)

In occasione della visita di Hitler in Italia, che ricambiava quella di Mussolini in Germania dell'anno precedente, il Duce aveva fatto le cose in grande, per dimostrare all'ospite che la perfezione negli allestimenti non si fermava al Brennero, nuovo confine tedesco dopo l'annessione dell'Austria. Una cosa, però, non poté evitare, che il padrone di casa fosse il re. Il Führer pensava che il sovrano italiano fosse una figura simbolica, da mostrare per buona creanza, e niente di più. Ma alla stazione Ostiense, approntata provvisoriamente per la circostanza, Hitler – con un seguito di 500 persone che riempivano tre treni speciali – fu ricevuto da Vittorio Emanuele III e soffocato dai pennacchi degli uomini di corte, mentre Mussolini stava dapprima tre passi indietro, per poi scomparire del tutto. Sicché, sulla carrozza che li accompagnava al Quirinale, il Führer e il sovrano sprofondarono nella totale incomunicabilità, non conoscendo Hitler altra lingua che il tedesco, ignoto al Savoia, il quale perciò non intendeva le richieste di chiarimento dell'ospite sulle meraviglie dell'archeologia romana, illuminate all'imbrunire da una sterminata serie di fiaccole.

## *L'«indescrivibile accoglienza» di Roma al Führer*

Nelle sue memorie, *Da Versaglia a Norimberga*, Paul Schmidt, il giovane interprete poliglotta al seguito di Hitler, ricorda di essere rimasto molto impressionato dall'«indescrivibile accoglienza» riservata al Führer: «Per l'occasione era stata costruita una stazione speciale. Splendide carrozze a quattro cavalli ci condussero in città ... Procedemmo davanti a grandi fontane illuminate, per l'antica via dei Trionfi che corre accanto al Palatino e che Mussolini aveva richiamato agli antichi splendori del lontano passato. Essa era illuminata a giorno fino all'Arco di Costantino con candelabri a molti bracci. Attraverso l'Arco giungemmo al Colosseo che sembrava in fiamme dal rosso dei bengala. Da ambo i lati della strada grandi bracieri, pilastri illuminati di riflesso, bandiere e folla giubilante». (Implacabile il commento di Trilussa: «Roma de travertino / rifatta de cartone / saluta l'imbianchino / suo prossimo padrone».)

Al di là della scenografia allestita dai maestri di Cinecittà, furono i monumenti autentici a suscitare l'ammirazione di Hitler. Oltre a passeggiare per il Foro Romano, rimase a lungo ad ammirare la cupola del Pantheon e confessò poi di aver trascorso una notte intera a pensare come replicarne il modello in Germania. Il 4 maggio, a Centocelle, 50.000 giovani fascisti fecero una dimostrazione ginnica che impressionò i tedeschi. Due giorni dopo, a piazza di Siena, 11.500 tra musicisti, coristi e ballerini eseguirono brani da Wagner, Verdi e Mascagni, mentre l'8 maggio, al Foro Mussolini (oggi Foro Italico), si mise in scena un atto del *Lohengrin*, prima opera di Wagner rappresentata in Italia, seguita da una parata militare di migliaia di giovani fascisti che marciarono al «passo romano», usato dagli antichi legionari ma mutuato anche dal «passo dell'oca» tedesco.

La folla chiamata ad assistere a queste manifestazioni dovette essere stata un po' meno giubilante di quanto raccontato da Schmidt, perché il Duce se ne era lamentato con Achille Starace, organizzatore supremo, e gli aveva ordinato di far sì che, il 5 maggio, l'accoglienza a Napoli fosse più calda. E così fu. Qui il calore della gente fu accompagnato da un'esibizione di potenza marittima. Fu presentata la flotta e, racconta Schmidt, «vidi cento sottomarini scomparire tutti insieme sotto le onde e riaffiorare dopo pochi minuti con la precisione di un meccanismo a orologeria e lanciare un colpo di cannone».

A Napoli, però, non andò tutto liscio. Abbiamo detto delle difficili comunicazioni tra Hitler e Vittorio Emanuele III. Il patatrac avvenne durante una serata di gala dopo la rappresentazione di un atto dell'*Aida*. L'aiutante di campo di Hitler, Fritz Wiedemann, riferì a Schmidt che, senza aver ricevuto nessun preavviso, il Führer si trovò in abito da sera accanto al re in alta uniforme a dover passare in rassegna la guardia d'onore. «Con il braccio destro alzato e il sinistro premuto sul gilet, con le code del frac che gli svolazzavano dietro, somigliava allo stordito capocameriere di un ristorante.» Hitler fece una sfuriata al suo ministro degli Esteri Joachim von Ribbentrop, che licenziò il capo del personale. Ma il fatto di essere sempre lontano da Mussolini nei pranzi di gala e l'aria di sufficienza con cui il Savoia lo trattò non lo misero mai perfettamente a suo agio.

A Firenze, toltosi finalmente di torno il re, il Führer restò quattro ore chiuso agli Uffizi, accompagnato da Friedrich Kriegbaum, uno studioso tedesco residente in città. Rimpianse di non essere un comune turista e di non potersi fermare per settimane: «Forse un giorno, quando in Germania le cose saranno sistemate...». Bianchi Bandinelli era comunque sempre al suo fianco. «Le relazioni tra i due [*Hitler e Mussolini*] erano singolari» racconta. «Era evidente che non si piacevano. Ma Hitler era pieno di deferenza, talora quasi servile, mai confidenziale. Mussolini invece trattava l'altro con disinvoltura, parlando correntemente un tedesco abbastanza ricco di vocabolario, per quanto con forte accento romagnolo. Ma diveniva sospettoso quando Hitler sfoggiava nozioni culturali. Quasi timoroso di far cattiva figura, il suo sguardo correva subito a me in cerca di uno spunto...»

Il Führer non poté visitare una sola chiesa, né a Roma né altrove. Pio XI si era ritirato a Castel Gandolfo per non respirare la stessa aria, e aveva sbarrato le porte dei Musei Vaticani e della basilica di San Pietro. E non poté percorrere via della Conciliazione, ma solo attraversarla. Gli bastò un'occhiata per restare affascinato dalla cupola di Brunelleschi e dal colonnato di Bernini. D'altra parte, l'anno precedente, nell'enciclica *Mit Brennender Sorge*, il papa aveva definito il nazismo una forma di «neopaganesimo». Eppure, nelle sue memorie (*Ein anderer Hitler*, «Un altro Hitler») l'architetto Hermann Giesler racconta che il Führer gli confessò che l'apertura circolare sul cielo del Pantheon gli aveva suggerito l'intuizione della struttura profonda dell'universo: Dio e il mondo erano una cosa sola...

## *Hitler si prese l'Austria e Mussolini abbozzò*

La visita di Hitler in Italia avvenne in un momento delicato. Meno di due mesi prima, il 12 marzo 1938, il Führer si era preso l'Austria, chiudendo un percorso aperto il 25 luglio 1934 con l'assassinio del cancelliere Engelbert Dollfuss, protetto da Mussolini, che in quei giorni ne ospitava la famiglia al mare sulla riviera romagnola. Il Duce aveva reagito malissimo, inviando quattro divisioni al Brennero e pronunciando il 6 settembre, all'inaugurazione della Fiera del Levante a Bari, la celebre frase: «Trenta secoli di storia ci permettono di guardare con sovrana pietà talune dottrine di oltr'Alpe, sostenute dalla progenie di gente che ignorava la scrittura, con la quale tramandare i documenti della propria vita, nel tempo in cui Roma aveva Cesare, Virgilio e Augusto».

Mussolini aveva preso sotto la sua protezione il successore di Dollfuss, Kurt von Schuschnigg, un avvocato del

Partito cristiano-sociale che si era spostato a destra, ma cominciava a nutrire forti dubbi sul fatto che il popolo austriaco volesse essere protetto. Il 1° novembre 1936 il cancelliere aveva confidato a Galeazzo Ciano, ministro degli Esteri, che nel suo paese i nazionalisti stavano attizzando un fuoco assai pericoloso. Questi lo riferì a Mussolini, che, secondo quanto racconta Giuseppe Bottai in *Vent'anni e un giorno*, disse ai suoi: «Gli austriaci ci odiano: il loro odio è implacabile, tenace, profondo, storico».

Nel gennaio 1937 Hermann Göring, l'autorevolissimo presidente del Reichstag e ministro dell'Aviazione, era venuto in vacanza in Italia con la sua seconda moglie, ma nonostante l'assedio portato a Mussolini e a Ciano non era riuscito a cavare dalla loro bocca una sola sillaba in favore dei progetti annessionistici dei nazisti. Né la situazione cambiò durante il trionfale viaggio del Duce in Germania nel settembre dello stesso anno.

All'inizio del 1938 il governo austriaco rivelò l'esistenza di un piano dei nazisti locali per assassinare l'ex cancelliere tedesco Franz von Papen (inviato a Vienna da Hitler in qualità di ambasciatore dopo l'assassinio di Dollfuss) come provocazione per far dimettere Schuschnigg. Finché Hitler decise d'intervenire direttamente. Il 12 febbraio ricevette il cancelliere austriaco a Berchtesgaden, il suo «Nido dell'Aquila» sulle Alpi bavaresi con vista su Salisburgo. («Vi pare che io debba limitarmi a vedere da quassù la mia patria?» aveva piagnucolato Hitler con Ciano una volta che era andato a trovarlo.) «Che bel panorama!» esclamò Schuschnigg. «Non l'ho invitata per parlare di questo» tagliò corto Hitler trascinandolo all'interno, dove si trovavano tre generali convocati per intimidire, a loro insaputa, l'ospite. In uno sterminato monologo a quattr'occhi, il Führer rovesciò addosso al cancelliere austriaco le supposte angherie subite dai milioni di tedeschi residenti nel suo paese.

Riferisce Schuschnigg nelle sue memorie (*Un Requiem in Rosso-Bianco-Rosso*, i colori delle tre strisce della bandiera austriaca): «"Ho la ferma risoluzione di porre fine a tutto ciò" gli disse Hitler. "La mia è una missione storica, e io l'adempirò perché la Provvidenza mi ci ha destinato. ... Lei non avrà certo la pretesa di potermi fermare, vero? Magari un giorno di questi farò un'improvvisa apparizione a Vienna, come una tempesta di primavera. E allora ne vedrà delle belle..."».

Il malcapitato ospite rimase interdetto, ma durante il pranzo, allargato ad altri commensali, Hitler fu gentilissimo e non toccò l'argomento, salvo riprenderlo con furia subito dopo. Ribbentrop aveva mostrato a Guido Schmidt, il ministro degli Esteri che accompagnava il cancelliere, le condizioni di un ultimatum da soddisfare entro tre giorni: amnistia e piena libertà d'azione per i nazisti austriaci arrestati, nomina di due ministri fantoccio agli Interni e alla Guerra, integrazione delle economie dei due paesi. Schuschnigg aveva la schiena dritta e all'inizio non cedette. «I ministri li nomina il capo dello Stato» disse, ma a sera fu costretto a firmare il protocollo che gli era stato presentato. Tuttavia, il 9 marzo il cancelliere indisse all'improvviso un referendum popolare sull'autonomia austriaca da celebrarsi quattro giorni dopo. Hitler non se l'aspettava e decise l'invasione.

Come l'avrebbe presa Mussolini? La mattina dell'11 marzo il Führer spedì a Roma il principe Filippo d'Assia, marito di Mafalda di Savoia, con una sua lettera personale: «Come figlio d'Austria non posso più restare passivo dinanzi a questi sviluppi...». Quali sviluppi? Mentendo, come fa ogni tiranno che inventa pretesti per coprire azioni violente, informò Mussolini che 20 milioni di austriaci e di cechi erano pronti ad attaccarlo per riportare gli Asburgo sul trono. Bontà sua, aggiunse, la frontiera del Brennero sarebbe rimasta inviolabile.

In attesa della risposta, il Führer procedette implacabile: rinnovò l'ultimatum che doveva essere accettato entro sera con la nomina a nuovo cancelliere del fedele Arthur Seyss-Inquart, dallo sguardo crudele dietro gli occhialetti tondi, membro dell'estrema destra nazista austriaca, che finirà impiccato a Norimberga per crimini di guerra compiuti nei paesi occupati dalla Germania. Il presidente della Repubblica, Wilhelm Miklas, tentò di opporsi: non chiamò

Parigi, perché la Francia era senza governo (Léon Blum sarebbe stato nominato presidente del Consiglio due giorni dopo), ma contattò Londra, per scoprire che il Regno Unito non l'avrebbe aiutato, e Roma, dove sia Mussolini sia Ciano si negarono. Società delle Nazioni, non pervenuta. Alla fine, lo stesso Schuschnigg annunciò le dimissioni per evitare la guerra civile.

A tarda sera il principe Filippo telefonò a Hitler per comunicargli il consenso di Mussolini. «La prego di dire a Mussolini» rispose il Führer «che gli sarò sempre grato per quello che ha fatto. Sempre, sempre, sempre, qualunque cosa accada. Se mai dovesse aver bisogno d'aiuto o si trovasse in pericolo, stia pur certo che fino alla fine io sarò al suo fianco, qualunque cosa accada, anche se avesse tutto il mondo contro.»

Alle 5.30 del mattino le truppe tedesche iniziarono la «visita amichevole» ai cugini austriaci. I generali tedeschi rimasero spiazzati, perché il Führer non li aveva avvertiti della sua intenzione di invadere l'Austria e loro non avevano uno straccio di piano operativo. E alle 16 Hitler varcò il confine, entrando nel villaggio natale di Braunau am Inn accolto dalle campane che suonavano a festa. Proseguì per Linz, dove arrivò tardissimo perché la folla acclamante ne rallentò il percorso. E vi rimase un giorno intero prima di proseguire per Vienna, dove le scene di entusiasmo «erano impossibili a descriversi», come annotò un cronista svizzero. La Mercedes di Hitler venne scortata da tredici automobili della polizia in un trionfale corteo.

Nella capitale austriaca fu scritta una delle pagine più nere della storia della Chiesa cattolica. Il cardinale Theodor Innitzer, arcivescovo di Vienna, non contento di far suonare a distesa tutte le campane della città, fece appendere le svastiche ai campanili. Più tardi, ricevuto in udienza da Hitler con sei tra arcivescovi e vescovi, gli assicurò in una dichiarazione scritta il sostegno della Chiesa, «che rappresenta la stragrande maggioranza degli austriaci», nella convinzione che «le azioni del movimento nazionalsocialista avrebbero scongiurato il pericolo del bolscevismo ateo, portatore di rovina universale». E, alla fine del documento, il principe della Chiesa scrisse di proprio pugno *Heil Hitler!*

La decisione di annettere giuridicamente l'Austria, data per scontata da tutti i giornali del mondo, fu in realtà maturata dal Führer solo durante la sua permanenza nell'antica patria e, per provvedere alla bisogna, venne approvata in fretta e furia una legge. L'«Anschluss», come fu chiamato, segnò una svolta nel carattere e nella politica di Hitler. Come annota il suo biografo Ian Kershaw, «l'ebbrezza delle folle lo fece sentire come un Dio ... Le "potenze" occidentali erano impotenti. Dubbiosi e scettici, sul versante interno, non erano in grado di opporglisi». «Il risultato» scrisse Papen nelle sue *Memorie* «fu che Hitler divenne impermeabile ai consigli di quanti peroravano una politica estera all'insegna della moderazione.» E infatti, «ora tocca alla Cechia», disse Joseph Goebbels, ministro della Propaganda, studiando le carte geografiche al rientro a Berlino.

E il povero Schuschnigg? Fu rinchiuso per più di un anno nella stanzetta di un albergo dove dovette provvedere alla pulizia del suo e degli altri locali, finché fu deportato a Dachau e poi a Sachsenhausen, dove la seconda moglie volle seguirlo con la figlioletta Maria Dolores nata nel 1941. Ci si chiede ancora come siano riusciti a sopravvivere.

## *Eva in Italia, tra molte scarpe e molte fotografie*

Durante la sua visita in Italia Hitler era accompagnato da Eva Braun, la quale non si risparmiò negli acquisti: abiti da giorno e da sera, sottovesti, cappotti, pellicce e scarpe di ogni genere. Prima di capire, però, quale fu la sua partecipazione al viaggio, è importante raccontare del testamento redatto dal Führer alla vigilia del viaggio stesso, il 2 maggio 1938, perché terrorizzato da presagi di morte e dalla paura di attentati.

Hitler lasciò in eredità al Partito nazionalsocialista tedesco dei lavoratori (Nsdap) l'intero suo patrimonio. Nello stesso tempo garantì il mantenimento a vita dei suoi stretti collaboratori, inclusi gli aiutanti Julius Schaub, Wilhelm

Brückner e Fritz Wiedemann. Ma al primo posto nel testamento, e questa fu la sorpresa per tutti, è citata la Braun, che allora aveva 26 anni. Se lui fosse morto, «Fräulein Eva Braun, Monaco» avrebbe dovuto ricevere a vita dal partito «mensilmente 1000 marchi ... vale a dire 12.000 marchi all'anno». Il documento, l'unico scritto di Hitler in cui appare il nome di Eva, fu dato in custodia a Hans Lammers, capo della Cancelleria del Reich, e al tesoriere del Nsdap, Franz Xaver Schwarz, nominato esecutore testamentario.

Adesso si poteva partire. La comitiva che, come abbiamo ricordato, contava 500 viaggiatori, raggiunse Roma a bordo di tre treni speciali partiti dalla stazione Anhalter di Berlino, passando per Monaco, dove Eva, come racconta la sua biografa Heike B. Görtemaker, salì sul convoglio unendosi a Karl Brandt, il medico personale del Führer, e a sua moglie Anni, ai coniugi Theodor e Johanna Morell, e a Maria Dreesen, sposata con il proprietario del grande albergo Rhein a Bad Godesberg e accompagnata dal figlio Fritz. Quasi certamente viaggiarono in uno dei vagoni letto appartenenti al treno di Hitler denominato *Amerika*, messo in funzione dalle ferrovie tedesche solo nel 1937 e composto da due locomotive, la vettura salone, una carrozza per le conferenze con stazione radio e telescrivente, un vagone ristorante e diverse carrozze per le guardie del corpo, il personale e gli ospiti. Vedere la Braun fu possibile soltanto a coloro che viaggiarono con lei.

Per le consorti dei politici di alto rango, il ministero degli Esteri aveva organizzato un programma ad hoc con iniziative collettive. Il gruppo era composto da persone molto importanti: Annelies von Ribbentrop, moglie del ministro degli Esteri, Ilse Hess, Magda Goebbels e Marga Himmler. La moglie di Göring, Emmy, era rimasta a Berlino perché il marito era stato designato come supplente del Führer.

A Roma alloggiavano tutte al Grand Hotel, a eccezione di Eva, che scese all'hotel Excelsior in via Veneto, altrettanto lussuoso ma più mondano. (Nella sua biografia, *La donna che amò Hitler*, Angela Lambert scrive che prese alloggio all'hotel Continental in via Palestro, un declassamento assai poco probabile.) Mussolini le fece recapitare un prezioso *nécessaire* in coccodrillo contenente ogni genere di accessori femminili e di prodotti italiani da toilette. Eva visitò Roma con la sua ristretta cerchia di amici. Non partecipò mai a pranzi ufficiali e si mimetizzò nella folla in qualche evento pubblico. E assistette da lontano alle manovre della flotta italiana organizzate nel golfo di Napoli.

Secondo un racconto controverso, il 4 maggio a Roma, prima di partire per Napoli, avrebbe ricevuto la visita di un funzionario dei servizi segreti italiani. Aleggiava l'ipotesi di un attentato contro i membri del seguito del Führer. La reazione della signorina Braun sembrerebbe essere stata un'alzata di spalle. Il giorno successivo a Napoli, mentre lei e i suoi amici attraversavano tra la folla un pontile per imbarcarsi su un traghetto, si levò l'urlo di Maria Dreesen: era stata colpita alla spalla. Da chi? Come? Fu subito portata a bordo per essere medicata e Hitler si sarebbe immediatamente recato sul posto, ansioso di sapere innanzitutto di Eva. Ma su questo presunto attentato si coltivano seri dubbi: forse la donna fu solo urtata involontariamente da un passante, e quanto alla visita del giorno precedente di un funzionario dei servizi segreti a Eva non ci sono tracce negli archivi della polizia italiana.

Di quel giorno, invece, è rimasta una cartolina spedita da Eva ai genitori: «Siamo stati presenti alla parata della flotta che è stata molto bella. Disgraziatamente ho preso un raffreddore e ho mal di gola. Partiamo domani per Taormina e non per Capri...».

Per poi smentirsi. Invierà una cartolina dal mitico hotel Quisisana (Angela Lambert la fa soggiornare, invece, al Belvedere): «Siamo venuti a Capri finalmente; il viaggio a Taormina sarebbe stato troppo faticoso per me. Sono diventata magra e debole...». Ma le foto di lei in groppa a un asinello per le strette vie dell'isola, o mentre si arrampica sul Vesuvio, la ritraggono in gran forma. Ebbe anche a vantarsi: «Tutti mi chiamano, a Capri, la "bella bionda"». L'impresa sul Vesuvio è documentata da filmati. E anche a Pompei Eva fu ripresa con la telecamera tra affreschi e rovine.

Eva era bulimica di foto e di riprese filmate. A Venezia «divorò» il Ponte dei Sospiri, ma ovunque ritrasse mare, caffè, piscine, rocce, bambini che chiedevano l'elemosina, ragazze di Capri, la casa di Axel Munthe, Piazza di Spagna. Aveva anche velleità di regista, e chissà se un giorno... Quando fece ritorno in Germania, prima della proiezione nella sala cinema dell'Obersalzberg dei suoi filmini avrebbe detto rivolgendosi a Hitler: «Ora vedrete la vera Italia».

La Lambert racconta, sempre in *La donna che amò Hitler*, che in quel viaggio Eva era accompagnata anche dai familiari. Il 29 aprile, con uno dei treni speciali del Führer, sarebbero dunque arrivate in Italia anche Gretl e Fanny, la sorella e la madre, insieme alle già citate Anni Brandt e Johanna Morell. Memorabili le passeggiate a Firenze sull'acciottolato delle antiche piazze, calzando scarpe con i tacchi alti, e le immagini di Eva, con la madre al fianco, lungo gli scalini del Ponte Vecchio, elegantissime, alla moda bavarese, in abiti grigi di feltro e cappelli tirolesi con le piume. Eva ordinò altre scarpe su misura (ne possedeva già decine di paia) dal suo artigiano preferito, Salvatore Ferragamo, il quale scrisse nella sua autobiografia: «La regina Soraya di Persia, Mae West, la Pavlova ed Eva Braun ... portano (o portavano) il 6B. ... Eva Braun portava solo scarpe Ferragamo, di tutti i tipi. Aveva un piede ben fatto e qualunque modello le stava bene. Venne per la prima volta da me prima della guerra. All'epoca non sapevo niente della sua vita privata: per me era un'attrice tedesca e una nuova cliente. Solo molto più tardi compresi la relazione fra la sua comparsa nel mio negozio e le scarpe ordinate per lei dall'Alto Comando tedesco».

Viceversa, secondo un'altra biografa di Eva, Nerin E. Gun (*Eva Braun. La donna di Hitler*), Friedrich Braun non volle che la moglie partisse per l'Italia, meta non rara per la sua famiglia, ed è il motivo per cui Eva venne affiancata da Maria Dreesen, oltre che dalle mogli dei medici Brandt e Morell.

Ma in quel viaggio in Italia Adolf ed Eva s'incontrarono mai? Una notte d'amore, nello splendido borgo di Acquapendente, in provincia di Viterbo, sembra certa, come attesta Eugen Dollmann in *Hitler e le donne*: «Verso le dieci arriva all'albergo in Tuscia il Führer, vestito di grigio, con il suo solito cappello floscio. Salutato da un fragoroso *Heil Hitler!*, sale immediatamente nella stanza dove già lo attende Eva. Il proprietario dell'albergo, al quale non era stata rivelata l'identità del suo ospite, a quel saluto per poco non sviene dalla paura».

Alle 3 di notte, non prima di aver bevuto una limonata calda con molto zucchero, Hitler entra nella Mercedes e riparte alla volta di Firenze.

Quello fu un momento del viaggio che la fotografa Eva non potrà immortalare, ma farà di meglio. Obbliga a firmare il libro degli ospiti dell'albergo tutti i componenti del gruppo: i quattro ufficiali della polizia, poi Gretl Braun, e infine il dottor Morell, il quale aggiunge: «In viaggio per rivedere l'amato Führer, ringrazio per questa sosta all'albergo Milano». Ultima, in mezzo al foglio, e scritta a grandi caratteri, appare la firma di Eva Braun.

### *E Mussolini andò a letto con la sorella di Claretta*

Non risulta che Eva Braun fosse gelosa di Hitler, almeno non quanto lo fu Claretta Petacci di Mussolini. Scorrendone i diari (*Mussolini segreto*), l'amore di Clara risulta essere totalizzante, così come, al tempo stesso, è tangibile la passione, mista a furore e malinconia, da parte del Duce. Si ha l'impressione che, nel 1938, lui si affannasse a non lasciarla fuori da niente o, almeno, a fargliela credere, perché la giovane amante era diventata molto diffidente, pressante, spesso angosciata.

Mussolini la metteva al corrente di tutto, anche delle sue perplessità circa l'Anschluss appena compiuto dal Führer, e cercava di compiacerla, accompagnandola, benché stanchissimo, a teatro ad ascoltare Tito Schipa («Il *Werther* è bellissimo» annoterà lei). Lo faceva anche in giornate di grande affanno, perché non si sentisse mai abbandonata.

Claretta adorava Ben. «Bello» gli rispondeva, quando lui le chiedeva come lo avesse trovato a cavallo nel galoppatoio di villa Borghese. «Dimmi, ti ha fatto emozione vedermi in volo? E stamane ti piacevo a cavallo?»

La Petacci riportava tutto nel suo diario, consumata dalla gelosia, spossata da amplessi anche prolungati, coccolata, controllata. Dalla sua aveva la giovinezza, ma non bastava.

Il 21 maggio 1938, durante una galoppata al campo della Grottarossa: «Viene Mimi, mia sorella» scrive Clara. «Lui si sofferma a parlare e la guarda con un occhio diverso, da maschio, come prima mai. Rimango un po' perplessa. Infatti dopo, riprendendo la passeggiata, ha uno strano atteggiamento d'uomo che pensa di poter piacere, di avere ciò che vuole, e altri pensieri che qui non scrivo.»

In effetti, la quindicenne Myriam è risucchiata nella relazione tra la sorella e il Duce. Lei risponde alle telefonate quando Claretta si nega per ripicca, o funge da paravento nelle trasferte al Terminillo per dare parvenza turistica agli incontri fra i due. Benito la definisce «piccola idiota», mentre nei momenti di tranquillità la chiama «vivandiera» o «paciera». La ragazzina lo considera «un nonno, anche se non aveva la stessa età del padre di mio padre: un nonno giovane che voleva insegnarmi a sciare, a camminare, a mangiare» scrive Myriam Petacci in *Chi ama è perduto*.

Nelle sue memorie (*A spasso col Duce*) l'autista di Mussolini, Ercole Boratto, racconta: «La Petacci e sua sorella, Miriam [*Myriam*], di solito prendevano alloggio all'albergo Delle Nazioni, in Rieti. Venivano su al mattino verso le dieci, si univano al Duce a Campoforogna e trascorrevano così la giornata insieme, facendo colazione sulla neve. Alla sera, se il Duce pernottava all'albergo, Claretta rimaneva nell'appartamento presidenziale. Nelle serate che quest'ultima si sentiva indisposta, era la Miriam che sgattaiolava nelle ore notturne nella camera di Mussolini e, come mi riferiva la proprietaria dell'albergo, ne usciva al mattino prima dell'alba, sostituendo così la sorella nelle cure amorose al Duce». Il Duce è traditore seriale. Nega, nega, per poi confessare. E riparte, ogni volta, innocente, ammaliato dallo sguardo di Claretta, che lo vede un gattone stanco quando crolla di sonno, confortati entrambi dal calore di una pelliccia.

E poi, immancabilmente, ricade. Lo fa per vanità, per noia. Il 2 aprile 1938 la tradisce con Alice de Fonseca Pallottelli, sua amante dagli anni Venti. Claretta scopre l'auto del Duce dentro la villa di lei, alla Nomentana. Lui non potrà negare. «Non la vedevo da dicembre, da prima di Natale. E ho avuto desiderio di vederla. ... Credo di non aver commesso delitto. Ci sono stato dodici minuti.»

«Ventiquattro!» precisa indispettita lei.

Claretta si dispera per i suoi tradimenti, ma non lo lascia. Mussolini, per rassicurarla, sarà costretto alla solita dozzina di chiamate giornaliere che, da qualche mese, sono diventate un rito ossessivo. «Ma che io debba darti il resoconto del mio lavoro, minuto per minuto, è assurdo, inconcepibile. Io quando ho detto che lavoro non ammetto che si discuta ... Non faccio il mandrillo di professione.»

Vuole convincerla.

M.: «Ogni volta che a te sembra che sto per dirti qualcosa, pensa sempre che ti dico: "Amore, ti amo". ... Tu hai ottenuto il deserto intorno a te».

C.: «C'è ancora qualche cammello...».

Ufficialmente clandestina, Claretta gode di una sua ufficialità indiretta. Mussolini non si risparmia, sotto gli occhi di tutti, perché la «banda» Petacci venga accontentata in richieste sempre più esigenti e pressanti di cui la giovane è ambasciatrice.

«Ho qualche buona notizia» le dice. «Tuo zio verrà promosso assieme ad altri. Tuo fratello è sistemato, perché Sebastiani [*Osvaldo, segretario particolare del Duce*] ha fatto in modo che Cavagnari [*Domenico, capo di Stato maggiore della marina*] riguardasse la pratica, e ... lui farà il terzo anno. ... Questi poi sono per tua madre [*le dà dei soldi*], perché vada fuori.»

Cosa ben più rischiosa, nota a molti, ma non a Rachele, lei frequenta abitualmente palazzo Venezia. Scrive Claretta, il 13 aprile 1938: «Prende il violino, l'accorda e suona. Prima un largo di Corelli, poi la *Follia* del Corelli stesso. Poi a orecchio una romanza e il valzer della *Vedova allegra*. Passeggia per la stanza con il violino, suona e cantiamo assieme il *Tannhäuser*». Alle altre questo non è consentito.

I due condividono urla, liti furibonde, amplessi appassionati, pennichelle e confidenze.

L'appartamento Cybo di palazzo Venezia, così chiamato a ricordo del cardinale genovese Innocenzo Cybo che lo aveva fatto costruire, era il loro boudoir. Raggiungibile con un ascensore riservato, era composto da un'anticamera, uno studio arredato in modo modesto e dalla suggestiva Sala dello Zodiaco, dal soffitto a volta, dipinto di azzurro e decorato con i simboli in oro delle dodici costellazioni, che era stata trasformata in un salotto accogliente. (C'è un radiogrammofono: fanno l'amore poi ascoltano alla radio l'*Eroica* diretta da Victor de Sabata: «Al secondo tempo meraviglioso ascolta in silenzio, e sento la sua mano che vibra sul mio braccio. Ad un tratto piango...».)

Ancora: un divano-letto, due poltrone, un mobile bar, un grande specchio, tavolini, tappeti. Accanto al salotto, uno sgabuzzino con uno specchio e un armadio, dove Clara riponeva le sue vestaglie di velluto o raso, tinte pastello, drappeggiate o ricamate. In *L'uomo della provvidenza* Arrigo Petacco riporta il seguente dialogo:

M.: «Ti hanno portato le vestaglie?».

C.: «Sì, Ben mio. Sei proprio tanto carino, e soprattutto, hai veramente un gusto squisito, delicato».

M.: «Allora ti sono piaciute? Io temevo di sbagliarmi».

C.: «Tu non sbagli mai; ma ti confesso che non mi aspettavo tanto, perché noi donne siamo difficili in fatto di abbigliamento».

(La Petacci ci fa sapere anche quali sono i suoi profumi preferiti: Arpège, Fleur de Rocaille, Tabac Blond.)

## *Quando Maria José tentò di sedurre il Duce*

Facciamo un passo indietro. Estate 1937. Il Duce aveva ottenuto il privilegio di disporre di un capanno nella spiaggia riservata di Tor Paterno, all'interno della tenuta reale di Castelporziano. Anche qui, non solo a Ostia, la coppia faceva l'amore. E qui Mussolini raccontò a Claretta delle avance reali – a quanto pare, non corrisposte – della moglie di Umberto, Maria José, che frequentava la stessa spiaggia.

Un racconto a colpi «di un paio di mutandine cortissime e due piccoli strati sul seno» e di «in me non si mosse nulla». Tre giorni di tentativi. «Ti dico che era talmente succinta che nessun uomo che meriti di chiamarsi così sarebbe rimasto fermo. Invece nulla.»

Nel gennaio 1938 la vicenda Maria José impone altri chiarimenti, perché al Duce verrà recapitato il suo numero privato. Claretta, irritata per la confidenza della «repellente futura imperatrice» con il suo Ben, replicherà: «Chi, quella? L'imperatore sei tu e basta. Quelli [*i Savoia*] sono cartoline».

Il Duce le sparlerà anche di sua moglie Rachele. Riferisce a Claretta a inizio gennaio: «È una stupida. Non sa quel che si dice e ogni volta che parla mi fa prendere inquietezza. Potrebbe prendersi delle soddisfazioni. Invece sta tutto il giorno in casa con le cameriere, a discutere con loro. È incredibile la vita idiota che fa. E mi trascura nel modo più vergognoso, di me non si occupa affatto».

E poi, un giorno di fine marzo, quando la sera Mussolini incontra l'amante e le racconta di essere stato in spiaggia con la moglie, lei gli chiede se ha dovuto pagare un tributo… Lui scende nei particolari: «Io non funzionavo. È stato piuttosto laborioso, poi naturalmente ha funzionato».

Mussolini deve anche chiudere definitivamente l'affaire con Giulia Carminati Brambilla, la quale ha tentato più volte, per gelosia, d'insinuare nella sua testa e nel suo cuore il dubbio di tradimenti da parte della Petacci. In una lettera ferocissima Giulia scrive: «Non c'è donna più brutta, più orrenda, più volgare di quella. … Sentivo uno dei politici che mormoravano su di lei mentre passava: "Neanche il mio autista la toccherebbe"».

Il Duce convoca infuriato la Carminati e lei rilancia: «Questa vostra relazione è cosa notoria … Fra poco lo saprà tutta Roma, e poi voi non ci fate una bella figura … Tantopiù che la signora non vi è fedele. Non fa un mistero della vostra amicizia, dice anche che voi siete innamorato di lei. E poi vi tradisce … È stata a colazione con Gazzoni all'albergo Palace, come può sempre testimoniare la signora Pavoncelli Ruffo che ha visto».

Mussolini racconta a Claretta che quell'incontro sortisce l'effetto opposto.

Il suo amore per lei prende una piega ossessiva: «Vi prego di narrarmi le cose». Claretta gli risponderà che aveva, sì, incontrato l'industriale Arturo Gazzoni a un ricevimento, ma con lui, sessantacinquenne, aveva scambiato forse quattro parole.

Benito non credette mai che Claretta potesse averlo tradito. E non tanto, forse, per fiducia riposta, ma perché l'avrebbe impedito il suo ego ipertrofico e predatorio.

Certamente è un Mussolini malinconico, quello che la Petacci ci descrive nel 1938. Come se volesse renderlo umano, vulnerabile, nonostante lo ritenesse imbattibile. Era un'impressione diffusa, a quanto pare.

Lui le diceva: «Non voglio morire, eppure dovrò. Lo sai perché mi dispiace morire? Perché mi dispiace lasciarti. Ma dopo due anni almeno ti farai un altro amante. Sarai di un altro... E io sarò morto. È terribile». E Claretta: «Io non ti sopravvivo, ti seguo. Sono nata per te, finisco con te».

Nel 1938 Mussolini l'affliggeva, convinto che sarebbe morto presto. Non poteva essere operato: «Non mi pare che l'ulcera sia verso dietro, quindi l'operazione non si può fare. Perciò bisogna affidarsi al Signore». La verità è che i funerali di d'Annunzio, celebrati il 3 marzo, lo avevano scosso. «Devo dire che è malagevole portare una cassa, pesano le casse. Vedevo questi poveretti che faticavano, e ogni tanto erano costretti a fermarsi per riprendere fiato. ... Anche lui non lo avevano accomodato bene, si vedeva una scarpa, gli avevano lasciato la bocca aperta.»

Cinque anni dopo, lui ne avrebbe avuti 60 e lei 30. «Non voglio invecchiare. La vecchiaia è schifosa.»

## *Hitler minaccia la Cecoslovacchia. Europa nel panico*

«Nelle quarantotto ore che seguirono il venerdì 20 maggio 1938, i governi di Londra, Parigi, Praga e Mosca furono presi dal panico all'idea che l'Europa fosse più vicina a una guerra di quanto lo fosse mai stata dopo l'estate del

1914. Tale stato d'animo era causato dal trapelare dei nuovi piani per un attacco tedesco contro la Cecoslovacchia che lo Stato maggiore germanico aveva studiato e sottoposto a Hitler quel venerdì.» Così il giornalista americano William Shirer, testimone degli avvenimenti e autore di una fondamentale *Storia del Terzo Reich*. I nuovi confini stabiliti a Versailles dai vincitori della Grande Guerra avevano assegnato alla Cecoslovacchia alcune strisce della Boemia e della Moravia, al confine con la Germania. Queste zone, caratterizzate dai monti Sudeti, erano abitate da 3 milioni di tedeschi e da 150.000 cechi. Contravvenendo ancora una volta alla sua teoria dell'autodeterminazione dei popoli, il presidente americano Woodrow Wilson si era dimostrato sensibile a chi voleva punire la Germania sotto ogni aspetto e aveva creato un focolaio che prima o poi sarebbe esploso. Il rispetto dei confini storici prevalse sulle ragioni delle nazionalità.

Nel viaggio in Italia concluso dieci giorni prima, Hitler si era assicurato la neutralità di Mussolini: l'Italia non sarebbe intervenuta in caso di attacco tedesco ai Sudeti. Diversa la posizione della Francia e, soprattutto, della Gran Bretagna, entrambe garanti della pace (insieme alla Russia), anche se gli inglesi sotto sotto riconoscevano le ragioni tedesche. Venuti a sapere dei piani di Hitler, fecero sapere che Francia e Gran Bretagna sarebbero scese in guerra in caso di attacco alla Cecoslovacchia.

Il Führer pensava già allora alla guerra mondiale. Accelerò il programma di costruzione di navi da combattimento e di sommergibili, immaginando che un conflitto con gli inglesi non sarebbe avvenuto prima di tre anni. Ma riteneva che il nemico più insidioso in una circostanza del genere sarebbe stata la Cecoslovacchia. Un testimone chiave di questo periodo è Fritz Wiedemann, che era stato comandante di Hitler nella prima guerra mondiale e ora era il suo collaboratore più diretto, salvo cadere in disgrazia e andarsene, per sua fortuna, nel 1939 a fare la bella vita come console a San Francisco. Ebbene, Wiedemann racconta nelle sue memorie di quando il Führer in questo periodo disse ai suoi generali: «È mia ferma intenzione far scomparire la Cecoslovacchia dalla carta geografica».

Un gruppo di alti ufficiali riteneva che Hitler avrebbe portato la Germania alla rovina, poiché erano convinti che Francia e Gran Bretagna avrebbero difeso la Cecoslovacchia e sconfitto l'esercito tedesco. Nell'estate del 1938, 150.000 operai e 50.000 genieri lavoravano al Vallo occidentale per impedire ai francesi di varcare il Reno. A fine agosto il Führer andò a ispezionare il fronte occidentale e al generale Wilhelm Adam toccò lo sgradevole compito di informarlo che si era indietro con i lavori, pur nella consapevolezza che gli anglofrancesi avrebbero attaccato in caso di invasione della Cecoslovacchia. Hitler reagì malissimo. «Lei non capisce» rispose al generale. «In Germania produciamo 23 milioni di tonnellate di acciaio all'anno, i francesi solo 6 milioni e gli inglesi 16. [*L'Italia ne produceva poco più di* 2.] Gli inglesi sono privi di scorte e i francesi si dibattono in gravissime difficoltà interne. Si guarderanno bene dal dichiararci guerra.» Aveva ragione, e il piano per arrestarlo e giustiziarlo predisposto dal colonnello Hans Oster e da cinque generali fu annullato perché il primo ministro inglese Neville Chamberlain cadde nella trappola del Führer.

Quando, il 12 settembre 1938, Hitler pronunciò un vigoroso discorso contro i cechi, il primo ministro britannico, considerato già un vegliardo nonostante non avesse compiuto 70 anni, tre giorni dopo prese il cappello, l'inseparabile ombrello e s'imbarcò su un aeroplano che in sette ore lo portò a Monaco. Qui l'attendeva un treno speciale che in altre tre ore raggiunse il Nido dell'Aquila del Führer, all'estremo sud della Germania. Se Hitler avesse fissato l'appuntamento in Renania, Chamberlain avrebbe risparmiato metà viaggio. Ma tant'è.

Mentre all'esterno l'incantevole panorama su Salisburgo veniva offuscato da una tempesta, nello studio del Führer il primo ministro britannico si sorbì un'intemerata di tre ore: «Non deve esistere alcun dubbio sulla mia decisione di non tollerare oltre che quella piccola nazione di second'ordine [*la Cecoslovacchia*] tratti dall'alto in basso il millenario popolo del Reich. Mi dispiacerebbe se questo dovesse portare a una guerra mondiale, ma io non cedo di un solo passo e il resto del mondo faccia pure quel che vuole».

Il paziente Chamberlain fu costretto a interrompere quel fiume in piena: «Se il Führer ha deciso di sistemare la questione con la forza senza nemmeno che noi due ci si parli, è stata solo una perdita di tempo e io posso tornarmene a casa». Hitler si ammansì e arrivò a una proposta ragionevole: «Se lei è disposto a riconoscere l'autodeterminazione del popolo dei Sudeti, possiamo discuterne». «Bene,» replicò Chamberlain «vado a riferire ai miei colleghi di governo.» L'incontro si era svolto a quattr'occhi, alla sola presenza dell'interprete Schmidt, il quale stese un verbale che Hitler – contro ogni protocollo – proibì di consegnare a Chamberlain. Voleva tenersi le mani libere. Non si rassegnava al fatto che nelle «democrazie», come le chiamava in tono dispregiativo, ci fosse bisogno di un confronto prima di prendere decisioni. Così come al primo ministro britannico sembrava imbarazzante decidere delle sorti di un paese senza interpellarlo.

### *A un passo dalla guerra, Mussolini chiamò Hitler*

Rientrato a Londra, Chamberlain non ebbe difficoltà a far approvare al governo britannico la proposta fatta da Hitler. Per dimostrare quanto fosse imbarazzante la sua buona fede, bastino queste righe in una lettera inviata alla sorella Ida il 18 settembre: «Malgrado la durezza e la spietatezza che mi parve di scorgere sul suo volto, ho avuto l'impressione che fosse un uomo di cui ci si poteva fidare, una volta che avesse impegnato la sua parola».

Al contrario, Mussolini aveva capito tutto. Nelle sue memorie (*Roma Berlino Salò*) Filippo Anfuso, diplomatico e capo di gabinetto di Ciano, ricorda che il Duce gli confidò: «Chamberlain ignora che presentarsi a Hitler, nel suo arnese di pacifico borghese e parlamentare britannico, è come far gustare del sangue a una fiera».

In meno di una settimana, infatti, il primo ministro britannico dovette ricredersi. Arrivò a Bad Godesberg, sulle rive del Reno, per un secondo incontro con il Führer. «Hitler era estremamente nervoso» racconta Shirer, che ne scrutava i movimenti dalla terrazza dell'albergo dove sarebbe avvenuto l'incontro. «Sembrava colpito da uno strano tic. Dopo pochi passi, alzava nervosamente la spalla destra, e nel far questo la gamba sinistra aveva uno scatto. Sotto agli occhi, aveva brutte borse nere. ... Sembrava vicino a un collasso nervoso. Il direttore di un giornale tedesco, che in segreto disprezzava i nazisti, mi disse che Hitler negli ultimi giorni si trovava in un tale stato frenetico a causa dei cechi, che più di una volta aveva completamente perduto il dominio di sé e si era gettato sul pavimento mordendo l'orlo del tappeto.»

Chamberlain gli comunicò che i territori dei Sudeti sarebbero stati trasferiti dalla Cecoslovacchia alla Germania anche con l'accordo del governo ceco. Il Führer replicò freddamente: «Mi dispiace infinitamente, ma dopo gli avvenimenti degli ultimi giorni questo progetto non serve più». Il primo ministro britannico scattò in piedi, rosso in viso per la sorpresa e la rabbia: «Sono deluso e perplesso, dal momento che lei ha ottenuto tutto ciò che aveva chiesto». Hitler annuì, ma ora voleva che l'evacuazione dei territori iniziasse il 26 settembre e finisse entro il 28.

«Ma questo non è altro che un ultimatum!» protestò Chamberlain. «No, è un memorandum» replicò sfacciatamente l'altro. In quel momento ricevette un dispaccio: il presidente cecoslovacco Edvard Beneš aveva annunciato la mobilitazione. Il Führer sorrise: «Naturalmente, adesso tutta la faccenda è sistemata. I cechi non si sogneranno di cedere alcun territorio alla Germania».

I due si rinfacciarono per un po' la colpa di aver mobilitato per primo (di Hitler, naturalmente), poi il primo ministro britannico concluse: «Non ha senso continuare le conversazioni. Vado via con un peso sul cuore, perché tutte le speranze con cui sono venuto in Germania sono andate distrutte».

A questo punto il Führer prese una matita e pospose la scadenza dell'ultimatum al 1° ottobre. «Se questo può favorirvi...» Chamberlain se ne andò sollevato e Shirer, che aveva una postazione radio all'ingresso dell'albergo, racconta di essere «rimasto colpito dalla cordialità che l'uno dimostrava per l'altro». Il 24 settembre i cechi respinsero l'ultimatum e, due giorni dopo, Hitler urlò al palazzetto dello sport di Berlino, gremito di gente esaltata, che il 1° ottobre avrebbe avuto i Sudeti.

Martedì 27 settembre sir Horace Wilson, inviato speciale di Chamberlain, comunicò a Hitler che la Gran Bretagna sarebbe stata al fianco della Francia se, in seguito all'invasione, avesse aperto le ostilità contro la Germania. «Fate quel che volete» urlò il Führer con la schiuma alla bocca. «Vuol dire che lunedì prossimo saremo in guerra.» Lo stato d'animo dell'opinione pubblica tedesca mutò radicalmente. Hitler ordinò una parata militare al centro di Berlino, ma secondo Shirer non vi assistettero più di 200 spettatori.

Il 28 settembre, alle 11, Ciano cercò il suo omologo tedesco Ribbentrop, ma non lo trovò. Telefonò allora all'ambasciatore italiano a Berlino, Bernardo Attolico, e passò la cornetta a Mussolini.

M.: «È il Duce che parla. Mi udite?».

A.: «Sì, Duce».

M.: «Chiedete immediatamente udienza al Cancelliere. Ditegli che il governo britannico mi ha chiesto di fare da mediatore nella questione dei Sudeti. I punti di divergenza sono minimi. Dite al Cancelliere che io e l'Italia fascista gli stiamo al fianco. Egli deve decidere. Ma ditegli che io sono propenso ad accettare la proposta. Mi udite?».

A.: «Sì, Duce».

M.: «Fate in fretta».

Ciano informò l'ambasciatore britannico, che scoppiò in lacrime per l'emozione e la gioia.

Attolico corse alla Cancelleria. Ascoltiamo la versione di Schmidt: «L'ambasciatore Attolico ci venne incontro, alto e leggermente curvo, il respiro affannato e il volto rosso dall'emozione. "Führer," esclamò a una certa distanza senza riguardo per il protocollo "devo trasmettere un messaggio urgente del Duce: il governo britannico è disposto ad accettare una mediazione del Duce sui Sudeti. Il Duce dice che – qualunque sarà la sua decisione, Führer – l'Italia fascista sarà con lei. Egli è però dell'opinione che sarebbe opportuno accettare la proposta inglese e non procedere alla mobilitazione."». Hitler fu visibilmente impressionato dal messaggio di Mussolini. Attolico lo fissava con trepidazione. Mancavano due ore allo spirare dell'ultimatum tedesco. Il Führer rispose semplicemente: «Dite al Duce che accetto la sua proposta». E convocò i capi di governo di Italia, Francia e Gran Bretagna a Monaco per l'indomani mattina.

Quando gli giunse la notizia, Chamberlain stava riferendo ai Comuni. Racconta Shirer: «L'antica Camera inglese, madre di tutti i parlamenti, reagì con uno scoppio massiccio di isterismo, senza precedenti in tutta la sua lunga storia. Si gridava, si buttavano in aria le carte, molti avevano le lacrime agli occhi, e al di sopra del tumulto si udì una voce che sembrò esprimere i profondi sentimenti di tutti: "Dio sia lodato per il primo ministro"».

(In realtà, «Chamberlain salvò Hitler». Hans B. Gisevius, un dirigente della Gestapo che dal 1936 faceva parte della cospirazione contro Hitler, dichiarò al processo di Norimberga e poi scrisse nelle sue memorie: «Era avvenuto l'impossibile. Chamberlain e Daladier si recavano in volo a Monaco. La nostra rivolta era stata stroncata. Le truppe non si sarebbero mai ribellate a un Führer vittorioso. Chamberlain salvò Hitler». «Generale Fritz Halder, se Chamberlain non fosse andato a Monaco, il vostro piano sarebbe stato messo in atto e Hitler deposto?» chiese il pubblico ministero di Norimberga al capo di Stato maggiore dell'esercito tedesco. «Posso solo dire» fu la risposta «che il piano sarebbe stato messo in atto. Non so se avrebbe avuto successo.»)

### *In viaggio a Monaco verso la pace… o la guerra?*

La sera del 28 settembre Hitler aspettava Mussolini alla stazione di Kufstein, in Tirolo. Il Duce salì sul treno del Führer e vide che sul tavolo delle riunioni era distesa una gigantesca carta geografica.

Filippo Anfuso, vivacissima intelligenza siciliana e diplomatico di prim'ordine (al concorso per «addetto di legazione» arrivò primo, Ciano ventisettesimo), capì subito che le cose si mettevano male. Nelle sue memorie racconta che la carta geografica non riguardava i Sudeti, ma l'intera area di confine occidentale della Germania: Francia, Belgio, Olanda. Hitler indicò a Mussolini la zona di Aquisgrana, in Renania, che nel giro di pochi chilometri segna a nord il confine con l'Olanda e a sud con il Belgio. «Duce, credetemi, l'unico modo per evitare che le democrazie abbiano il sopravvento è attaccarle quando sembrano disorientate.»

Era un clima surreale, i due dittatori viaggiavano verso Monaco per sancire la pace e Hitler, prosegue Anfuso, «continuava a parlare della guerra come se fosse già scoppiata ed egli la dirigesse da quel treno». Nessun accenno ai Sudeti e all'incontro imminente con i primi ministri inglese e francese. «Si sarebbe creduto che i capi delle due democrazie si scomodassero fino a Monaco di Baviera per apprendere dallo stesso Hitler che le truppe tedesche erano penetrate fino in Francia...» Un dettaglio ancora più inquietante sarà rivelato da Ciano in una nota di diario: «"D'altronde," aggiunge il Führer "verrà una volta in cui uniti dovremo batterci contro Francia e Inghilterra"». Mussolini annuì.

Il 29 settembre i «quattro grandi», come furono definiti dai giornali, si riunirono nel maestoso salone della Casa bruna, residenza di Hitler a Monaco. André François-Poncet, ambasciatore di Francia, ricorda nelle sue memorie un clima fatto di fredde strette di mano, Mussolini a suo agio come fosse a casa propria, seguito da Ciano «ufficiale d'ordinanza piuttosto che ministro degli Affari Esteri»; Chamberlain «un poco grigio, curvo, le sopracciglia folte, i denti sporgenti, il viso bollicinoso, le mani arrossate dai reumatismi»; Hitler cortese, ma turbato, isolato dalla sua scarsa consuetudine delle altre tre lingue, note invece al Duce, che non aveva bisogno d'interprete. L'ambasciatore francese fu sorpreso dall'atteggiamento del Führer nei confronti di Mussolini: «In piedi, accanto a lui, Hitler lo cova con lo sguardo; ne subisce l'attrazione, è come affascinato, ipnotizzato; quando il "Duce" ride, egli ride; se il "Duce" si acciglia, egli si acciglia; è un vero spettacolo di mimetismo che doveva lasciarmi una impressione duratura e farmi credere, d'altronde a torto, che Mussolini esercitasse sul Führer un ascendente ben stabilito. Effettivamente quel giorno lo esercitava. In altri momenti era Mussolini, nella sua incerta condotta, a subire l'influenza del suo emulo, divenuto suo complice».

Dopo uno scambio di battute polemiche tra il primo ministro francese Édouard Daladier e Hitler, che aveva fatto la gaffe di confondere i Sudeti con l'intera Cecoslovacchia («Voglio solo i miei fratelli tedeschi. Degli altri cechi non ne prenderei nemmeno uno...»), ci fu una sospensione per il pranzo e Mussolini andò a casa di Hitler meravigliandosi che costui abitasse in un condominio: elegante, sì, ma pur sempre condominio. Alla ripresa, il Duce tirò fuori le carte. Presentò il documento, tradotto in quattro lingue, delle primitive condizioni tedesche che il sottosegretario di Ribbentrop, Ernst von Weizsäcker (padre del primo presidente della Germania unita), aveva fatto recapitare ad Attolico «come parte integrante di un originale progetto italiano», secondo la testimonianza fornita da Massimo Magistrati, diplomatico dell'ambasciata italiana, in *L'Italia a Berlino*. Un progetto che, a detta di Renzo De Felice (*Mussolini il duce*), non esisteva «ma che nei giorni successivi Roma avrebbe tentato di accreditare», così come la tesi che Mussolini sarebbe intervenuto presso Hitler anche senza la sollecitazione britannica.

Sia la storiografia inglese (Kershaw) sia quella americana (Shirer) ritengono che, prima di essere consegnato ad Attolico, il documento che avrebbe posto le basi del Patto di Monaco sia passato al ministero degli Esteri di Berlino. Della stesura della bozza fu tenuto all'oscuro lo stesso ministro degli Esteri tedesco Ribbentrop, fautore da sempre della tesi bellicista. Shirer, più seccamente, sostiene che la proposta italiana era stata approvata a Berlino da Hitler mentre Mussolini era ancora in viaggio. Invece, secondo lo storico tedesco e biografo di Hitler Joachim Fest, la bozza fu rivista solo la sera prima da Göring e un altro paio di persone, sempre alle spalle di Ribbentrop. Resta il fatto che, presso l'opinione pubblica mondiale, il Patto di Monaco fu attribuito al Duce.

Chamberlain e Daladier si sfilarono dalla cena offerta da Hitler con la scusa di dover riferire ai rispettivi governi.

### *Il Duce, «angelo della pace» a Monaco, ma deluso dal pacifismo italiano*

Il protocollo fu firmato alle 2 del mattino del 30 settembre 1938. Un'intera regione, ricca di materie prime e strategica per comunicazioni e difesa, veniva ceduta alla Germania insieme a 3,5 milioni di abitanti. Altri piccoli pezzi di Cecoslovacchia passavano, con le loro minoranze linguistiche, a Ungheria e Polonia. E questo senza che i cechi potessero battere ciglio. L'ingresso «amichevole» delle truppe tedesche nei Sudeti sarebbe stato «spalmato» in dieci giorni a partire dall'indomani, mentre la sovranità di ciò che restava della Cecoslovacchia sarebbe stata garantita da Francia e Gran Bretagna.

Eppure, sia Hitler sia Mussolini non erano contenti. Il Führer era riuscito a ottenere quel che voleva: i Sudeti, con gli oltre 3 milioni di tedeschi e le fortificazioni che ora lasciavano scoperta l'odiata Cecoslovacchia. Ma la vittoria era stata troppo facile, Chamberlain troppo cedevole e, a lui, le vittorie facili non erano mai piaciute. Ma, soprattutto, il Patto aveva mandato all'aria il suo progetto di entrare già nell'autunno del 1938 a Praga, com'era accaduto sei mesi prima a Vienna. «Quel tale, quel Chamberlain, mi ha rovinato l'ingresso a Praga» disse a Hjalmar Schacht, presidente della Banca centrale tedesca e autore del libro di memorie *La resa dei conti con Hitler*. Quando scoprì che la gente della «sua» Monaco aveva salutato il primo ministro inglese come un trionfatore, diede di matto. Senza perder tempo, già il 21 ottobre – mentre la Gestapo ripuliva i Sudeti dei «traditori» ancora in circolazione – consegnò al suo Stato maggiore un appunto segretissimo con i piani per la «liquidazione della Cecoslovacchia».

Mussolini restò sgradevolmente sorpreso dalle festosissime accoglienze ricevute. Racconta Anfuso: «Varcato il Brennero ... trovammo che se i bavaresi piangevano di gioia, gli italiani si prosternavano non davanti al Duce fondatore dell'Impero ma all'angelo della pace ... Fra Verona e Bologna, scorsi contadini letteralmente in ginocchio al passaggio del suo treno ... A Bologna, roccaforte di un fascismo tumultuosamente bellicoso, Mussolini si accorse di essere divenuto santo e ne arguì che gli effetti di Monaco avevano superato le sue previsioni: gli italiani preferivano chiaramente i rami di olivo a quelli d'alloro e la colomba all'aquila».

A Roma, affacciandosi al balcone di palazzo Venezia, disse pochissime parole: «Camerati! Voi avete vissuto ore memorabili. A Monaco noi abbiamo operato per la pace secondo giustizia. Non è questo l'ideale del popolo italiano?». La folla osannante lo richiamò più volte al balcone. E lui andò di malavoglia. Scrive De Felice in *Mussolini il duce*: «Raramente l'entusiasmo popolare era stato attorno a lui così spontaneo e convinto, forse solo il giorno della conquista di Addis Abeba. Per Mussolini era un trionfo, ma non quello che avrebbe voluto: dov'era l'anima guerriera ed eroica degli italiani?». Gli italiani erano contenti e orgogliosi che «grazie a Mussolini» fosse stata evitata la guerra, «ma il loro entusiasmo andava oltre questi limiti, rivelava una gioia per lo scampato pericolo, un attaccamento alla pace così smodati da denotare mancanza di "dignità", di "spirito di sacrificio", "gretto egoismo borghese", "pacifismo", paura non diversi da quelli delle "esangui" e "putride" democrazie».

Il Duce si rese conto che la gente non voleva la guerra e, soprattutto, non capiva in nome di cosa avrebbe dovuto farla. La polizia intercettava una fiumana di lettere unanimi nello spavento provato prima di Monaco e nell'euforia suscitata dall'affermarsi della pace. Erano lettere in gran parte di donne di condizioni modeste. Basti questa, di una «mamma vedova della Grande Guerra: "Che Dio Vi benedica, Duce! Voi siete la luce che illumina il mondo"». Quella madre non poteva immaginare che di lì a un anno e mezzo suo figlio sarebbe stato chiamato a combattere un'insensata guerra d'aggressione. Sarebbe sopravvissuto?

In termini propagandistici, Mussolini rimarcò la differenza tra la borghesia, per la quale Monaco aveva significato soltanto pace, e i fascisti «degni di questo nome», orgogliosi del fatto che «per la prima volta dal 1861 l'Italia ha avuto una parte preponderante e decisiva. Quel che è avvenuto a Monaco è colossale».

## *Perché Vittorio Emanuele III appoggiò la politica antiebraica di Mussolini*

Perché Mussolini si decise ad autorizzare le leggi razziali, che furono la pagina più tragica e incomprensibile del regime fascista insieme allo sciagurato ingresso nella seconda guerra mondiale?

Per capire il clima del periodo, basti riportare lo stralcio di un colloquio del 5 settembre 1938, prima che le leggi fossero promulgate, tra Italo Balbo – il gerarca più energico nell'avversarle – e Vittorio Emanuele III, secondo quanto riferito da Renzo De Felice in *Storia degli ebrei italiani sotto il fascismo*: «Senta, Balbo, io ho la consuetudine di non metter mai carne al fuoco prima del tempo, ma per questa storia ho prevenuto Mussolini e gli ho detto un paio di volte: "Presidente, gli ebrei sono un vespaio, non mettiamoci le mani dentro". Lui mi ha dato ragione ed è andato anche più in là: li ha fatti entrare in Italia a frotte. Non dico le lagnanze dei professionisti e dei commercianti nostri nel veder arrivare questi ebrei tedeschi, austriaci... anche un po' arroganti e invadenti, mi dicono. E Mussolini zitto e tollerante. Ora lo so, li vuole fuori, perché durante la guerra d'Africa – e qui non gli si può dar torto – si sono schierati in America, in Inghilterra, in Francia, contro di noi con un'acredine da non dire. Lei lo conosce quanto me e meglio; Mussolini se l'è legato al dito, questo atteggiamento ostile... e poi è geloso – credo – che l'antisemitismo tedesco sia tanto piaciuto alle nazioni del levante mediterraneo».

La guerra contro l'Etiopia (ottobre 1935-maggio 1936) fu certamente uno spartiacque per la questione ebraica in Italia. In *A cavallo di due secoli* Alberto Theodoli riferisce di un colloquio avvenuto nel 1934 tra il Duce e Chaim Weizmann, capo del movimento sionista internazionale. Il primo si dichiarò favorevole alla nascita di uno Stato ebraico in Palestina e il leader ebraico sarebbe rimasto così colpito da chiedergli di accogliere in Italia gli ebrei tedeschi espulsi dalla Germania. (Già l'anno prima Weizmann aveva chiesto a Mussolini una qualche forma di protezione dopo la conquista del potere da parte di Hitler.) Racconta Theodoli che il leader sionista «legato ai trust anglo-americani avrebbe messo a disposizione del governo italiano brevetti segretissimi che interessavano la nostra difesa e la nostra agricoltura. Mussolini fu estremamente affabile e parlò liberamente di una combinazione Roma-Parigi-Londra».

A questo proposito, gli storici fascisti Giorgio Pini e Duilio Susmel ricordano in *Mussolini, l'uomo e l'opera* che il 1934 fu l'anno di maggior frizione tra il Duce e il Führer, perché il dittatore tedesco aveva fatto ammazzare il cancelliere austriaco Dollfuss e il loro primo incontro a Venezia era andato malissimo. Ma già nel 1933, dopo che il 29 marzo Hitler aveva pubblicato il suo definitivo proclama antiebraico, Angelo Sacerdoti, Gran Rabbino di Roma, aveva chiesto protezione al Duce.

Non sappiamo se la ricostruzione di Theodoli sia corretta, perché dopo la guerra d'Africa il fascismo studiò a lungo, anche in sede internazionale, l'ipotesi di offrire a mezzo milione di ebrei il trasferimento in Etiopia, dove c'era una colonia sionista, con uno spirito diverso dall'idea di Hitler di deportare in massa gli ebrei in Madagascar. È in ogni caso sorprendente che ancora nel luglio 1937, quando i primi chiari sintomi di antisemitismo trasudavano nei giornali fascisti, il Duce dichiarasse in un'intervista al quotidiano «Il progresso italo-americano»: «Autorizzo a precisare che gli Ebrei d'Italia hanno avuto, hanno e continueranno ad avere lo stesso trattamento d'ogni altro cittadino italiano e che nessuna discriminazione di razza o di religione è nel mio pensiero, devoto e fedele alla politica dell'eguaglianza di tutti i cittadini di fronte alla legge, devoto e fedele alla libertà dei culti».

La speranza di un sostegno italiano alla creazione di uno Stato ebraico in Palestina svanì il 16 febbraio 1938 quando, in un passo dell'*Informazione diplomatica n. 14*, si affermava che gli ebrei avevano il diritto di creare un loro Stato «in qualche parte del mondo, non in Palestina». Quel testo, attribuito allo stesso Mussolini, era invece del tutto tranquillizzante nella parte finale: «Il Governo fascista si riserva tuttavia il diritto di vigilare sull'attività degli ebrei venuti di recente nel nostro paese e di far sì che la parte degli ebrei nella vita complessiva della nazione non risulti sproporzionata ai meriti intrinsechi dei singoli e alla importanza numerica della loro comunità». Nello smentire quel che si diceva all'estero, e cioè che «il Governo fascista sia in procinto di inaugurare una politica antisemita», Mussolini escludeva di aver mai pensato, ieri come oggi, «di adottare misure politiche, economiche, morali contrarie agli ebrei in quanto tali, eccettuato beninteso nel caso in cui si tratti di elementi ostili al Regime».

Cinque mesi dopo, tutto cambiò. Dopo la sua visita in Italia, Hitler ebbe in dono le leggi razziali, ma non ancora il «patto d'acciaio».

### *Il Führer non chiese mai al Duce le leggi razziali*

Per la verità, un vento antiebraico spirava forte in Italia già da prima. Avanguardista in questo senso fu Giovanni Preziosi, un ex sacerdote antisemita nell'anima, che negli anni successivi alla Grande Guerra tradusse dall'inglese il *Protocollo dei Savi anziani di Sion*. Questo testo, costruito dalla polizia zarista ai primi del Novecento e distribuito in Europa da esuli russi dopo la Rivoluzione d'Ottobre, denunciava l'esistenza di un complotto ordito dall'Internazionale ebraica per soppiantare la civiltà cristiana. Nonostante la sua evidente falsità storica, il *Protocollo* contribuì enormemente alle campagne antisemite, ed è tuttora in circolazione. All'interno del Partito fascista si distinse Roberto Farinacci, il più filotedesco dei gerarchi, che il 12 settembre 1936 pubblicò sul suo giornale, «Il Regime Fascista», una violenta requisitoria antisemita, rimproverando agli ebrei un atteggiamento tiepido e richiamandoli all'ordine con il motto: «Prima fascisti, poi ebrei».

Per l'autorevolezza dell'autore, fece molto rumore, nell'aprile 1937, il pamphlet *Gli ebrei in Italia* di Paolo Orano, già rettore dell'università di Perugia e deputato fascista. Questa, in breve, la sua tesi: sostenendo la nascita di uno Stato ebraico in Palestina, gli italiani andavano contro i loro interessi, poiché avrebbero fatto un favore agli inglesi, che l'avrebbero controllato, e un dispetto agli arabi, che il fascismo voleva amici. Perciò, gli ebrei italiani avrebbero dovuto sia prendere posizione contro l'Internazionale ebraica, proprio in quanto italiani, sia rinunciare nella loro vita quotidiana a qualsiasi esibizione della loro «diversità» (a parte la preghiera in sinagoga) negli eventi culturali e sportivi. E anche gli ebrei fascisti dovevano manifestare il loro patriottismo non in quanto ebrei, ma in quanto italiani.

È questo, se vogliamo, il cuore dell'antisemitismo del Duce: «Mussolini non può essere considerato per molti e molti anni un antisemita» scrive De Felice nella *Storia degli ebrei italiani sotto il fascismo*. «Sino al 1937 l'idea di un antisemitismo di Stato fu lontanissima da lui: gli ebrei italiani goderono sotto il fascismo né più né meno della stessa "libertà" che godevano gli altri italiani; gli ebrei stranieri perseguitati trovarono in lui, se non proprio un protettore, un uomo politico che a più riprese li aiutò e aprì loro le porte dell'Italia come – bisogna onestamente riconoscerlo – non fecero molti altri capi di Stato per i loro paesi.»

Anche Emilio Gentile, nella sua monumentale *Storia del fascismo*, riconosce che «il duce non aveva nella sua ideologia l'antisemitismo razzista: i suoi pregiudizi antisemiti erano quelli volgarmente popolari, e proprio fra il 1932 e il 1934 aveva pubblicamente manifestato il suo disprezzo per il razzismo e l'antisemitismo hitleriano. Sapeva che gli ebrei, almeno dal Risorgimento, erano pienamente assimilati, dopo l'emancipazione avvenuta con lo Statuto albertino; erano cittadini italiani che nutrivano un profondo sentimento patriottico, avevano partecipato alla vita dello

Stato italiano come parlamentari, ministri, sindaci, ufficiali [*Mussolini riconobbe il loro valore come soldati nella prima guerra mondiale*]. C'erano ebrei tra i primi aderenti ai Fasci e tra i loro finanziatori. Il suo primo sottosegretario all'Interno era stato Aldo Finzi, ebreo; come ebreo era Guido Jung, ministro delle Finanze dal 1932 al 24 gennaio 1935».

Fu la guerra d'Africa, come abbiamo detto, a far cambiare opinione a Mussolini. Quella sorda antipatia – fino ad allora senza conseguenze – per l'«alta banca» e la finanza internazionale, adesso cominciava a sostenersi su dati di fatto oggettivi. Si aggiunga che l'esperienza africana aveva turbato molti fascisti, perché i neri (anzi, i «negri», come si diceva allora) cominciavano a non riconoscere la «superiorità» della razza bianca. Le relazioni, quasi esclusivamente sessuali, tra i soldati italiani e le donne indigene avevano fatto il resto.

I dirigenti della comunità ebraica italiana non erano favorevoli alle sanzioni comminate all'Italia dalla Società delle Nazioni per l'attacco all'Etiopia, ma si trovarono in difficoltà con i loro colleghi stranieri, soprattutto inglesi, i più autorevoli nell'ebraismo europeo. Nel 1935, due autorevoli esponenti della comunità israelitica, Angiolo Orvieto e Dante Lattes, si recarono a Londra a chiedere aiuto, ma trovarono un muro. Selig Brodetsky, importante membro della Jewish Agency, disse che l'Italia doveva essere d'esempio agli altri paesi per il modo «ammirevole» con cui trattava gli ebrei, ma nel contempo espresse il desiderio dell'organizzazione di non essere coinvolta «in discussioni internazionali». Esattamente il contrario di quel che chiedevano gli ebrei italiani. Secondo De Felice, nasce qui l'idea della «congiura ebraico-massonica».

Tuttavia, la scelta antisemita del Duce ha soprattutto ragioni politiche. Scrive ancora De Felice: «La decisione di Mussolini di introdurre anche in Italia l'antisemitismo di Stato fu determinata essenzialmente dalla convinzione che per rendere credibile l'Asse fosse necessario eliminare il più stridente contrasto nella politica dei due regimi». La cosa più clamorosa – che rende tremenda e imperdonabile l'iniziativa del Duce – è che mai Hitler gli chiese di fare un passo del genere. Il 3 dicembre 1937, quando la campagna antisemita era sostanzialmente avviata, Galeazzo Ciano annota nel diario: «Gli ebrei mi caricano di anonime ingiuriose accusandomi di aver promesso a Hitler la loro persecuzione. Falso. Mai i tedeschi ci hanno parlato di questo argomento».

### *Le leggi razziali e le lacrime di Liliana Segre*

Si dovette attendere il 14 luglio 1938 per veder pubblicato sul «Giornale d'Italia» il cosiddetto «Manifesto degli scienziati razzisti». Non era firmato ed elencava dieci princìpi fondamentali della campagna antisemita. Questi i titoli:

1. Le razze umane esistono.
2. Esistono grandi razze e piccole razze.
3. Il concetto di razza è puramente biologico.
4. La popolazione dell'Italia attuale è nella maggioranza di origine ariana e la sua civiltà è ariana.
5. È una leggenda l'apporto di masse ingenti di uomini in tempi storici. (La tesi: mentre in altri popoli la composizione razziale è variata notevolmente in tempi anche moderni, da noi dopo l'invasione dei Longobardi non è successo più nulla.)
6. Esiste ormai una pura «razza italiana».
7. È tempo che gli italiani si proclamino francamente razzisti.
8. È necessario fare una netta distinzione tra i mediterranei d'Europa (occidentali) da una parte, gli orientali e gli africani dall'altra.
9. Gli ebrei non appartengono alla razza italiana.
10. I caratteri fisici e psicologici puramente europei degli italiani non devono essere alterati in nessun modo.

All'inizio, il manifesto uscì, come abbiamo detto, anonimo. Poi si seppe che era stato opera di una decina di redattori, di cui quattro o cinque professori ordinari (la firma del quinto, Nicola Pende, fu oggetto di un'aspra polemica: ci fu o non ci fu?) e cinque assistenti o incaricati, tra cui Guido Landra, 25 anni, assistente alla cattedra di antropologia dell'università di Roma, ritenuto l'estensore materiale del testo, amico dell'ultrarazzista Telesio Interlandi e uomo chiave, più tardi, della Direzione generale per la demografia e la razza, incaricata di predisporre i provvedimenti legislativi conseguenti. Pochi giorni dopo, il 5 agosto, usciva il primo numero del quindicinale «La difesa della razza», rivista del razzismo antiafricano e antisemita diretta da Interlandi.

In una noticina del suo poderoso lavoro biografico su Mussolini, De Felice ne mostra e sottolinea l'ipocrisia: la benevolenza verso gli ebrei – Palestina a parte – manifestata nell'*Informazione diplomatica n. 14* del febbraio 1938 si rivelò una mera simulazione quando si scoprì che, fin dall'ottobre 1937, il Duce aveva incaricato Landra di redigere il manifesto.

Fu avviato immediatamente il censimento della popolazione ebraica residente in Italia, che risultò formata da 58.412 persone, 48.032 italiane e 10.380 straniere (in larga parte ebrei tedeschi accolti da Mussolini per sottrarli alla persecuzione nazista). Nel catalogo della mostra del 2008 sul settantesimo anniversario delle leggi razziali, Michele Sarfatti scrive che quelli che al censimento si dichiararono effettivamente ebrei furono 46.656, di cui 9415 stranieri. Un quarto degli ebrei risiedeva a Roma, gli altri erano distribuiti soprattutto a Milano, Trieste e Torino. Marginali le presenze nel Mezzogiorno.

Pur essendo poco più dell'1 per mille della popolazione, gli ebrei italiani rappresentavano un'élite della borghesia. Avevano titoli di studio superiori alla media italiana, posizioni eminenti nel mondo accademico (il 7 per cento dei professori universitari era ebreo), finanziario e assicurativo, e occupavano una nicchia importante nel commercio, soprattutto quello dei tessuti. Dettaglio rilevante: su 10.000 famiglie ebree, 6000 erano formate da coppie «miste», cioè in cui uno dei due coniugi era cattolico. Aspetto decisivo, come vedremo tra poco.

Il 7 settembre 1938 il Consiglio dei ministri approvò per decreto legge il *corpus* della legislazione razzista. Gli ebrei stranieri avrebbero dovuto lasciare l'Italia, la Libia e le isole dell'Egeo entro sei mesi. (Dal diario di Ciano apprendiamo che Mussolini vagheggiò di assicurare agli ebrei stranieri concessioni prima in Migiurtinia e poi nell'Oltregiuba, entrambe in Somalia, dove avrebbero potuto sfruttare ricche riserve naturali.) Già il 5 settembre era stato stabilito che gli insegnanti ebrei di ogni ordine e grado non avrebbero più esercitato dall'anno scolastico 1938-1939. Stesso divieto per gli alunni ebrei. Per le elementari, in località in cui i bambini ebrei fossero stati meno di 10, si sarebbero istituite sezioni speciali. Per gli altri, le comunità ebraiche avrebbero potuto aprire scuole private.

Come annotammo in *Perché Mussolini rovinò l'Italia*, si trovarono disoccupati, dall'oggi al domani, 200 professori, 400 funzionari e impiegati statali, 500 impiegati privati, 150 militari di professione e 2500 liberi professionisti, che dovettero cessare o ridurre al minimo la loro attività. Gli studenti costretti ad abbandonare la scuola furono 5600: 4400 delle elementari, 1000 delle medie, 200 delle università. Chi poté si rifugiò all'estero. Alcuni si suicidarono. I casi più clamorosi furono quelli dell'editore modenese Angelo Fortunato Formiggini e del tenente colonnello Giorgio Morpurgo. Formiggini era un editore raffinato. Alcune biografie di personaggi ostili al regime gli furono sequestrate. Per evitare che si dicesse che si era ucciso per difficoltà economiche, si gettò dal campanile della Ghirlandina con le tasche piene di soldi e due lettere: una per il re, l'altra per Mussolini. Naturalmente, la stampa non scrisse una riga sulla vicenda. Per quanto riguarda Morpurgo, De Felice racconta che, appreso che sarebbe stato espulso dall'esercito, l'ufficiale (impegnato nella guerra di Spagna e con tre medaglie di bronzo sul petto) andò da solo incontro al fuoco nemico fino a essere abbattuto. Per nascondere le vere ragioni del suo gesto, il regime lo premiò con una medaglia d'oro al valor militare.

Nel 2008, in occasione del settantesimo anniversario delle leggi razziali, curai insieme a Marcello Pezzetti, lo storico più accreditato della Shoah italiana, una mostra al Vittoriano. Volli che fosse esposto un banco nero, a testimonianza dello strazio che dovettero subire migliaia di bambini ebrei strappati all'improvviso alle loro classi e alle loro amicizie. Dal *Libro della Shoah italiana* di Pezzetti traggo due frammenti.

Piero Terracina, romano, sopravvissuto ad Auschwitz: «La mia insegnante mi chiamò e mi disse: "Esci, perché da oggi tu non puoi stare più in questa scuola". Io domandai: "Perché? Che cosa ho fatto?". Un bambino mi disse: "Sei ebreo, quindi come ebreo non puoi stare più a scuola"».

Liliana Segre, milanese, senatrice a vita, sopravvissuta ad Auschwitz: «Alla fine dell'estate del 1938 mi fu spiegato con grande dolcezza e con grande tristezza che io ero una bambina ebrea e non avrei più potuto andare a scuola. Mio papà decise in quel momento che io sarei andata dalle suore Marcelline ... E così insistettero tutti perché io fossi battezzata. Io sentivo confusamente che era una cosa che non volevo, però avevo otto anni... E così mi ritrovai un pomeriggio di ottobre dentro la chiesa di San Vittore. Mi ricordo di aver alzato gli occhi e di aver visto mio papà dietro una colonna che piangeva disperatamente. Quindi anch'io mi misi a piangere, senza sapere bene perché».

### *Quando la discriminazione divenne persecuzione*

Come abbiamo capito dalla conversazione con Balbo riportata più sopra, Vittorio Emanuele III non sollevò obiezioni nel firmare le leggi razziali. Chiese di risparmiare i militari ebrei distintisi nella Grande Guerra, il cui valore era stato riconosciuto dallo stesso Duce. Pio XI, invece, la prese malissimo. Incaricò un gesuita importante, Pietro Tacchi Venturi, di dire a Mussolini: «Io mi vergogno» e, in un'udienza a un gruppo di cattolici belgi, pronunciò la celebre frase: «L'antisemitismo è inammissibile. Noi siamo spiritualmente dei semiti». Provò a difendere, senza riuscirci, le coppie miste. Per lui, questa fu la sconfitta più grande.

Bisogna precisare, però, che la severità di Pio XI non era condivisa da importanti centri di potere all'interno della Chiesa. Il papa aveva condannato severamente il nazismo nella sua enciclica *Mit Brennender Sorge*, ma, quando fu diffuso il «Manifesto degli scienziati razzisti», «La Civiltà Cattolica» – da sempre controllata dalla segreteria di Stato – si affrettò a scrivere: «Chi ha presenti le tesi del razzismo tedesco, rileverà subito la notevole divergenza di quelle proposte da queste del gruppo di studiosi fascisti italiani...». Lo stesso giornale non aveva mai nascosto la sua avversione agli ebrei. E De Felice ricorda che nel clero italiano, sulla scia della «Civiltà Cattolica», «non mancavano coloro che consideravano gli ebrei una componente importante del liberalismo, della democrazia, della massoneria». E questo dava forza agli ultrà razzisti del fascismo come Farinacci, che sosteneva di adeguarsi agli «insegnamenti che ci furono dati dalla Chiesa durante venti secoli». (È vero, la Chiesa ha a lungo accusato gli ebrei di essere gli autori della persecuzione e della crocifissione di Gesù, tanto che si è dovuto attendere il 1965 perché il Concilio Vaticano II stabilisse che il «deicidio» non può essere imputato ai seguaci di questa religione.)

Questo spiega perché, nonostante la grande maggioranza dei cattolici fosse sinceramente contraria alle leggi razziali, la reazione del Vaticano alla fine fu debole. Il regime lo teneva d'occhio, e l'«uomo della Provvidenza», che doveva a Pio XI lo sdoganamento interno e internazionale, oggi lo minacciava di rappresaglie letali contro l'Azione cattolica.

Naturalmente, secondo il costume nazionale, ci fu la corsa alla scappatoia. Il 13 luglio 1939 fu istituito un «tribunale della razza» – in cui i magistrati ordinari erano 3 su 5 – per stabilire «la non appartenenza alla razza ebraica anche in difformità delle risultanti degli atti dello stato civile». Un cittadino ebreo a tutti gli effetti poteva perciò «arianizzarsi», cioè diventare ariano contro ogni evidenza, se il tribunale stabiliva così. Si può immaginare quanta corruzione e quanti favoritismi abbiano cambiato la sorte e la vita di tante persone.

Ma Mussolini che cosa voleva fare davvero degli ebrei? Li voleva «discriminare, non perseguitare». Questo slogan, secondo De Felice, «rispecchia le vere intenzioni di Mussolini. La legislazione antisemita fu, in confronto con quelle di altri paesi, tutt'altro che personalmente oppressiva e non vi è dubbio che il Duce, decisa la campagna della razza, mirava soprattutto ad allontanare gli ebrei dall'Italia, non a perseguitarli personalmente e sterminarli. E non solo gli espatri furono favoriti al massimo, ma furono chiusi non un occhio solo, ma tutti e due anche nei confronti di quegli ebrei che più o meno clandestinamente affluivano in Italia per sfuggire al nazismo». Ora, non c'è dubbio che il fascismo non colpì fisicamente gli ebrei, al contrario di quanto accadde altrove, ma dissentiamo sul fatto che la legislazione razziale non fosse «personalmente oppressiva», visto il trauma, per gli adulti, di perdere il lavoro da un giorno all'altro e, per i bambini, di essere strappati improvvisamente ai compagni in quanto religiosamente diversi.

In *L'Italia fascista e la persecuzione degli ebrei* la storica francese Marie-Anne Matard-Bonucci ha verificato che, a metà del 1942, Mussolini venne a sapere da dispacci e rapporti delle fonti più diverse delle stragi di ebrei compiute dai nazisti. Un testimone diretto fu il giovane segretario del Partito fascista, Aldo Vidussoni, il quale, al ritorno da un viaggio nell'Europa orientale, gli riferì che l'eliminazione fisica degli ebrei aveva letteralmente svuotato parecchi centri abitati. Mentre nella Croazia controllata dagli italiani gli ebrei furono protetti, nell'area sotto il controllo tedesco venivano gasati all'interno degli stessi treni che li deportavano. Fino al rapporto definitivo del febbraio 1943, quando Dino Alfieri, ambasciatore italiano a Berlino, riferì della strage di ebrei avvenuta nel ghetto di Varsavia. (Parlando di 50.000 superstiti su 600.000 abitanti, non andò molto lontano dalla verità storica acquisita nel dopoguerra, secondo cui le vittime certificate della violenza nazista furono circa 400.000.) Finché i comandi tedeschi all'estero chiesero, in maniera sempre più pressante, ai comandanti italiani la consegna degli ebrei, ottenendone sempre un rifiuto: gli ebrei sotto la loro giurisdizione erano cittadini italiani, e perciò tutelati dalla legge nazionale. Quando, all'inizio del 1943, l'ambasciata tedesca a Roma comunicò a Mussolini che, entro il 31 marzo, tutti gli ebrei presenti in Europa avrebbero dovuto essere eliminati, il Duce concordò con i comandi militari italiani di promettere di ubbidire, ma di inventare tutte le scuse possibili per non farlo.

Nel suo libro *Gli ebrei nell'Italia fascista* Michele Sarfatti, critico implacabile di Mussolini, distingue correttamente il razzismo antisemita italiano in due fasi: «il periodo della persecuzione dei diritti degli ebrei», che parte dal 1936 e arriva al 25 luglio 1943, alla caduta del fascismo, e «il periodo della persecuzione delle vite degli ebrei (1943-45)», che inizia l'8 settembre, quando i nazisti ebbero mano libera.

Si è parlato spesso del campo di concentramento di Fossoli, vicino a Carpi, in Emilia. Ora, anche qui ci furono due fasi. I militari italiani lo costruirono nel 1942 per internarvi i prigionieri di guerra, ma dal dicembre 1943 vi furono rinchiusi gli ebrei rastrellati dai militi della Repubblica sociale. Dal marzo 1944 il campo passò sotto il controllo dei tedeschi, che ne fecero un centro di smistamento per gli ebrei destinati ai campi di sterminio. Da Fossoli transitò anche Primo Levi.

# II

# Benito a Claretta: «Vieni vieni, che domani c'è la guerra!»

## *Dalla «notte dei cristalli» alla conquista della Cecoslovacchia*

Per valutare la differenza tra il comportamento italiano e quello tedesco nei confronti degli ebrei, basta considerare la reazione nazista all'assassinio a Parigi del diplomatico tedesco Ernst vom Rath da parte del diciassettenne Herschel Grynszpan, figlio di un ebreo polacco emigrato in Germania. Il 7 novembre 1938 quest'ultimo si recò alla sede dell'ambasciata tedesca per uccidere l'ambasciatore nel suo ufficio, ma, non trovandolo, sparò a Rath, che per paradosso era controllato dalla Gestapo per i suoi atteggiamenti filoebraici e antinazisti. Come avvenne per l'incendio del Reichstag, nella notte sul 10 novembre, dopo aver celebrato in birreria l'anniversario del mancato colpo di Stato del 1923, Hitler e Goebbels scatenarono in tutta la Germania una notte di orrore (la cosiddetta «notte dei cristalli») in cui vennero distrutte centinaia di botteghe, incendiate centinaia di case e uccisi 91 ebrei. I danni accertati dalle assicurazioni furono 25 milioni di Reichsmark che, se pagati, avrebbero provocato il fallimento di numerose compagnie assicuratrici. Per non risarcire gli ebrei, si decise di espropriarli dei loro beni. Si verificarono anche casi di violenza carnale, ma i responsabili furono condannati non per aver commesso lo stupro, bensì per aver violato le leggi razziali, che vietavano i rapporti sessuali con donne ebree.

Due settimane prima della «notte dei cristalli», il 28 ottobre 1938, il ministro degli Esteri tedesco Joachim von

Ribbentrop era andato a Roma per convincere Mussolini a firmare l'alleanza militare con la Germania. Se non fosse risibile, alla luce della Storia, parlare di nazisti estremisti e nazisti moderati, Ribbentrop – guerrafondaio irriducibile – sarebbe il capofila dei primi e Goebbels dei secondi. Galeazzo Ciano descrive il suo omologo «vanesio, leggero e loquace», mentre Mussolini, che lo detestava, invitava a guardargli la testa per capire quanto poco cervello contenesse. In ogni caso, la missione romana del ministro tedesco andò a vuoto perché il Duce non voleva ancora rompere con Francia e Inghilterra.

Per dimostrare il gioco delle parti di Hitler e Mussolini, come vedremo più avanti, nella primavera del 1938 l'Italia aveva firmato con gli inglesi gli «accordi di Pasqua», mentre il 6 dicembre Ribbentrop sottoscriveva a Parigi, nello sconcerto di gran parte dei francesi, un patto di amicizia tra Germania e Francia, giurando sul rispetto delle frontiere e assicurando reciproca consultazione in caso di divergenze. Ma il Führer stava ormai marciando a grandi passi verso la guerra totale. I Sudeti erano solo l'antipasto di un tragico banchetto. L'11 marzo 1939 inviò un ultimatum al governo cecoslovacco per intimare di non opporre resistenza alla «pacifica» occupazione della Boemia e della Moravia, e due giorni dopo ordinò al presidente fantoccio del governo autonomo slovacco di proclamare l'indipendenza della Slovacchia e di chiedere la protezione tedesca.

Crudelissima fu l'umiliazione imposta al vecchio presidente cecoslovacco Emil Hácha, che la sera del 14 marzo arrivò a Berlino accompagnato dalla figlia Milada Rádlová e dal ministro degli Esteri. La delegazione fu ricevuta dalla guardia d'onore delle SS, alloggiata nei migliori appartamenti dell'hotel Adlon, il più prestigioso di Berlino, e Milada Rádlová Hácha sommersa di cioccolatini, dono personale del Führer che adorava la cioccolata. Hitler aspettò l'una e mezzo del mattino per ricevere gli ospiti. I verbali dell'incontro, sequestrati alla fine della guerra, testimoniano la vigliaccheria dei cecoslovacchi e la crudeltà dei nazisti. Hácha aveva un passato rispettabile di giudice della Corte suprema, eppure scaricò il suo governo e strisciò ai piedi del dittatore tedesco in modo imbarazzante, forse nell'inutile ricerca e malriposta speranza di clemenza. Il Führer, infatti, andò subito al punto: le truppe tedesche erano alla frontiera e, se non fossero state fatte entrare pacificamente, la Cecoslovacchia sarebbe stata distrutta. «Mi dispiacerebbe dover bombardare la bella Praga» disse Hermann Göring, ministro dell'Aviazione.

Il presidente cecoslovacco svenne. Rianimato dal medico personale di Hitler, prese il telefono e ordinò al suo governo di non resistere all'invasore. La firma al protocollo d'intesa fu estorta alle 4 del mattino, dopodiché il Führer entrò nell'ufficio delle segretarie e le abbracciò, dicendo che quello era il giorno più bello della sua vita. Alle 6 le truppe tedesche entravano in Boemia e in Moravia, la sera del 15 marzo Hitler fece il suo ingresso a Praga e dormì nel castello di Hradčany, antica sede dei re boemi affacciata sulla Moldava. L'indomani assicurò i tedeschi che da quelle terre – «da mille anni spazio vitale della Germania» – non avrebbero avuto più nulla da temere.

## *Quando il Duce avrebbe potuto salvare se stesso e l'Italia*

C'è stato un momento in cui Mussolini poteva salvare se stesso e l'Italia. Ma non l'ha fatto. Il 4 luglio 1936 la Società delle Nazioni aveva revocato, con 50 voti su 54, le sanzioni inflitte al nostro paese sette mesi prima per l'aggressione all'Etiopia, che si erano rivelate un boomerang, perché non erano state estese al petrolio e al carbone (il vero colpo al cuore) per paura che a fornirli avrebbero provveduto gli Stati Uniti e la Germania. Gli americani, che non facevano parte della Società delle Nazioni, ritenevano infatti di pessimo gusto l'iniziativa presa da Francia e Inghilterra – paesi leader dell'organizzazione intergovernativa – dopo che si erano spartite il pianeta. Senza contare che, all'inizio della guerra d'Africa, Mussolini aveva avvertito – inutilmente – i francesi che le sanzioni lo avrebbero spinto tra le braccia di Hitler. Nel frattempo il Duce aveva raggiunto nel paese un consenso mai visto, giacché persino molti antifascisti – a partire da Benedetto Croce e Luigi Albertini – avevano aderito alla giornata dell'«oro alla Patria» offrendo la loro medaglietta di senatore.

Inoltre, la Francia si era tenuta fuori dalla guerra civile spagnola scoppiata nell'agosto 1936, pur essendo la base di partenza delle Brigate internazionali, di fede prevalentemente comunista, che diedero manforte ai repubblicani contro i nazionalisti di Francisco Franco, sostenuti, in chiave antisovietica, da Italia e Germania. E con gli inglesi i rapporti erano migliorati, dopo l'assicurazione italiana di non avere mire sulla Spagna, una volta finita la guerra. Fin dall'inizio del 1937, infatti, Ciano aveva avviato trattative con l'ambasciatore britannico a Roma per un transito libero nel canale di Suez e nel lago Tana, il più grande dell'Etiopia. L'intesa venne formalizzata il 16 aprile 1938, Sabato Santo, e fu chiamata «accordi di Pasqua».

In quell'arco di tempo Mussolini avrebbe potuto riallacciare i rapporti con le «democrazie», in particolare con la angloamericana, grazie ai quali era stato a lungo il leader più popolare d'Europa: aver tenuto l'Italia lontana dai bolscevichi gli aveva fruttato una larga riconoscenza occidentale. E questo prestigio si sarebbe rafforzato se avesse mantenuto una ragionevole distanza da quel Führer che tanto aveva detestato. Ma Mussolini preferì scegliere un'altra strada, che avrebbe portato lui e l'Italia alla rovina. Non voleva che il fascismo fosse una pur lunga parentesi nella storia d'Italia. Non voleva che, dopo di lui, tutto ricominciasse come prima. Voleva forgiare l'«uomo nuovo» e impresse al regime, complice l'allora segretario del partito, Achille Starace, una svolta che non fosse solo formale, come il «voi» al posto del «lei», il passo più marziale nelle parate, i salti nei cerchi di fuoco, le marce in divisa dei funzionari statali e così via, insomma tutti quegli orpelli che avrebbero contribuito nel dopoguerra a fare di lui una caricatura.

Considerando gli ebrei parte di quella borghesia internazionale che lo detestava, unitamente alla campagna razzista il Duce ne sferrò una altrettanto feroce contro la borghesia. Il 25 ottobre 1938, al Consiglio nazionale del Pnf, pronunciò un durissimo discorso contro «quel mezzo milione di vigliacchi borghesi che ancora esistono e contro i quali scatenerò la terza ondata» e affermò di aver individuato «un nemico del nostro regime. Questo nemico ha un nome: borghesia ... una categoria morale, uno stato d'animo, un temperamento. Una mentalità nettissimamente refrattaria alla mentalità fascista ... incapace, per la sua pavidità e grettezza, di ammirare gli uomini e le imprese audaci». Scrive Emilio Gentile in *Storia del fascismo*: «Identificato il borghese con l'ebreo, per il duce la borghesia divenne oggetto di una campagna d'odio [*finalizzata a generare*] una nuova razza fascista da inviare sui campi di battaglia della nuova inevitabile guerra».

L'industriale Alberto Pirelli era un suo sostenitore e ascoltato consigliere, nonché ministro di Stato, ma quando gli disse che occorreva ristabilire buone relazioni con la Francia, il Duce esplose: «È contro questa vile, schifosa borghesia ch'io lancerò la terza ondata». Ne fece le spese il nuovo ambasciatore francese André François-Poncet, che Mussolini aveva già incontrato nel suo precedente incarico a Berlino e che veniva a riconoscere di fatto l'annessione dell'Etiopia all'«impero» italiano. Incassati gli «accordi di Pasqua» con l'Inghilterra, il Duce sperava di ottenere qualche compensazione dall'allora debolissima Francia, ma lo fece nel modo sbagliato.

Il 30 novembre 1938, dopo essere stato accolto con la massima cortesia dal re e dallo stesso Mussolini, il diplomatico francese ebbe la malasorte di assistere alla seduta della Camera in cui il ministro degli Esteri Ciano dava conto delle nuove relazioni. Il suo discorso equilibrato fu accolto dai parlamentari con le grida: «Tunisia! Corsica! Gibuti!», e persino «Nizza! Savoia!», regioni e città che, per la verità, il fascismo – almeno per quanto riguarda Nizza e la Savoia – non aveva mai apertamente rivendicato. Il Duce, che era ovviamente al corrente della manovra, rimase impassibile. La Francia pretese le scuse, non le ebbe, e Ciano scrisse nel diario che François-Poncet uscì da un successivo incontro a palazzo Chigi, allora sede degli Esteri, «pallido come un foglio di carta».

In realtà, le richieste italiane erano abbastanza ragionevoli. Per Suez, dopo gli accordi con gli inglesi, si volevano ottenere dai francesi, che avevano la maggioranza delle azioni del canale, migliori tariffe commerciali. Gibuti era lo sbocco naturale dell'Africa italiana e ci si sarebbe accontentati di un condominio con la Francia. In Tunisia c'era una forte colonia italiana: si chiedeva che conservasse la nazionalità e potesse espandersi senza problemi. Più complicata qualsiasi aspirazione sulla Corsica, che Mussolini considerava una «pistola puntata sul cuore dell'Italia» e della quale reclamava virtualmente l'annessione per trasformare il Tirreno in un lago nazionale. Ma se con la gazzarra alla Camera pensava di intimidire i francesi, ottenne naturalmente il risultato opposto. Il primo ministro Édouard Daladier, recatosi in visita nei territori rivendicati da Roma, fu accolto con deliri di popolo e concluse che non avrebbe ceduto all'Italia «neanche un pollice dei suoi territori, dovesse anche risultarne un conflitto armato».

### *Mussolini: «La Germania non attaccherà la Polonia. L'Inghilterra non la difenderà»*

«Non diamo alla stampa la notizia di questa visita. Gli italiani riderebbero di me: ogni volta che Hitler prende uno Stato, mi manda un messaggio.» La mattina del 15 marzo 1939 Ciano entrò nella Sala del Mappamondo dopo che ne era appena uscito Filippo d'Assia, marito di Mafalda di Savoia, latore di una comunicazione verbale di Hitler che annunciava al Duce di essersi preso la Cecoslovacchia. Il pretesto: non smobilitavano le loro forze armate ai confini e trattavano male i tedeschi. «Lo trovo scontento e depresso» annota il genero nel diario. «La cosa è grave, tanto più che Hitler aveva assicurato che non avrebbe mai voluto annettersi un solo ceco.» L'aveva detto sei mesi prima a Monaco, e Mussolini se ne era fatto garante insieme con i primi ministri inglese e francese. Il Führer si era preso anche l'Austria senza avvertire il Duce, ma stavolta la cosa era più grave, sia perché esisteva l'Asse italo-tedesco sia perché Mussolini – osannato nel mondo come artefice della pace di Monaco (anche se molto si dovette al cedimento del primo ministro britannico Neville Chamberlain) – perdeva vistosamente la faccia. «Quale peso» prosegue Ciano «si potrà dare in futuro a quelle altre dichiarazioni e promesse [*di Hitler*] che più da vicino ci riguardano?»

Ciano si scoprì fortemente antigermanico, come il re che, con Mussolini, arrivò a definire i tedeschi «mascalzoni e straccioni». Provò quindi a suggerire al suocero di riprendere i rapporti con le «democrazie» (così in tono dispregiativo Hitler e Mussolini definivano la Francia e l'Inghilterra), ma lui perseverò nell'errore per una malintesa questione di orgoglio. Cedendo, avrebbe dato ragione agli odiati borghesi, ai cattolici, agli stessi gerarchi come Italo Balbo ed Emilio De Bono che avevano sempre manifestato diffidenza e ostilità nei confronti dei nazisti.

E poi, che cosa avevano fatto Francia e Inghilterra dinanzi all'annessione tedesca della Cecoslovacchia? Nulla, assolutamente nulla, nonostante a Monaco avessero garantito la difesa della sua indipendenza. Mussolini ne restò sorpreso e turbato, e si convinse che l'egemonia tedesca in Europa era imbattibile e che mai si sarebbe potuta allestire una coalizione per contrastarla.

Vista l'inazione sulla Cecoslovacchia, il Duce si stupì perciò quando Chamberlain ammise di essere stato ingannato e il 31 marzo dichiarò ai Comuni, anche a nome della Francia, che in caso di minaccia tedesca all'indipendenza della Polonia «il governo di Sua Maestà si sentirà subito tenuto a concedere al governo polacco ogni sostegno in suo potere».

Mussolini convocò subito a Roma Dino Grandi, l'ambasciatore a Londra che i tedeschi avevano chiesto di richiamare per il suo atteggiamento filobritannico. Ascoltiamo il racconto di Grandi tratto dalle sue memorie (*Il mio paese*): «Mussolini mi mandò a chiamare. Mi disse, eccitato: "Che cosa significa questo gesto inglese? Non si rendono conto gli inglesi che sottoscrivendo questo patto di garanzia essi danno ai polacchi accesa la miccia della guerra europea, e non riusciranno più a fermarla? Che essi perdono l'iniziativa della pace in Europa? È possibile che la politica inglese sia così cieca da non vedere questo?"».

«Gli risposi» continua Grandi «che la garanzia alla Polonia significa semplicemente che la politica di Monaco è finita, che la Gran Bretagna si considera in guerra potenziale contro la Germania. Bisogna non dimenticare la storia ... Occorre un motivo morale per suscitare il consenso del popolo inglese. Nel 1914 la ragione morale fu il dovere d'onore di difendere il Belgio invaso. Questa volta è la Polonia. Mussolini mi guardò incredulo. "No, non lo credo. 1. La Germania non farà guerra alla Polonia. 2. L'Inghilterra non scenderà in campo per difendere la Polonia. Avremo semmai un'altra Monaco."»

Eppure, il Duce non poteva ignorare che il 24 ottobre 1938, meno di un mese dopo Monaco, Ribbentrop aveva invitato a pranzo l'ambasciatore polacco per dirgli: «Danzica deve tornare alla Germania. Il governo tedesco intende costruire un'autostrada e una linea ferroviaria a doppio binario attraversando il territorio polacco per allacciare la Germania con Danzica e la Prussia orientale». Inoltre, Hitler voleva che la Polonia entrasse in un patto anti-Comintern contro la Russia. In cambio, la durata del trattato fra i due paesi sarebbe passata da dieci a venticinque anni, con la garanzia che le frontiere sarebbero state rispettate.

L'ambasciatore polacco anticipò che la risposta del suo governo sarebbe stata negativa. E la riferì ufficialmente a Ribbentrop il 19 novembre 1938. Le due parti avrebbero potuto accordarsi sullo statuto di città libera per Danzica, ma il tentativo di annettere Danzica nel Reich avrebbe portato a un conflitto. (Avevano entrambe un po' di ragione. Il trattato di Versailles aveva istituito il «corridoio» protetto dalla Società delle Nazioni per dare alla Polonia l'accesso al mar Baltico. Sacrosanto. Ma Danzica aveva una popolazione in prevalenza tedesca e Hitler voleva collegare le due regioni della Germania, Prussia orientale e occidentale, divise da quel pezzetto di Polonia. Una soluzione pacifica sarebbe stata l'ideale. Varsavia, però, temeva che il Führer, messo un piede dentro...)

Mussolini sapeva benissimo tutto questo. E allora? Chi capì la psicologia del Duce fu, come riferisce Renzo De Felice in *Mussolini il duce*, il ministro degli Esteri rumeno Grigore Gafencu, che andò a trovarlo in quei giorni: «Mussolini aveva sfidato troppo a lungo il destino per non sentire la minaccia di un rovescio sempre possibile ... Lo preoccupava la sua unione con Hitler che disponeva di forze infinitamente più grandi. Si vedeva trascinato su una via che egli stesso aveva aperta ... Avendo provocato il vento, temeva la tempesta: una tempesta che gli arrivava addosso e sfuggiva al suo controllo».

### *La grottesca conquista dell'Albania e le tensioni con la Chiesa*

Il piano di espansione di Mussolini era molto, troppo ambizioso. Il 5 febbraio 1939 aveva presentato al Gran Consiglio un progetto che prevedeva, in Europa, la futura conquista dell'Albania e l'abbattimento delle quattro «sbarre» che imprigionavano l'Italia nel Mediterraneo: la Corsica, la Tunisia, Malta e Cipro, «che costituiscono una minaccia alle posizioni italiane nel Mediterraneo centrale e occidentale. ... Le sentinelle di questa prigione sono Gibilterra e Suez. ... Grecia, Turchia, Egitto sono Stati pronti a far catena colla Gran Bretagna e a perfezionare l'accerchiamento politico-militare dell'Italia [*e*] devono essere considerati Stati virtualmente nemici dell'Italia e della sua espansione». Ma Mussolini andava oltre, sostenendo che una potenza non è tale se non ha uno sbocco nell'oceano: pensava all'oceano Atlantico («attraverso l'Africa Settentrionale francese») e all'oceano Indiano («saldando, attraverso il Sudan, la Libia coll'Etiopia»). Negli appunti di un libro mai scritto (*Europa 2000*) si vagheggiava che in futuro quattro potenze avrebbero dominato il mondo: Germania, Unione Sovietica, Giappone e Italia. Francia e Inghilterra sarebbero state depotenziate «dal virus edonista e dall'acido della corruzione giudaica», oltre che da una demografia calante.

Come risposta immediata all'annessione della Cecoslovacchia, Ciano avrebbe voluto prendersi l'Albania. Voleva vendicarsi del trattamento subìto, il 27 aprile 1938, al matrimonio di re Zog con una giovane e spiantata nobile ungherese. (Annota Ciano nel diario: «Sono stato trattato con una freddezza e con una scortesia che non mi aspettavo. Tutto è stato organizzato in modo da diminuire la nostra posizione: è un affronto deliberato all'Italia».) L'Albania era sottomessa all'Italia grazie a un «patto di vassallaggio» stipulato nel 1926. Mussolini cercò di calmare il genero e di convincere Zog ad accettare un protettorato più rigido, ma il sovrano albanese, spregiudicato giocatore, rifiutò, sperando di convincere iugoslavi e tedeschi a reggergli il bluff. Allora l'Italia organizzò un penoso sequestro della propria moglie, come diceva Vittorio Emanuele III, alludendo al protettorato informale già in corso.

La notte sull'8 aprile 1939, Sabato Santo, avvenne una pasticciatissima invasione delle truppe italiane che fece scrivere all'arguto Filippo Anfuso nelle sue memorie: «Se gli albanesi avessero posseduto un corpo di pompieri ben addestrato ci avrebbero gettati nell'Adriatico». Mentre fu dato a Zog tutto il tempo di scappare con la famiglia nella vicina Grecia, le nostre navi ebbero difficoltà logistiche a entrare nel porto di Durazzo, dove caddero 8 marinai italiani e 3 bersaglieri. Una settimana dopo, il 16 aprile, una mesta delegazione albanese, guidata dal primo ministro Shefqet Verlaci, entrava spaesata nei saloni del Quirinale per offrire a Vittorio Emanuele la corona d'Albania. Il Savoia gradì, anche se aveva sconsigliato una guerra per prendersi «quattro sassi». E il piccolo regalo attenuò un pochino la sua furia per l'affronto che Mussolini gli aveva fatto un anno prima, il 30 marzo 1938.

In un discorso al Senato sul bilancio delle forze armate, infatti, il Duce aveva detto: «In Italia la guerra, come lo fu in Africa, sarà guidata da uno solo: da chi vi parla, se, ancora una volta, questo grave compito gli sarà riservato dal destino». Era seguita un'ovazione dei senatori e questo aveva dato un gran dispiacere al re: era lui a nominarli e avevano sempre costituito uno scudo di legalità agli eccessi della Camera. Ma, con il passare degli anni, anche il Senato si era fascistizzato. (Il 1939 fu l'anno della riforma costituzionale. Fino ad allora i deputati venivano eletti, sia pure fittiziamente, dato che le nomine erano decise dal partito, ma dal 19 gennaio 1939 in poi la Camera dei deputati diventò Camera dei fasci e delle corporazioni, in cui venivano rappresentate le diverse categorie produttive.)

Per comprendere appieno la fascistizzazione di questa nuova istituzione statale è indicativo ciò che accadde quando fu deciso di istituire un nuovo grado militare che equiparava Mussolini al re. Poiché erano ancora i deputati a dover fare le leggi, il 30 marzo 1938 il presidente della Camera, Costanzo Ciano, la convocò d'urgenza malgrado fosse chiusa, raffazzonò in poche ore un parere della commissione addetta e venne stabilita la creazione del grado di «primo maresciallo dell'impero», conferendolo «a Sua Maestà il re imperatore e a Benito Mussolini, Duce del fascismo». Per arginare l'ira del sovrano, vistosi messo sullo stesso piano giuridico del capo del governo, Mussolini gli fece recapitare un parere di Santi Romano, presidente del Consiglio di Stato, che garantiva la legittimità dell'operazione.

L'altra grossa novità di quell'anno fu la morte di Pio XI, avvenuta il 10 febbraio. Da tempo per lui Mussolini non era più «l'uomo della Provvidenza» e da tempo l'Azione cattolica era nel mirino dei fascisti. Il 28 luglio 1938 il pontefice, parlando agli alunni del Collegio urbaniano di Propaganda Fide, aveva detto: «Chi colpisce l'Azione cattolica colpisce la Chiesa, perché colpisce la vita cattolica. È quindi facile l'identificazione: chi colpisce l'Azione cattolica colpisce il Papa ... E chi colpisce il Papa muore». L'anatema pontificio veniva scagliato a due settimane dalla pubblicazione del «Manifesto degli scienziati razzisti» e, al di là della difesa scontata dell'Azione cattolica, segnava la rottura della Santa Sede con il regime totalitario fascista. («Siamo tutti semiti...» aveva detto il papa.) Ciano ammonì il nunzio apostolico che l'opposizione alle leggi razziali avrebbe aperto uno scontro fra il regime e la Chiesa, e Mussolini, che vagheggiava l'abolizione della monarchia, arrivò a pensare di convincere gli italiani a fare a meno anche del Vaticano.

Ma ormai non era solo Pio XI a combattere il fascismo. Ildefonso Schuster, l'arcivescovo di Milano che nel 1936 aveva donato la croce pettorale nella giornata dell'«oro alla Patria», all'inizio del 1939 aveva detto ai vescovi lombardi: «Il fascismo è una dottrina sempre più paganeggiante che la Chiesa non può accettare». L'11 febbraio si sarebbe celebrato solennemente il decennale del Concordato, alla presenza di tutti i vescovi italiani, e Pio XI aveva preparato per l'occasione un discorso durissimo, ma morì poche ore prima d'infarto. Si favoleggiò di un avvelenamento compiuto da Francesco Saverio Petacci, padre di Claretta, medico accreditato in Vaticano ma non archiatra pontificio, e quindi senza possibilità di accesso diretto al papa. La storia fu smentita categoricamente da Carlo Confalonieri, segretario particolare di Pio XI, mentre non ha retto alle successive verifiche la leggenda delle pagine strappate dal diario di Claretta in coincidenza con la morte del pontefice.

Mussolini non andò ovviamente ai funerali, e Pio XII, il principe Eugenio Pacelli, gli fece il regalo di non pubblicare il testo del discorso di papa Ratti: si addensavano le nubi di un nuovo conflitto e una guerra di religione in Italia sarebbe stata catastrofica.

### *E il Duce s'impicca al «patto d'acciaio»*

Per Mussolini sono questi gli ultimi tempi del grande consenso. Non sembra mutato il clima descritto dal federale di Roma Nino D'Aroma nel 1932: «Il fascismo è un regime di opinione pubblica», per significare che il Duce era attentissimo agli umori della gente. Che in *Storia del fascismo* Emilio Gentile, riportando i rapporti riservati del ministero dell'Interno, descrive come «ingabbiati». Basti per tutti la confessione di un militante comunista: «Il fascismo tiene china sotto il suo controllo tutta la vita del popolo italiano; le grandi masse dei piccoli borghesi, degli operai e dei contadini, degli intellettuali possono vivere solo assoggettandosi al controllo esercitato dal fascismo ... Non c'è scampo: chi deve vivere in Italia, deve appiccicarsi l'etichetta fascista».

Ma gli italiani non sono guerrieri e il consenso a Mussolini era condizionato al mantenimento di un ragionevole periodo di pace, dopo le guerre d'Etiopia e di Spagna. Il 20 aprile 1939, una decina di giorni dopo la fulminea avventura albanese, il Duce illustrava in Campidoglio con parole rassicuranti l'Esposizione universale E42, assegnata a Roma fin dal 1936. «È destinata a rimanere nei secoli» disse «con edifici che avranno le proporzioni di San Pietro e del Colosseo. ... Il tutto sarà dominato da un gigantesco arco romano ... come simbolo delle volontà umane tese nello sforzo di realizzare la pace sulle basi durature e veramente incrollabili della giustizia, che sa conciliare le sue leggi eterne con quelle della vita.» (L'arco progettato da Adalberto Libera, con un'altezza massima di 200 metri, fu chiamato «Porta del Mare». Avrebbe dovuto essere pronto nel 1941, ma la guerra annullò sia l'arco sia l'Esposizione. L'opera era una meraviglia e una novità architettonica, purtroppo mai realizzata. Tant'è vero che quando ne indicai un bozzetto a Giorgio Napolitano, allora presidente della Repubblica, in una mostra al Vittoriano, lui commentò: «Libera era Libera...».)

Questo desiderio di pace si frantumò con la folle decisione di Mussolini di trasformare l'Asse italo-tedesco in un «patto d'acciaio», come lo chiamò lui stesso. Il Duce era convinto, come abbiamo visto, che la Germania avrebbe dominato l'Europa. Aveva cercato, con risultati altalenanti, di mantenere buoni rapporti con la Francia e, soprattutto, con l'Inghilterra, allarmata peraltro dall'operazione albanese, che temeva fosse l'antipasto di un futuro banchetto da consumare in Grecia e in Iugoslavia. D'altro canto, sapeva di non essere pronto alla guerra e chiese ripetutamente a Hitler di non fare altre mattane prima di tre anni.

Nella due giorni di Milano dedicata agli accordi del patto (6-7 maggio 1939) Ciano ribadì chiaramente queste condizioni a Ribbentrop, che lo rassicurò. A voce. Non si capisce per quale ragione la redazione del documento fu affidata ai tedeschi. Certo è che quando il 22 maggio i due ministri degli Esteri lo firmarono a Berlino alla presenza di Hitler, il patto era una forca alla quale l'Italia andava a impiccarsi. Dopo una premessa che prevedeva un accordo di reciproca consultazione sulle questioni di comune interesse, nell'articolo 3 si stabiliva che «se, malgrado i desideri e le speranze delle parti contraenti, dovesse accadere che una di esse venisse a essere impegnata in complicazioni belliche con una o altre potenze, l'altra parte contraente si porrà immediatamente al suo fianco come alleata e la sosterrà con tutte le sue forze militari per terra, per mare e nell'aria». Insomma, in qualunque momento Hitler avesse deciso di fare la guerra a chicchessia, Mussolini sarebbe stato obbligato a entrare in guerra al suo fianco.

Gli italiani si accorsero dell'errore subito dopo la firma e il 30 maggio il Duce scrisse al Führer che, prima di tre anni, l'Italia non sarebbe stata pronta. Nell'introduzione al suo diario scritta nel dicembre 1943 nel carcere di Verona, città nella quale sarebbe stato condannato a morte dalla Repubblica sociale, Ciano ricostruì la vicenda, ricordando di essere stato sempre contrario all'idea di legarsi indissolubilmente alla Germania. «La decisione di stringere l'alleanza fu presa da Mussolini, all'improvviso, mentre io mi trovavo a Milano con Ribbentrop. Alcuni giornali americani avevano stampato che la metropoli lombarda aveva accolto con ostilità il ministro tedesco e che questa era la prova del diminuito prestigio personale di Mussolini. *Inde ira*. Per telefono ricevetti l'ordine, il più perentorio, di aderire alle richieste tedesche di alleanza, che da più di un anno avevo lasciato in sospeso … Così nacque il Patto d'Acciaio. E una decisione che ha avuto influenze tanto sinistre sulla vita e sul domani dell'intero popolo italiano è dovuta, esclusivamente, alla reazione dispettosa di un dittatore contro la prosa del tutto irresponsabile e senza valore di alcuni giornalisti stranieri.»

*Benito a Claretta: «Tu non sai cos'è una guerra»*

Una spinta a Ciano per la firma del patto la diede anche la moglie Edda, figlia prediletta del Duce. La coppia, sposatasi nel 1930 con grande solennità, viveva senza rigidi vincoli coniugali. Nei ricevimenti, per esempio, Edda conversava amabilmente con gli ufficiali tedeschi, mentre il marito s'intratteneva con le dame dell'aristocrazia romana. Ed entrambi avevano amanti.

Un agente segreto operativo a Parigi aveva informato il capo della polizia Arturo Bocchini, amico di Ciano, della disistima che negli ambienti diplomatici circondava il ministro degli Esteri italiano. Si sosteneva che la personalità più forte e intelligente della coppia fosse Edda, che andava spesso a Berlino e che, in accordo con il padre, sarebbe stata il vero motore del patto. Antonio Spinosa racconta che, per festeggiare l'avvenimento, Edda invitò gli amici più intimi a Venezia e giocò con loro a poker in una suite dell'Excelsior, al Lido, perdendo come al solito un'ingente somma di denaro. Diventò nervosissima, anche perché, come riferisce Arrigo Petacco nella sua biografia, nelle stesse ore la regina Elena, nota per le sue doti di preveggenza (e per la sua scarsa stima nei confronti di Galeazzo), aveva confidato a una dama di compagnia: «Ho la sensazione che questo Ciano finirà tragicamente travolto dal fascismo».

Gli inglesi attribuirono a Ciano la responsabilità dell'accaduto. Il nuovo ambasciatore inglese a Roma, sir Percy Loraine, ammise che il patto di non aggressione tra Inghilterra, Francia e Russia e l'accordo anglo-turco potevano aver spaventato la Germania spingendola ad accorciare i tempi, ma si era illuso che Mussolini fosse restio a sposarsi con Hitler e pensasse ancora a un accordo con le potenze democratiche, com'era avvenuto nella prima guerra mondiale. Anche gli ambasciatori sbagliano…

L'Europa stava per sfaldarsi, e quella del 1939 fu l'ultima estate di «spensieratezza».

L'8 giugno Mussolini e la Petacci fanno una gita al mare, per battezzare il fuoribordo con cui scorrazzeranno sulle onde nelle giornate afose. Lo scafo si chiama *Mascottina*, uno dei nomignoli dati a Claretta da Benito, e viene varato con una bottiglia di spumante autarchico. «Andiamo a 72 chilometri orari: sembra di volare ... il mare è liscio» scrive Clara nel diario.

Sabato 15 luglio la Petacci varca per la prima volta i cancelli di villa Torlonia. Sono le 8 del mattino, e Mussolini è già a cavallo. «Arrivo al galoppatoio: c'è lui a cavallo, su di una magnifica bestia marrone. Mi sorride, saluta e poi galoppa, e poi dopo saluta». Benito si esibisce davanti agli occhi innamorati di Claretta che, anche nell'abbigliamento, lo trova meraviglioso. Nelle settimane seguenti i due amanti si ritrovano sulle spiagge romagnole. Venerdì 4 agosto, appena superato il passo del Furlo, nelle Marche, il Duce andrà a prenderla con una bellissima Alfa Romeo rossa decappottabile. Mercoledì 23 agosto sono sulla spiaggia di Castelporziano.

Mentre i russi e i tedeschi firmano il patto di non aggressione, Claretta coglie al volo questa considerazione del Duce: «Credo che questi saranno gli ultimi giorni di pace. Per tutti questo patto potrebbe far pensare: eliminata la guerra. Viceversa, credo che la precipiti». Domenica 27 agosto Mussolini, acclamato dalla folla, si affaccia al balcone di palazzo Venezia. Una volta rientrato, fa notare alla giovane amante che la gente aveva bisogno di vederlo e di essere rassicurata, perché la guerra non la vuole nessuno e solo lui potrebbe fare di nuovo da mediatore. «Tu non sai cos'è una guerra» le dice. «Tu non la ricordi. Rinunzia e sacrifici, fame, tessere, rifugi, malattie ... Una sconfitta è la fine di un popolo e avere di che piangere per vent'anni. Ah, è terribile. Tu non ti rendi conto di ciò che può essere la guerra.»

## *Eva Braun regina del Nido dell'Aquila*

A fine marzo 1939 Eva Braun si chiedeva se il suo Führer sarebbe rientrato per venerdì 7 aprile. Gli Osterhasen, i coniglietti di Pasqua, erano già pronti per i bambini, ma quell'anno Hitler, in via del tutto eccezionale, si era concesso una vacanza per la prima crociera ufficiale di una nuova nave, la *Robert Ley*, in servizio per l'organizzazione ricreativa nazista Kraft durch Freude (KdF, Forza attraverso la gioia), che offriva viaggi gratuiti ai lavoratori tedeschi, per dare loro ristoro, riposo, relax. Hitler, però, in una fotografia che lo ritrae accanto a una giovane e bellissima signora bionda, Inga Ley, moglie di Robert Ley, a cui la nave era intitolata, appare scuro in volto, quasi infastidito dal frangersi delle onde e dal vento. E infatti non portò a termine il viaggio. Volle scendere ad Amburgo e, due settimane dopo, il 20 aprile, era a Berlino per festeggiare il suo compleanno, con infervorati discorsi davanti a folle esultanti.

A maggio, quando fece ritorno al Berghof per qualche giorno, Eva scattò molte foto, anche più ravvicinate del solito, ai gruppi di amici che si raccoglievano per il tè. Indossava il costume bavarese, come piaceva al suo uomo, che non apprezzava granché gli abiti inviati da Parigi. Eva spendeva in vestiti cifre esorbitanti, che però Martin Bormann, la potentissima eminenza grigia del regime, non avrebbe mai osato mettere in discussione. Questo sfarzo non era gradito neanche dalla sorella Ilse, anche perché la posizione di favorita l'aveva resa arrogante e superba nei confronti dei suoi parenti. «Non riconoscevo più mia sorella … Questa metamorfosi era per assecondare i desideri di Hitler … Eva è diventata arrogante, tirannica, e senza tatto verso la sua famiglia. Vivere come i grandi di questa terra la rende egoista, persino crudele … Distribuisce i suoi abiti usati come una regina.» Così scrive Ilse in una nota di diario citata da Nerin E. Gun.

Non va dimenticato, però, che la famiglia Braun, in particolare il padre Fritz, nei primi tempi della relazione di Eva con Hitler la trattava alla stregua di una concubina. Ma nel 1937, due mesi dopo aver litigato violentemente con la figlia, Fritz Braun ottenne, grazie a lei, la tessera numero 1488 che lo includeva tra i veterani della rivoluzione. E fu chiaro a tutti il vantaggio d'essere a corte.

Un giorno Hitler invitò per un tè la famiglia Braun, alla quale faceva anche piccoli regali, e si mostrò così prodigo di gentilezze che Fritz, sino ad allora refrattario alle raccomandazioni, si spinse a chiedergli una cortesia per un amico generale. Gli fu risposto che la questione non competeva a lui, ma ai suoi aiutanti. «E quest'uomo vuole essere il nostro Führer?» sarebbe stato il suo commento.

Fanny, la madre, era di tutt'altro avviso. A lei non dispiaceva affatto di non spendere un soldo per pranzi, feste, vacanze. Eva la portò insieme a Gretl in una crociera KdF nei fiordi norvegesi, a bordo della MS *Milwaukee*. In mezzo alla folla di turisti, Eva si sentì finalmente libera.

Nell'aprile 1939, per i cinquant'anni di Hitler, Bormann, a nome del Partito nazista, gli fa ufficialmente dono del «Nido dell'Aquila», così chiamato dagli inglesi, un rifugio sospeso a 1834 metri d'altezza sulla sommità del monte Kehlstein. Quasi una fortezza medievale al costo di 30 milioni di Reichsmark. Enormi blocchi di pietra furono infatti trascinati lungo i pendii, con un lavoro più difficile e faticoso di quello occorso per costruire le piramidi.

Per raggiungere quel «nido» era necessario percorrere una strada di circa 6,5 chilometri, asfaltata, tutta in salita, solo curve attorno a precipizi, due anni di lavoro e 20 operai morti. Si arrivava infine a un tunnel alto 4 metri e lungo 124, con le pareti ricoperte di piastrelle italiane. L'ascensore era rivestito in ottone, dotato di ventilatore, impianto di musica, e arredato con una poltrona in velluto rosso per il Führer, sedili in cuoio verde e, di fronte, uno specchio importato da Venezia.

Un altro lungo tunnel scavato nel cuore della montagna conduceva a uno stretto vestibolo che si apriva su una sala da pranzo. Le stanze erano di proporzioni modeste, tranne la sala del tè. Le finestre gotiche guardavano sul versante tedesco, mentre la camera di Eva dava sul versante austriaco, con affaccio su Salisburgo.

Uno studio, due camere con bagno, due cucine, una stanza per le guardie delle SS e un ampio interrato. Su tutto, una terrazza per prendere il sole che, d'inverno, si trasformava in veranda.

Insomma, una scenografia da film.

Hitler, che soffriva di vertigini e non amava l'aereo, ci andò sette, forse otto volte, più che altro per farne sfoggio con ospiti stranieri e per compiacere Eva, che amava pranzare davanti a un simile panorama. Salvatore Paolini, un giovane cameriere che era l'unico italiano tra il personale di servizio, racconta di come il Führer sedesse al centro della tavola con le spalle rivolte al muro per godersi scenari mozzafiato e la Braun lo raggiungesse a pranzo, ma accomodandosi a distanza. Testimonianza curiosa, visto che durante i pranzi informali lei prendeva posto quasi sempre accanto a Hitler.

Nel 1939 Eva conobbe Unity Mitford, 25 anni, una bella aristocratica inglese figlia del barone di Redesdale e simpatizzante del Partito fascista inglese. Unity detestava Mussolini per quanto ammirava Hitler. Dopo la «notte dei cristalli» (10 novembre 1938), molti prestigiosi appartamenti di proprietà ebraica erano rimasti vuoti. Hitler ne sequestrò uno per lei in Agnesstrasse 26, a Monaco: sala da pranzo, camera da letto e cameretta per gli ospiti. «Dietro il letto due grandi bandiere con la svastica erano incrociate e i lembi ricadevano sui cuscini a mo' di drappi» racconta David Pryce-Jones nella biografia della Mitford.

Unity fu amante di Hitler? Difficile dirlo, nonostante il grande e ammirato riguardo riservatole dal Führer da quando si conobbero alla birreria Osteria Bavaria di Monaco, nella primavera del 1933. Fu la folle fascinazione subita dalla giovane aristocratica inglese a farle tracciare con un anello di diamante svastiche sui vetri delle finestre del suo alloggio.

Per mitigare la gelosia di Eva, nel fine settimana del 6-7 maggio 1939, al Berghof, Hitler ebbe un faccia a faccia con lei, il primo dal congresso del partito del 1937 a Norimberga. Forse il Führer volle finalmente sottolineare che Eva era, di fatto, la padrona di casa.

Il 3 settembre 1939, il giorno in cui l'Inghilterra dichiarò guerra alla Germania, Unity si sparò maldestramente in testa. Sopravvisse per nove anni, annebbiata e semiparalizzata. Hitler ebbe più premure per il suo cane che per lei. L'andò a trovare una sola volta, poi diede disposizioni per un rientro sicuro in Inghilterra e se ne dimenticò in fretta.

### *Mussolini a Hitler: «L'Italia non è pronta per la guerra»*

Quando Ciano riferì a Ribbentrop la decisione del Duce di sottoscrivere subito il «patto d'acciaio», il ministro degli Esteri tedesco si stupì. Fu sorpreso anche Hitler, che ovviamente, però, diede ordine di procedere. Ciano aveva capito che nessuno avrebbe fermato il Führer durante un incontro a Salisburgo ai primi di agosto. Il suo diario è testimone della preoccupazione sua e di Mussolini: «Ci hanno ingannato e mentito. E oggi stanno per tirarci in un'avventura che non abbiamo voluta … Il popolo italiano fremerà di orrore quando conoscerà l'aggressione contro la Polonia e, caso mai, vorrà impugnare le armi contro i tedeschi. Non so se augurare all'Italia una vittoria o una sconfitta germanica. Comunque dato il contegno tedesco io ritengo che noi abbiamo le mani libere e propongo di agire di conseguenza, dichiarando cioè che noi non intendiamo partecipare a un conflitto che non abbiamo voluto né provocato».

Ciano rientrò dal colloquio con Ribbentrop e Hitler il 13 agosto. Il suo diario registra, tra il 15 e il 22, continui ondeggiamenti di Mussolini. Al contrario del Führer, il Duce è convinto che le «democrazie» scenderanno in guerra. Ammette che l'Italia non è preparata per battersi. Poi ci ripensa: Hitler potrebbe ottenere quel che vuole senza sparare un colpo e lui vorrebbe delle compensazioni. Altra capriola: ritiene che una denuncia del patto possa indurre Hitler a rinunciare alla Polonia per «saldare il conto dell'Italia». Ancora: per questioni d'orgoglio, bisogna marciare con la Germania, e Ciano sostiene di averlo fatto rinsavire: «I tedeschi – non noi – hanno tradito l'alleanza. … Stracciate il Patto. Gettatelo in faccia a Hitler».

I due decisero allora di programmare un nuovo incontro tra Ciano e Ribbentrop al Brennero, ma la sera del 21 agosto il ministro tedesco informò il collega italiano che sarebbe stato preferibile vedersi a Innsbruck, da dove sarebbe volato a Mosca per firmare «il patto politico con i Soviet». Il patto, firmato il 23 agosto da Ribbentrop con il ministro degli Esteri sovietico Vjačeslav Molotov, era un accordo di non aggressione tra la Germania e l'Unione Sovietica. Tutto era accaduto in pochi giorni. Stalin, che aveva sottoscritto un analogo patto con la Francia, non si pose il problema della compatibilità con quello stretto con la Germania, pur sapendo che le due parti sarebbero probabilmente scese in guerra tra loro.

Mussolini rimase completamente spiazzato. L'ambasciatore tedesco a Roma, Hans Georg von Mackensen, era stato riservatamente avvertito che un attacco alla Polonia avrebbe violato il «patto d'acciaio», che prevedeva un conflitto non prima del 1942 (per la verità, questo non era scritto nel patto, ma in una successiva lettera di Mussolini a Hitler del 30 maggio 1939), che l'affare polacco era dunque di esclusiva pertinenza tedesca e che, infine, se l'Italia fosse scesa in guerra avrebbe dovuto vedersela da sola con inglesi e francesi e – di qui a qualche mese – anche con gli Stati Uniti, «sostenendo da sola il peso della guerra per dare al Führer il modo di sistemare la questione orientale» con la Polonia. In particolare, la marina italiana sarebbe stata distrutta da quella inglese e l'esercito sarebbe stato travolto da quello francese. Il 24 agosto il re aveva riferito a Ciano: «L'esercito è in uno stato "pietoso" ... gli ufficiali sono scadenti, i mezzi vecchi e inadatti».

Hitler, che aveva programmato l'attacco alla Polonia per il 26 agosto, si fermò. Ci fu un febbrile scambio di missive tra i due dittatori, reso più concitato dalla distanza e dalle necessità di traduzione. Il 25 agosto il Führer scrisse una lettera a Mussolini scusandosi per non averlo avvertito, non immaginando che l'accordo con Stalin sarebbe stato così «conclusivo e veloce» e «di immensa utilità per l'Asse». Hitler non credeva che gli anglofrancesi sarebbero scesi in guerra per difendere la Polonia (in Francia circolava un detto poi diventato famoso: «Morire per Danzica?») e, in ogni caso, avere le spalle coperte a est lo rassicurava a ovest, grazie anche all'alleanza con l'Italia, confinante con la Francia. Al Führer premeva soprattutto avvertire il Duce che «se in Polonia dovessero avvenire fatti intollerabili, agirò immediatamente».

Mussolini lesse la lettera due volte davanti all'ambasciatore tedesco, che riferì a Berlino l'accordo italiano sull'inevitabile guerra alla Polonia in cui «l'Italia sarebbe rimasta al nostro fianco incondizionatamente, con tutti i mezzi a sua disposizione». Perciò l'indomani, quando l'ambasciatore italiano Bernardo Attolico consegnò personalmente a Hitler la risposta del Duce, questa – secondo la testimonianza dell'interprete Paul Schmidt – «colpì il Führer come un fulmine».

Mussolini, infatti, lo informava che «l'Italia non avrebbe preso l'iniziativa di operazioni belliche date le attuali condizioni della nostra preparazione militare ripetutamente e tempestivamente segnalate al Führer e a von Ribbentrop». Per salvare la decenza, fu aggiunta una postilla con una giustificazione e una richiesta: la Germania sapeva che l'Italia non sarebbe stata pronta a battersi prima del 1942, ma quest'ultima sarebbe immediatamente scesa in guerra «se la Germania ci darà subito i mezzi bellici e le materie prime per sostenere l'urto che i franco-inglesi dirigeranno prevalentemente contro di noi».

Secondo De Felice, nacquero qui nel Führer una diffidenza e una disistima vivissime nei confronti degli italiani che avrebbero avuto le loro conseguenze. Schmidt raccolse questo sfogo di Hitler: «"Gli italiani si stanno comportando proprio come nel 1914" e quella sera la Cancelleria risuonò di improperi contro lo "sleale alleato dell'Asse"».

### *Benito a Claretta: «Domani c'è la guerra!»*

L'attacco alla Polonia era previsto per le 4.30 del mattino del 26 agosto 1939, nove ore più tardi. Hitler si fermò per il «tradimento» di Mussolini, e anche perché fu sorpreso dall'accordo di mutua assistenza tra Inghilterra e Polonia. Mentre gli alti ufficiali che cospiravano contro Hitler festeggiavano l'annullamento dell'attacco come una rinuncia definitiva alla guerra, la sera stessa del 25 agosto il Führer andò a vedere il bluff del Duce: «Bene, diteci che cosa vi serve». Lui chiese ai tecnici di stilare una lista, la raddoppiò («È tale da uccidere un toro» scrisse Ciano nel diario), costringendo Hitler ad accontentarsi elegantemente di «un'attività di propaganda e dimostrazioni militari appropriate». Anche perché l'ambasciatore Attolico, contrario alla guerra, aveva aggiunto al messaggio di Mussolini la nota che il materiale avrebbe dovuto essere consegnato all'Italia «prima dell'inizio delle ostilità». Da consumato giocatore d'azzardo qual era, il Führer scrisse al Duce che, nonostante il mancato impegno italiano, non riteneva che Francia e Inghilterra, qualora fossero scese in guerra, avrebbero raggiunto a ovest successi significativi, dicendosi fiducioso di poter abbattere la Polonia così presto da dedicarsi poi al resto.

Mussolini, che si sentiva umiliato ed era furioso, rispose: «Vi lascio immaginare il mio stato d'animo nel vedermi costretto, per forza maggiore, a non darvi una prova tangibile di solidarietà nel momento dell'azione». E Ciano annota: «Il Duce è veramente sconvolto: il suo istinto militare e il suo senso dell'onore lo portavano al combattimento. La ragione l'ha fermato. Ma molto ne soffre. ... Oggi ha dovuto dar di cozzo in una dura realtà. E per il Duce è stato uno schianto».

Hitler aveva deciso di fare la guerra, ma, come al solito, cercava di non assumersene la responsabilità. Schmidt lo sentì dire: «Mi occorre un alibi, specie nei confronti del popolo tedesco, per dimostrare che ho fatto di tutto per salvare la pace. Ciò spiega la mia generosa offerta circa la soluzione dei problemi relativi a Danzica e al "corridoio"». L'offerta era questa: Danzica sarebbe tornata tedesca, la sorte del «corridoio» sarebbe stata decisa da un plebiscito, la Polonia avrebbe mantenuto porto e accesso al mare, e ci sarebbe stato un pacifico scambio di popolazioni per chi avesse voluto trasferirsi. Sembrava una soddisfacente base di trattative («un'altra Monaco» sognata da Mussolini), se non fosse che Hitler comunicò le sue buone intenzioni al popolo tedesco alle 21 del 31 agosto, otto ore dopo aver dato l'ordine di attacco.

Per una settimana c'era stata una frenetica quanto inutile serie di trattative condotte dagli inglesi a nome dei polacchi, che mai per la verità avevano dato segnali positivi.

La mattina Mussolini aveva provato a sondare il ministro degli Esteri britannico, lord Halifax, che si disse in attesa di un incontro tra l'ambasciatore polacco Józef Lipski e Ribbentrop. Nel pomeriggio Lipski comunicò al collega tedesco che il suo governo era pronto a prendere in considerazione la possibilità di un negoziato diretto tra i due paesi e che avrebbe riferito più tardi. Ma, tornato in ufficio, scoprì che non poteva parlare con Varsavia perché il suo telefono era stato isolato.

Nelle stesse ore Ciano incontrava l'ambasciatore inglese Percy Loraine: «Non avete ancora capito che la guerra contro voi o contro la Francia noi non la inizieremo mai?». Lo stesso giorno Pio XII, già intervenuto con un radiomessaggio il 24 agosto in favore della pace, scongiurò «nel nome di Dio il governo polacco e quello tedesco di evitare qualunque incidente. ... Il papa non vuole abbandonare la speranza che i negoziati in corso condurranno a una giusta e pacifica soluzione». Commenta William Shirer in *Storia del Terzo Reich*: «Sua Santità, come quasi tutti, del resto, non si rendeva conto che i "negoziati in corso" non erano che un espediente propagandistico di Hitler per giustificare la sua aggressione». Infatti, di negoziati veri e propri nelle ultime ore non ci fu traccia. Alle 12.30 del 31 agosto il Führer aveva inviato al comandante supremo delle forze armate quattro direttive «segretissime», raccomandando alle truppe tedesche schierate a ovest di tenere impegnati inglesi e francesi fino al momento della liquidazione della Polonia.

Alle 20.30 Mussolini avverte Claretta, che è a palazzo Venezia: «"Vieni vieni, che domani c'è la guerra! Voglio darti un bacio. Amore, non lo so. Baciami. Credo che ormai sia finita: domani ci sarà la guerra. L'errore è dei polacchi. Cara..." Mi stringe forte con profonda tenerezza e amore» scrive lei nel diario. Forse gli domanda quando si rivedranno. E lui: «"Cara, non lo so, non lo so ora: dipenderà dalle circostanze... amore ti telefonerò da casa." Io piango quasi – si distacca, apre la porta, prende il berretto, volgendosi vede che ho gli occhi pieni di pianto, allora si volta ancora e mi saluta con amore, con un cenno».

### *Hitler invade la Polonia, Mussolini dichiara la «non belligeranza»*

Alle ore 20 del 31 agosto, un'ora prima che Hitler comunicasse al popolo tedesco le sue «buone intenzioni», un commando delle SS con divise polacche irrompeva nella stazione radio tedesca di Gleiwitz (oggi Gliwice), ai confini con la Polonia. Lo capeggiava Alfred Naujocks, un ufficiale specializzato in «lavori sporchi». Come abbiamo visto, i nazisti avevano programmato da tempo l'incidente. I tedeschi occuparono quindi la stazione, trasmisero un infuocato proclama antitedesco e alla fine lasciarono sul posto alcuni cadaveri di internati nei campi di concentramento travestiti con uniformi polacche. L'attacco in forze seguì alle 4.30 del mattino del 1° settembre e Hitler disse – mentendo – al Reichstag che l'esercito stava lanciando una controffensiva per far cessare una volta per tutte le provocazioni polacche.

Mentre l'aviazione tedesca distruggeva postazioni militari e civili polacche, Mussolini sollecitò Hitler perché giustificasse con un messaggio l'atteggiamento italiano. Il Führer lo ringraziò «cordialissimamente per l'appoggio diplomatico e politico». E aggiunse: «Sono certo di poter assolvere il compito che ci è stato imposto con le sole forze militari della Germania. Così stando le cose, non mi aspetto il sostegno militare dell'Italia», auspicando comuni battaglie future per la causa del fascismo e del nazionalsocialismo. Il Führer, che ormai era in guerra, diffidò il Duce dal prendere iniziative di mediazione destinate all'insuccesso, naturalmente per colpa dei polacchi, ma lui insistette. Parlò con tutti, però quando a Hitler fu chiesto di ritirare le truppe dalla Polonia o, almeno, di fermarne l'avanzata, la risposta fu ovviamente negativa.

Quella stessa mattina Mussolini comunicò al Consiglio dei ministri la «non belligeranza dell'Italia». Trovava poco maschia e troppo ambigua la parola giusta – «neutralità» – e coniò, su consiglio di Ciano, un'espressione che facesse comunque intendere da che parte stesse l'Italia. Fu una seduta breve e animata. Il Duce riepilogò i suoi vani tentativi di pacificazione e disse: «L'entrata in guerra non prima del 1942 era per noi un termine d'assoluta necessità. Il Führer mi ha telegrafato di avere, con l'intempestiva iniziativa, disimpegnato l'Italia da un impegno immediato. Nessuno potrà dire dinanzi alla storia che l'Italia ha mancato ai suoi impegni verso l'alleata».

Ciano rincarò la dose spostando al 1943 l'annunciata disponibilità dell'Italia: «La Germania ci ha fatto trovare dinanzi a una situazione di guerra senza interpellarci. Il patto con i sovietici è stato concluso a nostra insaputa. Davanti ai patti e alla storia la nostra posizione è perfetta». Dino Grandi, il gerarca più ostile ai tedeschi, dichiarò: «Ora dobbiamo prepararci all'accusa di tradimento. Ebbene, cominciamo col convincere noi stessi che noi siamo dei "traditi", e non dei "traditori", poiché la Germania ha scatenato la guerra ignorando le nostre indicazioni». E aggiunse, con grande disappunto di Mussolini: «Il concetto di non belligeranza è impreciso. Mi domando se l'Italia non abbia diritto di denunciare il patto di alleanza e di riprendere la sua libertà d'azione».

La gente s'illuse che non avremmo impugnato le armi e sospirò di sollievo, al punto che il Duce dovette proibire manifestazioni di giubilo a piazza Venezia. Inoltre, autorizzò il prosieguo dei rapporti commerciali con Francia e Inghilterra («Ma che paghino in contanti...») per dare l'idea che la neutralità italiana (così chiamava in privato la «non belligeranza») fosse definitiva. Sperava in una pace a breve, che non permettesse a Hitler di allargarsi troppo, o in una guerra lunga che sfiancasse i contendenti e desse all'Italia il tempo di prepararsi e scendere in campo al momento opportuno per ottenere qualche significativo compenso.

Domenica 3 settembre, alle 9, Paul Schmidt – che aveva un incarico diplomatico oltre a quello di interprete poliglotta – ricevette l'ambasciatore britannico Neville Henderson, il quale gli consegnò l'ultimatum del suo governo: se entro le 11 (ora di Londra) le truppe tedesche non si fossero ritirate dalla Polonia, l'Inghilterra sarebbe entrata in guerra con la Germania. Racconta Schmidt: «Hitler sedeva lì come pietrificato, con gli occhi fissi nel vuoto ... Rimase al suo posto assolutamente silenzioso e immobile. Dopodiché si rivolse verso Ribbentrop, rimasto vicino alla finestra anche lui come di sasso. "E ora?" gli chiese con sguardo furente, come volesse far capire che il suo ministro l'aveva male informato sul modo con cui avrebbero reagito gli inglesi. Ribbentrop rispose sommessamente: "Ritengo che tra poco i francesi ci trasmetteranno un ultimatum analogo".». Che arrivò puntualmente.

Uscito dalla stanza, Schmidt trovò in anticamera un silenzio mortale. Göring gli disse: «Che il Cielo ci aiuti se perderemo questa guerra!», mentre Goebbels «stava in un angolo, abbattuto e letteralmente ripiegato su se stesso con l'aria di un cane bastonato. Tutt'intorno non vidi che facce desolate, anche tra i piccoli gerarchi del partito che erano presenti».

### *Ma le «democrazie» avrebbero potuto fermare l'esercito tedesco*

La spaventosa rapidità con cui i tedeschi conquistarono la Polonia si dovette alla sostanziale inerzia delle «democrazie». Dirà a Norimberga Alfred Jodl, capo di Stato maggiore generale delle forze germaniche: «Se la Germania non è crollata già nel 1939, lo si deve unicamente al fatto che le circa centodieci divisioni francesi e inglesi schierate sul fronte occidentale nella campagna di Polonia sono rimaste del tutto inattive, benché avessero di fronte soltanto venticinque divisioni tedesche». Il 6 settembre, a meno di una settimana dall'inizio dell'attacco, i tedeschi avevano già conquistato Cracovia. Il 17 settembre, secondo gli accordi segreti tra Molotov e Ribbentrop mai comunicati a Mussolini, la Polonia fu attaccata dai russi, anche qui con una menzogna: visto che il governo polacco era prima fuggito all'estero e poi si era liquefatto, «il governo sovietico non può più tollerare che i propri fratelli ucraini e bianco russi [*bielorussi*] viventi nel territorio polacco siano abbandonati senza nessuna protezione». Il 19 settembre Hitler parlò a Danzica, Varsavia si arrese il 27, le ultime resistenze polacche caddero il 6 ottobre, a poco più di un mese dall'inizio della campagna militare tedesca.

Germania e Unione Sovietica si spartirono la Polonia: la parte occidentale (10 milioni di persone, in gran parte polacchi) fu annessa al Reich, la parte orientale (13 milioni di persone, di cui metà bielorussi e ucraini) fu inglobata nell'Urss. Hitler desiderava lo sterminio dei polacchi e in buona misura vi riuscì. Si era capito fin dall'inizio dell'occupazione qual era la consegna. Franz Halder, capo di Stato maggiore generale dell'esercito tedesco, racconta nei suoi diari che il 10 settembre un gruppo di SS noto per la sua spietatezza fece lavorare 50 ebrei per un'intera giornata alla riparazione di un ponte, poi li trascinò «come un branco di bestiame in una sinagoga e li massacrò». Durante l'intero periodo di occupazione tedesca furono uccisi poco meno di 4 milioni di persone, tra cui 3 milioni di ebrei. Il più famoso campo di sterminio, Auschwitz, si trovava in Polonia.

Il 10 ottobre 1939 Stalin fece un'annessione di fatto delle Repubbliche baltiche (Estonia, Lettonia, Lituania), completata poi nel 1940. La Finlandia resistette eroicamente e il 30 novembre cominciò l'attacco sovietico. L'opinione pubblica italiana, freddissima sull'alleanza dei nazisti con i sovietici, solidarizzò immediatamente con i finlandesi. Il 4 dicembre Ciano scrisse nel diario: «In tutte le città italiane scoppiettano qua e là manifestazioni di studenti in favore della Finlandia e contro la Russia. Ma non bisogna dimenticare che la gente grida "morte alla Russia" e pensa "morte alla Germania"».

Il barone Carl Gustaf Emil Mannerheim, leggendario comandante dell'esercito finlandese, diventò un eroe nazionale. Tuttavia, il 1° febbraio 1940 l'Urss mobilitò quattordici divisioni e così il 6 marzo la Finlandia dovette chiedere la pace, con concessioni che comportarono la perdita del 10 per cento del proprio territorio.

Il 7 dicembre 1939 il Gran Consiglio del fascismo sancì la non belligeranza dell'Italia, e il 16 Ciano pronunciò alla Camera un discorso, approvato da Mussolini, che addossava unicamente alla Germania la responsabilità di aver anticipato la guerra rispetto agli impegni presi con il nostro paese. Disse anche che il patto tedesco-sovietico era stato presentato come di portata limitata, mentre si rivelava sempre di più un'alleanza strategica. Manovrò, insomma, una virata nettamente antitedesca. Il re e i gerarchi contrari all'entrata in guerra avevano ragione.

Nel suo diario, riportato poi nei 12 volumi dell'opera *La seconda guerra mondiale*, Winston Churchill aveva previsto, in caso di dichiarazione di guerra dell'Italia, di non lasciarle il controllo del Mediterraneo. «Le nostre sole forze, anche senza l'appoggio della marina francese e dei suoi porti fortificati, erano sufficienti a scacciare le navi italiane e ad assicurarci in due mesi, o fors'anche prima, il controllo completo del Mediterraneo» scrive Churchill, allora Primo Lord dell'Ammiragliato. «A un'Italia ostile il nostro dominio del Mediterraneo avrebbe inflitto danni tali da renderle difficile o anche impossibile la continuazione della guerra. Tutte le sue truppe in Libia e in Abissinia sarebbero state come fiori recisi in un vaso. I francesi e le nostre truppe in Egitto avrebbero potuto ricevere tutti i rinforzi desiderati, mentre i soldati italiani si sarebbero trovati in una situazione disperata, se non alla fame.»

La guerra, purtroppo, sarebbe continuata più a lungo per gli italiani, ma le previsioni di Churchill (se non corrette alla luce di quanto avvenne nel dopoguerra) si rivelarono tragicamente profetiche.

## *Eva, la «mucca bionda» che pianse per la guerra*

La sorella di Eva Braun, Ilse, racconta che il 1° settembre 1939 avevano assistito insieme alla seduta parlamentare in cui il Führer dichiarò guerra alla Polonia dopo averla invasa. Secondo la sua testimonianza, tramandata dalla Gun, Eva aveva pianto quando, vestito in grigioverde con il distintivo dell'aquila delle SS, Hitler aveva fatto l'annuncio. Se gli fosse accaduto qualcosa, sarebbe morta anche lei. Quando Eva e Ilse uscirono dal teatro Kroll, la sede del Parlamento tedesco dopo l'incendio del Reichstag, il dottor Brandt le disse: «"Non si preoccupi, Fräulein Eva, il Führer mi ha detto che fra tre settimane ci sarà già la pace." Eva sorrise, come una persona a cui è stata appena data la sua dose di antidolorifico».

Eva non poteva sapere che gli anni più felici con il Führer sarebbero stati il 1938, il 1939 e i primi mesi del 1940. Nel corso degli ultimi sei anni lo aveva fatto divertire, si era occupata di lui secondo i suoi gusti, insieme avevano giocato con i cani di lei (gli scottish terrier Negus e Katuschka detta «Stasi») e il pastore tedesco di lui (Blondi). Eva si preoccupava della dieta di Hitler, «fervente vegetariano» (tranne che per salsiccia e prosciutto), che a tavola, davanti ai commensali che mangiavano carne, non si esimeva dal raccontare come gli animali venissero torturati e uccisi. E questo mentre le deportazioni degli ebrei erano cominciate da un pezzo...

Eva non si lamentava mai con lui. «Ha tante di quelle preoccupazioni, come posso assillarlo con le mie?» Quanto al fatto che i membri della cerchia di Hitler la chiamassero *die blöde Kuh*, «la mucca bionda», quand'anche gli fosse giunto all'orecchio, non influì minimamente sulla considerazione e attenzione che ebbe dal suo amante. E se fosse stata proprio quell'apparente stupidità, quell'eterna frivolezza ad attrarre il Führer, a regalargli reali momenti di riposo e di distrazione da quadri politici complicatissimi?

Disse di lei Albert Speer: «Era una ragazza davvero molto piacevole, giovane, timida, modesta. Mi piacque subito e in seguito diventammo buoni amici; lei sapeva come trattare gli amici». La sua biografa Angela Lambert riporta anche il giudizio dello zio, il giornalista Alois Winbauer: «Forse Hitler trattava Eva come un piccolo dono del destino, un'appendice privata alla sua turbolenta vita politica».

Eva, in impaziente attesa al Berghof, non sembra cogliere gli echi di quello che sta per accadere. La guerra, secondo lo zio Alois, era qualcosa di totalmente estraneo a lei. Dava per scontato che le persone che vivevano sull'Obersalzberg, luogo ameno di fattorie che producevano latte fresco, cibi eccellenti e vini eccezionali, fossero protette da tutto e tutti. Il punto era che, come racconta nelle sue memorie Rochus

Misch, guardia del corpo del Führer fino all'ultimo giorno: «Eva, come forse nessuno riusciva ad immaginare, soffriva molto a causa della sua relazione con Hitler».

L'8 novembre 1939, in occasione della commemorazione del fallito putsch di Monaco del 1923, giorno sacro per i nazisti, Hitler subì un attentato. Si salvò perché aveva lasciato il podio tredici minuti prima del previsto, ma rimase ferito il padre di Eva, orgogliosa che un Braun avesse versato il suo sangue per il Führer. Per Hitler fu il presagio che le cose gli sarebbero andate sempre bene (si contano almeno 46 attentati contro di lui andati a vuoto), ma Eva viveva con il fiato sospeso. Il fatto è che mancavano l'uno all'altra. Racconta ancora lo zio Alois: «Adesso che la guerra era entrata nelle loro vite e se ne era impadronita, sapevano di appartenere l'uno all'altra nella buona e nella cattiva sorte, di essere uniti in un destino comune … Il legame interiore si fece più forte e le apparenze esteriori non ebbero più importanza». Si scambiavano messaggi in continuazione. Solo a lei Adolf scriveva con la penna, nella sua calligrafia contratta e spigolosa.

Quell'anno i festeggiamenti di Natale furono anticipati perché Hitler volle ripartire per tenere alto il morale delle truppe. E fu in quell'occasione che Eva gli preparò un piccolo albero da portare con sé sul treno ufficiale a ricordo della piacevole festa che gli sarebbe mancata. Si racconta che Bormann, ubriaco, mentre lo portava nel vagone del Führer lo lasciò cadere, in una tintinnante cascata di stelle e palline.

Hitler ritornò al Berghof per San Silvestro. Alla stessa solita festa, con più o meno le stesse persone, comprese le sorelle Braun, si aggiunsero attendenti di campo delle SS e un aiutante di marina. Il volto del Führer era assai più cupo del solito.

## *Mussolini in aereo su villa Petacci*

Il 9 ottobre 1939 i Petacci cambiano casa. Finalmente è pronta la villa al civico 355/357 di via della Camilluccia, il nuovo nido di Clara. Sei giorni più tardi, domenica 15 ottobre, Mussolini passa e ripassa a volo radente sopra la residenza, pilotando un trimotore da bombardamento. Claretta è pazza di gioia: «Vola sulla terrazza a bassa quota e si allontana. Ne distinguo la figura dietro il finestrino: lui mi guarda, lo sento. Sono commossa. Vedo l'apparecchio curvare e planare. Sono le 8 e mezza. Alle 9 mi chiama: "Cara, cara... ti ho veduto, sai? All'andata non molto bene, ma al ritorno sì. Mi hai visto? Ti ho guardato: eri sulla terrazza in pantaloni, è vero? Cara, mi hai fatto emozione...».

Progettata dagli architetti Vincenzo Monaco e Amedeo Luccichenti, la casa è in stile razionalista, con 32 stanze, parco, piscina e campo da tennis. Nel sottosuolo, un rifugio antiaereo, come a villa Torlonia. Pianterreno, scenografico salone di rappresentanza con alte colonne bianche, una fontana, un nudo di donna in marmo. Ben in vista, un'arpa e un pianoforte a coda Blüther, comprato a rate da Giuseppina Petacci. Un vero tripudio di cristalli e lastre marmoree lucenti. Parte da qui uno scalone senza ringhiera che conduce alle camere da letto. Il locale più stupefacente è la sala degli specchi, che rivestono interamente soffitto e pareti. Vi si accede tramite una porta scorrevole ed è la stanza riservata all'accoglienza dell'illustre ospite di Claretta. L'alcova ha un basamento foderato di tessuto grigio che sporge tutt'attorno, creando un gradino. Sul lettone, una trapunta rosa. Il bagno è un gioiello di piastrelle in maiolica, con una vasca pompeiana interrata.

Il costo della villa, 1 milione 730.000 lire, supera ogni preventivo. I Petacci accendono un mutuo di 350.000 lire con la Banca nazionale del lavoro. Il resto, chissà. Tanto lusso, tanti pettegolezzi, che certamente non lasciano tranquillo Mussolini. Però, quanto gli sarà caro quel nuovo numero di telefono: 35280.

L'apparecchio telefonico di Claretta è rosa e ha un filo lunghissimo, che le consente di parlare ovunque voglia. Naturalmente, in villa non mancano i *secrétaires*. Le lettere di Benito sono conservate in una piccola cassaforte murata in una parete.

Intestate a «Sua Eccellenza Claretta Petacci», che riceve dal Duce un mensile per fare beneficenza, arrivano anche montagne di lettere d'implorazione: scrivono madri disperate che chiedono una macchina per cucire o studenti bisognosi dei libri di testo.

Clara frequenta assiduamente l'atelier Montorsi di via Condotti, la sartoria Meschino, la ditta Gabriella Sport di piazza di Spagna, mentre le sue calzature, come quelle di Eva Braun, sono di Ferragamo. Predilige i colori pastello, dal lilla al turchese pallido, e le gonne ampie a vita stretta, senza rincorrere la moda alla maschietta disapprovata dal Duce. Eccentrica, invece, la tenuta da spiaggia: una volta si fece confezionare un completo alla marinara con ricami d'oro. Le calze esclusivamente di seta, così come la biancheria intima, hanno pizzi e bordi di cigno, e le camicie sono arricchite con boleri ornati di marabu.

### *Il Duce si prepara alla guerra, il re a sostituirlo con Ciano*

I quattro gerarchi di maggior spicco – Ciano, Grandi, Bottai e Balbo – erano tutti, sia pur con sfumature diverse, antitedeschi. In ottobre Ciano era riuscito a convincere Mussolini a destituire Achille Starace da segretario del partito. Starace era un bravo organizzatore, ma il suo fanatismo aveva trasformato la militanza in uno spettacolo da baraccone: tutti in divisa, dagli ambasciatori ai professori universitari, le prove d'ardimento, i salti nei cerchi infuocati. Al suo posto andò Ettore Muti, un ravennate di 37 anni, bello, ignorantissimo, ma coraggioso oltre ogni limite, sciupafemmine e totalmente inadatto al nuovo ruolo, che resse solo per dodici mesi. Fedelissimo come lui a Ciano era il nuovo ministro della Cultura popolare, Alessandro Pavolini, incaricato dal Duce di rinvigorire un popolo italiano troppo mollaccione e disfattista.

Pavolini era l'opposto di Starace per formazione e cultura. Intellettuale raffinato, rampollo di una famiglia dell'aristocrazia fiorentina, aprì le porte della sua rivista «Il Bargello» a firme come Romano Bilenchi, Vasco Pratolini, Ardengo Soffici ed Elio Vittorini, che sarebbe diventato un campione dell'antifascismo elitario. Da giovane federale di Firenze, fece costruire l'autostrada che unisce la città al mare e sposò, vincendo le riserve dei tradizionalisti, il progetto allora avveniristico della stazione ferroviaria di Santa Maria Novella. Attento suggeritore dei media, fece esaltare la politica sociale del regime e la bonifica pontina con l'inaugurazione di Pomezia, che seguiva la fondazione di altre nuove città della zona come Littoria (Latina), Sabaudia, Pontinia e Aprilia. Fondò i Littoriali dell'Arte, della Cultura e del Lavoro: nati per propagandare la mistica fascista in ogni settore, furono una palestra nella quale emersero alcuni dei maggiori esponenti dell'antifascismo postbellico. Nella Repubblica di Salò Pavolini sarebbe diventato un gerarca sanguinario.

In questo periodo, Mussolini diede prova di grande lucidità politica nei suoi rapporti con Hitler: se si fosse comportato di conseguenza, si sarebbe salvato. Il senso della sua analisi era questo: caro Führer, con la conquista della Polonia avete messo in sicurezza i vostri confini orientali, costruendo un Reich di 90 milioni di abitanti. La Francia e la Gran Bretagna non sconfiggeranno mai la Germania, ma la Germania non riuscirà né a piegarle né a dividerle, anche perché, in caso di pericolo, interverrebbero a soccorrerle gli Stati Uniti. «Vale la pena di rischiare tutto, compreso il regime, e di sacrificare il fiore delle generazioni tedesche per anticipare la caduta di un frutto che dovrà fatalmente cadere e dovrà essere raccolto da noi che rappresentiamo le forze nuove d'Europa?» Inoltre, lo invitava a non prolungare troppo l'alleanza con la Russia, «che da nemico numero uno non può diventare amico numero uno» (il Duce temeva i contraccolpi in Italia). E visto che, di fatto, la guerra nell'Europa occidentale non era ancora iniziata, esortava l'alleato tedesco alla pace con le «democrazie», pagando il piccolo prezzo di restituire indipendenza a quel che restava della Polonia.

Ma Hitler era di tutt'altra idea. Il 10 marzo 1940, circa due mesi prima che la Wehrmacht invadesse la Francia, Mussolini e Ciano ebbero un lungo colloquio a Roma con Ribbentrop. Il ministro tedesco fu molto franco: «Tra pochi mesi, l'esercito francese sarà distrutto e i soli inglesi rimasti sul continente saranno prigionieri di guerra. ... [*Il Führer*] intende risolvere la partita con le armi e il posto dell'Italia sarà inevitabilmente al fianco della Germania». Come annota Arrigo Petacco in *Eva e Claretta*, sul momento Mussolini fu molto evasivo, ma la sera stessa, poco prima di mezzanotte, telefonò a Claretta. E siccome anche il Duce era spiato, la conversazione venne registrata.

C.: «Come stai?».

M.: «Stanchissimo. È venuto Ribbentrop».

C.: «È andata come avevi detto?».

M.: «Ehm, no, non esattamente. All'ultimo momento ho dovuto modificare il piano...».

C.: «Ma non avevi detto che avresti riportato tutto nei suoi binari?».

M.: «Sì, è vero, ma dopo un attento esame della situazione... un maturo esame...».

C.: «Sputa il rospo».

M.: «La Germania vincerà la guerra nel più breve tempo possibile sia per la sua grande potenza e l'addestramento dei suoi soldati, sia per l'impiego di armi sbalorditive che sono in fase di preparazione».

C.: «Se capisco bene entreremo in guerra».

M.: «Esatto».

C.: «Dio mio!».

M.: «Era fatale».

C.: «Ma quando... subito?».

M.: «Certo, non sarà proprio una cosa imminentissima, ma ormai il dado è tratto!».

C.: «Ora vai a nanna, Ben; io riprendo la lettura, perché ciò che mi hai detto difficilmente mi farà dormire».

M.: «Io ho ancora qualcosa da fare».

Il 18 marzo Mussolini incontrò Hitler in treno al Brennero. Replicò in venti minuti a un monologo di due ore in cui il Führer gli annunciava un'offensiva imminente sul fronte occidentale, da chiudere prima dell'estate. E fu più prudente di quanto lo fosse stato nella conversazione con Claretta. Ripeté che l'Italia sarebbe entrata in guerra solo quando fosse stata pronta o quando l'andamento del conflitto in favore dei tedeschi fosse stato evidente. La convinzione che l'Italia sarebbe comunque entrata presto in guerra fece maturare in quei giorni nel re l'idea di sostituire Mussolini con Ciano. Il duca Pietro Acquarone, ministro della Real Casa, finse un incontro casuale con il ministro degli Esteri al circolo del golf dell'Acquasanta a Roma e gli suggerì di promuovere una riunione del Gran Consiglio in cui il Duce sarebbe stato messo in minoranza e avrebbe ceduto il posto al genero, mettendo al comando del governo l'ala più antitedesca del fascismo. Vittorio Emanuele sovrastimava Ciano, ma questi era sufficientemente intelligente da non staccare (purtroppo) dall'albero un frutto non ancora maturo che, prima o poi, gli sarebbe caduto da solo in mano. In ogni caso, non si sentiva pronto per il golpe, perciò fece finta di non capire.

### *Guerra lampo tedesca contro Danimarca e Norvegia*

Il 9 aprile 1940 Hitler s'impossessò in sei ore della Danimarca, che gli serviva per attaccare più comodamente, quello stesso giorno, la Norvegia: Oslo fu occupata subito, ma finalmente le truppe anglofrancesi si mossero e ingaggiarono una battaglia durissima per la conquista del porto strategico di Narvik. Tuttavia, a fine maggio furono costrette a ritirarsi, perché nel frattempo Hitler aveva invaso la Francia, e il 10 giugno la Norvegia si arrese. Fu dunque allestito un governo fantoccio, presieduto da Vidkun Quisling, fondatore nel 1933 del Partito nazista norvegese. Se vi facciamo cenno è solo perché quel governo collaborazionista, mai accettato dalla gran parte della popolazione, fu così appiattito sulla politica nazista che da allora il nome Quisling viene usato per indicare la forma più bieca di asservimento di uno Stato a un altro.

Il Duce sprofondò nella depressione più nera. L'11 aprile disse a Ciano: «È umiliante stare con le mani in mano, mentre gli altri scrivono la storia. Poco conta chi vince. Per fare grande un popolo bisogna portarlo al combattimento, magari a calci in culo. Non dimentico che nel '18 in Italia c'erano 540.000 disertori. E se non cogliamo questa occasione per misurare la nostra marina con quelle franco-britanniche perché dovremmo avere 600.000 tonnellate di naviglio? Basterebbero dei guardacoste e dei panfili per portare a passeggio le signorine».

Il 10 maggio Bruna, la cameriera «romagnola e scura», come la chiama Anfuso, svegliò Mussolini alle 5 del mattino. In anticamera c'erano l'ambasciatore tedesco Mackensen e Ciano, svegliato a sua volta dal diplomatico all'una e mezzo. In un italiano da «direttore del circo Barnum» (ancora parole di Anfuso), Mackensen si disse latore di una lettera urgentissima del Führer. Erano otto pagine. Il Duce le lesse e disse all'ambasciatore: «In questo momento le truppe tedesche entrano in Olanda e nel Belgio». L'altro lo sapeva e chinò la testa. Ciano chiese: «L'invasione della Francia è cominciata?». E Mussolini gli rispose: «L'invasione della Francia è cominciata e il Führer è sicuro del suo successo. Le sue previsioni sono ottimiste». Hitler si diceva convinto di sconfiggere presto i francesi e di poter imporre la pace. Non forzò l'alleato e lo invitò a comportarsi secondo gli interessi del suo paese. Mussolini lo ringraziò di averlo informato all'inizio dell'operazione, anche se era convinto che l'avesse programmata da giorni. Ne fu tenuto all'oscuro perché nessuno si fidava della riservatezza degli italiani.

La guerra contro il Belgio durò diciotto giorni, dal 10 al 28 maggio 1940. La nazione era neutrale, ma Hitler badava poco a questi dettagli. D'altro canto, anche nel 1914 la sua neutralità era stata violata. L'esercito belga si difese con coraggio, sostenuto dalle truppe anglofrancesi, che però furono circondate e sconfitte. I tedeschi si erano aggiudicati un vantaggio incolmabile con i bombardamenti che avevano distrutto a terra decine di aeroplani nemici e con operazioni di truppe aviotrasportate condotte dall'asso dell'aviazione Kurt Student, l'uomo che avrebbe liberato Mussolini sul Gran Sasso. In territorio belga fu combattuta una delle più importanti battaglie di carri armati della seconda guerra mondiale, vinta dai tedeschi perché i loro mezzi erano dotati di radio, a differenza di quelli francesi. Re Leopoldo III trattò la resa incondizionata con Hitler e rimase in Belgio per tutta la durata della guerra. Accusato di tradimento, in realtà non collaborò mai con l'invasore.

Anche l'Olanda era neutrale e, quindi, non aveva confini fortificati. La sostanziale assenza di aviazione favorì sia i bombardamenti tedeschi sia il successo dei paracadutisti di Student. Tre giorni dopo l'attacco, il 13 maggio, la regina Guglielmina e il governo ripararono a Londra. Il 15 fu dichiarata la resa.

### *Il crollo della Francia, il miracolo di Dunkerque*

Il 10 maggio, insieme a quelle contro il Belgio e l'Olanda, partì anche l'offensiva tedesca contro la Francia. Fu il caso più clamoroso di *Blitzkrieg*, cioè di «guerra lampo». In due giorni fu occupata Sedan. La mattina del 13, Giorgio VI, re d'Inghilterra, andò a ricevere alla stazione londinese di Liverpool Street la regina Guglielmina d'Olanda, che iniziava il suo esilio. Quel pomeriggio Winston Churchill, da tre giorni primo ministro al posto di Chamberlain, tenne ai Comuni un discorso memorabile: «Non ho altro da offrire che sangue, dolore, sudore e lacrime … La nostra politica è quella di condurre la guerra in mare, in terra, nei cieli, con tutta la nostra potenza e con la forza che Dio può darci; di condurre la guerra contro una mostruosa tirannia … La vittoria, la vittoria a qualsiasi costo, la vittoria malgrado ogni terrore, la vittoria, per quanto aspra e lunga la strada possa essere, giacché senza vittoria non vi è sopravvivenza».

Lo stesso giorno scrisse a Mussolini: «È troppo tardi per impedire che scorra un fiume di sangue tra il popolo inglese e quello italiano? L'Inghilterra andrà avanti fino in fondo, anche da sola, come ci è già accaduto, e ho valide ragioni per ritenere che verremo aiutati in misura crescente dagli Stati Uniti, o meglio da tutta l'America». Ma Mussolini aveva ormai deciso. A parte l'umiliazione di chi, considerandosi un guerriero, non sopportava di starsene con le mani in mano mentre altri facevano la storia; a parte la convinzione che senza guerra, comunque fosse andata, il fascismo sarebbe finito, lo tormentava ciò che confidò all'amico Ottavio Dinale: «Ammettiamo, per assurdo, la dannata ipotesi che la situazione dovesse capovolgersi con l'intervento dell'America. Opini tu che in tale evenienza l'esagitato Hitler tollererebbe per più di un minuto la nostra neutralità? Ci invaderebbe in ventiquattr'ore e in tre giorni arriverebbe a Capo Lilibeo. E certamente con una ben più spietata ferocia di quella con cui ha spianato la Polonia».

Il 14 maggio i tedeschi travolsero la resistenza francese sulla Mosa, attraversata nonostante fossero stati fatti saltare i ponti. Alle 7.30 del mattino del 15 maggio Churchill fu svegliato da una telefonata del primo ministro francese Paul Reynaud. «Parlava in inglese ed era in preda a una grande emozione» racconta lo statista britannico nelle sue memorie. «"Siamo stati sconfitti." E poiché non rispondevo ripeté: "Siamo stati battuti, abbiamo perso la battaglia". Io dissi: "Così presto! Via, com'è possibile?". Ma egli ribatté: "Hanno sfondato il fronte presso Sedan; irrompono masse enormi con carri armati e autoblindo".» Churchill tentò di confortarlo preannunciando che, dopo qualche giorno, i tedeschi avrebbero dovuto fermarsi per attendere i rinforzi e allora sarebbe stato possibile il contrattacco. Ma Reynaud era inconsolabile: «Il primo ministro francese tornò alla frase con cui aveva cominciato ed era purtroppo la nuda verità: "Siamo stati sconfitti, abbiamo perso la battaglia"».

Il 24 maggio i tedeschi stavano quasi per vincere la guerra, ma si fermarono. Tra Calais e Dunkerque si trovavano, stretti fianco a fianco, gran parte dell'esercito belga e 19 divisioni anglofrancesi. I tedeschi avevano già preparato le teste di ponte per sferrare un attacco che avrebbe schiacciato gli avversari, ma Hitler ordinò lo stop. Perché? Gli storici si sono divisi su questo punto. Alcuni sostengono che il Führer avrebbe voluto conservarsi le forze per la battaglia decisiva della Somme, ma appare più credibile quanto scrisse il capo di Stato maggiore dell'esercito tedesco Franz

Halder nel diario: «Per ordine diretto del Führer la distruzione dell'armata nemica accerchiata viene lasciata all'aviazione!». Göring, che la controllava, avrebbe convinto Hitler in questo senso. Ma poiché le condizioni atmosferiche non erano buone, dovette aspettare.

Gli anglofrancesi approfittarono di questa fortunata pausa per rinforzare le loro difese e organizzare la più spettacolare ritirata via mare della storia. Così, quando il 26 maggio il Führer ordinò di procedere anche con le truppe di terra, gli inglesi stavano già provvedendo al rimpatrio. Si mossero 200 navi militari inglesi, francesi e olandesi, 665 navi civili e altre 600 barchette condotte dagli stessi proprietari. Il 31 maggio, 194.620 soldati britannici erano tornati a casa. I francesi resistettero fino al 4 giugno, quando il rimpatrio complessivo, incluse decine di migliaia di soldati francesi, ammontò a 338.226 uomini. Un intero esercito pronto di nuovo a combattere.

Il 14 giugno i tedeschi occuparono Parigi e la bandiera con la svastica cominciò a garrire sulla Tour Eiffel, mentre il governo francese riparava a Bordeaux. Philippe Pétain, 84 anni, eroe della prima guerra mondiale, maresciallo di Francia, fu nominato sotto il controllo nazista primo ministro e, poi, anche capo dello Stato, dando vita a un esecutivo collaborazionista con sede a Vichy che governò su oltre metà del territorio francese (la parte settentrionale era occupata dai tedeschi) fino al 1944, con una durata doppia rispetto a quella della Repubblica di Salò.

Prima di concedere l'armistizio alla Francia, Hitler volle sentire Mussolini. Scrive Shirer di quest'ultimo: «Questo tronfio guerriero, infatti, dopo aver avuto la certezza che le armate francesi erano state irrimediabilmente battute, era entrato in guerra il 10 giugno per cercar di prendere una parte di bottino, come uno sciacallo».

III

# «Vinceremo!» Ma subito sberle da Francia e Grecia

## *Mussolini: «Ho bisogno di qualche centinaio di morti per sedermi al banchetto»*

Era passata da mezz'ora la mezzanotte del 9 giugno 1940 quando Mussolini chiamò Claretta.

M.: «Scusami se ti ho trascurata...».

C.: «Scommetto che c'è qualcosa di nuovo».

M.: «Ci sarà».

C.: «Quando?».

M.: «Da questo istante, ogni momento è buono».

C.: «Ben mio, tu hai sempre ragione».

M.: «Ho chiamato Badoglio e gli ho fatto intendere che questo è il momento buono per tentare un colpo onde stabilire il diritto di prelazione al banchetto dei vincitori. Lui mi ha fatto notare – e forse ha ragione – che il nostro schieramento sulle Alpi è unicamente difensivo, ma io gli ho fatto notare che, considerate le condizioni dei nostri vicini, lo schieramento ha una importanza relativa. Lui ha incalzato dicendo che appunto per la situazione critica in cui versano i francesi dare una così tremenda pugnalata alla schiena alla nostra sorella latina...».

C.: «Perché non lo cacci?».

M.: «Lo avrei già fatto se sapessi con chi sostituirlo».

C.: «Capisco».

M.: «Comunque io tirerò dritto, perché mi occorrono poche centinaia di morti per sedermi al tavolo della pace. D'altronde sarà una cosa brevissima».

C.: «Bravo Ben: tu sai quello che fai».

Gli ultimi giorni di maggio erano stati frenetici. Il presidente americano Franklin Delano Roosevelt inviò due lettere a Mussolini. Una implorante («Fermate la vostra mano e passerete alla storia»), l'altra – ma era ormai l'inizio di giugno – minacciosa: avrebbe raddoppiato gli aiuti agli Alleati. Churchill, che aveva un buon rapporto personale con il Duce, gli scrisse in continuazione. (Queste missive riservate, che Mussolini teneva nella borsa di cuoio sottrattagli a Dongo da un partigiano, non furono mai pubblicate. In *Mussolini piccolo borghese* Paolo Monelli sostiene che l'improvvisa visita del primo ministro inglese sul lago di Como alla fine di aprile 1945 servì a recuperare il carteggio, che poi lui stesso avrebbe bruciato nel caminetto della propria camera d'albergo.)

I francesi fecero di tutto per evitare che l'Italia entrasse in guerra. Il 27 maggio l'ambasciatore André François-Poncet offrì a Ciano una trattativa sulla Tunisia e, forse, sull'Algeria. Ma non sulla Corsica, «che fa parte del corpo stesso della Francia». Troppo tardi. L'indomani l'ambasciatore inglese sir Percy Loraine andò a trattare sul blocco navale nel Mediterraneo, che aveva creato difficoltà all'Italia. «Ho risposto che tutto ciò era inutile» annota Ciano nel diario «perché eravamo alla vigilia della guerra. Benché preparato, non si aspettava un colpo così brutale ed è impallidito. Poi si è ripreso: "Se scegliete la spada, sarà la spada che deciderà del futuro".»

Il 30 maggio Mussolini aveva scritto a Hitler per informarlo che sarebbe entrato in guerra il 5 giugno. Il Führer si disse commosso: «Il semplice fatto della vostra entrata in guerra è un elemento calcolato per dare al fronte dei nostri nemici il colpo che lo farà crollare». Tuttavia, lo pregò di ritardare di qualche giorno l'attacco perché voleva colpire ancora più duramente l'aviazione francese. Il 6 giugno il Duce diede la «bella» notizia a Pietro Badoglio e a Italo Balbo. «Non abbiamo armi,» obiettò il maresciallo «non abbiamo carri armati e nemmeno le camicie per i soldati. È un suicidio.» Mussolini ribatté freddamente: «Lei, signor maresciallo, non ha calma sufficiente per una esatta valutazione delle cose. Le affermo che a settembre tutto sarà finito e che io ho bisogno solo di alcune migliaia di morti per sedere al tavolo della pace come belligerante».

Inutilmente, già il 25 maggio il maresciallo Rodolfo Graziani gli aveva comunicato che le nostre divisioni erano inferiori a quelle francesi per uomini e armamenti. Come precisa Giorgio Rochat in *Le guerre del fascismo*, tra il 1936 e il 1940 i francesi avevano fatto investimenti colossali per la difesa, dotandosi di migliaia di carri armati e di aerei di ultima generazione, mentre il riarmo italiano mancò perché tutte le risorse disponibili furono assorbite dalle guerre d'Etiopia e di Spagna. Rochat aggiunge che, su 73 divisioni dell'esercito, soltanto 19 erano perfettamente efficienti e 32 in buone condizioni. L'aeronautica, poi, aveva un difetto: disponeva di piloti straordinari, ma più preparati alle spettacolari missioni transatlantiche che ai combattimenti. Inoltre, avevamo pochi caccia e tecnologicamente obsoleti, soprattutto riguardo agli aerei con motori molto potenti, cosa che avrebbe costretto le grandi industrie del settore, dalla Caproni alla Breda, a ritirare modelli teoricamente pronti per la guerra. Stesso discorso per la marina. A parte il limite – comune ad altri paesi – di puntare troppo sulle corazzate, gli investimenti erano concentrati più sulla costruzione delle navi che sull'addestramento del personale. In ogni caso, pur essendo considerati uno dei «quattro grandi», la nostra potenza tecnologica e militare era largamente inferiore a quella di Germania, Francia e Inghilterra.

Pierre Milza, biografo di Mussolini, rileva che, all'inizio della guerra, il numero dei nostri soldati era inferiore a quello del 1915 per mancanza di equipaggiamento. Gli «otto milioni di baionette» pavoneggiati dal Duce non hanno mai superato il milione 800.000, con frequenti e massicce riduzioni di organico. E poi, gli arruolamenti furono fatti all'italiana: ci fu la corsa alle iscrizioni universitarie per ottenere l'esonero per ragioni di studio, all'impiego in settori giudicati strategici, alle raccomandazioni. Così, come ottant'anni dopo il grosso delle truppe impiegate da Vladimir Putin per combattere in Ucraina sarebbe stato formato da uomini provenienti dalle zone più remote della Federazione Russa, per non disturbare la borghesia di Mosca e San Pietroburgo, gran parte dei soldati italiani era costituita da persone appartenenti ai ceti più disagiati o, comunque, che non potevano sottrarsi.

La mattina del 10 giugno Ciano consegnò a François-Poncet la dichiarazione di guerra: «È un colpo di pugnale a un uomo in terra. Vi ringrazio comunque di usare un guanto di velluto» fu la risposta del diplomatico francese, annotata nel diario dal ministro degli Esteri italiano. Diversa la versione fornita da François-Poncet nelle sue memorie: «E così avete aspettato di vederci in ginocchio per accoltellarci alle spalle. Fossi in voi non ne sarei fiero». La Francia era a terra, e l'atteggiamento italiano fu maramaldesco. Ma non sorprendente. Come nota lo storico Francesco Perfetti, «i rapporti fra i due paesi non erano all'epoca né di alleanza né di amicizia. Essa [*la pugnalata alle spalle*] implica l'idea di una vera e propria sorpresa, che in realtà non ci fu. La frontiera delle Alpi, infatti, era rimasta la più munita del dispositivo militare francese e la marina francese, fin dal settembre 1939, aveva messo a punto e perfino caldeggiato il piano di un possibile attacco preventivo contro l'Italia» («Il Tempo», 10 giugno 2009).

François-Poncet conferma, invece, di aver usato l'espressione «guanto di velluto»: non poteva considerare l'Italia come un nemico e si augurava che tra i due paesi non nascesse «un solco incolmabile». E fece una tragica profezia: «I tedeschi sono padroni duri. Ve ne accorgerete anche voi». (A proposito della «pugnalata alla schiena», osserva Arrigo Petacco in *La nostra guerra 1940-1945*: «Nessuno si è mai sognato di usare quel termine infamante nei confronti dell'Urss, quando invase la Polonia ormai battuta o quando attaccò il Giappone un paio di giorni prima della sua resa incondizionata: *à la guerre comme à la guerre*».)

Alla commozione di François-Poncet corrispose la fredda reazione all'annuncio avuta dall'ambasciatore britannico Loraine, il quale tre giorni prima aveva avvertito Ciano: «Vinceremo perché gli inglesi non hanno l'abitudine di essere battuti».

### *«Vincere! E vinceremo...» L'aggressione italiana alla Francia*

Trenta minuti dopo la mezzanotte sul 10 giugno, Mussolini telefonò a Claretta.

M.: «Ti ho chiamato a quest'ora per non mancare di augurarti la buonanotte».

C.: «Grazie, ero in pensiero. Aspettavo leggendo. Tu lavori troppo, Ben. Avresti bisogno di riposarti».

M.: «Già...» (*lungo sospiro*).

C.: «Ma ti senti male, tesoro?».

M.: «No, male no. Però non sono tranquillo... ecco tutto».

C.: «Amore mio, sono addolorata, non vorrei che tu avessi altri pensieri. Giurami che sei mio, soltanto mio. Non tormentarmi così, pensa al nostro amore».

Mussolini sta per cominciare una guerra e, quando l'amante gli risponde così, sbotta: «Ma è mai possibile parlare di queste stupidaggini quando tra poche ore saranno in gioco le sorti dell'Italia e un solo gesto, una sola parola potrà significare la gloria, l'avvenire, ma anche la fine più ignominiosa?».

Mussolini riattacca. Poi richiama.

M.: «Perdonami, cara... comprenderai...».

C.: «Sono stata proprio un'oca e spero vorrai perdonare il mio grande amore!».

M.: «Il nostro immenso, infinito amore».

C.: «Buonanotte tesoro».

M.: «Grazie, cara».

Mentre Ciano consegnava le dichiarazioni di guerra agli ambasciatori di Francia e Inghilterra, Mussolini chiamò ancora una volta casa Petacci. Rispose Myriam, e il Duce le disse che di lì a poco avrebbe dichiarato guerra. Lei gli chiese: «Sarà breve?». E lui: «Sarà lunga, almeno cinque anni». Così riferirà Myriam: un falso ricordo o la sensazione di una tragedia annunciata? Perché Mussolini sapeva perfettamente che l'Italia non era affatto preparata a una lunga guerra, dalla quale perciò sarebbe uscita distrutta.

Alle 18.15 il Duce apparve di pessimo umore sul balcone di palazzo Venezia.

«Combattenti di terra, di mare e dell'aria! Camicie nere della rivoluzione e delle legioni! Uomini e donne d'Italia, dell'Impero e del regno d'Albania! Ascoltate! Un'ora segnata dal destino batte nel cielo della nostra patria. L'ora delle decisioni irrevocabili. La dichiarazione di guerra è già stata consegnata [*qui gli stenografi annotano: «Acclamazioni, grida altissime di "Guerra! Guerra!"»*] agli ambasciatori di Gran Bretagna e di Francia. Scendiamo in campo contro le democrazie plutocratiche e reazionarie dell'Occidente che, in ogni tempo, hanno ostacolato la marcia e spesso insidiato l'esistenza medesima del popolo italiano.»

Mussolini motivò la guerra con il sogno di controllare il mare fino all'oceano: «Noi vogliamo spezzare le catene d'ordine territoriale e militare che ci soffocano nel nostro mare, poiché un popolo di quarantacinque milioni di anime non è veramente libero se non ha libero accesso all'Oceano».

La conclusione: «La parola d'ordine è una sola, categorica e impegnativa per tutti. Essa già trasvola e accende i cuori dalle Alpi all'Oceano Indiano: vincere! [*Il popolo irrompe in altissime acclamazioni*] E vinceremo per dare finalmente un lungo periodo di pace con la giustizia all'Italia, all'Europa, al mondo. Popolo italiano! Corri alle armi e dimostra la tua tenacia, il tuo coraggio, il tuo valore».

La folla applaudì, acclamò, ma si sciolse rapidamente. Nessun entusiasmo paragonabile a quello che aveva accolto l'annuncio della guerra d'Etiopia.

Quella sera Dino Grandi andò a salutare Ciano a palazzo Chigi e gli chiese quando davvero Mussolini avesse preso la decisione di entrare in guerra. Lui gli rispose che doveva averlo fatto solo un paio di giorni prima, perché «ha aspettato fino a quando gli è sembrata ancora possibile una resistenza francese. La Francia è ormai crollata e tutto fa credere che il governo francese abbia già deciso di chiedere l'armistizio. Non credo che l'Inghilterra si assumerà da sola il rischio di continuare una guerra che ha già perduto. La guerra è finita e Mussolini non avrà la soddisfazione di sparare un solo colpo di cannone».

Grandi: «Ma sei proprio sicuro che la guerra è finita?».

Ciano: «È proprio perché la guerra è già finita che Mussolini ha fatto male a dichiararla; si fa sui suoi amici tedeschi delle grosse illusioni».

Nelle sue memorie, Grandi racconta di aver detto quella sera stessa alla moglie che la guerra sarebbe durata dieci anni: «Mussolini era terrorizzato all'idea che Hitler e il popolo tedesco potessero considerarlo un traditore. La guerra era un fatto personale, fra lui e la storia, fra lui e il popolo tedesco. Il demone si era impossessato di lui e cantava la sua vittoria su Mussolini medesimo fatto prigioniero ormai per sempre». Insomma, il Duce vittima consapevole di Faust.

### *La disastrosa campagna francese*

Per un giorno non accadde niente. Furono gli inglesi ad attaccarci per primi l'indomani. Siccome i francesi impedirono fisicamente agli aerei britannici di decollare dall'aeroporto di Marsiglia per non provocare gli italiani, l'aviazione di Sua Maestà dovette partire da basi più lontane per bombardare Torino e Genova. Mancò gli obiettivi principali (Ansaldo e Fiat) e colpì un quartiere popolare di Torino, uccidendo 17 persone. La sera stessa gli italiani bombardarono la base navale di Tolone e alcuni obiettivi sulla Costa Azzurra e in Corsica. Il 14 giugno la flotta francese giunse indisturbata davanti agli impianti portuali di Genova e li colpì, dopodiché se ne tornò a casa senza che la nostra aviazione avesse fatto in tempo a intervenire. Solo un giovane ufficiale, Giuseppe Brignole, al comando di una vecchia carcassa di torpediniere come la *Calatafimi*, riuscì a sparare un siluro colpendo una nave nemica, ma dovette smettere subito dopo perché i tubi di lancio non funzionavano. Ebbe la prima medaglia d'oro, enfatizzata per nascondere la prima piccola disfatta italiana.

A quel punto il Duce ordinò di attaccare i francesi sulle Alpi, ma la cosa era complicatissima. Entrambe le parti avevano fortificato la frontiera, senonché i francesi erano sistemati molto meglio, tant'è vero che le truppe italiane erano schierate sulla difensiva e Badoglio, con grande scorno del Duce, impiegò sei giorni per riposizionarle, per di più in maniera tutt'altro che efficiente. Il 17 giugno il maresciallo Pétain chiese la resa e Mussolini sentì sbriciolarsi in mano tutto il castello di conquiste che aveva immaginato.

Il Duce e il Führer s'incontrarono il giorno successivo a Monaco e Mussolini avanzò richieste totalmente fuori misura: occupazione della Francia fino al Rodano, teste di ponte a Lione, Valenza e Avignone, occupazione della Corsica, della Tunisia, della costa francese della Somalia, delle città di Algeri, Orano e Casablanca, la consegna della flotta e dell'aviazione. Non aveva calcolato minimamente la mano leggera usata da Hitler con i francesi, ai quali aveva lasciato in custodia la flotta (invano reclamata dagli italiani) e, soprattutto, un governo formalmente autonomo e completamente operativo, agli ordini di Berlino. Perciò il Duce tornò a casa con i piani di conquista totalmente ridimensionati. Annota Ciano: «Mussolini è notevolmente impacciato. Sente che il suo ruolo è di seconda grandezza ... Teme che l'ora della pace si approssimi e vede svanire ancora una volta quello che è stato l'inafferrabile sogno della sua vita: la gloria sui campi di battaglia».

Hitler si era ovviamente rifiutato di far sedere al tavolo dell'armistizio l'alleato che, in pratica, non aveva sparato un solo colpo, e il Duce capì che avrebbe dovuto conquistare uno straccio di territorio per fare un armistizio separato. Il 21 giugno ordinò dunque l'attacco a un paese che si era arreso e che, ciononostante, resistette gagliardamente all'offensiva italiana e si arrese di nuovo solo dopo quattro giorni di aspri combattimenti.

«L'assurdità di un attacco improvvisato a posizioni fortificate» commenta Rochat in *Le guerre italiane 1935-1943* «emerge dal bilancio delle perdite. Da parte italiana 1258 caduti, 2631 feriti, 2151 congelati. Da parte francese 20 morti e 84 feriti. Da notare il numero dei congelati: il tempo era pessimo, ma si era in giugno e sulle montagne italiane.» Se ne conoscono le ragioni: i nostri alpini indossavano divise in tessuto autarchico «lanital» e scarponi con le suole di gomma Pirelli...

Hitler volle comunque umiliare i francesi, costringendoli il 23 giugno a firmare l'armistizio a Compiègne, la cittadina della Piccardia, nell'Alta Francia, dove Luigi XV aveva fatto ristrutturare un bellissimo castello. Ma l'atto di resa non fu certo sottoscritto qui, bensì nello stesso vagone ferroviario, frettolosamente riesumato da un museo, in cui i tedeschi sconfitti erano stati costretti a firmare l'armistizio nel 1918. I generali del Reich furono durissimi anche nei modi, sicché l'indomani al generale Charles Huntziger, capo della delegazione francese, la firma dell'armistizio con l'Italia, a villa Incisa a Roma, sembrò un pranzo di gala. («I delegati fascisti» raccontò «paiono sinceramente commossi, un poco contriti, forse umiliati.») Gli italiani chiesero di presidiare soltanto i territori occupati: conquistarono una sottile striscia sull'arco alpino e sulla Costa Azzurra fino a Mentone, oltre alla smilitarizzazione di una fascia di 50 chilometri a ovest della frontiera.

Mussolini aveva il morale a terra. E Ciano scrive nel diario: «Se la prende col popolo italiano ... Un popolo che è stato per sedici secoli incudine, non può, in pochi anni, diventare martello. Anche il cerimoniale di Hitler per la firma dell'armistizio fa, sul Duce, molta impressione. Ecco spiegato perché non è stata voluta dai tedeschi la Commissione Unica».

Per quasi un mese, dalla seconda metà di giugno alla metà di luglio, Hitler sperò che l'Inghilterra accettasse la pace. Disse il 1° luglio al nuovo ambasciatore italiano Dino Alfieri, che aveva appena sostituito Bernardo Attolico, troppo antitedesco: «Non riesco a capire come ci fosse davvero qualcuno in Inghilterra capace di credere seriamente alla vittoria». Per qualche giorno il Führer ascoltò i militari che sconsigliavano l'invasione delle isole britanniche, rifiutò la proposta di Mussolini che, pur di combattere, gli offrì il supporto della nostra aeronautica, poi finalmente, il 19 luglio, fece dal Reichstag agli inglesi la sua ultima offerta. Parlò più al popolo britannico che al loro governo: avrebbe subìto grandi sofferenze, mentre «i politicanti» si sarebbero ritirati in Canada per continuare la guerra di là, dopo che Churchill vi avrà spedito la famiglia e il denaro. Infine, la conclusione: «Mi sento in grado di rivolgere un tale appello perché non sono un vinto che mendica dei favori, bensì un vincitore che parla in nome della ragione. Non riesco a vedere ragione alcuna per la continuazione di questa guerra». Il rifiuto ufficiale da parte inglese arrivò il 22 luglio.

Il Führer aveva anticipato a Ciano che tutta la sua strategia di «uomo di pace» sarebbe servita a far ricadere la colpa sugli inglesi, mentre il ministro degli Esteri italiano annota nel diario che Mussolini temette l'opposto: «Definisce il discorso di Hitler troppo abile. Teme che gli inglesi possano trovarvi un appiglio per iniziare negoziati. Sarebbe per lui un dolore perché ora, più che mai, vuole la guerra».

### *Intanto Claretta aspetta un figlio. Ma poi abortisce*

L'estate del 1940 vede Mussolini provato sul fronte sentimentale. In febbraio, per i 28 anni di Claretta, le aveva regalato un agnellino, simbolo d'innocenza, e un portabiglietti intagliato a mano. Lui vuole dedizione totale: la differenza d'età lo spaventa. Al contrario di Hitler, che non era geloso e, davanti al suo declino sessuale, non risolto neppure con iniezioni di testosterone, diede a Eva il permesso di trovarsi un uomo più virile (Albert Speer sospetta che l'abbia trovato), Mussolini «poteva ancora», ma temeva d'ingrassare, d'invecchiare, e per lui anche un campo da tennis diventava campo di virilità. Quando, il 10 giugno, l'Italia entra in guerra (e lui ha il tempo di suonare il violino per l'amante), Clara è incinta. In agosto, però, rischia di perdere il bambino.

Il 18 agosto Mussolini le fa visita, entrando per la prima volta a villa Petacci. Le condizioni dell'amante peggiorano rapidamente. Lui le telefona da villa Torlonia, Rachele se ne accorge, ma non sa chi è l'interlocutrice. Nel tardo pomeriggio del 20 agosto torna a casa Petacci. Il giorno dopo, venti telefonate d'angoscia, poi corre da lei. Stessa cosa il 22 agosto. Il 27 Claretta viene operata per gravidanza extrauterina, che rischia di provocare una peritonite. Sembra riprendersi, ma il 1° settembre è di nuovo in pericolo di vita. Il Duce corre da lei pietrificato. Tre ore di angoscia totale, ma Claretta è salva. Da quel momento Mussolini si reca spessissimo a villa Petacci e le scrive lettere anche a distanza di poche ore l'una dall'altra. Un Mussolini inedito, se pensiamo alle sue relazioni precedenti e a come aveva liquidato figli illegittimi e tragedie personali di altre donne.

Il Duce attribuisce, e forse non sbaglia, un carattere taumaturgico a quelle lettere, pubblicate da Duilio Susmel nell'*Opera omnia di Benito Mussolini*. Induce Claretta a scandire gli sforzi che fa ogni giorno per risollevarsi e ad avere fiducia nei piccoli progressi. Un giorno le scrive: «Dal 15 al 22 seduta sul letto, dal 22 al 29 in piedi e a Palazzo Venezia».

In una lettera del 15 settembre Claretta lo ringrazierà, riconoscendogli l'affettuosa vicinanza: «Tutta la vita che rifiorisce nel mio sangue è tua: tu hai trasfuso la tua giovinezza nelle mie vene, la tua forza ed il tuo coraggio nelle mie membra affrante».

E, a proposito di forza, il Duce le farà recapitare del «nestrovit», una sintesi di quattro vitamine, di cui anche lui fa uso. «Niente cibi solidi o semisolidi oggi. Acqua molto zuccherata, tè, e camomilla. È un mese, oggi, che sei a letto. È ora di guarire.»

### *La battaglia d'Inghilterra e la prima sconfitta di Hitler*

Quando, il 5 agosto 1940, Hitler avviò l'«operazione Leone marino», che prevedeva la sconfitta dell'Inghilterra nei cieli prima dell'invasione via mare con 350.000 uomini (la marina restava contrarissima), era già convinto dell'esito. Disse a Franz Halder, il capo di Stato maggiore dell'esercito tedesco: «La situazione dell'Inghilterra è disperata. Abbiamo vinto la guerra. È impossibile che le prospettive di successo si capovolgano». Era convinto (a ragione) che la Russia «non si sarebbe dissanguata per aiutare gli inglesi» e (a torto) che l'America non si sarebbe riarmata prima del 1945. Aveva sottostimato Churchill e la capacità di resistenza degli inglesi. Scrive il primo ministro britannico nelle sue memorie: «Egli non poteva comprendere le risorse di una nazione isolana, appartata e solitaria, e sottovalutava la nostra forza di volontà».

Churchill era un gigante politico: avrebbe potuto fare la pace e aspettare l'aiuto americano per liberare l'Europa, ma preferì rischiare, sostenuto da un popolo eroico.

Quella passata alla storia come «battaglia d'Inghilterra», la più grande guerra aerea della storia, durò un mese e mezzo, fino al 19 settembre, con uno stanco prolungamento fino al 12 ottobre. Ne portò l'intera responsabilità Hermann Göring, che, come capo dell'aviazione, voleva attribuirsi tutti i meriti della vittoria. Il bilancio finale fu di 915 aerei britannici distrutti contro i 1733 tedeschi. Londra fu bombardata per cinquantasette notti consecutive da 200 aerei, dal 7 settembre al 3 novembre, quando l'illusione dell'invasione delle isole britanniche era svanita da un pezzo. Paradossalmente, l'aver voluto concentrare gli attacchi sulla capitale fu un fatale errore tattico di Göring. Tra il 23 agosto e il 6 settembre gli inglesi avevano perso 466 caccia e un quarto dei piloti in servizio, contro i 385 aerei tedeschi. Se Göring avesse continuato, nel giro di poche settimane la difesa aerea dell'Inghilterra avrebbe ceduto e l'invasione sarebbe cominciata con buone probabilità di successo. Concentrando gli attacchi su Londra, invece, non riuscì a fiaccare il morale degli inglesi, come vedremo tra poco, e diede il tempo alla Royal Air Force di riorganizzarsi.

Breve passo indietro. Il 23 agosto i bombardieri tedeschi, anziché colpire obiettivi militari alla periferia di Londra, avevano distrutto alcune case e ucciso parecchie persone. Fu un errore tecnico, ma gli inglesi pensarono a un'azione mirata e reagirono bombardando Berlino. Lo fecero per una settimana, sfondando una poderosa contraerea e lanciando volantini che ammonivano: «La guerra cominciata da Hitler continuerà e durerà fino a quando durerà Hitler». Una profezia fatta con quattro anni d'anticipo. Il morale dei tedeschi ne fu molto scosso. L'invincibile Führer non era riuscito a proteggere il suo popolo. Due settimane dopo cominciò il massiccio bombardamento su Londra.

Churchill racconta che il 14 ottobre era a cena a Downing Street quando una bomba cadde a un centinaio di metri dal palazzo, ma il maggiordomo e la cameriera continuarono il servizio senza batter ciglio. Fu il primo ministro a costringere tutto il personale a scendere nel rifugio antiaereo, e infatti, poco dopo, un'altra bomba centrò la cucina. I laburisti commentarono: «Il diavolo aiuta sempre i suoi amici». In quei giorni furono colpiti, con una bomba ad altissimo potenziale, sia i club più prestigiosi del centro sia i quartieri periferici. Quando Churchill li raggiunse, vide bandierine britanniche piantate sulle macerie. A nessuno saltò in mente di attribuirgli le distruzioni delle loro case e le centinaia di morti. «Nel riconoscere la mia automobile, la folla accorse da ogni parte, sì che in breve tempo un migliaio di persone si trovò intorno alla vettura. Tutta quella gente era in uno stato di grande entusiasmo patriottico. Ci acclamava e manifestava in ogni modo il suo affetto e cercava di toccare e accarezzare i miei abiti. Sembrava quasi che io fossi venuto a portar loro qualche sostanzioso beneficio, tale da migliorare la loro sorte. Fui colto così di sorpresa che piansi. Una vecchia gridò: "Guardate, gli dispiace proprio, sta piangendo". Erano lagrime non di pena, ma di stupore e di ammirazione...»

Il 4 ottobre Hitler incontrò Mussolini e Ciano al Brennero. Non parlò più di invasione delle isole britanniche e attribuì maggiore attenzione al Mediterraneo. «È un bene per noi» annota Ciano, che aggiunge: «Poche volte ho visto il Duce così di buon umore e in forma». La prima vera sconfitta dell'alleato lo aveva rinfrancato.

Il 12 ottobre Hitler rinviò alla primavera del 1941 l'ipotetica invasione dell'Inghilterra.

### *La tragica notte di Taranto. La sciagurata idea di invadere la Grecia*

Presa via terra la sberla francese, Mussolini ricevette via mare quella britannica nella tarda serata dell'11 novembre 1940. Churchill racconta che l'ammiraglio Andrew Browne Cunningham, comandante della flotta mediterranea britannica, aveva da tempo adocchiato il «magnifico porto di Taranto», dov'era stanziata una parte cospicua della nostra flotta. Tra le 22.58 e le 23.20, due aerosiluranti inglesi semiaffondarono la corazzata *Conte di Cavour* e danneggiarono notevolmente le corazzate *Duilio* e *Littorio* e l'incrociatore *Trento*. La *Littorio* era l'orgoglio della nostra marina insieme alla nave da battaglia *Vittorio Veneto* che, pur essendo ormeggiata a Taranto, fu risparmiata dal fuoco nemico. Churchill poté gioire: «Metà della flotta italiana è fuori combattimento per almeno sei mesi ... Questo avvenimento riceve sapore di ironia dal fatto che quel giorno stesso l'Aviazione italiana, per espresso desiderio di Mussolini, aveva partecipato all'attacco aereo contro la Gran Bretagna ... Gli aerei italiani furono intercettati dai nostri caccia che abbatterono otto bombardieri e cinque caccia. Questa fu la prima e l'ultima volta che essi intervennero negli affari di casa nostra. Sarebbero stati impiegati molto meglio se avessero difeso la loro flotta a Taranto».

Per quanto riguarda la Grecia, per capire come ci imbarcammo anche in questa tragica avventura dobbiamo fare un passo indietro. Nell'estate del 1940, mentre infuriava la battaglia d'Inghilterra, Stalin approfittò della distrazione di Hitler sul fronte occidentale per invadere gli Stati baltici e arrivare fin nei Balcani, occupando la Bessarabia e la Bucovina. Tra il 3 e il 7 agosto concluse l'operazione con l'annessione di Lituania, Lettonia ed Estonia. Hitler la prese malissimo. Era convinto, infatti, che la resistenza dell'Inghilterra fosse motivata dalla speranza di un aiuto russo. Per tagliarle definitivamente le gambe, disse a Halder: «Se la Russia verrà schiacciata, l'ultima speranza dell'Inghilterra svanirà. Allora la Germania sarà padrona dell'Europa e dei Balcani. Perciò bisogna liquidare la Russia. Primavera 1941».

Nelle stesse settimane l'Ungheria era pronta a entrare in guerra con la Romania per riprendersi parte dei territori che le erano stati sottratti dopo la prima guerra mondiale. Hitler, per paura di perdere il controllo dei campi petroliferi rumeni, mandò a Vienna Ribbentrop e Ciano per convincere i due contendenti a una mediazione. Ma la proposta tedesca fu così traumatica per i rumeni che, quando il ministro degli Esteri Mihail Manoilescu vide la carta geografica con metà della Transilvania ceduta all'Ungheria, si accasciò di schianto sul tavolo e fu rianimato da un'iniezione di canfora, e in Romania scoppiò una rivolta. Il 6 settembre il sovrano rumeno Carlo II dovette abdicare e se ne partì per la Svizzera con l'amante e futura moglie dai capelli rossi, Magda Lupescu, a bordo di un treno speciale di dieci vagoni carichi di tutto quel che era riuscito a rubare al suo paese. Al governo andò il dittatore Ion Antonescu, fascista fin nel midollo, che accettò con un abbraccio l'«amichevole» assistenza militare di Hitler.

Al Führer la Romania serviva come base meridionale per l'attacco alla Russia, ma l'annessione politica preoccupò il ministro degli Esteri sovietico Molotov e fece infuriare Mussolini che, naturalmente, non ne sapeva niente. Anche l'opinione pubblica italiana non apprezzò l'iniziativa, e il 12 ottobre il Duce disse a Ciano: «Hitler mi mette sempre di fronte al fatto compiuto. Questa volta lo ripago con la stessa moneta: saprà dai giornali che ho occupato la Grecia. Così l'equilibrio verrà ristabilito». Ciano provò a chiedere se Badoglio era stato informato. «Non ancora» rispose Mussolini. «Ma do le dimissioni da italiano se qualcuno trova delle difficoltà per battersi coi greci.» E il genero gli fece incautamente eco scrivendo: «Credo l'operazione utile e facile».

## *Quando fu la Grecia a spezzarci le reni*

Capo del governo di Atene era un Mussolini greco, Ioannis Metaxas, il quale, preso il potere, per mettere fine alla furiosa lotta tra destra e sinistra aveva sospeso il Parlamento a tempo indefinito, messo fuori legge i comunisti, ma aveva anche varato importanti riforme, come la riduzione della giornata lavorativa a otto ore e l'instaurazione di una seria forma di previdenza sociale. I rapporti tra Italia e Grecia erano così amichevoli che il 25 ottobre 1940, due sere prima della dichiarazione di guerra, l'ambasciatore italiano ad Atene, Emanuele Grazzi, aveva invitato Metaxas, la moglie e altri dignitari a un ricevimento in casa sua dopo una rappresentazione della *Madama Butterfly* di Giacomo Puccini, alla presenza della consorte e del figlio del compositore.

Quando, nella notte sul 28 ottobre (maledette date fatidiche), Grazzi svegliò Metaxas per intimargli di consegnare all'Italia entro tre ore il controllo di alcune zone strategiche, il poveruomo rispose che non poteva far nulla in così poco tempo. E infatti, alle 6, le truppe italiane sconfinarono dall'Albania. Lo stesso giorno Mussolini incontrò a Firenze Hitler, che non ne sapeva niente e prese la cosa malissimo. Finse di accogliere la novità con assoluta indifferenza, ma gli fu facile prevedere un esito infausto: «Dove vanno in mezzo ai monti dei Balcani con la pioggia d'autunno e la neve d'inverno?». I previsti tradimenti (comprati da Ciano) interni al regime greco non ci furono, così come l'appoggio della Bulgaria e l'insurrezione dell'Epiro. Nella sua biografia di Mussolini, Pierre Milza scrive che i greci si aspettavano un attacco via mare. Gli italiani tentarono invece di sfondare sulle montagne dell'Epiro, nelle condizioni geografiche e logistiche peggiori, con appena 5 divisioni mentre ne sarebbero servite 20.

L'esercito greco, di cui era previsto il crollo (ma non dai nostri servizi segreti, che non furono ascoltati dal Duce), si batté gagliardamente e non fece muovere un passo a truppe già impantanate nel fango. Quattro giorni dopo l'inizio dell'invasione, il contingente italiano aveva già perso il 20 per cento dei soldati. La situazione era così grave che il generale Sebastiano Visconti Prasca, al comando dell'operazione, ci rimise il posto. Con deplorevole imprudenza, dopo venti giorni d'insuccessi, il 18 novembre Mussolini si affacciò al balcone di palazzo Venezia e s'impiccò a una frase che l'avrebbe crocifisso a una brutta pagina di storia:

«Affermai cinque anni fa: spezzeremo le reni al Negus. Ora, con la stessa certezza assoluta, ripeto assoluta, vi dico che spezzeremo le reni alla Grecia in due o dodici mesi, non importa ... Una volta preso l'avvio, io non mollo più». Lo stesso giorno, incontrando Ciano al Berghof, Hitler si sfogò per il pasticcio in cui Mussolini si era cacciato.

I greci ci tennero sotto scacco fino a febbraio: pur avendo mezzi inferiori ai nostri, erano appoggiati dall'entusiasmo popolare e dall'aviazione inglese, e furono nelle condizioni di scegliere come e dove attaccare. Uno degli episodi per noi più penosi avvenne proprio all'inizio dell'invasione, quando le truppe italiane attraversarono il ponte di Perati, che congiunge l'Albania alla Grecia. La divisione alpina Julia fu presa alle spalle e massacrata: i greci aspettarono che noi avanzassimo senza incontrare resistenza e ci decimarono. Ne ha parlato Mario Rigoni Stern in *Quota Albania* e l'episodio è stato consegnato alla storia da una tristissima canzone: «Sul Ponte di Perati / bandiera nera: / l'è il lutto degli Alpini / che va a la guera. / L'è il lutto della Julia / che va a la guera / la meglio gioventù / che va sot'tera».

Altro che invasione: le truppe italiane furono ricacciate in Albania, mentre i rapporti dei comandanti delle armate non nascondevano la sconfitta e lamentavano il ritardo nei rifornimenti. Già un paio di giorni dopo aver detto che avremmo spezzato le reni alla Grecia, Mussolini ricevette da Hitler una mortificante lettera di richiamo, come fosse uno scolaro svogliato e incapace («Mi ha dato il regolo sulle dita»). Se la prese dunque con Ciano, che aveva molto caldeggiato la guerra e che ora era diffamato da lettere anonime e mal visto in zona operativa. Il 19 e 20 gennaio 1941 il Duce andò a trovare Hitler nel suo rifugio di montagna. In *Due dittatori di fronte* l'ambasciatore Alfieri racconta che Mussolini gli confidò di essere stato umiliato dall'eccessiva cortesia del Führer: «Quell'uomo è isterico. Dicendomi che nessuno più di lui aveva vissuto e condiviso la mia angoscia, aveva le lacrime agli occhi. Tutto ciò è esagerato. Troppo mi ha fatto sentire e pesare la sua bontà, la sua generosità, la sua forza e superiorità».

*Alla fine vincemmo, pur essendo sconfitti*

Ai primi di marzo Mussolini si recò in visita alle truppe italiane in Albania. Ecco il racconto che ne fa il soldato Aldo Biagioni, addetto al vettovagliamento, in una pagina di diario: «Benito Mussolini, il Duce, era arrivato a Paraboar [*in Albania*] su di una camionetta ed altre quattro, di scorta. All'improvviso veramente, perché il Comando di Corpo d'Armata non ne sapeva niente, altrimenti avrebbe predisposto un qualunque ricevimento, almeno per la sicurezza. A riceverlo furono invece gli alpini della Julia ... l'entusiasmo arrivò alle stelle: battimani, canti, evviva, eia eia alalà. Noncuranti di tutto: tutti presenti gli alpini lo presero a forza sulle spalle ed in trionfo, con tutto il seguito, lo portarono al baraccamento del IV Corpo d'Armata. ... Sì, avevamo anche il "Chianti", quando si poteva distribuire. Ne fece spuntellare una, in maniera di poterne versare il contenuto, dopo tolto il tappo. Soprattutto gli alpini si fecero sotto con gli elmetti. "Ostrega se bevi": grande entusiasmo. Mussolini si divertiva ridendo a versare il Chianti. ... Sempre con canti, battimani e alalà, contornato dai militari che, a spintoni, facevano a gara di avvicinarlo, Mussolini risalì sulla camionetta». E in *Ignavia contro eroismo* Francesco Pricolo, capo di Stato maggiore dell'aeronautica, scrive: «Mussolini ha gli occhi lucidi e un groppo alla gola. Io sono letteralmente sbalordito e mi chiedo come possa accadere che quegli stessi soldati che hanno sofferto terribilmente per una guerra impreparata e che hanno dovuto subire l'umiliazione di brucianti insuccessi, abbiano potuto dimenticare ogni cosa e accendersi di tanto entusiasmo per colui che è il capo di tutto e che appunto per questo avrebbe dovuto essere ritenuto il massimo responsabile delle loro sofferenze e delle loro sciagure».

Mussolini approfittò dell'occasione per andare a trovare a Valona la figlia Edda, crocerossina sulla nave ospedale *Po*, che era stata silurata dagli inglesi. Lei era rimasta in acqua per cinque ore e il Duce inviò un lungo telegramma a Rachele per raccontarle i drammatici momenti dell'affondamento (fu un marinaio a gettarla in acqua, mentre lei cercava invano di aprire la porta bloccata della cabina di un'amica). Al ritorno, Mussolini riferì alla moglie un curioso episodio, riportato da lei nel libro di memorie *La mia vita con Benito*. Mentre si dirigeva verso l'osservatorio per una perlustrazione, sentì che un soldato, frenato a stento dai commilitoni, gli gridava alle spalle in dialetto romagnolo: «Non andate, Duce, vi vogliono uccidere!». Arrivato in cima, si fermò meno del previsto. Appena si fu allontanato, una granata esplose sull'osservatorio centrando il cannocchiale da lui usato poco prima. L'oggetto fu poi donato a Mussolini, e Rachele lo descrive con una scheggia ancora conficcata nell'obiettivo.

Il 20 marzo il Duce fece un rapporto al re totalmente negativo sull'andamento della guerra, addossandone per intero la responsabilità ai generali la cui pessima conduzione delle operazioni è condivisa da Rochat. Una settimana dopo (28-29 marzo) subimmo la tragedia di capo Matapan, a sud del Peloponneso. Una squadra navale italiana era partita dal porto di Napoli per raggiungere il Peloponneso da cui avrebbe dovuto attaccare le navi di rifornimento britanniche. Una ricognizione aerea e, soprattutto, l'intercettazione dei messaggi cifrati tedeschi attraverso il sistema Enigma (di cui parleremo per la guerra d'Africa) consentirono agli inglesi di coglierci di sorpresa, con il conseguente affondamento di 3 incrociatori pesanti e 2 cacciatorpediniere e il danneggiamento della corazzata *Vittorio Veneto*, malgrado un impiego massiccio dell'aviazione italotedesca. Per le nostre forze armate il bilancio fu disastroso: 2331 morti e 1163 prigionieri. Gli inglesi se la cavarono con 3 vittime, un aerosilurante abbattuto e un cacciatorpediniere danneggiato.

Due notti prima, mentre la squadra navale italiana navigava verso Creta, un'unità della X Mas compì un'incursione molto audace nella baia di Suda, dov'erano ancorate le navi britanniche. Sei barchini esplosivi superarono gli sbarramenti e affondarono un incrociatore pesante e una petroliera.

Negli stessi giorni, il principe Pietro di Iugoslavia, amico degli inglesi, con un colpo di Stato spodestò il reggente

Paolo, alleato dell'Asse. Hitler invitò Mussolini a presidiare il confine tra l'Albania e la Iugoslavia, e il 6 aprile scatenò contro i «traditori» un inferno di fuoco che, in meno di una settimana, portò all'occupazione di Belgrado e, il 18, alla resa. Sull'abbrivio, le truppe tedesche raddrizzarono la compromessa situazione greca. Il 9 aprile la Wehrmacht entrava a Salonicco, subito dopo partì il contrattacco italiano e i greci chiesero l'armistizio: ai tedeschi, non agli italiani che avevano battuto.

Il Duce si appellò alla generosità del Führer. Il 23 aprile fu firmato un armistizio a tre che a noi andò fin troppo bene, anche qui grazie ai tedeschi, che ci comunicarono quanto avevano deciso di darci: Epiro, Tessaglia, Attica e Peloponneso, con le isole Ionie fino a Corfù, le 220 isole Cicladi, le Sporadi meridionali (Samo, Furni, Icaria) fino alla punta meridionale di Creta. Noi ci limitammo a occupare, con una mano assai più leggera dei tedeschi, che ci promisero l'annessione a guerra finita, naturalmente dopo la vittoria dell'Asse.

Per l'Italia, la guerra in Grecia fu una mezza disfatta. Partiti con 70.000 uomini, finimmo per impiegarne complessivamente 500.000 e subimmo ingenti perdite: 13.755 morti, 4000 dispersi, 50.000 feriti, 12.000 congelati.

# IV

# La trappola africana e l'epopea di El Alamein

## *L'eroismo della X Mas. La morte di Italo Balbo*

Come accade spesso agli italiani in ogni campo, le deficienze del gioco di squadra vengono riscattate dal genio individuale. L'impresa della X Mas a Suda fu seguita da altri due episodi ben più clamorosi. La flotta subacquea della nostra marina era dotata di siluri a corsa lenta, chiamati «maiali». Con azioni di massimo rischio, una volta giunti sotto le fiancate delle navi nemiche i sommozzatori vi attaccavano cariche esplosive a ventosa, attivate tramite un timer che desse loro il tempo di non venire uccisi dalla deflagrazione ma non sempre di evitare la cattura. Nella notte tra il 19 e il 20 settembre 1941, a Gibilterra, furono usati tre «maiali», rilasciati dal sommergibile *Scirè* comandato da Junio Valerio Borghese, che andarono tutti a bersaglio, affondando una nave cisterna e danneggiandone gravemente un'altra, oltre a semidistruggere una motonave armata.

Ma l'impresa più sensazionale avvenne nella notte tra il 18 e il 19 dicembre ad Alessandria d'Egitto. Anche qui entrarono in funzione tre «maiali», sempre rilasciati dallo *Scirè*. Il sommergibile partì dall'isola di Lero, nell'Egeo, e Borghese raccontò che per l'intera giornata del 18 «procedette in una zona presumibilmente minata, a sessanta metri di profondità, strisciando sul fondo in fondali rapidamente decrescenti fino a un miglio dal porto di Alessandria». Il primo «maiale» era guidato da Luigi Durand de la Penne con il palombaro Emilio Bianchi. Come raccontammo in *Perché Mussolini rovinò l'Italia*, i due furono separati dall'urto contro lo scafo della corazzata britannica *Valiant*. De la Penne proseguì da solo, con gli occhiali appannati e la maschera piena d'acqua. Riprese fiato, attaccò la ventosa con l'esplosivo su una fiancata della nave e provò ad allontanarsi a nuoto senza respiratore, ma quando risalì in superficie fu fermato da una raffica di mitra e catturato, e si ritrovò sulla *Valiant* insieme a Bianchi, che era stato arrestato poco prima. Poiché i due si rifiutarono di dare informazioni, gli inglesi li rinchiusero nella cala minacciandoli di farli saltare con la nave. Mezz'ora prima dell'esplosione, de la Penne disse al comandante che aveva il tempo per mettere in salvo l'equipaggio. Riportato nella cala, rimase contuso nella terribile esplosione, ma gli inglesi non avevano chiuso il portello, cosicché riuscì a salire a poppa dove – avrebbe poi raccontato – l'equipaggio si era messo sugli attenti al suo passaggio. Da lì vide l'esplosione della corazzata *Queen Elizabeth*, ammiraglia della flotta mediterranea britannica, con a bordo l'ammiraglio lord Andrew Cunningham, che fu affondata da Antonio Marceglia e Spartaco Schergat, anch'essi poi catturati.

Vincenzo Martellotta e Mario Marino, a bordo del terzo «maiale», fecero colare a picco una petroliera e danneggiarono un cacciatorpediniere, giacché la portaerei che era il loro obiettivo era ripartita. Per ingannare il nemico, Cunningham ordinò che a bordo della semiaffondata *Queen Elizabeth* la vita fosse apparentemente normale, ordinando ogni giorno l'alzabandiera.

Al momento dell'impresa, Junio Valerio Borghese aveva 35 anni. (Appartenente a una principesca famiglia romana – tra i suoi avi ci fu papa Paolo V, un grande pontefice patrono delle arti, il cui nome è inciso sul timpano della basilica di San Pietro –, Borghese fu un autentico eroe di guerra, ma, come vedremo più avanti, durante la Repubblica di Salò fu un durissimo persecutore dei partigiani. Nel 1970 fu l'artefice di un tentativo di colpo di Stato, inquietante quanto macchiettistico.)

Furono grandi soddisfazioni per la marina italiana che, però, non servirono a modificare l'andamento della guerra. Con forze armate palesemente impreparate, eravamo impegnati su tre fronti (prima che si aprisse il quarto, la Russia): il fronte interno, sottoposto ai bombardamenti inglesi; i Balcani; l'Africa, a sua volta con il doppio scenario settentrionale e orientale.

Governatore della Libia era Italo Balbo che, all'inizio delle ostilità, aveva assunto il comando delle operazioni. Voleva imitare i tedeschi in un *Blitzkrieg* contro gli inglesi, ma quando ricevette il via libera da Badoglio, il 28 giugno 1940, era morto da mezz'ora. Pilotando personalmente il suo trimotore SM 79, stava conducendo un'operazione per la conquista di alcune autoblindo inglesi quando vide del fumo frutto di un bombardamento britannico. Abbassò la quota per atterrare, ma venne abbattuto dalla contraerea dell'incrociatore *San Giorgio*, fermo nella rada del porto di Tobruk, che aveva scambiato il suo per un aereo nemico. Si fantasticò di un atto deliberato, visto che Balbo era il principale contestatore di Mussolini («L'unico in grado di uccidermi» diceva il Duce), ma in realtà si trattò di un tragico incidente. All'annuncio della sua morte, che avrebbe compromesso seriamente la nostra campagna di Libia, Mussolini non batté ciglio.

## *La disfatta di Graziani e la «sagra» di Giarabub*

Il posto di Balbo in Libia fu preso, purtroppo, da Rodolfo Graziani. Purtroppo perché tanto Balbo era agile e coraggioso, quanto Graziani era anchilosato e prudente fino alla pavidità. Gli uomini in guerra vogliono vedere il loro comandante. Bene, Graziani installò il suo quartier generale in una tomba romana profonda tra i 20 e i 30 metri vicino all'Arco dei Fileni, nei pressi di Cirene (l'antica Cartagine), a 120 chilometri dalla prima linea. Quando prese il comando, poteva disporre di una buona aviazione e di circa 250.000 uomini, contro i 40.000 inglesi presenti in Egitto. Un'azione di forza immediata avrebbe quindi avuto successo. Ma l'aggettivo «immediata» non esisteva nel vocabolario di Graziani, che fece passare l'intero mese di luglio e la metà di agosto prima di obbedire malvolentieri all'ordine di muoversi impartitogli da Mussolini. Hitler era ancora convinto di poter invadere l'Inghilterra, mentre il Duce tremava all'idea che la guerra finisse senza che lui non avesse conquistato nulla.

Finalmente il 19 agosto 1940 gli italiani si mossero e il 16 settembre arrivarono a Sidi el-Barrani con pochissime perdite, visto che non c'era ancora stata una vera e propria battaglia. Sidi el-Barrani è un villaggio egiziano a 95 chilometri dalla Libia e a 240 chilometri da Tobruk. Graziani decise di fermarsi lì e la cosa fece infuriare Mussolini, che il 26 ottobre minacciò di licenziarlo: «Al tavolo della pace porteremo a casa quello che avremo militarmente conquistato. Non valeva la pena di avere 16 mesi di tempo per prepararsi, ottenere tutto quello che avete richiesto, avere a disposizione 15 divisioni per portare a casa soltanto Sidi el-Barrani». In Libia, il Duce rifiutò l'aiuto di due divisioni tedesche. Voleva vincere da solo e mal gliene incolse. Perché i ritardi di Graziani avevano consentito agli inglesi di organizzarsi.

L'armata africana era comandata da lord Archibald Wavell, ma l'incarico di contrattaccare gli italiani fu affidato al generale Richard O'Connor. Descritto dai nostri servizi segreti come balbuziente e talmente timido da sedersi in punta di poltrona nelle riunioni con i superiori, era in realtà un comandante molto coraggioso che, in battaglia, compariva ogni tanto all'improvviso accanto ai suoi uomini. Aveva al suo comando 40.000 soldati, contro gli 80.000 che in quel momento erano agli ordini di Graziani, ma disponeva dei carri armati Matilda, muniti di una corazza quattro volte più resistente di quella dei nostri M13/40 e di cannoni e mitragliere molto potenti. La notte sul 7 dicembre 1940 O'Connor attaccò gli italiani alle spalle e, nel giro di sei giorni, li respinse in Libia, trattenendo 800 cannoni e 40.000 prigionieri. Sull'abbrivio, i britannici proseguirono nel contrattacco e, il 21 gennaio 1941, conquistarono la base italiana di Tobruk. Si diressero poi verso sud a una straordinaria velocità di marcia, percorrendo in 33 ore 270 chilometri: un record assoluto per un trasferimento di truppe corazzate. Le divisioni italiane furono sconfitte a Beda Fomm, a sud di Bengasi: altri 20.000 dei nostri soldati furono fatti prigionieri, portando a 140.000 il numero degli uomini catturati dall'inizio della campagna. Così, partiti per sfondare in Egitto fino al Cairo, gli italiani erano stati ricacciati indietro, perdendo l'intera Cirenaica.

Per proteggere sul fianco sinistro l'avanzata di O'Connor, una divisione australiana aveva attaccato l'oasi di Giarabub, nel deserto marmarico tra la Libia e l'Egitto, a 200 chilometri dal mare. L'assedio durò quattro mesi e l'eroica resistenza dei 1400 italiani fu enfatizzata da una delle canzoni di guerra più popolari, *La sagra di Giarabub*: «La fine dell'Inghilterra incomincia da Giarabub...», con il celebre ritornello «Colonnello non voglio pane / dammi piombo pel mio moschetto, / c'è la terra del mio sacchetto / che per oggi mi basterà».

Il «colonnello» era Salvatore Castagna, che aveva resistito anche dopo che il pane era davvero finito. Si arrese il 23 marzo 1941 quando, oltre ai viveri, erano terminate le munizioni. Gli australiani, ferocissimi, spararono sui soldati italiani che stavano ammainando la bandiera per poi bruciarla, ma alla fine s'inchinarono all'eroismo dei nostri, rendendo loro l'onore delle armi e facendoli sfilare davanti a un loro reparto.

Con la disfatta italiana, O'Connor avrebbe potuto proseguire tranquillamente fino a Tripoli, ma il 12 febbraio fu fermato perentoriamente da Churchill. Perché?

### *Come e perché «Enigma» vinse la guerra*

Come racconta bene Arrigo Petacco nel suo *L'armata nel deserto*, all'inizio del conflitto i servizi segreti britannici si erano impadroniti di un esemplare di «Enigma», una particolare macchina per scrivere che, grazie a un sistema di cilindri rotanti collegati elettricamente, consentiva all'operatore di cambiare l'ordine delle lettere dell'alfabeto usando una chiave modificabile di volta in volta e di cui solo il mittente e il destinatario erano a conoscenza. Enigma era il codificatore usato dai tedeschi per tutta la durata della guerra, che alla fine fu vinta dagli Alleati con il contributo, forse determinante, proprio di questa macchina. Per penetrare i segreti di Enigma, Churchill radunò i più celebri ingegneri, matematici, fisici, campioni di scacchi, enigmisti, persino bridgisti. Soltanto il genio matematico Alan Turing e il genio ventenne Harry Hinsley (che doveva valutare in tempi rapidissimi il significato dei testi decrittati) erano a conoscenza di chi trasmetteva le informazioni da decodificare. Al sistema venne dato il nome di «Ultra Secret», poi abbreviato in «Ultra».

La prima occasione in cui Ultra costrinse Churchill a una decisione drammatica si presentò il 14 novembre 1940. La macchina rivelò che quel giorno l'aviazione germanica aveva in programma un formidabile attacco aereo alla città di Coventry. Informato dal capo dei servizi segreti, il primo ministro doveva scegliere se far evacuare la città, fornendo ai tedeschi la certezza di essere spiati, o tacere, esponendo Coventry alla furia nemica. «Salviamo Coventry o salviamo Ultra?» gli chiese sir Stewart Menzies. Churchill si ritirò per qualche minuto da solo nel suo studio e, quando ne uscì, disse: «Salviamo Ultra». Quella notte, 449 bombardieri della Luftwaffe rasero al suolo la città, abbattendone gli impianti industriali e oltre 4000 abitazioni, e uccidendo 1236 persone, quasi tutti civili. Il bombardamento fu così devastante che, da allora, il termine «coventrizzazione» viene usato per indicare un'azione bellica totalmente distruttiva.

Tornando alla domanda finale del paragrafo precedente, il 12 febbraio 1941 Churchill bloccò la trionfale spedizione dei suoi nel deserto libico perché Ultra gli aveva appena comunicato che le armate tedesche sarebbero entrate in Grecia per soccorrere le truppe italiane in forte difficoltà. E poiché la Grecia era ormai la sola alleata della Gran Bretagna ancora in vita, il primo ministro inglese decise di aiutarla.

Il 19 gennaio 1941 Mussolini si era recato al Nido dell'Aquila per informare Hitler di essere in difficoltà sia in Grecia sia in Africa, e il Führer aveva deciso di spedire unità tedesche sui due fronti. Ma aveva anche chiesto di avere mano libera nel passaggio delle proprie truppe in Italia, affidandone il comando ad Albert Kesselring, asso dell'aviazione distintosi nella prima guerra mondiale e ora nominato comandante di tutte le forze tedesche dislocate in Italia, Grecia e Africa. La cosa che più aveva offeso il Duce era stato il tono del Führer, così mieloso da sembrare recitato. Adesso Mussolini non solo doveva rinunciare a combattere la «guerra parallela» per presentarsi con proprie conquiste al tavolo della pace, ma si vedeva di fatto commissariato, come sarebbe avvenuto di lì a poco con l'arrivo in Africa del feldmaresciallo Erwin Rommel.

### *Arriva Rommel, la «Volpe del deserto»*

Rommel aveva 51 anni ed era il feldmaresciallo più amato da Hitler perché si era fatto da solo, non appartenendo alla supponente categoria degli ufficiali prussiani di origini aristocratiche distinguibili per il «von» davanti al cognome. Figlio di un professore di matematica e della figlia di un eminente politico del Württemberg, si dimostrò geniale fin dalla primissima giovinezza: a 14 anni costruì un aliante perfettamente funzionante. Avrebbe voluto fare l'ingegnere, ma il padre gli impose la vita militare. Nella prima guerra mondiale, tenente di 26 anni, dimostrò la sua straordinaria intelligenza tattica aggirando a Caporetto gli italiani con una rischiosissima manovra alle spalle e facendo 9000 prigionieri. Promosso capitano sul campo e insignito con la più alta decorazione al valor militare, la Pour le Mérite, continuò a distinguersi per il resto della guerra e, all'inizio della seconda, portò al successo la sua Panzer-Division nella campagna di Francia.

L'11 febbraio Mussolini lo incontrò a Roma e gli confermò i pieni poteri, anche se formalmente in Africa sarebbe stato subalterno al generale Italo Gariboldi, che aveva sostituito Graziani nel comando delle nostre truppe. Secondo Martin Kitchen (*Rommel's Desert War*), appena arrivato Rommel si trovò dinanzi alla richiesta dei generali italiani di non bombardare Bengasi dove alcuni di loro avevano proprietà. Interpellato, Hitler ordinò che i bombardieri tedeschi si mettessero immediatamente in volo.

Il genio tattico di Rommel si manifestò nel momento stesso in cui il contingente tedesco giunse in Africa. Per far credere ai ricognitori nemici di disporre di forze molto superiori a quelle effettive, attrezzò una colonna di finti carri armati di cartapesta montati su automobili Volkswagen: facevano così tanta polvere che dall'alto sembravano veri. A metà marzo, visto che gli inglesi erano fermi, Rommel decise di contrattaccare da Tripoli, dove ormai si erano asserragliati gli italiani. Il generale tedesco mutava tattica in continuazione senza informare lo Stato maggiore a Berlino, perciò Ultra forniva sui suoi movimenti informazioni sbagliate. Fu così che gli inglesi si trovarono addosso senza avvedersene le truppe italo-tedesche. Viste le condizioni favorevoli, Rommel avrebbe voluto riprendersi l'intera Cirenaica, ma da Berlino gli arrivò l'ordine di fermarsi e di tenere impegnate le truppe nemiche. Hitler non poteva ritardare ulteriormente l'attacco alla Russia (l'«operazione Barbarossa», di cui parleremo nel prossimo capitolo), già rallentato dall'aiuto prestato alle truppe italiane in difficoltà in Grecia e in Africa, e non voleva gli inglesi tra i piedi.

Ma, come abbiamo detto, Rommel agiva di testa sua, anche a costo di contravvenire alle direttive di Hitler. L'ordine di fermarsi era giunto il 2 aprile anche al generale Gariboldi che, da superiore virtuale di Rommel, glielo trasmise immediatamente. Anche lui aveva ricevuto dal Führer un cablogramma in tedesco dello stesso tono, ma il generale italiano non conosceva la lingua e Rommel, mostrandogli il dispaccio, gli disse, mentendo, di aver ottenuto da Berlino la piena libertà d'azione. In un solo giorno Bengasi fu riconquistata, con enorme sollievo della popolazione italiana che aveva subìto violenze prima dagli australiani e poi dagli arabi. L'11 aprile le truppe dell'Asse ripresero l'intera Cirenaica e respinsero gli inglesi in Egitto.

Furibondo per lo smacco patito, Churchill ordinò ai suoi di distruggere Rommel, ma intanto le truppe di Wavell stavano arretrando, lasciando sul campo 1500 morti. Per il genio tattico dimostrato in quella che venne chiamata «operazione Girasole», la sua totale imprevedibilità, la sua improvvisa comparsa in testa alla prima linea, il feldmaresciallo tedesco divenne un mito anche presso gli inglesi, che lo soprannominarono *Desert Fox*, la «Volpe del deserto».

Rommel scriveva ogni giorno lettere alla moglie. Non c'era una sola frase affettuosa, sembravano piuttosto pagine destinate a un memoriale. In una di queste le annunciò che il suo obiettivo era la conquista del canale di Suez.

## *Amedeo d'Aosta e la perdita dell'Africa orientale*

Come i giocatori avventati che perdono la posta nell'illusione di raddoppiarla, l'Italia protesa alla conquista dell'Egitto perse in un baleno le vecchie colonie dell'Africa orientale. Hailé Selassié, l'imperatore d'Etiopia detronizzato dagli italiani nel 1936, si era rifugiato a Londra, mal tollerato dagli inglesi per le sue querimonie. Allo scoppio della guerra, era corso a Khartoum per partecipare alla restituzione del maltolto. Il nostro contingente era comandato dal viceré Amedeo di Savoia-Aosta, un affascinante duca democratico che da giovane aveva preteso il «tu» dai suoi compagni della Nunziatella, altrimenti costretti a chiamarlo «Altezza Reale» e senza mai potergli rivolgere la parola per primi. Era stato allontanato da corte perché, durante una festa, si era fatto scappare una fulminante battuta: «Ecco Curtatone e Montanara» aveva detto all'ingresso della coppia reale, utilizzando i nomi di due celebri battaglie risorgimentali per ironizzare sulla statura di Vittorio Emanuele III e sulla provenienza montenegrina della regina Elena.

Amedeo aveva molti uomini e pochi aeroplani, il cui numero rimase insufficiente anche dopo l'invio dalla madrepatria di caccia e di bombardieri. Sostenute dalle micidiali incursioni della Raf, nel gennaio 1941 le truppe britanniche attaccarono dal Kenya e dal Sudan dove Hailé Selassié aveva ottenuto di far combattere proprie unità per «firmare» la riconquista del proprio impero. Gli italiani ripiegarono in ritardo nella conca di Cheren, dove 6000 uomini al comando del generale Nicolangelo Carnimeo non solo respinsero l'attacco inglese, ma costrinsero il nemico ad arretrare. Il comportamento del contingente italiano nella battaglia, che qualcuno ha paragonato per durezza a quella di Montecassino, fu talmente esemplare da far scrivere nelle sue memorie al colonnello britannico Arthur J. Barker: «Cheren costituì il supremo sforzo bellico italiano e ciò che fecero le truppe di Carnimeo non fu probabilmente mai superato nella storia militare italiana».

Cheren si arrese il 27 marzo, Asmara il 1° aprile, Addis Abeba il 6, Massaua l'8. Amedeo d'Aosta tentò un'ultima resistenza sull'Amba Alagi, sia per ritardare il congiungimento delle due armate britanniche sia per onorare la memoria dell'eroico Pietro Toselli, che vi si era immolato nel 1895. Ferito a un braccio da una scheggia, rifiutò di rientrare in Italia con un aereo e il 17 maggio, tre giorni dopo che Mussolini aveva autorizzato la resa, ne concordò le condizioni con gli inglesi, evitando così di pagare un inutile «gran prezzo di sangue». Agli italiani fu concesso l'onore delle armi. Quirino Maffi, inviato speciale freelance in Etiopia, descrisse così il triste spettacolo: «I nostri erano un manipolo sporco ed eterogeneo, i relitti di un naufragio, mentre gli inglesi che presentavano le armi sembravano usciti dalla lavanderia».

Amedeo d'Aosta fu trattato con ogni riguardo e trasferito in un villino di caccia in Kenya, a un centinaio di chilometri da Nairobi. Dieci mesi dopo, il 3 marzo 1942, morì di tubercolosi nell'ospedale militare della capitale keniota. Aveva 44 anni. Al suo funerale i generali britannici indossarono la fascia di lutto al braccio destro. Fu chiamato «eroe dell'Amba Alagi» e insignito in vita di medaglia d'oro al valor militare.

### *La disperazione di Mussolini per la morte del figlio Bruno*

Mentre nell'estate le posizioni erano ferme, il 7 agosto 1941 Mussolini perse il figlio Bruno in un incidente di volo. Aveva 23 anni e, a 17, era stato il pilota militare più giovane d'Italia. Specialista come Italo Balbo di record di velocità e di voli transoceanici (aveva costituito una società per i collegamenti con il Brasile), aveva guadagnato una medaglia d'argento nella guerra d'Etiopia ed era stato protagonista di un celebre duello aereo durante quella di Spagna, che gli era valso una seconda medaglia d'argento. Assegnato al comando di una squadra di bombardieri Piaggio, rovinò al suolo all'aeroporto militare di Pisa per la perdita di potenza di un nuovo modello che stava collaudando e morì insieme a due compagni di volo.

Per il Duce fu un colpo durissimo. Bruno era il suo orgoglio e la morte glielo toglieva in un momento molto difficile della guerra. Scrisse di getto *Parlo con Bruno*: «La mattina del 7 ..., verso le 11, a palazzo Venezia, qualcuno mi dice: "Bruno, poco fa, a Pisa, è caduto e sta molto male". "È morto?", domando io. "Sì" è la risposta. Torno a Villa Torlonia e ordino che mi si prepari un aeroplano ... Mi metto al mio posto di pilotaggio e si parte ... Dopo un'ora siamo al campo di Pisa. Appena sceso dall'apparecchio, mi viene incontro Vittorio. Lo abbraccio senza parole ... In ospedale, persone che non ricordo mi accompagnano alla tua stanza. Tu sei là, disteso sopra un lettuccio, immobile, con la testa fasciata sino agli occhi chiusi. Le coperte ti coprono fino al collo e sembri dormire. Sul tuo volto, qualche macchia di sangue, ma i tuoi lineamenti sono intatti. Ti guardo, mi chino su di te, ti bacio. Non oso scoprirti. Ti chiamo. Mi sembra impossibile. Bruno! Il mio Bruno!...».

Mussolini si chiuse in se stesso, come testimonia il diario di Claretta: «Mi sento diviso dal resto del mondo, non posso mischiarmi alla folla. Questa solitudine, che del resto anch'io voglio, finirà per nuocermi. Non mi faccio mai vedere, non ricevo né stranieri né straniere. Mi sei di conforto. Sono stato sempre un solitario. Non ho amici, né fratelli. Ne avevo uno, ma l'amico, il fratello Arnaldo, l'ho perduto. Un secondo, Bruno, anche lui mi ha lasciato. Sono solo, veramente solo, non ho che te, cara, che dividi con me una vita tormentata».

Colpisce la totale assenza di riferimenti alla moglie e agli altri quattro figli, che pure vedeva ogni giorno. Eppure, Rachele si preoccupava costantemente di Benito, temendo che gli fossero nascoste molte inefficienze delle nostre forze armate raccontate dai soldati che rientravano in licenza in Italia. Un giorno si sfogò con il capo della polizia, Carmine Senise, denunciandogli scandali e corruzioni. «Voi siete amico o nemico?» gli chiese a bruciapelo. E quando Senise le giurò fedeltà e disse di non saper niente di quanto gli raccontava, Rachele lo avvertì: «Fate attenzione: la caduta di Mussolini può trascinare il crollo di tutta l'Italia...». (Senise, sostituito dal Duce il 14 aprile 1943 perché sulla sua fedeltà i tedeschi nutrivano forti dubbi, riprese il suo posto di fatto già alla vigilia del 25 luglio, organizzando l'arresto di Mussolini e di molti gerarchi.)

### *L'assalto mancato a Malta. La perdita e la riconquista di Tobruk*

L'autunno del 1941 fu molto difficile per gli italiani anche nell'Africa settentrionale. In settembre Rommel provò a sfondare verso l'Egitto, ma il contrattacco inglese fu formidabile: lasciando sul terreno 3000 morti, il generale Claude Auchinleck si riprese Tobruk e Bengasi. Noi perdemmo 1000 uomini, però 23.000 dei nostri finirono prigionieri. Si arrivò così alla primavera del 1942, quando l'Asse commise uno degli errori decisivi che gli costarono la sconfitta.

All'inizio della guerra, Mussolini aveva inspiegabilmente rinunciato alla presa di Malta, allora poco tutelata dagli inglesi. L'isola, determinante per il controllo del traffico verso l'Africa, era diventata un incubo per i nostri convogli. Prendere Malta significava quindi garantire sicurezza alle truppe dell'Asse impegnate nell'Africa settentrionale. Così fu allestita in gran segreto una formidabile flotta da sbarco italiana di 180 unità, che andavano dagli incrociatori alle motozattere in grado di portare le truppe fin sulla spiaggia. Si sarebbero lanciati paracadutisti della Folgore, una divisione aviotrasportata costituita per l'occasione, insieme a quelli tedeschi e a centinaia di manichini, a testimonianza di una forza irresistibile. Inoltre, le truppe subacquee del battaglione San Marco avrebbero aperto la strada ai mezzi da sbarco.

Nell'incontro con Mussolini al Nido dell'Aquila Hitler approvò l'«operazione Ercole», che sarebbe stata seguita dall'«operazione Aida» per la conquista dell'Egitto. La condizione, però, era che Rommel si fermasse il poco tempo utile a neutralizzare Malta e a far arrivare alle truppe dell'Asse in Africa i rifornimenti necessari. Il bombardamento su Malta fu tremendo: basti dire che dei 200 Spitfire alzatisi in volo per contrastare l'aviazione tedesca, ne sopravvissero 7. A quel punto l'invasione dell'isola sarebbe stata facilissima, ma il piano saltò per i capricci del generale tedesco.

L'operazione di Malta era stata programmata dal generale Ugo Cavallero e da Albert Kesselring, comandante delle operazioni nel Mediterraneo e, quindi, superiore di Rommel. I due si detestavano e immaginavano che ogni scelta dell'uno fosse fatta in danno dell'altro. Ma Rommel era nel cuore di Hitler e alla fine la spuntò, ottenendo un compromesso che poi avrebbe violato: sarebbe potuto avanzare fino a riprendersi Tobruk, sottraendo truppe all'assalto di Malta, ma poi si sarebbe dovuto fermare per consentire una più agile conquista dell'isola.

Tobruk è l'ultima importante città libica ai confini con l'Egitto, dotata del migliore porto naturale del Nordafrica. Anche per Churchill la località era una postazione chiave, tanto che ordinò al generale Auchinleck di resistere a qualunque prezzo alla Volpe del deserto, visto che Ultra non solo gli aveva comunicato i piani del comando tedesco, ma gli aveva anche confermato di avere un'armata più numerosa. Rommel, però, era un vero diavolo: attaccò il 26 maggio e il 21 giugno festeggiò il solstizio d'estate conquistando Tobruk. Con lui c'era il generale Enea Navarini, uno dei pochi comandanti italiani in cui riponeva piena fiducia. Questi lo informò che gli inglesi, non si sa se per distrazione o per eccesso di sicurezza nella vittoria, non si erano curati degli eccellenti pezzi d'artiglieria, con le relative munizioni, che gli italiani erano stati costretti ad abbandonare quando avevano lasciato Tobruk e che adesso erano inaspettatamente a disposizione per un poderoso attacco. Rommel, dal canto suo, aveva constatato che la città non era più difesa dai ferocissimi australiani, ma da meno temibili sudafricani, indiani e scozzesi.

All'alba del 20 giugno le artiglierie di Navarini aprirono il fuoco, mentre i razzi di segnalazione indicavano agli aerei tedeschi gli obiettivi da colpire. I guastatori italiani aprirono la strada tra i campi minati ai panzer germanici e ai carri delle divisioni Ariete e Littorio. Alle 9, a battaglia ancora in corso, Rommel strappò il microfono a un corrispondente di guerra e registrò una dichiarazione che fu subito trasmessa da Radio Berlino: «Oggi, 20 giugno 1942, le mie truppe hanno coronato i loro sforzi con la conquista di Tobruk». In realtà c'era ancora molto da fare: i fanti tedeschi e le truppe avanzate delle divisioni Trento, Savona, Brescia, Pavia e Bologna furono impegnate per l'intero pomeriggio.

L'estrema difesa di Tobruk era affidata a Hendrik Klopper, un coraggioso generale sudafricano di 39 anni al quale Churchill aveva ordinato di resistere a ogni costo. Lo fece fino all'alba del 21 giugno, quando la resa fu accettata dai tedeschi alle 7.45. Prima, però, Klopper dovette farla ingoiare ad alcuni comandanti che volevano continuare a combattere, nonostante lo stesso Churchill si fosse ormai rassegnato. (Eppure rimase incredulo fino all'ultimo: appresa la notizia mentre si trovava nello studio di Franklin Delano Roosevelt alla Casa Bianca, volle farsela confermare di persona.) Nelle ore precedenti, italiani e tedeschi si erano visti venire incontro, con le mani incrociate sul capo in segno di resa, migliaia di uomini bianchi e di colore, chi eccitato per lo scampato pericolo chi umiliato per la sconfitta. Alla fine, i prigionieri furono 33.000.

A riprova della differenza di equipaggiamento e di stato d'animo tra italiani e britannici, basti questa testimonianza del generale Ennio Calabresi, che a Tobruk guadagnò una medaglia d'argento e un'analoga decorazione tedesca. Un reparto scozzese (sconfitto), al quale era stato concesso l'onore delle armi, si avviava al campo prigionieri perfettamente inquadrato al suono delle cornamuse seguito da un plotone di fanti della divisione Brescia (vincitore) «con le fasce gambiere, che procedeva lentamente a piedi, con evidenti i segni della stanchezza, trascinandosi dietro un fucilone *Solothurn* [*pesantissimo fucile anticarro tedesco da 53 chili senza munizioni*]».

Al di là dei prigionieri, che in quella quantità erano un gravoso ingombro, il bottino di Tobruk fu spettacolare. Scrive nel diario Franz Halder, capo di Stato maggiore dell'esercito tedesco: «Esso comprendeva il rifornimento per 30.000 uomini per tre mesi e oltre 10.000 metri cubi di benzina. Senza tale bottino non si sarebbe potuto disporre nei mesi successivi di viveri e vestiario sufficienti per le divisioni corazzate». Il fatto che Churchill abbia riportato questo brano nelle sue memorie dimostra che il generale tedesco non aveva esagerato.

### *Il Duce pronto per l'ingresso trionfale al Cairo su un cavallo bianco. E invece…*

Gli alleati dell'Asse erano così convinti della vittoria che si erano già spartiti il bottino: Rommel sarebbe stato comandante militare dell'Egitto e Serafino Mazzolini, ex ambasciatore d'Italia al Cairo, delegato civile (anche se su questo punto Hitler aveva nicchiato non poco). El Alamein dista solo 105 chilometri da Alessandria, ma la tentazione di Rommel di proseguire fu frustrata dall'imprevista resistenza inglese, che attaccò e semidistrusse la divisione Ariete (poco più di 500 morti), colta di sorpresa mentre si stava riposizionando. Il fronte era ormai bloccato, e questo mandò in fumo la cavalcata di conquista di Mussolini che, a fine giugno, si era stabilito in Libia.

Prima di partire aveva chiamato Claretta, che gli aveva fatto i complimenti per le belle notizie provenienti dall'Africa. Il contenuto della telefonata è riportato da Arrigo Petacco in *L'archivio segreto di Mussolini*:

M.: «Vado laggiù».

C.: «Ma è una pazzia! Non pensi ai pericoli ai quali ti esponi? Non pensi alla tua vita? È sacra…».

M.: «Ci penso… Penso alle mie responsabilità, ma è necessario che faccia così per galvanizzare le truppe. Poi ci tengo moltissimo a essere presente alla vittoria. Capisci?».

C.: «Ma il trionfo ci sarà anche senza la tua presenza…».

M.: «Lo credi proprio?».

C.: «Ma l'animatore di tutto sei sempre tu. Poi hai considerato i pericoli della traversata? Non immagini quanti aerei nemici si potranno trovare lungo la rotta?».

M.: «Non temere per questo perché saranno prese tutte le precauzioni necessarie: il volo non avverrà direttamente».

C.: «Non ti rendi conto della mia ansia in quei giorni?».

M.: «Per me il pericolo esiste ovunque, Claretta».

C.: «Quanti giorni starai lontano? Sarà un supplizio!».

M.: «Se tutto andrà bene, una decina di giorni».

C.: «Che Dio t'assista. Posso sperare di abbracciarti prima?».

M.: «Sì, ma non te lo prometto».

In effetti, un incidente mortale ci fu. Il 29 giugno 1942, all'arrivo in Libia, un secondo aeroplano con a bordo il bagaglio di Mussolini, il suo giovane barbiere personale, Pietro Sciaretta, e tre agenti del seguito, si scontrò con un caccia che stava decollando, provocando la morte dei quattro passeggeri. Sfidando la scaramanzia (Mussolini sosteneva di non essere superstizioso: il suo segretario Nicola De Cesare aveva fama di menagramo), la Zecca di Stato aveva coniato le medaglie da distribuire ai reduci vittoriosi, con l'immagine del Duce che si stagliava su uno sfondo di piramidi. Si favoleggiò (ma non troppo) di una nave all'àncora a Derna per accompagnare Mussolini ad Alessandria, di un cavallo bianco per la parata finale e persino di un'enorme quantità di lucido da scarpe per rendere brillanti le calzature delle truppe al momento della sfilata. Lo stesso Mussolini atterrò a Tripoli indossando la divisa cachi con la doppia greca di Primo Maresciallo dell'Impero e tenendo nel bagaglio la spada dell'Islam donatagli da un capo berbero nel 1937.

Il Duce rimase in Libia ventuno giorni, accumulando una frustrazione dietro l'altra. Pilotò personalmente l'aereo per andare a Derna, dove si annoiò a morte in una residenza inutilmente confortevole. Non solo non incontrò Rommel, che non lo degnò di una visita, ma il maltempo gli impedì di spostarsi con l'aereo, così trascorse le giornate passando in rassegna truppe e visitando ospedali. Il 20 luglio ripartì per Roma. Nei giorni immediatamente successivi Ciano scriverà nel diario: «Il Duce è di buonumore. Soprattutto perché è convinto che nel giro di due o tre settimane si potrà riprendere la marcia avanti in Egitto e arrivare alle grosse mete del Delta e del Canale. Ne è tanto certo che ha lasciato in Libia il suo bagaglio personale, quale pegno del suo pronto ritorno. ... Anche De Cesare ha detto la stessa cosa. E mi preoccupa di più, perché De Cesare è iettatore. Anche durante il viaggio in Libia ha lavorato bene: quattro morti del seguito del Duce per incidente aviatorio».

La sera stessa del ritorno, il 20 luglio, Mussolini chiamò Claretta da palazzo Venezia.

M.: «È un vero disastro. E pensare che se ci fossero stati i mezzi, si sarebbe, senz'altro, raggiunto l'obiettivo».

C.: «Allora non è vero che ce ne mandano in abbondanza?».

M.: «Sulla carta... Ma me ne occuperò io. Poi, quei maledetti sono informati minutamente sulla partenza dei nostri convogli e ce li buttano a fondo con cronometrica precisione, specie le navi che portano i carri armati e la benzina. ... C'è qualcosa che non va, ma qui!».

Il Duce non sapeva, ovviamente, che Ultra intercettava tutte le conversazioni del comando tedesco. Confidò all'amante la sua ammirazione per i soldati («Sono magnifici») e il suo disprezzo per i comandanti («Nelle alte sfere c'è uno stupido senso d'invidia che si ripercuote fatalmente su tutto il corso delle operazioni»).

Ma il 28 luglio, una settimana dopo, era di nuovo ottimista: «Tornerò in Africa! La grande nostra Africa assolata, e andrò in prima linea su di un carro armato a fianco di Rommel. Voglio combattere! E ti ritroverò al ritorno e tu mi dirai: "Leone del deserto". Vedrai, amore, che andrò».

*Il «mercato nero» e il profondo malessere degli italiani*

Tra il 1939 e il 1942, alla guida del Partito fascista si avvicendarono quattro gerarchi. Dopo Starace, si alternarono due eroi di guerra e un uomo d'apparato. Gli eroi di guerra erano Ettore Muti e Aldo Vidussoni: dotati di un coraggio fuori del comune, capaci di operazioni belliche straordinarie, si dimostrarono subito inadeguati a qualunque ruolo di governo. L'uomo d'apparato era Adelchi Serena: meno fanatico di Starace, contravvenne allo spirito del fascismo come l'aveva immaginato Mussolini, che intendeva il partito sottomesso allo Stato.

Nel 1942 gli italiani si accorsero di quanto fosse dura la guerra. Alle frustrazioni militari del Duce si aggiunsero quelle civili. Si tornò ai tempi autarchici delle sanzioni. Mancava la lana? C'era subito un medico pronto ad assicurare che i materassi riempiti di crine fossero più salutari. Mancavano legna e carbone? Meglio la carta straccia arrotolata e tenuta a bagno per tre giorni e poi mescolata a polvere di carbone per farla diventare dura: brucia magnificamente.

Le tessere annonarie erano insufficienti, prosperava il mercato nero, con prezzi fino a dieci volte quelli ufficiali. Ovviamente era vietato, ma il capo della polizia, Carmine Senise, era il primo a sostenere che, senza, l'Italia avrebbe fatto la fame. Disse infatti a Mussolini che «era un'illusione pensare che la gente potesse vivere con le scarse razioni alimentari concesse e che quindi, se era necessario combattere gli accaparratori, era del pari necessario, soprattutto nelle grandi città, consentire entro certi limiti quei piccoli rifornimenti alimentari che, sia pure in frode alla legge, rendevano possibile alla gente sfamare se stessi e le proprie famiglie. Si poteva arrestare una madre solo perché si procurava un litro d'olio e mezza dozzina di uova?». Alla fine si preferì lasciar correre, anche se furono inasprite le pene per i trasgressori. Furono puniti 132.000 commercianti perché, diceva Mussolini, «costituiscono il secondo esercito che aggredisce alle spalle lo Stato mentre questo è impegnato in una durissima guerra».

Erano proibiti i viaggi? I treni erano stracarichi e Ciano – fedele cronista anche delle grottesche vicende italiane – racconta che un sottosegretario dovette entrare nel suo scompartimento issato sul finestrino perché ingressi e corridoi erano intasati.

Sempre nel 1942, a sostegno dello sforzo bellico fu promossa una «mobilitazione civile» che interessava tutti gli uomini dai 18 ai 55 anni, con la minaccia di estenderla anche alle donne. Non si è mai capito in che cosa consistesse esattamente, e infatti non se ne fece nulla. In *L'Italia della disfatta*, Indro Montanelli e Mario Cervi raccontano che a Venezia e a Matera ci furono dimostrazioni spontanee e incidenti per la mancanza di pane. Molta gente aveva esaurito i tagliandi e pretendeva di avere il pane con quelli non ancora validi. Al rifiuto dei fornai si erano verificate esplosioni di rabbia: a Matera un gruppo di donne aveva assaltato il circolo del Littorio e, per disperderle, i carabinieri avevano dovuto sparare in aria.

## *La vittoria incompleta di Rommel*

Nel luglio 1942 arrivò nel deserto la notizia che in Russia i tedeschi avevano conquistato Rostov, aprendosi la via del Caucaso, e gli inglesi temettero di essere attaccati alle spalle dalle truppe germaniche attraverso l'Iran. Questo indusse Auchinleck ad accelerare i tempi per impedire che le truppe dell'Asse riprendessero la marcia verso il Cairo: dopo un formidabile bombardamento, ordinò agli australiani di attaccare, ma questi si arenarono nei campi minati e furono messi in fuga dalla fanteria di Rommel.

Il 10 agosto Churchill si recò di persona al Cairo in un momento in cui l'opinione pubblica britannica era molto severa con il governo e con l'esercito per le sconfitte subite. Ai militari veniva imputato un classismo eccessivo: carriere assicurate, e non sempre meritate, ai rampolli dell'aristocrazia. Esattamente il contrario di quanto Hitler aveva imposto ai suoi militari. (Rommel, come detto, era diventato un mito anche per gli inglesi. «Ma se fosse stato cittadino britannico» sbottò un deputato laburista in un'accesa seduta ai Comuni «da noi sarebbe ancora sergente.») Arrivato al Cairo, Churchill affidò l'Africa settentrionale al generale Harold Alexander, eroe della prima guerra mondiale e brillante regista, nella seconda, del drammatico ritiro da Dunkerque: fu tra gli ultimi ufficiali ad abbandonare la spiaggia sotto i colpi tedeschi. E gli impartì un ordine perentorio: distruggere Rommel e la sua Afrika Korps.

L'VIII Armata britannica fu affidata a sir Bernard Law Montgomery, generale efficace ma uomo dotato di una gigantesca autostima, portato a esaltare le proprie vittorie e a minimizzare le proprie sconfitte. (Disse di lui Churchill: «Come generale è formidabile, come uomo insopportabile».) Divenuto famoso per aver dato il nome a un fortunato cappotto dall'originale e vistosa abbottonatura, che indossava sopra la divisa, si diceva che amasse ingaggiare battaglia solo quando c'erano ragionevoli possibilità di vittoria.

Il battesimo del fuoco arrivò per Montgomery la notte sul 31 agosto. Rommel attaccò per le stesse ragioni che avevano indotto gli inglesi a farlo un mese prima: raggiungere il Cairo per conquistare una vittoria decisiva nel caso i tedeschi in Russia fossero stati fermati nel Caucaso. Doveva distruggere l'VIII Armata britannica e poi dividere l'Afrika Korps in tre tronconi: uno diretto ad Alessandria, uno al Cairo, il terzo al delta del Nilo. Rommel incontrò una resistenza inattesa e la battaglia procurò gravissime perdite a entrambe le parti (furono uccisi due generali stretti collaboratori del feldmaresciallo), ma il lavoro esemplare dei guastatori italiani consentì ai carri dell'Afrika Korps di aggirare gli inglesi sul fianco sinistro, con eccellenti possibilità di proseguire l'avanzata. A quel punto, con grande sorpresa dei comandi italiano e tedesco, ordinò la ritirata verso la base di partenza. Kesselring rimase di stucco, e lo stesso Hitler, per la prima volta, si disse apertamente deluso da Rommel: «È una follia mantenere troppo a lungo un uomo in una posizione di alta responsabilità. Con il passare del tempo è destinato a crollare».

Il fronte rimase stabile per alcune settimane e il feldmaresciallo ne approfittò per prendersi sei settimane di vacanza. Giunto in Italia, fece visita a Mussolini alla Rocca delle Caminate. Lo trovò con il volto grigio (i medici gli avevano diagnosticato un'amebiasi). Nell'occasione chiese al Duce due divisioni in più e carburante per trenta giorni, dandogli l'impressione di sottovalutare la situazione. Quanto a Mussolini, ebbe l'impressione che Rommel fosse scosso fisicamente e moralmente, e disse a Ciano di essere convinto che non sarebbe più tornato in Africa.

### *Montgomery attacca ma non sfonda. Churchill è furibondo*

Montgomery, intanto, non aveva perso tempo e aveva creato le condizioni di massima sicurezza per sferrare un attacco decisivo alle truppe dell'Asse il 23 ottobre 1942. «Siamo pronti per distruggere Rommel» annunciò quella mattina ai suoi soldati. Disponeva di una magnifica dotazione di artiglieria e di 220.000 uomini, contro i 108.000 del feldmaresciallo (metà italiani e metà tedeschi). All'inizio della battaglia, la Volpe del deserto stava riposando sulle Alpi svizzere, ma alla morte del suo sostituto, il generale Georg Stumme, si precipitò al fronte e già il 26 ottobre era al posto di comando. La forza degli inglesi stava innanzitutto nell'enorme disparità numerica. I soldati britannici si alternavano con dieci ore di combattimento e venti di riposo ad Alessandria, garantendo un volume di fuoco impressionante e ininterrotto. Eppure, durante l'assenza di Rommel, l'VIII Armata non era riuscita a sfondare. Montgomery aveva ordinato un attacco rivelatosi suicida, perché i suoi carri erano saltati sulle mine o erano stati presi d'assalto da italiani e tedeschi con bombe a mano e bottiglie incendiarie.

La sorpresa era mancata e Churchill era furioso: «Possibile che in Africa non ci sia un solo generale in grado di vincere una sola battaglia?». La notizia che gli americani comandati dal generale Dwight Eisenhower fossero pronti a sbarcare nell'Africa francese lo irritò ancora di più. Voleva vincere la battaglia da solo e rassicurò Montgomery che qualsiasi iniziativa avesse preso per raggiungere l'obiettivo avrebbe avuto la sua approvazione.

La notte sul 2 novembre gli inglesi attaccarono con 800 carri e 360 cannoni. Rommel, convinto di non poter resistere, decise di ritirarsi, provocando la costernazione dell'Alto comando italiano e la furia di Hitler, che ordinò: «Vittoria o morte». Il feldmaresciallo capì che l'unica possibilità era la seconda, abbozzò un messaggio di insubordinazione e lo stracciò. Infine, dopo tante lettere trionfali, scrisse alla moglie: «Quel che sarà di noi lo sa soltanto Dio. Addio a te e al ragazzo. Non dimenticatemi». Nella busta infilò 25.000 lire, tutto il denaro che aveva.

Il 4 novembre l'VIII Armata britannica sferrò l'attacco più duro, che distrusse le divisioni Trento e Bologna e i reparti carristi della Littorio e dell'Ariete. Il comportamento della divisione Ariete fu così esemplare che suscitò l'ammirazione di Rommel: «Ariete circondata, Ariete continua a combattere». Assai meno eroico il comportamento del comandante dell'Afrika Korps, il generale Wilhelm von Thoma. Petacco racconta che, indossate tutte le medaglie, Thoma aveva salutato un suo colonnello con queste parole: «Io vado, ma l'ordine del Führer è frutto di un cervello malato. Non si può continuare così». Poco dopo, ritto sul suo carro armato, si consegnò agli inglesi.

### *Churchill: «Dobbiamo inchinarci dinanzi ai leoni della Folgore»*

L'ordine di ripiegamento arrivò da Hitler il 4 novembre: Rommel aveva perso ore preziose, forse decisive, per un arretramento strategico e migliaia di uomini. La ritirata fu più epica di una vittoria: avvenne lentamente e combattendo. La pavidità di Montgomery, che si muoveva solo a colpo sicuro, consentì a Rommel di mettere in salvo 70.000 dei 90.000 uomini a sua disposizione. Tra italiani e tedeschi, i morti e i dispersi furono 9000, i feriti 15.000, con 400 carri distrutti. Tra gli inglesi, i morti e i dispersi furono 5000, i feriti 9000, con 500 carri distrutti.

Va segnalata sopra ogni cosa l'epopea della Folgore. Costituita all'inizio della guerra con una preparazione enormemente più accurata dei comuni soldati, la divisione era formata da paracadutisti destinati all'aviosbarco a Malta, mai avvenuto per gli errori di Rommel, che non voleva essere distratto nella sua avanzata in Africa e invece pagò a duro prezzo il controllo dell'isola da parte inglese. Da qui, infatti, sarebbero partiti gli attacchi che provocarono l'affondamento di gran parte delle navi italiane cariche di rifornimenti per la Libia, determinando così la sconfitta dell'armata italo-tedesca. Ridotti a combattere nella sabbia come comuni fantaccini, gli uomini della Folgore diedero una straordinaria prova di coraggio.

Scrive Paolo Caccia Dominioni, maggiore del genio, in *El Alamein 1933-1962*: «All'alba del 4 novembre le artiglierie inglesi tempestano le nuove posizioni. Alle 14 il tiro è sospeso, compaiono tre autoblindo con potenti altoparlanti che offrono l'onore delle armi e le lodi per il valore dimostrato, ma chiedono la resa e minacciano l'annientamento. I paracadutisti rispondono: "Folgore!" e sparano. Le autoblindo fuggono. Il ripiegamento è ripreso. L'acqua viene distribuita al solo IV battaglione che è di retroguardia: mezzo litro per uomo. I pezzi sono trainati a braccia, molti camminano scalzi, si combatte per aprirsi la strada, crescono le perdite: si abbattono nella sabbia i feriti, i morti, gli assetati che non possono più camminare. Scrive il colonnello Camosso: "All'inizio di ogni sbalzo molti non si alzano più". Il IV, ridotto a pochi ufficiali, e a qualche decina di paracadutisti, viene annientato all'alba del 6».

Alle 14 il tenente colonnello Luigi Camosso si preparò alla resa e ordinò la distruzione delle armi ormai inutili, superando la resistenza di qualcuno che gridava: «Abbiamo ancora le bombe a mano».

Alle 14.35 la resa e l'onore delle armi ai superstiti: 32 ufficiali e 262 paracadutisti, gli unici rimasti di una divisione di 5000 uomini.

Petacco racconta l'incontro del generale Ivor Hughes, comandante della 44ª divisione britannica, con il comandante della Folgore, generale Enrico Frattini, e i colonnelli Riccardo Bignami ed Ernesto Boffa. Hughes, che era stato sconfitto sul campo dalla Folgore, affermò: «Si era sparsa la voce che il comandante della Folgore fosse caduto. Ora so che non è vero e devo dire che sono contento». «Grazie» rispose Frattini. «Volevo anche dire che nella mia vita di soldato non avevo mai incontrato soldati come i vostri.» I quattro militari si salutarono con una stretta di mano. A Churchill fu attribuita questa frase: «Noi tutti dobbiamo inchinarci dinanzi ai resti di quelli che furono i leoni della Folgore». Non si sa se queste parole siano state effettivamente pronunciate, ma è certa l'enorme ammirazione britannica per i nostri paracadutisti.

Durante la ritirata, i tedeschi furono ingenerosi, lasciando a piedi molti italiani. La nostra avventura africana si concluse il 3 febbraio 1943, quando gli ultimi soldati lasciarono la Libia per la Tunisia, dove intanto erano giunti gli americani di Eisenhower.

Rientrato in Italia, Caccia Dominioni, barone di Sillavengo, dopo l'8 settembre entrò nella Resistenza con il grado di capo di Stato maggiore del Corpo lombardo Volontari della Libertà. Come annotammo in *Perché Mussolini rovinò l'Italia*, nel 1948 il governo italiano lo incaricò di sistemare il cimitero italiano di El Alamein. Caccia Dominioni, che era ingegnere, progettò e costruì un imponente sacrario: «Il cimitero scompare, perché dentro la nuova opera i 5346 morti possano riposare al sicuro dalle offese del clima e degli uomini». Nel 1957 passò quattro mesi nella sede dell'Albo d'oro dell'esercito per spulciare 300.000 schede e identificare da piccoli dettagli moltissimi caduti senza nome, tra cui 22 medaglie d'oro. Ne ebbe una anche lui dalla Repubblica italiana, dopo averne guadagnate una di bronzo durante la prima guerra mondiale e una d'argento e una di bronzo durante la seconda.

Negli anni Settanta visitai per un documentario il sacrario di El Alamein e poi incontrai il suo creatore nello stupendo rifugio marino di Santa Maria di Leuca. Mi ricevette una donna bellissima, Elena Sciolette, conosciuta da Caccia Dominioni in Africa e diventata sua moglie nel 1958: lui 62 anni, lei 27. La coppia ha avuto due figlie. L'ingegnere si offrì di disegnare una meridiana per la mia casa. Oggi mi pento di non aver accettato. Questo eroe militare e civile è morto nel 1992, a 96 anni, nell'ospedale militare del Celio a Roma.

# V

# La tragica ritirata di Russia. Eroismo e follia a Stalingrado

## *Hitler attacca la Russia su un fronte di 1800 chilometri*

La sera del 21 giugno 1941 un disertore tedesco ex comunista si presentò a una pattuglia russa di confine e disse che la Wehrmacht stava per attaccare. Stalin ordinò di fucilarlo subito per tentata disinformazione. Lo stesso avviso gli era arrivato invano da diverse fonti del suo stesso comando, ma il dittatore russo rimase incredulo. Alla fine, pressato dalle richieste dei suoi generali, si rassegnò a far diramare un allarme «leggero» alle truppe di frontiera con l'ordine di non rispondere al fuoco, perché si sarebbe trattato certamente di una provocazione.

Alle 4.15 (ora di Mosca) del 22 giugno tre Gruppi d'armate tedeschi attaccarono lungo tutti i 1800 chilometri di frontiera, dal mar Baltico al mar Nero. A nord sfondarono su Riga, in Lettonia, per avanzare verso Leningrado. Al centro, verso Vilnius, in Lituania, e verso Minsk, in Bielorussia. A sud, su tutto il fronte ucraino in direzione Kiev e Odessa. Alle 4.45 Georgij Žukov, capo di Stato maggiore dell'Armata rossa, pretese che Stalin fosse svegliato. Era in corso un potente bombardamento aereo contro la flotta sovietica all'àncora a Sebastopoli, in Crimea. Dopo un lungo silenzio, il dittatore russo ordinò di non rispondere al fuoco, perché era convinto che Hitler non sapesse dell'attacco. Si rassegnò solo quando Vjačeslav Molotov, ministro degli Esteri, convocò d'urgenza Friedrich-Werner von der Schulenburg, ambasciatore tedesco a Mosca, il quale gli comunicò che la Germania era in guerra con l'Unione Sovietica. Restarono entrambi di sasso, il tedesco per la domanda e il russo per la risposta. A quanto pare, Stalin e Molotov erano gli unici a non sapere che Hitler avrebbe attaccato in forze il loro paese.

Alle 15 Mussolini telefonò a Claretta: «Sono preoccupatissimo per l'apertura del fronte russo. Hitler finirà per vincere molte battaglie, ma perderà la guerra».

La Luftwaffe attaccò 66 basi sovietiche, distruggendo al suolo 1800 aeroplani e perdendone soltanto 35. I servizi segreti tedeschi avevano in precedenza attivato gli indipendentisti ucraini, che si rivoltarono. In *La seconda guerra mondiale* Antony Beevor racconta che i caccia dell'Armata rossa erano antiquati e pilotati da gente inesperta, cosicché gli assi dell'aviazione germanica avevano vita talmente facile da parlare di «infanticidi». Tra i reparti dell'esercito tedesco e la polizia segreta sovietica agli ordini di Lavrentij Berija, commissario per gli Affari interni, si scatenò una gara di crudeltà. Spesso i primi giustiziavano i prigionieri russi sul posto o, quando erano troppo numerosi, li rinchiudevano in campi di concentramento improvvisati e li lasciavano morire di fame. Dal canto suo, Berija ordinò di massacrare tutti i prigionieri politici, affinché i tedeschi li trovassero morti. Nella sola città ucraina di Leopoli ne furono uccisi 4000.

Stalin dapprima affidò a Molotov la lettura alla radio di una dichiarazione scontata: «La nostra causa è giusta, il nemico sarà sconfitto, la vittoria sarà nostra», poi, il 3 luglio, prese il microfono e pronunciò parole che i russi mai si sarebbero aspettati da lui: «Compagni, cittadini, fratelli e sorelle...». Lanciò così la Grande Guerra Patriottica, evocando la disfatta di Napoleone.

Mussolini, come al solito, era all'oscuro di tutto. Il 2 giugno era stato convocato d'urgenza al Brennero da Hitler senza nessuna reale necessità. Come racconta l'interprete Paul Schmidt nelle sue memorie, «ogni volta che i due dittatori passavano un'ora seduti l'uno di fronte all'altro, Hitler suonava il disco che più gli piaceva, sulle nostre prospettive di vittoria, sulla forza della nostra posizione, sulla debolezza dell'Inghilterra e della Russia. A quanto potei osservare, l'effetto di tutto questo era un rafforzamento morale di Mussolini … salvo l'abbassarsi del termometro della sua fiducia durante il viaggio di ritorno».

Provate a immaginare lo sferragliare dei treni speciali, immutabilmente in servizio anche in tempo di guerra. Hitler e Mussolini avevano il loro, e ne aveva uno anche il ministro degli Esteri tedesco Joachim von Ribbentrop. Tutto era regolato al minuto, e le efficientissime ferrovie tedesche prevedevano addirittura una fermata del treno del Duce a una cert'ora del mattino per consentirgli di radersi con calma.

Al Brennero, nel suo interminabile monologo, Hitler era scoppiato letteralmente in lacrime per la fuga in Inghilterra del suo braccio destro, Rudolf Hess, che il 10 maggio si era fatto paracadutare in Inghilterra per ragioni mai chiarite fino in fondo: fuga o tentativo di mediazione in vista della pace tra Inghilterra e Germania? Hitler reagì furiosamente e ha sempre considerato Hess un traditore. (Il gerarca sarebbe morto nel 1987, a 93 anni, dopo quarantasei anni di carcere, unico detenuto a Spandau: secondo la versione ufficiale, si sarebbe impiccato con un cavo elettrico alla vigilia della liberazione, giacché nel frattempo Michail Gorbačëv aveva revocato il veto sovietico alla sua scarcerazione.)

L'Italia cercava di accaparrarsi qualche regno minore: così il quarantunenne Aimone di Savoia-Aosta, duca di Spoleto, fu proclamato re di Croazia, senonché il giovanotto, che amava la bella vita, non andò mai a sedersi sul trono, preferendo le mollezze romane. Galeazzo Ciano avrebbe voluto dare alla regina Elena, montenegrina, la corona del suo paese, ma Vittorio Emanuele III si oppose: di corona, in casa, ne bastava una.

### *Mussolini ignaro e felice*

Mussolini era convinto che, prima o poi, Hitler avrebbe attaccato la Russia, ma il Führer, non fidandosi (giustamente) della riservatezza italiana, lo fece avvertire solo ad attacco in corso. Il giorno prima, 21 giugno 1941, Ciano aveva saputo dal suo capo di gabinetto, Filippo Anfuso, che durante la notte sarebbe arrivato un messaggio urgente di Hitler. Capì subito che si sarebbe trattato della campagna di Russia, tanto che scrisse nel diario: «I tedeschi pensano che nel giro di otto settimane tutto sia finito, e ciò è possibile perché i calcoli militari di Berlino sono sempre più esatti di quelli politici. Ma se così non fosse? Se l'esercito sovietico trovasse una forza di resistenza superiore a quella di cui hanno dato prova i paesi borghesi, quali reazioni ciò susciterebbe nelle profonde masse proletarie del mondo?».

Ciano fu svegliato alle 3 del mattino del 22 giugno dal primo segretario dell'ambasciata tedesca a Roma, Otto von Bismarck, nipote del «cancelliere di ferro», che gli consegnò una lunga lettera per Mussolini il cui tono, notò, era tutt'altro che euforico. Aspettò un'ora più decente e chiamò il Duce a Riccione, dove stava trascorrendo il fine settimana con la famiglia. Doveva avvertire anche l'ambasciatore sovietico, ma era domenica e il diplomatico era andato a godersi la giornata a Fregene con i suoi collaboratori. Lo rintracciò a mezzogiorno e mezzo e il colloquio durò due minuti «e, nella sua drammaticità, [*fu*] insignificante». Molto più allarmanti per il nostro paese le righe successive del diario di Ciano: «La cosa che sta più a cuore al Duce è la partecipazione di un nostro contingente, ma da quanto scrive Hitler è facile capire che ne farebbe a meno volentieri».

Riepiloghiamo. Dopo un anno esatto di guerra, il bilancio militare dell'Italia era pessimo: avevamo tentato invano di sfondare in Francia; le avevamo buscate in Grecia, costringendo Hitler a darci una mano e ritardando di un mese l'«operazione Barbarossa» contro la Russia, con conseguenze che si sarebbero rivelate fatali durante l'inverno; avevamo perso l'Africa orientale e stavamo contrattaccando con Rommel nell'Africa settentrionale dopo mesi tremendi. I mezzi e l'equipaggiamento dei nostri soldati si erano dimostrati largamente insufficienti e il Duce voleva impegnarli su un quarto fronte, per di più lontanissimo da casa?

La chiave della sua sciagurata decisione sta in una frase pronunciata da Mussolini nel Consiglio dei ministri del

5 luglio e riportata dal ministro dei Lavori pubblici Giuseppe Gorla in *L'Italia nella II guerra mondiale*: «C'è un problema che mi assilla e sul quale la mia mente ritorna spesso: dopo la vittoria tedesca sulla Russia, non vi sarà una sproporzione troppo grande tra l'apporto germanico e quello italiano nella guerra dell'Asse?». Questa frase era stata preceduta, il 30 giugno, da una lapidaria nota di diario di Ciano: «Adesso il Duce si augura due cose: o che la guerra finisca in un compromesso che salvi l'equilibrio europeo o che duri tanto a lungo da permetterci di riguadagnare con le armi il prestigio perduto».

Nonostante il ministro degli Esteri e i suoi collaboratori avessero molti dubbi sulla sconfitta della Russia, Mussolini la dava per scontata, anche se si augurava che Hitler «vi perdesse molte penne». Il Führer, dal canto suo, sperava che la sconfitta della Russia convincesse l'Inghilterra (che, in fondo, ammirava) a una pace onorevole per la sopravvivenza dell'impero britannico, considerato da lui essenziale per l'equilibrio mondiale. Se Churchill non avesse accettato, la «perfida Albione sarebbe stata sconfitta».

La cecità di Mussolini sulle prospettive belliche è peraltro dimostrata da un passo della lettera che il 23 giugno scrisse a Hitler in risposta all'annuncio dell'invasione dell'Urss: «Il signor Roosevelt non può – anche dichiarandoci formalmente la guerra – farci un male maggiore di quanto non ci abbia fatto sin qui. La dichiarazione di guerra avrebbe quindi lo scopo di sollevare il morale degli inglesi, che è molto depresso, ma l'effetto di questo eccitante sarebbe di breve durata».

### *A un passo dal Cremlino. Poi Stalin inchiodò l'Asse al gelo*

Con il Csir (Corpo di spedizione italiano in Russia), nel luglio 1941, andammo praticamente a mostrare soltanto la bandiera. I soldati tedeschi erano 3 milioni, con 3400 carri armati, 7150 cannoni, 600.000 automezzi, 3900 aerei. Mussolini mandò 62.000 uomini, 5500 automezzi, una sessantina di carri armati leggeri, 220 pezzi d'artiglieria, 83 aerei. Una forza del tutto ininfluente ai fini della guerra, ma costosa per l'Italia. Basti dire che due delle tre divisioni autotrasportabili erano sostanzialmente appiedate per mancanza di autoveicoli.

Il comando del Csir fu affidato al generale Giovanni Messe: non alto, di forte temperamento, equilibrato, coraggioso (tre medaglie d'argento nella prima guerra mondiale), era uno dei migliori alti ufficiali italiani e, come tale, si rivelò in Russia. Nei primi tre mesi andò tutto bene: Messe riuscì in sostanza a tenere unite le tre divisioni, nonostante un fronte di 300 chilometri. Tanto che, dopo gli iniziali scontri a fuoco, la Pasubio fu elogiata dai tedeschi.

A fine agosto Mussolini fece una lunga visita al fronte, passando prima a salutare Hitler nel suo quartier generale nella Prussia orientale, poi andò a trovare Hermann Göring a Brest-Litovsk, in Bielorussia, infine passò in rassegna le truppe italiane dislocate lì vicino. Il Duce tornò dal viaggio soddisfatto, al punto di voler inviare altre sei divisioni, ma il Führer lo scoraggiò.

Gli italiani se la cavarono benissimo anche nel grande attacco di settembre in Ucraina. Tennero un fronte di 100 chilometri sul fiume Dnepr (diventato notissimo al grande pubblico dopo l'invasione russa dell'Ucraina nel 2022) e catturarono 10.000 prigionieri, ricevendo le congratulazioni di Hitler. Kiev cadde il 26 settembre 1941 dopo una delle più grandi battaglie della storia moderna, che proseguì tra Vjazma e Brjansk, nella Russia sudoccidentale. Quattro armate sovietiche furono circondate, con la conseguente cattura di 650.000 uomini, 5000 cannoni e 1200 carri armati.

Fedele alle sue manie di grandezza, il Führer voleva conquistare contemporaneamente Mosca e Leningrado, distanti quasi 700 chilometri l'una dall'altra. Si rassegnò a privilegiare la capitale, ma intanto aveva perso altro tempo. Comunque sia, il 20 ottobre le truppe corazzate tedesche erano a 40 chilometri da Mosca e alcune pattuglie in avanscoperta si spinsero all'inizio di dicembre fino a 10 chilometri dalla città, intravedendo le torri del Cremlino. Era fatta? No. A metà ottobre erano cominciate le piogge e il fango diventò il vero protagonista della guerra. In *Decisioni fatali*, Siegfried Westphal riporta il racconto di Günther Blumentritt, capo di Stato maggiore della 4ª armata tedesca: «Le fanterie si trascinavano nella mota e per far avanzare un cannone occorrevano parecchie mute di cavalli. Tutti i veicoli affondavano nella melma fino alle assi ... Gran parte della nostra artiglieria pesante si trovò ben presto immobilizzata ... Ora che Mosca è quasi in vista, sia lo stato d'animo dei soldati che dei comandanti è cominciato a cambiare. Il nemico si è irrigidito nella resistenza e i combattimenti diventano più accaniti ... Non si vede traccia di equipaggiamento invernale e le prime unità partigiane hanno cominciato a far sentire la propria presenza». Il fantasma di Napoleone cominciò a farsi vivo nelle notti nevose e gli ufficiali più colti presero dallo zaino le memorie di Armand de Caulaincourt, suo aiutante di campo, che narrano la drammatica ritirata della Grande Armata partendo proprio dal punto in cui erano arrivati i tedeschi.

Gli italiani avevano partecipato alla conquista dell'area di Rostov, all'estremo sud della Russia, difficile da tenere, e mentre Messe invocava un po' di riposo, i tedeschi volevano puntare su Stalingrado, 550 chilometri più a est. Ma questa è un'altra drammatica storia, di cui parleremo più avanti. Intanto che le avanguardie tedesche scrutavano le cupole del Cremlino, il 6 dicembre Stalin scatenò una colossale controffensiva, del tutto inattesa, che avrebbe capovolto le sorti del conflitto.

Il dittatore russo, come quasi tutti i dittatori, era molto umorale e imprevedibile. E aveva al proprio servizio un'eccellente spia, Richard Sorge, nato in Azerbaigian da padre tedesco e madre russa. Arruolato nei servizi segreti sovietici alla fine della prima guerra mondiale, e poi incaricato da Stalin di costruire in Giappone una rete spionistica utilizzando come identità di copertura quella di corrispondente per giornali tedeschi, Sorge fu in grado di conoscere il giorno esatto dell'attacco della Germania nazista all'Unione Sovietica, ma il dittatore non gli credette. Pentitosene, diede invece credito a un'altra informazione importantissima fornitagli da Sorge: i giapponesi stavano preparando l'attacco a Pearl Harbor e non avevano alcuna intenzione di aggredire la Russia. Solo sulla base di questa notizia, Stalin sguarnì le difese in Siberia e in Mongolia e il 6 dicembre 1941 scatenò contro l'Asse tre armate siberiane abituate a combattere a temperature molto rigide. In dieci giorni di battaglia durissima le sorti della guerra si capovolsero, con perdite enormi da entrambe le parti. Il 16 dicembre Mosca poteva considerarsi salva. Annota Arrigo Petacco in *La nostra guerra 1940-1945*: «Sul fronte sovietico il termometro è sceso a 40 gradi sotto zero. La parola d'ordine dei tedeschi che fino a pochi giorni prima era *Vorwärts!*, avanti!, è ora *Widerstehen!*, resistere!».

E Mussolini che fa? Condivide l'ottimismo di Hitler, annuncia che a primavera arriverà il bel tempo e ordina un robusto potenziamento del contingente italiano. Vista la situazione, il Führer stavolta non rifiuta. Il Csir si trasforma in Armir, l'Armata italiana in Russia.

### *Pearl Harbor: l'America in guerra*

Il 7 dicembre 1941, giorno successivo all'inizio della controffensiva sovietica, il Giappone entrò in guerra con gli Stati Uniti affondando una parte cospicua della flotta americana ancorata a Pearl Harbor, nelle isole Hawaii. Alle 7.55, ora locale, 366 aerei giapponesi colpirono 18 navi americane, affondando 5 corazzate su 8. L'*Arizona* esplose, provocando la morte di oltre 1000 marinai, quasi la metà delle 2403 vittime americane dell'incursione. Contemporaneamente, i giapponesi attaccarono Guam, Wake e Midway – tre isole americane nel Pacifico – e le colonie britanniche di Malesia, Hong Kong e Singapore. La pubblicistica occidentale e, soprattutto, la filmografia ci hanno abituato a dipingere gli americani come i buoni e i giapponesi come i cattivi. In realtà, si può dire che i nipponici siano quasi stati spinti a fare quel che hanno fatto.

Benché sorpresi dall'enormità e dal successo dell'attacco, gli americani sapevano da tempo che il Giappone si preparava alla guerra. La strategia espansionistica di Tokyo aveva creato tensioni con la Cina di Chiang Kai-shek, protetta dall'Occidente. Il 27 settembre 1940 il Giappone aveva sottoscritto un patto politico e militare tripartito con Italia e Germania riconoscendo ai due paesi una leadership «per lo stabilimento di un nuovo ordine in Europa». C'è chi sostiene che Tokyo l'avrebbe stracciato in cambio di un segno di attenzione da parte degli Stati Uniti. Ebbene, avvenne il contrario. L'occupazione giapponese dell'Indocina francese subito dopo l'inizio della guerra aveva indotto l'America a una pesantissima ritorsione: poiché l'impero nipponico dipendeva totalmente dall'estero per il petrolio, di cui aveva riserve solo per un anno, gli Stati Uniti ne imposero l'embargo. Il presidente americano Franklin Delano Roosevelt fu avvertito dal ministro della Marina: «Se gli togliamo il petrolio, il Giappone ha solo un'alternativa: farci la guerra o suicidarsi», ma ordinò comunque l'embargo, il che ha indotto qualche storico a chiedersi come mai il Giappone non avesse attaccato addirittura prima.

Ma l'attacco di Pearl Harbor fu davvero una sorpresa? Gli americani volevano che il Giappone uscisse dall'accordo tripartito e Tokyo si rifiutò. Tra la fine di novembre e l'inizio di dicembre i giapponesi fecero pressioni ossessive sulla Germania perché s'impegnasse a dichiarare guerra agli Stati Uniti insieme a loro. Il Führer non era entusiasta, il Duce sì. Dai diari di Ciano sappiamo che il 3 dicembre, quando l'ambasciatore giapponese a Roma andò da Mussolini a chiedergli di entrare in guerra con loro, tramite l'interprete tremebondo lui diede un assenso di massima, in attesa però del parere di Hitler, che non arrivava e non sarebbe arrivato prima dell'attacco. Ma era soddisfatto: «Ecco che si arriva alla guerra dei continenti: quella ch'io avevo previsto sino dal settembre del 1939». Ciano, invece, era molto preoccupato: «Parlare di molti anni di guerra è facile, troppo facile profezia. Chi avrà il fiato più lungo?».

Tuttavia, il 26 novembre il segretario di Stato americano Cordell Hull aveva decrittato, grazie al sistema Magic, un messaggio di Tokyo a Berlino secondo il quale «i giapponesi erano in grado di attaccare gli Stati Uniti molto prima di quanto si potesse immaginare», come è scritto nelle sue memorie. La sera di sabato 6 dicembre, a poche ore dall'attacco di Pearl Harbor, Roosevelt seppe che l'ambasciata giapponese a Washington stava distruggendo i cifrari. «Ciò significa la guerra» esclamò. Ma non fu dato alcun allarme e, incredibilmente, la gigantesca squadra di bombardieri nipponici non fu avvistata mentre si avvicinava alla base americana.

Dato che Hitler non aveva firmato l'accordo propostogli dal Sol Levante, i giapponesi non lo avvertirono, ponendolo nella scomoda posizione alla quale ormai Mussolini si era abituato. La notizia fu talmente sorprendente che Ribbentrop, grande fautore della guerra, protestò per essere stato disturbato dal suo ufficio stampa credendo che la notizia fosse frutto «di un trucco propagandistico del nemico». Appena si accorse che era tutto vero, chiamò Ciano: «Telefonata notturna di Ribbentrop: è raggiante per l'attacco giapponese all'America. Ne è così felice, che mi felicito con lui, pur non essendo troppo sicuro dei vantaggi finali dell'accaduto. Una cosa è ormai certa: che l'America entra nel conflitto e che il conflitto sarà tanto lungo da permetterle di mettere in atto tutta la sua forza potenziale. Questo, stamani, ho detto al Re, che si compiaceva dell'avvenimento. ... Anche Mussolini era felice. Da molto tempo egli è favorevole a una presa netta di posizione tra America e Asse».

Alle 14.30 dell'11 dicembre Ciano consegnò all'incaricato d'affari americano la dichiarazione di guerra. Lui non se l'aspettava e commentò: «It is very tragic». Dopodiché gli consegnò il messaggio dell'ex ambasciatore William Phillips («un galantuomo» che «ama l'Italia», secondo Ciano. «Son certo che per lui è giorno di lutto.»), in cui faceva voti perché un giorno Italia e Stati Uniti tornassero insieme.

Alle 15 Mussolini si affacciò al balcone di palazzo Venezia e dichiarò: «Il Tripartito diventa una potenza militare che schiera attorno alle sue bandiere 250 milioni di uomini. Né l'Asse, né il Giappone volevano l'estensione del conflitto. Un uomo, un uomo solo, un autentico e democratico despota [*Roosevelt*] attraverso una serie infinita di provocazioni, ingannando con una frode suprema le stesse popolazioni del suo paese, ha voluto la guerra ... Il Tripartito, nella pienezza dei suoi mezzi morali e materiali, è uno strumento poderoso per la guerra e il garante sicuro della vittoria. Vinceremo». Commenta Ciano: «Un discorso breve e tagliente che cadeva su una piazza traboccante di folla. Molto calore filonipponico: le notizie delle vittorie navali hanno eccitata la fantasia degli italiani. La manifestazione, però, nel suo complesso, non è stata molto calorosa». Faceva freddo, e molti ancora non avevano pranzato... Ma la verità è che l'ampliarsi e il prolungarsi della guerra piacevano a pochi.

### *Parte l'Armir, male equipaggiato*

La prima vera sconfitta subita dalla Germania sul fronte russo, con enormi perdite, pesò moltissimo sullo stato d'animo del Führer, che sostituì quattro feldmarescialli (tra cui il comandante in capo dell'esercito) e decine di generali. Questo diede slancio al gruppo di cospiratori che da tempo pensava di neutralizzarlo. Il 4 febbraio 1941 un gruppo di giovani ufficiali aveva immaginato, con molta ingenuità, di arrestare Hitler durante una visita al quartier generale del Gruppo d'armate Centro. Nell'autunno successivo, l'idea dell'arresto era stata sostituita dalla necessità di ucciderlo, ma nel febbraio 1942 – nonostante la cospirazione fosse più strutturata – si prese atto che il momento giusto non era ancora arrivato.

Durante i combattimenti invernali la Germania aveva perso 1 milione 167.000 uomini, tra morti, feriti e dispersi. Avendo bisogno di «carne da cannone» fresca, il Führer si rivolse all'Italia, alla Romania e all'Ungheria. Göring si recò a Roma il 2 febbraio, comunicando la certezza di Hitler che la Russia sarebbe stata sconfitta entro l'anno e che nel 1943 l'Inghilterra avrebbe cessato i combattimenti. L'impressione che il gerarca nazista fece a Ciano fu pessima: «È come al solito, gonfio e tronfio. ... Abbiamo pranzato all'Excelsior e durante il pranzo ha soprattutto parlato dei gioielli che possiede. Infatti aveva al dito anelli di singolare bellezza. ... Portava, alla stazione, una gran pelliccia di zibellino». Il Duce promise un paio di divisioni, ma sembrò finalmente così preoccupato per i rovesci dell'alleato che Hitler lo invitò per un incontro a Salisburgo nei giorni 29 e 30 aprile.

Entrando nel castello di Klessheim, l'edificio barocco che era stato sede dei principi vescovi, Ciano notò mobili francesi di gran pregio, probabilmente trafugati all'inizio della guerra. Trovò il Führer stanco: «I mesi dell'inverno russo hanno pesato duramente su di lui. E per la prima volta vedo che ha molti capelli bianchi». I nazisti erano convinti di conquistare nell'estate i giacimenti petroliferi del Caucaso. Ribbentrop, al solito troppo ottimista, sentenziò: «Inaridite le fonti dei carburanti, la Russia piegherà le ginocchia. Allora i conservatori britannici ... si faranno sotto per salvare quel che resta del malconcio impero ... L'America è un grande *bluff*». Ciano osservò che, a suo avviso, i tedeschi sapevano che a stare bluffando erano loro e, al pensiero di quel che avrebbe fatto l'America, sentivano «un freddo nel filo della schiena». Il copione era lo stesso di sempre: «Hitler parla, parla, parla. Mussolini, che è abituato a parlare lui e che lì invece è costretto a tacere quasi sempre, soffre».

Il secondo giorno i due dittatori si erano ormai detti tutto. Eppure, racconta Ciano, «Hitler ha parlato ininterrottamente un'ora e quaranta ... Mussolini guardava meccanicamente l'orologio a polso ... I tedeschi, poveretti: se lo devono sorbire ogni giorno e sono certo che non c'è parola, gesto o pausa che non sappiano a memoria. Il generale Jodl [*Alfred Jodl, capo di Stato maggiore delle forze armate, poi impiccato a Norimberga*], dopo un'epica lotta col sonno, si è addormentato sul divano. Keitel [*Wilhelm Keitel, capo dell'Alto comando delle forze armate, anche lui impiccato a Norimberga*] barcollava ma è riuscito a tenere su la testa. Era troppo vicino a Hitler per abbandonarsi».

Alla fine, Hitler ottenne 10 divisioni italiane (Mussolini avrebbe voluto inviarne prima 20, poi 15: poche rispetto alle 27 rumene e alle 13 ungheresi, troppe per noi, che avevamo da coprire il fronte interno, un po' di Francia, i Balcani e, soprattutto, l'Africa). I generali tedeschi storsero il naso, giudicando i rinforzi alleati di scarsa qualità combattente, ma dovettero adattarsi. Alle tre divisioni del Csir si erano aggiunte tre divisioni di fanteria (Ravenna, Cosseria e Sforzesca), tre divisioni alpine (Julia, Tridentina e Cuneense) e la divisione Vicenza, di riserva. (Gli alpini erano perfettamente addestrati e dignitosamente equipaggiati. Pensavano di essere impiegati sulle montagne del Caucaso e invece si ritrovarono in un'ansa pianeggiante del Don con dotazioni inadatte sotto il profilo sia del vestiario sia dell'armamento. Giunti a Izjum, in Ucraina, dopo dieci giorni di treno, dovettero percorrere 250 chilometri a piedi su piste appena tracciate o nell'aperta steppa per raggiungere le posizioni assegnate sul fiume.)

L'Armir arrivò in Russia nell'estate del 1942. Ricevuto da Mussolini prima della partenza il 2 giugno 1942, il generale Messe, a capo del Corpo di spedizione italiano in Russia, gli disse educatamente che i soldati non avevano indumenti, addestramento e armamento adeguati. Il Duce fu prodigo di complimenti per il lavoro svolto fino ad allora dal Csir, glissò sul resto e concluse che l'Italia non avrebbe dovuto sfigurare con i tedeschi e che, dopo la vittoria, avremmo avuto compensi adeguati.

L'Armir era guidata dal generale Italo Gariboldi, secondo Ciano messo lì – mediocre manovra – dal capo di Stato maggiore Ugo Cavallero per offuscare la popolarità di Messe. In ogni caso, Gariboldi aveva però ragione quando scoprì che i tedeschi gli avevano cambiato le carte in tavola. Invece di partecipare alla conquista di Stalingrado, gli fu chiesto di presidiare un'area sulla destra del Don: compito oscillante tra l'inutile (se i russi non avessero attaccato) e il molto rischioso per la differenza di forze (se l'avessero fatto). I sovietici per un po' non diedero disturbo, ma quando attaccarono il 24 agosto, fecero scrivere ai nostri una pagina memorabile. Con una manovra di alleggerimento, gli italiani furono attaccati a Isbuscenskij, vicino al campo del Savoia Cavalleria. In *Isbuscenskij, l'ultima carica* Lucio Lami racconta che Alessandro Bettoni Cazzago, comandante del reggimento, diede l'ordine di caricare. Al grido di «Savoia!», 650 cavalieri italiani attaccarono 2000 siberiani mettendoli in fuga e facendo 500 prigionieri. I cavalli «già morti», scrive Lami, «continuavano a galoppare come fantasmi schiantandosi poi al suolo di colpo». Morirono 32 italiani e 150 russi. I tedeschi si complimentarono con i nostri: «Noi, queste cose, non sappiamo più farle».

Gli italiani si accorsero subito di essere equipaggiati peggio degli altri. In *La ritirata di Russia* Egisto Corradi, celebre inviato di guerra, combattente in Grecia e in Russia da sottotenente, dove fu insignito anche di una medaglia d'argento, racconta che i soldati sovietici indossavano sopra l'uniforme un costume fatto di trapunta impermeabile, con un cappuccio foderato di pelliccia interamente chiudibile con una cerniera lampo. Come calzature avevano i caldissimi *valenki*, gli stivali dei contadini, che erano fusi in un unico pezzo di feltro, arrivavano fino al ginocchio ed erano autentici termosifoni. Così potevano dormire all'addiaccio, stesi sulla neve. Anche i tedeschi erano ben equipaggiati. I nostri, no. Gli alpini, messi meglio degli altri, avevano cappotti grigioverde foderati, tranne che nelle maniche, di pelliccia di pecora. Purtroppo limitavano i movimenti e, soprattutto, non coprivano gli arti inferiori. Scrive Petacco: «Il 90 per cento dei soldati si difende dal freddo con indumenti borghesi, spediti da casa. Le fasce mollettiere, che stringono i polpacci, sembrano studiate apposta per favorire i congelamenti. Le scarpe ... sono le stesse della guerra contro la Francia, del fronte greco-albanese. Stesse scarpe in Russia, stesse scarpe in Africa settentrionale, questa la formula standard dell'esercito italiano».

Il generale Umberto Ricagno, comandante della Julia, aveva fatto comprare migliaia di *valenki*. Ma non ce n'erano per tutti, per le consuete difficoltà burocratiche. «Io credo che se tutti i soldati italiani della campagna di Russia fossero stati muniti tempestivamente di *valenki*» afferma Corradi «si sarebbero avute decine di migliaia di congelamenti in meno.»

### *Corradi: «Arrivai a Taly, ma il 2° corpo d'armata alpino non c'era più»*

Inutilmente rassicurata dai tedeschi, l'armata di Gariboldi subì il primo attacco l'11 dicembre 1942. I russi mossero prima le avanguardie, poi la fanteria. Il nostro 2° corpo d'armata, che avrebbe dovuto tenere la posizione, sbandò quasi subito, per poi ripiegare. Il 16 arrivò il colpo mortale con i carri armati e l'aviazione. Una divisione tedesca, stretta tra le nostre Ravenna e Pasubio, di fronte al crollo del fronte ripiegò senza avvertire il comando italiano, che si trovò così scoperto sul fianco destro del corpo d'armata alpino.

Il 18 dicembre Mussolini spedì Ciano a Görlitz, nella Prussia orientale, dove il Führer aveva il suo quartier generale. «Quando sono arrivato» annota nel diario «non si è nascosto né a me né ai miei collaboratori il disagio per le notizie della rotta sul fronte russo. Si tendeva apertamente a darne a noi la colpa. Hewel [*Walther Hewel, un diplomatico attivista del nazismo fin dalle origini*], che vive molto vicino a Hitler, ha avuto con Pansa [*Mario Pansa, vicecapo del cerimoniale degli Esteri*] il seguente colloquio. Pansa: "Il nostro esercito ha avuto molte perdite?". "Niente affatto. Stanno scappando." "Come voi a Mosca l'anno scorso." "Esattamente."» Purtroppo, di perdite ne avevamo già avute molte.

La mattina del 17 dicembre (26 gradi sottozero) il generale Ricagno aveva mandato a chiamare Corradi, al quale, con il suo calmo accento piemontese, aveva detto che il 2° corpo d'armata stava crollando sotto l'attacco russo e aveva dato ordine di raggiungerlo, avvertendo che la Julia era già in cammino per dargli aiuto. «Nevicava» racconta Corradi. «A differenza di quanto accade nei nostri climi, in Russia nevicava anche con alcune decine di gradi sotto lo zero. Indossai l'una sopra l'altra due paia di mutande lunghe di lana, l'uniforme, una tuta mimetica bianca, il cappotto di pelliccia della naja, un berretto di pelo di gatto che mia madre mi aveva mandato per posta, calzai le mie scarpe da sci. Sull'autocarretta (erano con me l'autista e un caporale) caricammo una scatola di carne e una di bombe a mano, un lastroncello di vino ghiacciato chiuso in un sacco, della grappa, del pane, della galletta, alcune coperte e un mio sacco a pelo ... Ero lontano dall'immaginare che sarei rimasto così vestito per due mesi e mezzo, senza avere mai il modo né il tempo di cambiarmi. Due giorni dopo ero già carico di pidocchi delle vesti, grossi come chicchi di riso, assolutamente insensibili al freddo e a qualunque bollitura che non fosse più che prolungata.»

Un viaggio di un centinaio di chilometri sembrò infinito. «La strada era intasata di automezzi e slitte che si muovevano in senso contrario al nostro, dovevamo quasi di continuo scendere e spingere a mano l'autocarretta per sbloccarla dalla neve che continuava a scendere ... Era buio da molto, durante le soste sentivo rombare il cannone da molte direzioni, troppe. Ma mi rincuorava il pensare che di lì a poco, a Taly, la mia missione sarebbe terminata e avrei potuto tirare il fiato. Sbagliavo, ero appena al principio di una serie di avvenimenti a valanga. A Taly il comando del 2° corpo d'armata non c'era più. La città bruciava, centinaia e centinaia di isbe [*case in legno dei contadini russi costruite intorno a una stufa*] ardevano nella notte. Le strade erano deserte.»

La situazione era disperata. «Immaginavo che la Julia corresse a turare una falla, non che fosse diretta a costituire l'estrema disperata spalla sinistra di un ponte crollato in tutti i suoi piloni sotto la travolgente piena di divisioni corazzate sovietiche straripanti verso sud-ovest. [*Per*] trenta giorni e trenta notti di combattimenti bestiali, sulla neve nuda, senza arretrare di un metro, la porta fu tenuta sbarrata.» Nessuno di questi soldati sapeva che Stalingrado era accerchiata da tempo. Corradi si era portato in trincea le memorie di Filippo Pisani, un ferrarese che aveva partecipato alla campagna di Napoleone in Russia. «Riflettei che mi trovavo a rivivere le giornate vissute centotrenta anni prima dal Pisani e che ora dentro la storia c'ero purtroppo personalmente io.»

Eppure, mentre ci furono i primi drammatici sbandamenti, si assisteva a scene surreali dell'arte italiana di arrangiarsi. Corradi racconta l'incontro tra un ufficiale del battaglione del 9° reggimento alpini L'Aquila e alcuni sbandati della divisione Cosseria: «Ti do una galletta – dice l'ufficiale – e tu mi dai il mulo». Il soldato prende, dà e prosegue la marcia senza proferire parola. O il sogno di Natale raccontato da Mario Rigoni Stern in *Il sergente nella neve*: «Per Natale volevo mangiarmi un gatto e farmi con la pelle un berretto. Avevo teso una trappola, ma erano furbi e non si lasciavano prendere. Avrei potuto ammazzarne qualcuno con un colpo di moschetto, ma ci penso soltanto adesso ed è tardi. Si vede proprio che ero intestardito di volerlo prendere con la trappola, così non ho mangiato polenta e gatto e non mi sono fatto il berretto con il pelo».

## *«I tedeschi scelsero noi per fare carne da cannone»*

Il 20 dicembre 1942 i russi avevano rotto il fronte della divisione Ravenna, accerchiando alcune divisioni italiane e alcuni reparti tedeschi. Era iniziata una drammatica ritirata con migliaia di morti e molte attrezzature distrutte o abbandonate: dei nostri 30 carri armati leggeri, ne erano rimasti 2. La divisione Julia, nella quale era arruolato Corradi, come abbiamo visto, tenne il fronte per un mese «senza arretrare di un metro». Poi la catastrofe. Il 14 gennaio 1943 il corpo d'armata alpino restò isolato «fermo in attesa di ordini. Vi rimase il giorno 14, vi rimase il giorno 15 e vi rimase il giorno 16. L'ordine di ripiegamento avvenne la sera del 17 gennaio». Sarebbe bastato che fosse giunto il giorno prima per evitare la disfatta: «È dunque sicuro che coloro che soltanto il 17 gennaio ordinarono agli alpini di iniziare la ritirata, non potevano non essere consapevoli di emanare una sentenza di morte contro le decine di migliaia di uomini che costituivano il meglio del corpo di spedizione italiano in Russia». I tedeschi abbandonarono «al sicuro sterminio» due divisioni italiane per rallentare l'avanzata dei sovietici. «Tra noi e loro scelsero noi a far da carne da cannone ... La sacca dal Don al Donez [*affluente del Don tra la Russia meridionale e l'Ucraina settentrionale*] durò per me dal 17 al 31 gennaio 1943. Quindici interminabili giorni e notti, duecentocinquanta chilometri in linea d'aria e più di quattrocento sul terreno. Tutti a piedi, una media di ventisette chilometri quotidiani su neve e su ghiaccio.»

I soldati avevano difficoltà a stare insieme. C'era un gran miscuglio di divise di fanti, alpini, artiglieri, tedeschi, rumeni, ungheresi. «Dov'è il comando dell'8°? Dov'è il comando del 9°?, si domandava.» La confusione era tale che alcuni treni carichi di soldati italiani e tedeschi, partiti da Udine e da Dresda, che avevano avuto il via libera da un capostazione tedesco a una stazione in Russia, due ore dopo si trovavano in bocca ai sovietici, entrando nella sacca senza accorgersene.

Il sergente degli alpini Mario Rigoni Stern aveva avuto il suo vero battesimo del fuoco il 1° settembre 1942, quando si doveva attaccare un'avanguardia russa e ricacciarla oltre il fiume. Come prescrivono i manuali, l'assalto degli alpini doveva essere preceduto da un martellamento aereo e da un fuoco di sbarramento dell'artiglieria. Ma, all'ora convenuta, non si era visto niente di tutto questo. Si attaccò ugualmente, in campo aperto. Alla fine, dei 700 uomini delle tre compagnie, ne sopravvissero meno di un terzo. Rigoni Stern fu tra i 70 superstiti di una compagnia di 220 uomini. Aveva assunto il comando di un reparto rimasto senza ufficiale e, pur leggermente ferito, tenne botta con una coraggiosa resistenza che gli valse una medaglia d'argento. (Anche il tenente Corradi ne ebbe una.)

I ricordi di Rigoni Stern sono così vividi e ben scritti che quando il racconto autobiografico *Il sergente nella neve* uscì, nel 1953, vinse subito il premio Viareggio. Il libro narra la doppia vita del soldato, che rischia di morire a ogni istante, vede cadere i suoi compagni, ma combatte e insieme sogna. «C'era la guerra, proprio la guerra più vera dove ero io, ma io non vivevo la guerra, vivevo intensamente le cose che sognavo, che ricordavo e che erano più vere della guerra. Il fiume era gelato, le stelle erano fredde, la neve era vetro che si rompeva sotto le scarpe, la morte fredda e verde aspettava sul fiume, ma io avevo dentro di me un calore che scioglieva tutte queste cose.» E cominciava a cantare in dialetto piemontese: «All'ombretta di un cespuglio – bella pastora che dormiva...».

E così la marcia infinita verso l'infinito, la sosta nelle isbe con le donne terrorizzate che, tuttavia, dicevano «italiani buoni, tedeschi cattivi» e si lasciavano rubare latte, miele, una gallina, perché quando hai la fame dipinta sugli occhi non c'è resistenza possibile. E le isbe piene di altri sbandati che non vogliono aprirti perché non c'è posto. E il soldato impazzito che bussa all'isba di notte e ti sveglia: «Buonasera ingegnere, è in casa suo padre?». «Sì, ma dorme. Che volete?» «Sono venuto per gli articoli. Raccomando a lei la pubblicazione. Ma tornerò più tardi, quando suo padre si sarà alzato...» E, ancora, l'isba piena di soldati russi che non hanno voglia di ucciderti e lasciano che ti venga servito in silenzio un piatto di minestra. Accompagnati dal miraggio del maggiore Bracchi, che diceva in dialetto bresciano: «Coraggio ragazzi, per Pasqua saremo a casa a mangiare il capretto...». L'avrebbero fatto in pochi.

### *«L'Italia ci apparve come uno straordinario, meraviglioso giardino»*

«Centomila gavette vuote di cibo, colme di ghiaccio, costellavano la neve e segnavano la sorte dei combattenti imprigionati nella sacca presso il Don» scrive Giulio Bedeschi, tenente medico degli alpini, nel racconto più famoso di questa tragica epopea, *Centomila gavette di ghiaccio*, che vendette un milione di copie. Parla di cariche disperate e vincenti: «Savoiaaa...! – gridò al terzo minuto il colonnello Verdotti, strappando con i denti la sicura a una bomba a mano e buttandosi innanzi, circondato dall'aiutante maggiore e dagli altri ufficiali. Savoiaaa! – urlarono come folli gli armati, seguendo il comandante. E una torma disperata s'avventò verso il nemico, spaventosa d'inaudita volontà, dolorante e pazza, sospinta dal delirio di voler scavalcare la morte o abbracciarla; dietro i primi, sorsero nella neve e si slanciarono avanti in un miscuglio indicibile mitraglieri rimasti senz'arma, furieri, telefonisti, graduati, infermieri, conducenti, medici, uomini delle salmerie, artiglieri dal pezzo schiantato, alpini che avevano esaurita l'ultima pallottola; e fra questi ansimavano i feriti sorti dai posti di medicazione, zoppicavano i congelati, arrancavano i malati, tutti brandendo baionette, bombe a mano, bastoni, coltelli da tasca, fucili a mo' di clava, spaventevoli apparizioni di forsennati che facevano massa contro il nemico avendo lasciato addietro soltanto i moribondi e i morti … Assalito dalla torma demente, il nemico si arrestò, rinunciò al proposito di sterminare quegli uomini, non resse, voltò le spalle e ricalcò di corsa le proprie orme inseguito e pressato dalla torma dei forsennati…». Un aggrovigliarsi di corpi e di armi che fa pensare alla *Battaglia di San Romano* di Paolo Uccello.

C'è poi la miriade di piccole tragedie personali, come quella del furiere Clerici che si ostina a caricarsi sulle spalle il corpo di un alpino del suo paese, barcolla, cade, si rialza, tenta di sollevare l'amico, cade di nuovo e infine lo abbandona, dopo avergli preso il portafoglio per consegnarlo al capitano.

«Come volete che faccia a capire?, disse angosciato il furiere.

«Chi?, domandò il capitano.

«Sua madre, mi maledirà, signor Capitano.

«Glielo diremo, che non potevi.

«È vecchia, non sa com'è la guerra. Mi vedrà sempre, sta di fronte a casa mia.»

Il 16 gennaio 1943, a Rigoni Stern venne affidato il comando del caposaldo e il 17 cominciò la tragica ritirata dalla sacca del Don. Il suo battaglione, il Vestone, fu tra quelli che guidarono la colonna della divisione alpina Tridentina. Qui partecipò all'ultima battaglia di Nikolaevka, superando la prima linea dei russi ed entrando in città. Sopravvivere era solo questione di fortuna. Rigoni Stern guidò l'attacco, vide cadere i suoi commilitoni, i suoi amici. «Sono allo scoperto sotto il fuoco dei russi e a ogni passo che faccio arriva un colpo. "Adesso e nell'ora della nostra morte", dico tra me, come un disco che giri a vuoto. "Adesso e nell'ora della nostra morte." "Adesso e nell'ora della nostra morte." "Ma gli altri?", chiedo. "Non c'è più nessuno", risponde il tenente. Di tutto il Vestone riusciamo a radunarci in circa una trentina … Questo è stato il 26 gennaio 1943. I miei amici più cari mi hanno lasciato quel giorno.» La battaglia di Nikolaevka fu decisiva per consentire a decine di migliaia di soldati italiani di raggiungere una posizione di sicurezza.

Il 1° febbraio, mentre Stalingrado stava per cadere, quel che restava della Julia arrivava a Belgorod, ai confini con l'Ucraina, 700 chilometri a sudest di Mosca. Dopo aver percorso a piedi i 400 chilometri della sacca del Don, gli alpini dovettero farne altrettanti in ventiquattro giorni per arrivare a Romny. Furono più leggeri. «Tanto, siamo fuori della sacca.» «Camminando» racconta Corradi «discorrevamo per interi quarti d'ora di pastasciutta e bistecche; la pastasciutta e le bistecche che avremmo mangiato quando fossimo stati in Italia.» Incrociarono una colonna di carri armati tedeschi incaricati di fermare i russi. I carristi cantavano e bevevano. Tre giorni dopo, quel convoglio sarebbe stato massacrato.

Un treno merci portò in due giorni i resti della Julia nella Russia Bianca. Gli alpini trovarono delle brandine. «La loro pur relativa elasticità e morbidezza» scrive Corradi «mi riusciva intollerabile; talvolta mi svegliavo e mi buttavo a dormire per terra. Sognavo spesso, facevo sogni orrendi, pieni di "*raus*" e di cingoli di carri armati che mi sfioravano la fronte.» Partirono per l'Italia il 12 marzo. «Eravamo pochi.» All'andata la Julia, come le altre due divisioni alpine, contava 16.000 uomini e 4000 muli. Per imbarcare tutti, erano occorsi 55 treni. Al ritorno, ufficiali e soldati erano ridotti a 3200, i muli a meno di 40. Furono sufficienti tre treni merci. «Il treno scendeva la valle dell'Adige, l'Italia ci apparve come uno straordinario, meraviglioso giardino.»

*La follia di Hitler e la resa di Stalingrado*

Mentre l'Armir veniva decimata nella ritirata del Don, i tedeschi perdevano la campagna di Russia nell'assedio di Stalingrado (oggi Volgograd), nell'estremo sud del paese, la cui posizione sul Volga la rendeva un centro di rilevante valore strategico. Nonostante non avesse mai guidato sul campo grandi schieramenti, al generale Friedrich Paulus fu affidato nella primavera del 1942 il comando della 6ª armata, costituita dalle venti migliori divisioni di fanteria e di artiglieria dell'intero esercito tedesco. Paulus era un freddo, eccellente professionista che non scaldava il cuore dei soldati (al contrario di Rommel, frequentava poco la prima linea), ma ne era una valente guida. Così, nell'autunno arrivò a occupare una parte di Stalingrado. La resistenza dei russi, che subirono perdite gigantesche, fu eroica. Si combatteva casa per casa in una città fantasma.

Il 19 novembre i russi riuscirono a sfondare le linee della 3ª armata rumena a sudovest della città. Il nuovo capo di Stato maggiore, generale Kurt Zeitzler, chiese subito a Hitler di autorizzare la ritirata della 6ª armata prima che venisse circondata. Il Führer avrebbe dovuto seguire il consiglio, poiché la 6ª armata, una volta tratta in salvo, avrebbe potuto tornare in prima linea. Decise, invece, di sacrificarla. «Non voglio che si indietreggi al di qua del Volga!» urlò. E così, 20 divisioni tedesche e 2 rumene rimasero in trappola.

Poi il Führer chiese al migliore dei suoi generali, Erich von Manstein, di abbandonare Leningrado (l'odierna San Pietroburgo) per correre in soccorso della 6ª armata del generale Paulus. Manstein gli suggerì che sarebbe stato ragionevole che Paulus gli andasse incontro, ma Hitler fu irremovibile. «Non deve muoversi» sibilò. Con un'impresa di altissimo valore militare, e contro ogni previsione, Manstein giunse a 30 chilometri da Stalingrado. Se Paulus fosse stato autorizzato a muoversi, la 6ª armata sarebbe stata salva. In *Storia del Terzo Reich*, William Shirer riporta ciò che avrebbe raccontato in seguito Zeitzler: «Il 22 dicembre pregai Hitler di autorizzare la sortita. Gli feci notare che rappresentava davvero l'ultima possibilità di salvare i duecentomila uomini dell'armata di Paulus. Hitler non volle cedere. Invano gli descrissi la situazione all'interno della cosiddetta fortezza: la disperazione dei soldati affamati, la loro mancanza di fiducia nel comando supremo. I feriti che morivano per mancanza di cure, mentre altre migliaia morivano per congelamento. Egli restò impassibile». Nel suo libro di memorie *Vittorie perdute*, Manstein riproduce il testo di un ordine che autorizzava Paulus ad aprirsi una via per uscire da Stalingrado, ma, secondo Shirer, la direttiva era ambigua e il comandante della 6ª armata, alla fine, decise di obbedire agli ordini di Hitler. Stalingrado fu abbandonata e Manstein dovette inviare le sue truppe sul Don, dove c'era stata la rotta degli italiani e dei rumeni.

Scaduto un ultimatum concesso invano dai russi, il 10 gennaio ripresero gli attacchi e, in due settimane, Paulus rimase senza copertura aerea, poiché l'aviazione era stata impegnata nell'evacuazione di 29.000 feriti. Il 24 gennaio i russi proposero di nuovo la resa. Il generale trasmise via radio a Hitler questo messaggio: «Le truppe mancano di munizioni e di viveri ... Vi sono 18.000 feriti senza né rifornimenti, né vestiti, né medicinali. Resistere ancora non ha senso. Il crollo è inevitabile. L'esercito chiede l'immediata autorizzazione ad arrendersi per salvare la vita delle truppe che restano». Agghiacciante la risposta del Führer: «Proibisco la resa. La 6ª armata terrà le posizioni fino all'ultimo uomo e all'ultima cartuccia, e con la sua eroica resistenza darà un indimenticabile contributo alla costituzione di un fronte di difesa e alla salvezza del mondo occidentale».

Noi non abbiamo mai creduto che Hitler fosse pazzo, ma la vicenda di Stalingrado non è in alcun modo spiegabile razionalmente. Leggete quel che fece dire a Göring alla radio il 30 gennaio 1943, decimo anniversario della sua ascesa al potere: «Ancora tra mille anni i tedeschi parleranno con sacro rispetto della battaglia di Stalingrado e ricorderanno che, nonostante tutto, là fu decisa la vittoria della Germania. Negli anni futuri si dirà: se venite in Germania, dite che ci avete visto giacere a Stalingrado, come il nostro onore e i nostri capi ci avevano ordinato, per la maggior gloria della Germania». Promosse Paulus feldmaresciallo e avanzò di grado 117 ufficiali. Se non era una beffa, ci mancava poco. La sera del 31 gennaio il comandante della 6ª armata dichiarò: «Abbiamo tenuto le posizioni, fino all'ultimo uomo e all'ultima cartuccia – per il Führer e per la patria – sino alla fine». Per fortuna non era così. La mattina del 2 febbraio un ufficiale russo si affacciò alla cantina adibita a sede del comando tedesco e trovò Paulus stravolto, seduto sul suo letto da campo.

Dei 285.000 uomini della 6ª armata, quelli che uscirono dalle trincee furono solo 91.000, decimati nella primavera successiva da un'epidemia di tifo. Di questi, soltanto 5000 avrebbero fatto ritorno in patria.

Furibondo per la sopravvivenza di Paulus, il Führer fece dare l'annuncio della sconfitta con un comunicato preceduto da un lieve rullo di tamburi e dal secondo movimento della *Quinta sinfonia* di Beethoven. Ordinò quattro giorni di lutto nazionale, durante i quali tutti i luoghi di spettacolo rimasero chiusi. Nel luglio 1943 Friedrich Paulus e Walther von Seydlitz-Kurzbach, diventati capi del Comitato nazionale per la Germania libera, pronunciarono da Radio Mosca un appello ai soldati tedeschi perché uccidessero Hitler. Seydlitz, generale agli ordini di Paulus, si era consegnato ai sovietici insieme ad alcuni colleghi qualche giorno prima della resa. Paulus fu testimone d'accusa al processo di Norimberga. Il giudizio storico su di lui è controverso.

### *Bedeschi: «In questa storia la guerra è vista dalla parte dei morti»*

Le cifre ufficiali sovietiche parlano di 1 milione 100.000 perdite, tra morti, dispersi e prigionieri sul loro fronte, ai quali occorre aggiungere 40.000 vittime civili. I tedeschi furono particolarmente crudeli: uccidevano subito i commissari politici dell'esercito russo e spesso lasciavano morire i prigionieri. I russi non spararono mai a freddo sugli italiani, e gli italiani si comportarono correttamente con i prigionieri sovietici.

Ne troviamo la ragione in un franco rapporto dell'ispettore del Partito nazionale fascista Angelo Manaresi che, nel marzo 1943, aveva accompagnato un treno carico di derrate e materiale sanitario. Vide nei reduci «l'amarezza e talora l'ira per l'alleato che non si sarebbe dimostrato tale nell'ora difficile. Negata protezione di mezzi corazzati, dirottamento di riserve per altri settori, ostinazione nell'ordine di morire sul posto, mentre ungheresi, rumeni e anche tedeschi se ne andavano senza avvertire permettendo così l'accerchiamento dei nostri. Rifiuto di dare il carburante ai nostri mezzi e l'ospitalità sui loro mezzi ai nostri uomini. Il mancato soccorso di protezione durante la ritirata, l'accaparramento delle isbe per il pernottamento. L'irrisione al nostro valore di soldati e talora anche di nostri ufficiali … Queste lagnanze pressoché unanimi dei nostri soldati hanno creato in essi uno stato d'animo poco favorevole ai tedeschi. A ciò fa contrasto l'ottima impressione che molti soldati riportano del russo: bontà d'animo degli abitanti, ricovero nelle isbe e soccorso ai feriti, occultamento dei dispersi, umano trattamento anche per parte di molti reparti sovietici, con liberazione di gruppi di prigionieri già catturati e cura dei feriti lasciati sul posto, nonostante qualche crudeltà di partigiani e di soldati». Rileva Renzo De Felice che, dalla seconda metà del 1942, «l'ampiezza e l'intensità di questa avversione avevano preso a crescere irresistibilmente presso l'opinione pubblica italiana».

In *Le guerre italiane 1935-1943* Giorgio Rochat pubblica i dati ufficiali delle perdite italiane in Russia nell'inverno 1942-1943: «85.000 dispersi e 27.000 congelati, da rapportare ai circa 150.000 uomini schierati sul Don. Sulla sorte di questi dispersi l'unica cifra certa sono i prigionieri rimpatriati nel 1946: 10.030. Quindi circa 75.000 caduti in quattro diverse fasi: i combattimenti sul Don e nella ritirata, poi, dopo la cattura, le tragiche marce forzate verso le stazioni ferroviarie russe al di là del Don, poi molti giorni di treno in condizioni sempre disastrose. Infine, i campi di prigionia sprovvisti di tutto, dove le malattie fecero strage di uomini debilitati da mesi di sofferenze e di privazioni». Il

*Rapporto sui prigionieri di guerra italiani in Russia* dell'Unione nazionale italiana reduci di Russia fa lievitare a 95.000 il numero dei dispersi. Tuttavia, un calcolo esatto non è mai stato possibile.

I tedeschi fecero 5 milioni 700.000 prigionieri russi, oltre la metà dei quali (3 milioni 300.000) perse la vita: molti perirono nei campi di prigionia, molti, dal 1943, furono impiegati come forza lavoro. Rochat riferisce che, durante la ritirata del Don, i tedeschi (salvo arresti di massa) venivano fucilati, a differenza di italiani e rumeni.

«Questa è una storia di alpini e di fanti,» scrive Bedeschi nella prefazione a *Centomila gavette di ghiaccio* «poiché l'autore ha vissuto la guerra con essi sui fronti d'Albania e di Russia, ma se anche i personaggi qui descritti si ritraessero e in loro vece avanzassero al proscenio le madri, i padri, le spose e i figli, la tragedia urgerebbe con pari violenza, perché l'intero popolo ne ha patito l'orrore e condiviso il dolore. In questa storia la guerra è vista, per così dire, dalla parte dei morti...»

## VI

# Disfatta militare. Fine della dittatura

### *«Italiani, ribellatevi a Mussolini!»*

Nonostante le rassicurazioni del Duce, nella primavera del 1943 gli italiani compresero che la guerra era perduta. Lo capirono non solo per le tragiche notizie che giungevano dall'Africa e dalla Russia, ma perché tre anni di bombardamenti alleati li avevano convinti di essere senza difesa. I 17 morti di Torino del 12 giugno 1940 – poche ore dopo l'entrata dell'Italia in guerra – furono i primissimi di una lunga serie che continuò fino all'aprile 1945, un anno e mezzo dopo la resa dell'8 settembre. Fino alla primavera del 1942, a comandare il gioco furono i britannici. I più spietati: avevano subìto senza batter ciglio la furia della Luftwaffe e ora martellavano senza alcuna riserva le città tedesche e italiane. Certo, da noi non si sono avuti i 50.000 morti di Amburgo, ma le 6000 vittime di Napoli, le 2000 di Milano e le centinaia di morti di tante città, dal Nord al Sud, scossero profondamente il morale della nazione.

Anche i bombardieri americani ci fecero molto male, ma ci attaccarono con uno spirito diverso: l'obiettivo era la caduta di Mussolini, non il popolo italiano trascinato in guerra dal dittatore. Aprendo uno spiraglio su un futuro comune che sarebbe arrivato prima del previsto. Nel giugno 1943 il generale Henry Arnold, capo delle forze aeree americane, disse a Ira Eaker, comandante dell'VIII Air Force: «Vogliamo che la gente capisca e abbia fiducia nel nostro modo di fare la guerra». Gli inglesi bombardavano di notte, come i tedeschi (e – ahimè – per qualche tempo anche gli italiani) le città britanniche. Gli americani di giorno, anche se non erano certo carezze.

Nell'articolo *I bombardamenti sull'Italia nella Seconda Guerra Mondiale*, Claudia Baldoli, una storica italiana che insegna a Newcastle, osserva che gli inglesi non avevano alcuno scrupolo nel provocare vittime indesiderate a causa della notevole imprecisione dei loro sistemi di puntamento, mentre gli americani colpivano obiettivi più mirati. I bombardamenti erano preceduti da lanci di volantini, che si proponevano di fiaccare il morale della popolazione e di incitare alla rivolta contro il regime. Gli inglesi si rivolgevano alle donne: «Che significano per voi le strombazzate vittorie di Hitler in Russia, se vostro figlio non è altro che un ammasso informe di carne schiacciato dai tank russi? Perché i corpi dei vostri cari debbono essere abbandonati nella melma ghiacciata della Russia? Forse per far piacere a Hitler e Mussolini?». Già nel luglio 1941 un volantino inglese recitava: «Napoletani, noi vogliamo soltanto la pace con voi. Siamo stati costretti a bombardare la vostra città perché voi permettete ai tedeschi di servirsi del vostro porto». E ancora: «Italiani! I vostri gloriosi predecessori, guidati dalla Casa dei Savoia e aiutati dalla Francia e dall'Inghilterra, hanno cacciato i tedeschi dal suolo italiano. Mussolini li ha richiamati».

Come capì Mussolini a sue spese, gli italiani non sono un popolo di combattenti.

Secondo Simona Colarizi (*L'opinione degli italiani sotto il regime*), i servizi segreti alleati erano convinti che gli italiani, inclusi gli industriali del Nord, non fossero favorevoli all'entrata in guerra. Essendo l'Italia il ventre molle dell'Asse, gli Alleati ritenevano che terrorizzando la popolazione (mezzo milione di profughi dopo un bombardamento su Torino) l'avrebbe convinta a rivoltarsi contro il regime. Ma, come diceva Gaetano Salvemini dall'esilio americano, «una rivoluzione italiana sarebbe dal punto di vista militare una manna dal cielo. Disgraziatamente, però, è follia suggerire che un popolo controllato dai nazisti debba rivoltarsi. Un popolo disorganizzato e disarmato non può sollevarsi contro un governo che dispone di tutti i mezzi bellici moderni» (*L'Italia vista dall'America*).

Tra il 1942 e il 1943 Radio Londra, il notiziario serale in lingua italiana, proibita quanto ascoltata (due mesi di arresto e 1000 lire di multa, la pena), era un duro bollettino delle sconfitte italo-germaniche. La voce del colonnello Harold Stevens, introdotta dalle battute iniziali della *Quinta sinfonia* di Beethoven, diventò da ostile e temuta a portatrice di speranza, visto che gli italiani sognavano soltanto la fine della guerra.

### *Il Duce accusa gli italiani, e gli italiani lo abbandonano*

Mussolini si lamentava della scarsa tempra combattente degli italiani. Giuseppe Bottai annota nel diario un suo sfogo al Consiglio dei ministri del 21 novembre 1942: «È inutile, la razza è quello che è: e non la si corregge dall'oggi al domani. Ho inventato un neologismo: i "bracaioli", per quelli che stanno sempre con le brache in mano; e a ogni difficoltà dichiarano che non c'è più nulla da fare». E ammirava i sovietici: «Se invece di difendere la città strada per strada, casa per casa, stanza per stanza, gabinetto per gabinetto, i russi fossero stati dello stesso parere, Stalingrado non avrebbe resistito». Aggiunge Aurelio Lepre in *Mussolini l'italiano*: «Come sempre, Mussolini ha programmato solo vittorie: le sconfitte lo disorientano e lo abbattono».

Il Duce parlava ormai raramente in pubblico. Il 2 dicembre 1942 fece diffondere dagli altoparlanti un suo discorso alla Camera, e i rapporti degli informatori infiltrati tra la folla furono devastanti. Seguiamo una parte della trascrizione che ne fa Lepre.

Mussolini: «Il popolo italiano, tra i più intelligenti della terra, non ha bisogno di una propaganda che non sia straordinariamente intelligente...».

Folla: «La propaganda che viene fornita all'Italia è straordinariamente idiota».

M.: «Ora bisognerà parlare, una volta tanto, di questa famosa pugnalata. Era prevista l'entrata in guerra il 5 giugno… Nessuno pensava che la conclusione della guerra in Francia fosse così rapida».

F.: «Anche se la guerra fosse cominciata il giorno 5, gli effetti non sarebbero stati diversi. … Quell'episodio non si dovrebbe ricordarlo perché non fa onore all'Italia».

M.: «Quando il soldato italiano è ben guidato e bene armato, non teme confronti con i migliori soldati del mondo».

F.: «E perché non si è provveduto in tempo a fornire l'Esercito delle armi di cui aveva bisogno?».

I rapporti degli informatori milanesi sono particolarmente crudi: «A Lui si dà la responsabilità di tutto quanto accade, a Lui si dà la colpa della guerra e della rovina dell'Italia», «Non è il fondatore, ma lo sfasciatore dell'Impero».

E il 18 febbraio 1943, dopo un bombardamento: «Ciò che le mie orecchie hanno sentito all'indirizzo del Duce è cosa da non credersi. Chi lo malediceva, chi lo chiamava farabutto, chi diceva che quel gran mascalzone dovrebbe trovarsi esposto a una di queste sciagure e poi finirebbe di fare l'uomo di coraggio».

Eppure, non sono pochi quelli che credono ancora in lui. «Ci vorrebbe il Duce in ogni paese e nessuno soffrirebbe» assicura una donna, che accusa le autorità locali se non ha il latte da dare al suo bambino malato. E molti la imitano.

Mussolini entra, naturalmente, anche nelle barzellette, accompagnato talvolta da Claretta Petacci. Il 12 marzo 1943 Bottai scrive nel diario queste battute attribuite a una marchesa: «Mussolini, nell'atto di scavalcare, nudo, la vasca da bagno, si guarda i genitali. "Che guardi, Benito?", gli chiede la signorina Petacci. E quello: "Gli ultimi coglioni che mi sono rimasti attaccati".».

Nel discorso del 2 dicembre 1942 il Duce insistette: «Questa non è soltanto una guerra necessaria, è una guerra che io proclamo sacrosanta e dalla quale non potevamo, in nessun modo, esimerci». Ma ne comunicò per la prima volta anche il costo umano, che era impressionante: 12.785 abitazioni colpite fino a quel momento (2414 a Milano, 3230 a Torino, 1020 a Savona, 6121 a Genova. In totale, 1986 morti e 3332 feriti). Pesantissimo il bilancio delle perdite tra i soldati: 87.000, tra morti e dispersi; 252.778 prigionieri, contro i 40.000 inglesi catturati in Africa. Tardivo – dopo due anni e mezzo di guerra – l'invito a sfollare le città, dove comunque sarebbero rimasti «i fascisti».

Nel marzo 1943 il mugugno popolare arrivò nelle fabbriche. Ci furono scioperi in alcuni stabilimenti milanesi e alla Fiat: il pretesto (fondato) fu il ritardo nella distribuzione dei generi alimentari, che nascondeva un profondo malessere per l'andamento della guerra. Il Duce reagì con quattro sostituzioni in incarichi chiave. Alla guida delle forze armate andò Vittorio Ambrosio al posto di Ugo Cavallero, troppo amico dei tedeschi. Ambrosio era meno «fedele» del suo predecessore, ma almeno diceva a Mussolini la verità e, avendo capito che prima o poi il vero fronte sarebbe stato quello interno, gli chiese di richiamare in patria un po' di soldati sparsi nei vari teatri di guerra. Carmine Senise, capo della polizia, non certo un fedelissimo (sarebbe riemerso dopo il 25 luglio), fu rimpiazzato ad aprile da Renzo Chierici, che non era sicuramente un fulmine di guerra. Sempre ad aprile, alla guida del partito, al posto del giovane e inesperto Aldo Vidussoni andò il più navigato Carlo Scorza, ma le cose non migliorarono. Infine, il Duce si riprese la guida degli Esteri, mandando il genero Galeazzo Ciano a fare l'ambasciatore presso la Santa Sede.

Ciano ci rimase malissimo, ma era meglio starsene accucciato a Roma che andare a Berlino al posto dell'ambasciatore Dino Alfieri: finire in bocca a Ribbentrop non era certo una prospettiva allettante. E il ruolo di luogotenente in un'Albania in subbuglio non gli piaceva, perché avrebbe dovuto fare «il fucilatore e l'impiccatore».

Certo non si aspettava il siluramento, ma la scelta vaticana era l'unica sensata. Così ci racconta l'incontro con il suocero nell'ultima pagina del suo diario, datata 8 febbraio 1943: «L'avvenire tuo è nelle mie mani» disse il Duce «e per questo ti puoi considerare tranquillo». E aggiunse: «Se ci avessero lasciato tre anni di tempo, avremmo potuto fare la guerra in condizioni ben differenti o forse non sarebbe stato affatto necessario il farla». Mussolini gli chiese se avesse tutti i documenti del suo ministero a posto. «"Sì," rispondo "li ho tutti in ordine e ricordatevi, quando verranno le ore dure, perché è ormai certo che le ore dure verranno, che io posso documentare uno dopo l'altro tutti i tradimenti perpetrati dai tedeschi ai nostri danni, dalla preparazione del conflitto alla guerra alla Russia comunicataci quando già le truppe avevano varcato il confine. Se ne avrete bisogno vi darò io gli elementi o, meglio ancora, in ventiquattr'ore preparerò quel discorso che da tre anni ho nel gozzo e che se non lo pronuncio, scoppio." Mi ha ascoltato in silenzio e quasi d'accordo. ... Mi ha invitato ad andare spesso da lui. "Anche tutti i giorni." Il commiato è stato cordiale. Di ciò sono molto contento perché a Mussolini voglio bene, molto bene e la cosa che più mi mancherà sarà il contatto con lui.»

### *La perdita della Tunisia dopo una vana resistenza*

In *Mussolini l'alleato*, Renzo De Felice definisce Vittorio Ambrosio «come capo militare, rispetto al suo predecessore, di una statura di gran lunga inferiore, scialbo e assai meno dinamico». Uomo di scrivania (e, come vedremo, di congiura) più che di trincea, non si muoveva quasi mai da Roma e aveva notizie spesso imprecise e di seconda mano, al contrario di Albert Kesselring, che faceva continuamente la spola tra l'Africa e l'Italia tenendo sotto controllo il fronte d'oggi e quello di domani. Già alla fine del 1942, ricevendo nel suo quartier generale nella Prussia orientale Ciano e Cavallero, Hitler aveva detto che l'Africa settentrionale doveva essere tenuta a ogni costo: «È vitale per la continuazione della guerra».

Il giorno della caduta di Tripoli (23 gennaio 1943) Mussolini spedì in Africa Giovanni Messe, il miglior generale sul campo, reduce dalla Russia, che si trovò a comandare – come ammise lui stesso – un esercito di sbandati. Messe avvertì subito Roma che l'VIII Armata britannica, nostra avversaria diretta, era tra le migliori unità alleate, nettamente superiore per numero di uomini e mezzi. Tra il 19 e il 25 febbraio Rommel, con l'aiuto della nostra divisione Centauro, inflisse agli Alleati una durissima sconfitta (6300 tra morti e feriti, e 4000 prigionieri). Ma quando il 9 marzo venne in Europa a riferire che l'Africa sarebbe stata perduta e quindi bisognava andarsene il prima possibile, Mussolini non gli consegnò l'altissima decorazione che aveva nel cassetto, e qualche giorno dopo Hitler gli tolse il comando.

Il Duce era ormai in trappola, come analizza lucidamente nel suo diario, alla data 17 aprile 1943, il generale Enrico Caviglia, da lui nominato nel 1926 maresciallo d'Italia e destinato idealmente da Dino Grandi a essere il successore di Pietro Badoglio: «Sarebbe necessario uscire al più presto dalla guerra, ma è ancora possibile farlo? Bisognerebbe che Mussolini, dopo quanto per sua colpa è avvenuto nel nostro paese, persuadesse Hitler che l'Italia non può assolutamente continuare la guerra, che l'Italia per la Germania è un peso morto e come tale di danno più che di vantaggio … Ma se Mussolini di sua iniziativa disertasse l'alleanza, Hitler con ogni probabilità bombarderebbe e invaderebbe l'Italia che diventerebbe campo di battaglia degli eserciti stranieri dei due schieramenti, perché non v'è dubbio che anche gli stranieri sbarcherebbero sul nostro territorio».

In una lettera del 3 maggio a Stalin, Churchill ammise che gli angloamericani avevano subìto perdite pesantissime: 50.000 uomini tra morti e feriti, contro i 35.000 dell'Asse. Ma annunciò un attacco delle truppe del generale britannico Harold Alexander, che si sarebbe rivelato decisivo.

Otto giorni prima della caduta di Tunisi, il 5 maggio – settimo anniversario dell'ingresso di Badoglio a Addis Abeba –, Mussolini si affacciò per l'ultima volta al balcone di palazzo Venezia per anticipare la notizia della sconfitta finale. «La grande impresa» disse alla folla «non è finita, è semplicemente interrotta. Io so, io sento, che milioni e milioni di italiani soffrono di un indefinibile male, che si chiama il male d'Africa. Per guarirne non c'è che un mezzo: tornare. E torneremo.»

La battaglia di Tunisi durò sei giorni, dal 7 al 13 maggio. Il 12 si arresero i tedeschi comandati dal generale Hans-Jürgen von Arnim, che aveva sostituito Rommel. Il 13 si arrese

Messe, autorizzato da Mussolini, che lo nominò maresciallo d'Italia sul campo. Gli italiani si erano battuti benissimo. Poche ore dopo, Churchill riceveva da Alexander questo messaggio, scritto con la sobria solennità tipica degli inglesi: «Sir, ho il dovere di informarvi che la campagna tunisina è finita. Ogni resistenza nemica è cessata. Siamo padroni di tutte le coste dell'Africa settentrionale».

## *La vile resa di Pantelleria e la caduta della Sicilia*

Come sanno bene i milioni di migranti che, con alterna fortuna, vi sono approdati negli ultimi decenni, la Sicilia – cioè l'Italia – è a un passo dalla Tunisia. E se la Sicilia è la porta dell'Italia, Pantelleria è la porta della Sicilia. Mussolini considerava l'isola imprendibile, perché difesa da rocce a picco sul mare e da un contingente di oltre 11.000 uomini dotato di adeguati pezzi di artiglieria: 88 cannoni, tra antiaerei e antinavi. Inoltre, c'era un aeroporto sotterraneo, capace di ospitare 60 caccia. Pantelleria cadde, invece, in soli tre giorni, tra l'8 e l'11 giugno 1943. Un invito alla resa del 10 giugno fu ignorato. Preceduti da un bombardamento martellante che, di fatto, non fu ostacolato dalla contraerea dell'Asse, l'11 giugno i mezzi da sbarco alleati con 14.000 uomini si presentarono sotto costa.

L'avvicinamento fu così agevole che Dwight Eisenhower, comandante delle forze alleate, e lord Andrew Cunningham, capo della flotta inglese, assistendo di persona all'operazione erano increduli. Churchill era convinto che i militari italiani a difesa dell'isola non fossero più di 3000, tanto che scommise con Eisenhower che gli avrebbe dato un centesimo di dollaro per ogni italiano in più e perse 80 dollari. L'ammiraglio Gino Pavesi, comandante del nostro contingente, dopo aver chiesto a Mussolini il permesso di arrendersi, lo fece un'ora prima dell'orario stabilito, e quindi senza distruggere un imponente apparato militare che passò intatto nelle mani degli Alleati.

L'impressione suscitata dalla resa di Pantelleria fu enorme, in Italia e all'estero. Scrive nel diario (*Parla Vittorio*

*Emanuele III*) il generale Paolo Puntoni, primo aiutante di campo del re: «L'annuncio [*della resa*] ha scosso tutti, ma soprattutto ha sorpreso l'Alto comando perché si sperava che il nostro presidio avrebbe contrastato fino all'ultimo i tentativi di sbarco del nemico». Ancora più duro il giudizio, formulato a caldo il 22 giugno, del diplomatico Luca Pietromarchi, che all'epoca collaborava con i militari dall'Ufficio studi e documentazioni degli Esteri: «Pantelleria è stata il più grave caso di vigliaccheria di questa guerra. L'isola era imprendibile. Le rocce scendono a picco e per darvi la scalata occorrono battaglioni di alpini. I rifugi sono in caverna sotto decine di metri di roccia. Gli unici punti in cui lo sbarco era tentabile sono due piccoli porti facilmente difendibili». Pietromarchi sottolinea l'autosufficienza dell'isola, sia per armamenti sia per viveri, e ridimensiona a 58 il numero delle vittime civili in un mese di bombardamenti, contro le migliaia di altre città italiane. Insomma, a suo parere, Pavesi meriterebbe il nome di Pavido.

Lo stesso Mussolini ritrattò il permesso alla resa dell'isola, concesso secondo quelle che riteneva informazioni sbagliate. Scriverà nel 1944 in *Storia di un anno*: «Peccato che il plotone d'esecuzione non abbia raggiunto il primo in ordine di tempo degli ammiragli traditori, che dovevano dopo pochi mesi perfezionare il tradimento nella più vituperevole forma: consegnando l'intera flotta al nemico».

Ancora più cocente fu la delusione in Germania: Malta resisteva da tre anni agli attacchi dell'Asse, Pantelleria era caduta in tre giorni. Hitler era furibondo, perché capì che l'Italia non avrebbe retto. Dichiarò che occorreva tenere a ogni costo le isole (Sicilia e Sardegna), ma i suoi già valutavano l'ipotesi di approntare una linea di sbarramento addirittura sulla direttrice Rimini-Genova.

Fin dal 10 maggio 1943 i tedeschi sapevano qual era il morale dei siciliani. Il generale Mario Roatta, che comandava le truppe italiane nell'isola, aveva fatto un quadro molto pessimistico a Konstantin von Neurath, inviato da Ribbentrop in Italia: «Le truppe tedesche in Sicilia sono diventate piuttosto impopolari» riferì a Berlino il diplomatico. «I siciliani ritengono che noi abbiamo portato la guerra nel loro paese. Abbiamo mangiato tutto quello che avevano e adesso stiamo facendo venire gli inglesi nonostante al contadino siciliano la cosa non dia la minima preoccupazione. Egli ritiene che la cosa porrà fine ai suoi patimenti. È opinione diffusa in tutta l'Italia meridionale che la guerra finirà con l'arrivo degli inglesi e che la presenza dei tedeschi non fa che ritardarla.» Stato d'animo confermato dagli alti burocrati interrogati da Neurath: «Avete requisito ogni cosa e vi siete mangiati tutti i nostri polli...».

Il Duce s'illuse che l'opinione pubblica credesse a un'estrema resistenza. Il 5 luglio fece pubblicare dai giornali la versione integrale del suo intervento del 24 giugno davanti ai dirigenti del Partito fascista: «Per quello che riguarda la mia responsabilità, la rivendico, naturalmente, in pieno. Un giorno dimostrerò che questa guerra non si poteva, non si doveva evitare, pena il nostro suicidio ... Bisogna che non appena il nemico tenterà di sbarcare [*in Sicilia*], sia congelato su quella linea che i marinai chiamano del "bagnasciuga", la linea della sabbia, dove l'acqua finisce e comincia la terra. Se per avventura dovessero penetrare, bisogna che le forze di riserva, che ci sono, si precipitino sugli sbarcati, annientandoli fino all'ultimo uomo ... Oggi che il nemico si affaccia ai termini sacri della Patria, i 46 milioni di italiani, meno trascurabili scorie, sono in potenza e in atto 46 milioni di combattenti, che credono nella vittoria perché credono nella forza eterna della Patria».

Ora, è vero che un capo deve stimolare i suoi fino all'ultimo, ma se lo stesso Mussolini da tempo lamentava la scarsa tempra combattente del popolo italiano, è difficile che potesse emozionare più di tanto chi leggeva sui giornali questo proclama.

Quella del «bagnasciuga» fu una gaffe di Mussolini, significando non l'estremità dell'arenile, cioè la battigia, ma la linea di galleggiamento delle navi. L'errore dovette pesargli assai, se in una successiva conversazione con Claretta disse: «Passerò alla storia non come il Duce del Fascismo e il fondatore dell'Impero, ma più semplicemente come il Bagnasciuga...».

Gli italiani e i tedeschi schierati a difesa della Sicilia erano tanti: 230.000. Ma, come annotano Indro Montanelli e Mario Cervi in *L'Italia della disfatta*, erano «reparti male armati, privi di automezzi e perciò vincolati al terreno, composti per due terzi da soldati siciliani, che la vicinanza delle famiglie esponeva alla tentazione di badare alla casa più che alla Patria». Lo stesso Roatta, che comandava la piazza di Sicilia, si sarebbe sfogato nell'immediato dopoguerra dicendo che le 6 divisioni costiere erano in grado di schierare solo 36 uomini per ogni chilometro e un pezzo d'artiglieria controcarro ogni 3 chilometri, e così via. Si aggiunga che quasi tutti i soldati si muovevano a piedi e che l'artiglieria era trainata da cavalli e da muli. Per di più, Roatta dava per scontate la debolezza dell'aviazione e l'assenza della marina.

Il 10 luglio gli angloamericani sbarcarono nella costa sudorientale della Sicilia, tra Pozzallo, Pachino e Siracusa. Il generale Alexander comandava il gruppo di due armate: una americana, agli ordini di George Patton, e l'altra britannica, guidata da Bernard Law Montgomery, che abbiamo già incontrato in Africa.

Gli Alleati erano inferiori di numero (160.000, diventeranno mezzo milione alla fine della campagna), ma incomparabilmente superiori quanto a mezzi: oltre il doppio di carri armati (600) e oltre il triplo di aeroplani (4900). Si aggiungano 280 navi da battaglia, 2590 navi da trasporto, 1800 mezzi da sbarco. Patton doveva proseguire per Palermo, Montgomery per Messina, in modo da stringere a tenaglia gli uomini dell'Asse. Siracusa si arrese senza combattere, Augusta – dotata di ottime possibilità di difesa – era già stata sgomberata la sera stessa del 10. La divisione Centauro si batté invece benissimo, insieme a due divisioni tedesche, tanto che Patton fu costretto a indietreggiare fin quasi al mare e venne salvato dall'eccezionale potenza di fuoco aeronavale alleata.

Il 17 agosto Alexander poteva telegrafare a Churchill che «anche l'ultimo soldato tedesco è stato scacciato dalla

Sicilia e l'intera isola è ora nelle nostre mani». Partita aperta e chiusa in 38 giorni. I numeri dei caduti sono impietosi per noi: i tedeschi erano un terzo degli italiani ed ebbero 5000 morti, contro i nostri 4200. Questo significa che ci siamo battuti molto poco. Lo dimostra anche il numero dei prigionieri: 5000 tedeschi, 116.000 italiani. Gli Alleati ebbero 5000 morti e 22.000 feriti. La proverbiale cauta lentezza di Montgomery consentì alle truppe tedesche di ripiegare ordinatamente. Per entrare a Messina aspettò il 17 agosto, quando la città era deserta, mentre Patton aveva fatto il suo ingresso a Palermo già il 22 luglio, quando era ormai imminente la destituzione di Mussolini.

### *E Mussolini iniziò a odiare Hitler, «tragico buffone»*

Nonostante fosse furioso per le continue sconfitte italiane su tutti i fronti, Hitler non ha mai nutrito malanimo nei confronti di Mussolini, mentre il capo del governo italiano, a un certo punto, cominciò a odiare il suo carceriere. In un incontro del 10 aprile a Klessheim, vicino Salisburgo, il Führer aveva rifiutato per l'ennesima volta la saggia proposta del Duce di una pace separata con la Russia. Annota l'interprete Paul Schmidt nelle sue memorie: «Mussolini sostenne vivamente l'opportunità di una intesa con l'Unione Sovietica. Vincere la Russia mi sembra impossibile. Perciò è meglio chiedere una pace di compromesso in oriente, per avere mano libera in occidente». Ma Hitler non cedette. «Questo tragico buffone» si sfogò il Duce con il sottosegretario agli Esteri Giuseppe Bastianini «si ostina a cercare in Russia una vittoria che sta di casa da tutt'altra parte. Gliel'ho ripetuto almeno dieci volte, ma non vuol capirla. Anche Göring e Himmler sono della mia opinione...»

Hitler era folle nelle decisioni, ma non nella valutazione della realtà. Prima di essere impiccato a Norimberga, il generale Alfred Jodl, capo di Stato maggiore tedesco, scrisse che già a cavallo tra il 1942 e il 1943 il Führer aveva capito che «il Dio della guerra» gli aveva voltato le spalle. «Prima di qualunque altro uomo al mondo, Hitler immaginava e sapeva che la guerra era perduta. Ma può un uomo dare per perduti uno Stato e un popolo prima che lo siano effettivamente? Un uomo come Hitler non lo poteva ... Si è lasciato seppellire sulle rovine del suo Stato e delle sue speranze.»

E Mussolini? Secondo Renzo De Felice, mentre il dittatore tedesco era del tutto indifferente alla sorte del suo popolo, Mussolini «non era un fanatico come Hitler ... sentiva profondamente le proprie responsabilità verso gli italiani che, a suo modo, amava, anche se attribuiva loro una serie di carenze di carattere, una scarsa consapevolezza nazionale e un altrettanto scarso senso dello Stato» (*Mussolini l'alleato*). Escluso un rovesciamento di fronte, nel 1943 «una capitolazione, un armistizio, una pace separata presentavano agli occhi di Mussolini un ostacolo decisivo: la presenza dei tedeschi in Italia e la sicura reazione di Hitler contro il "tradimento" italiano». Perciò sperava che fallisse l'offensiva della Wehrmacht prevista per l'estate di quell'anno contro i russi nel Kursk (la regione di confine con l'Ucraina occupata temporaneamente nel 2024 dall'esercito di Kiev) e nel Caucaso, per indurre la Germania a una pace separata con la Russia. Al tempo stesso aveva autorizzato cauti approcci con gli angloamericani perché l'Italia chiedesse una pace separata insieme con Ungheria, Romania e Bulgaria, sperando che la «resa incondizionata» delle truppe dell'Asse stabilita nel gennaio 1943 da Churchill, Roosevelt e De Gaulle all'hotel Anfa di Casablanca, in Marocco, fosse solo una mossa propagandistica. In realtà, fu il presidente americano a imporre la soluzione più dura.

La rapidità della conquista della Sicilia, il giubilo con cui erano stati accolti gli Alleati a Palermo, la pessima qualità della reazione italiana, assai peggiore di quelle messe in campo in tutte le campagne precedenti, stroncò ogni illusione. Alla disperata richiesta di rinforzi aerei fatta da Mussolini, Hitler rispose assicurando un aiuto che poi non diede. E cominciò a pensare che, da quel momento, anche le truppe italiane in patria avrebbero dovuto sottomettersi di fatto al comando tedesco, e che la resistenza nel nostro paese sarebbe servita a ritardare il più possibile l'ingresso degli Alleati in Germania. Ottenuta il 14 luglio dal generale Ambrosio la sostanziale certezza di una sconfitta militare, Mussolini autorizzò Bastianini – che faceva le funzioni di ministro degli Esteri avendone ripreso il Duce la titolarità – a intraprendere cauti sondaggi con il Vaticano e con gli inglesi per trovare una via d'uscita. Ma Londra chiuse ogni porta.

### *L'ultimo incontro dei due dittatori a Feltre. Il bombardamento di Roma*

Dopo diversi dinieghi a nuovi incontri con Hitler («Non vado più a rapporto da lui»), Mussolini vi fu costretto dal precipitare della situazione. Le due delegazioni si videro il 19 luglio a villa Gaggia, vicino Feltre (Belluno). Hitler vi arrivò sobillato dal capo di Stato maggiore generale Wilhelm Keitel, che richiedeva le più energiche misure per evitare la decomposizione dell'esercito italiano. «Soltanto misure barbariche possono servire a salvare la nazione» aveva detto il Führer in un incontro preparatorio con i suoi. «Serve una corte marziale per eliminare gli elementi indesiderabili.» (Vista l'aria, cominciavano a moltiplicarsi gli antifascisti.) Il Duce, dal canto suo, giunse all'incontro sobillato da Ambrosio: senza aiuti massicci, non avremmo resistito più di quindici giorni. A Egidio Ortona, capo della segreteria di Bastianini, Mussolini apparve «complessivamente in forma», mentre Hitler sembrava «una larva spenta, pallido in faccia, curvo, sospeso in un empireo non terreno» (*Diplomazia di guerra*).

Per due ore, dalle 11 alle 13, parlò quasi ininterrottamente soltanto lui. Fu molto violento contro il lassismo dell'esercito italiano, disse che anche l'Italia – come la Germania – doveva mobilitare i giovani di 15 anni, far lavorare vecchi, giovanissimi e le donne – anche borghesi – che non fossero già impegnate in fabbrica. Inoltre, andavano sostituiti gli ufficiali incapaci di mantenere il giusto spirito della truppa. Mussolini non aprì bocca. Nelle sue memorie l'ambasciatore Alfieri lo descrive «seduto sul bordo della poltrona troppo ampia e profonda, ascoltava impassibile e paziente con le mani incrociate sulle gambe accavallate ... Ascoltava senza dare a vedere nessuna reazione esteriore ... Ogni tanto emetteva un lungo respiro, come di chi è costretto a sopportare un lungo discorso noioso e inconcludente; e con lo sguardo stanco e rassegnato fissava Hitler che continuava imperterrito, la voce sempre più stridula, le sue accuse e recriminazioni».

A mezzogiorno entrò timidamente Nicola De Cesare, segretario particolare del Duce, con un foglietto. Mussolini tradusse in tedesco: «In questo momento il nemico sta bombardando violentemente Roma». Non era possibile conoscere altri particolari a causa dell'interruzione delle linee di comunicazione. Hitler dapprima rimase impassibile, poi riprese la sua requisitoria contro gli italiani. Riapparve De Cesare: «Il violento bombardamento continua, circa 400 apparecchi volano a bassissima quota, quartieri della periferia e anche edifici del centro gravemente colpiti. Scarsa reazione delle batterie antiaeree». Dopo un breve silenzio in cui la delegazione italiana discusse su come dare notizia della tragedia appena avvenuta, Bastianini sollecitò un aiutante di campo del Führer a non ritardare la colazione fissata per le 13. Mussolini dichiarò che i colloqui non sarebbero continuati e fissò la partenza per le 16.

Nel breve intervallo, il Duce fu investito dai suoi collaboratori: perché era rimasto zitto tutto il tempo? Perché non aveva detto a Hitler che, a giudizio di Ambrosio, l'Italia non avrebbe resistito più di un mese? Lui sbottò, invitando la delegazione italiana a sedere, cosa che non faceva mai: «Ammetto l'ipotesi: sganciarsi dalla Germania. Quali saranno le conseguenze? Il nemico pretenderà, giustamente, una capitolazione. Siamo disposti a cancellare d'un tratto vent'anni di regime? Ad annullare le realizzazioni di un così lungo e faticoso lavoro? A riconoscere la prima sconfitta militare e politica? A scomparire dalla scena del mondo? E poi, si fa presto a dire: sganciarsi dalla Germania. Quale atteggiamento prenderebbe Hitler? Credete forse che egli ci lascerebbe libertà di azione?».

Durante la colazione, il Führer informò il Duce che Londra sarebbe stata spianata nel giro di alcuni giorni e che la guerra sottomarina sarebbe stata ripresa con nuovi mezzi. Lui gli rispose che, nel frattempo, l'Italia avrebbe dovuto essere difesa. I due salirono insieme in macchina e, poi, in treno. A Treviso ognuno s'imbarcò sul proprio aereo. Nonostante avesse promesso ai suoi che avrebbe replicato alle durissime accuse ricevute durante il breve viaggio di ritorno, non risulta che abbia aperto bocca. Testimonia l'interprete Schmidt: «Fu uno dei convegni più deprimenti ai quali io avessi partecipato. Mussolini era talmente agitato che, subito dopo il ritorno, chiese urgentemente da Roma i miei appunti sui colloqui. Ci fu detto che non aveva potuto seguirli bene e che le misure difensive concertate avrebbero potuto essere da lui attuate solo avendo sott'occhio il mio testo. Gli appunti gli furono mandati con un aereo speciale, dopo che Hitler li ebbe riveduti in Prussia orientale».

Il bombardamento di Roma ebbe un effetto devastante sull'opinione pubblica italiana. Non tanto per i 1500 morti (tanti, ma altre città avevano pagato un prezzo più alto), quanto perché la capitale era considerata inviolabile. È vero che l'obiettivo (legittimo, in guerra) era lo scalo ferroviario di San Lorenzo e che furono risparmiati tutti i monumenti che i piloti avevano bene annotati sulle mappe. Ma i 500 bombardieri americani (300 pesanti al mattino, 200 leggeri nel pomeriggio) colpirono anche i quartieri limitrofi, mietendo molte vittime collaterali.

Fece grande impressione la visita di Pio XII agli abitanti del quartiere di San Lorenzo. Erano rarissime le uscite del pontefice dal Vaticano, tutte molto formali e programmate da tempo. Pio XII amava le grandi udienze, ma parlava *ex cathedra* e non si lasciava sfiorare dalla gente. Era solo, per protocollo e per carattere. Al punto che se qualche operaio lo incrociava durante le passeggiate nei giardini vaticani, doveva scomparire immediatamente. Ebbene, quel 19 luglio si lasciò toccare dalla folla. Al ritorno in Vaticano, suor Pascalina, la persona a lui più vicina, vide qualche macchia di sangue sull'abito bianco e gli chiese se fosse ferito. «No, sorella, non è il mio sangue» fu la risposta. «Questo è il sangue di Roma.»

Analoga uscita il papa fece dopo il 13 agosto, quando un altro bombardamento colpì gli aeroporti e, di nuovo, lo scalo San Lorenzo, provocando centinaia di morti. Fu allora, in piazza San Giovanni, che davanti a una folla immensa aprì le braccia, evocando l'immagine di un angelo con gli occhiali, secondo il celebre verso di Francesco De Gregori, che nella canzone *San Lorenzo* attribuisce erroneamente il gesto alla visita del 19 luglio.

(Del primo bombardamento esiste una sola foto sfocata, forse per la censura fascista. Del secondo, invece, c'è un'ampia documentazione fotografica e cinematografica: Mussolini era caduto e l'Italia viveva l'interregno che, fino all'8 settembre, l'avrebbe illusa sulla prossima fine della guerra.)

Anche Vittorio Emanuele III sentì il dovere di andare, ma la sua auto fu accolta a sassate. Il Duce attese il 22 luglio per la sua visita. Non fu contestato apertamente, ma tornò molto turbato a villa Torlonia. Sapeva che da tempo, in molte città italiane pesantemente colpite, veniva invocato un bombardamento su Roma, nella convinzione che solo quello avrebbe svegliato davvero il Potere.

### *Un generale nel lusso esagerato di villa Petacci*

A mezzogiorno del 15 luglio 1943 il generale Giacomo Carboni, su incarico del capo del Sim, il servizio segreto militare, si recò nella villa dei Petacci alla Camilluccia per parlare con Claretta e nel rapporto stilato dopo la visita scrisse: «La domestica Ersilia riuscì a stento a spingere uno dei grandiosi cristalli scorrevoli che su tutta la facciata della villa facevano assumere all'immobile l'aspetto di una grande scatola e una sbarra di ghiaccio. Fui introdotto in un vastissimo salone con porte di cristallo grandi quanto le pareti e con finestre che, come per l'ingresso, formavano un tutto unico di cristalli da uno spigolo all'altro del muro. Una ventina di soffici poltrone. Un pianoforte a coda e un'arpa in un angolo … Un muro affrescato divideva il salone da un salotto con caminetto e divano lunghissimo con cuscini di piuma ... Tutti i pavimenti in marmo. L'attesa fu lunga, tanto lunga che, trovandomi solo ... mi trovai in una camera da letto principesca. Ogni parete era coperta di specchi; anche al soffitto doveva esserci stato uno specchio che poi era stato staccato, probabilmente per desiderio dell'eccezionale amante! I mobili rosa. Il letto basso su una base di legno scuro era ricoperto di veli rosa e di coperte finissime imbottite di piuma. Un ambiente da film americano, ma di evidente cattivo gusto. Capii di trovarmi nell'alcova. Spingendo una porta di specchio, mi trovai in una sala da bagno tutta in marmo nero. Al centro, una piscina a livello decorata con mosaici. Un muretto di separazione celava il gabinetto pure in marmo nero. Luci in tutti gli angoli. In un angolo della piscina, una presa del telefono. Uno sfarzo da nuovi ricchi!».

E continua: «Alle 13 la domestica mi venne a chiamare e mi condusse lungo un ponte rivestito di tappeti (in quella casa non si notavano scale, ma ponti lunghissimi per evitare la fatica di salire gradini) fino al piano superiore in una sala da pranzo con mobili lussuosi dove feci un'altra anticamera. Mi spinsi fin sulla terrazza che dava sulla grande piscina esterna; sulla terrazza v'erano attrezzi da ginnastica. Alle 13.15 venivo finalmente ricevuto dalla Petacci nella sua camera da letto privata. Un grande letto con coperte di seta e biancheria finissima. Un comodino su cui v'era una grande fotografia di Mussolini a colori. Un armadietto con un gran quantitativo di medicine (la Petacci mi confidò poi di essere afflitta da molti mali immaginari). Una libreria, una toletta. In vestaglia molto scollacciata, che le copriva una parte del seno, la Petacci mi invitò a sedere sul letto ove ella stessa sedeva. La madre, un donnone, stava in un angolo, sfogliando corrispondenza che ammucchiava in un cassetto. Si trattava di suppliche di cui alcune recavano l'indirizzo "all'Eccellenza Petacci Clara". La Petacci inviava poi, per evasione, le suppliche a Buffarini [*Guidi*] e De Cesare. [*Il primo, sottosegretario all'Interno, era il gerarca più vicino alla famiglia Petacci. Il secondo, come abbiamo detto, era il segretario particolare del Duce.*] Cominciò a parlare nuovamente dell'affronto ricevuto la prima volta che fu cacciata da palazzo Venezia ... "L'altro giorno mi fece dire da Navarra che non desiderava vedermi perché di cattivo umore. Vi sembra decente mettere al corrente dei nostri rapporti gli uscieri?"».

Carboni era entrato in confidenza con Claretta attraverso Cesare Donadio, un funzionario del ministero dell'Interno sposato con una donna ungherese che fece da interprete in un'oscura vicenda sullo sfruttamento di un giacimento petrolifero magiaro al quale i Petacci erano interessati. (Secondo Carboni, Donadio aveva frequenti rapporti anche con Umberto di Savoia.)

Uscita dalla camera donna Giuseppina, il generale ne approfittò per acquisire informazioni utili a dimostrare che Claretta era tutt'altro che estranea ai giochi di regime. Scoprì che Guido Buffarini Guidi era un suo fedelissimo e che il capo della Milizia, Enzo Galbiati, era un suo protetto presentatole dal seniore (nella Milizia era un grado equivalente a quello di maggiore) Giuseppe Marinelli, di cui lei sarebbe stata l'amante. Claretta raccontò che aveva incontrato il generale dei carabinieri Angelo Cerica, «sincero verso il Duce, il quale mi ha fatto capire di chi Mussolini può fidarsi» (promosso capo dell'Arma il 23 luglio, ne avrebbe organizzato l'arresto combattendo poi nelle file della Resistenza) e che, invece, tutta la polizia era antifascista e avrebbe tradito il Duce. Carboni venne anche a sapere che la Petacci era riuscita a orientare la nomina di prefetti e federali, e che odiava profondamente Ciano: «Mentre il nemico sbarcava in Sicilia, dette un grande banchetto».

### *Benito a Claretta: «Sarebbe opportuno se te ne andassi»*

«Alle 13.55 circa» prosegue Carboni «l'apparecchio telefonico rosa, che ella trascinava dappertutto grazie al lungo metraggio del filo ed alle innumerevoli prese telefoniche che si trovavano in ogni angolo della villa, squillò. Accennai per discrezione ad allontanarmi, ma ella mi fece segno di rimanere seduto.

«Udii chiaramente la voce di Mussolini:

«M.: "Ti prego di lasciarmi tranquillo. Non posso interessarmi ora del tuo caso personale. Ho bisogno di rimanere solo".

«Parlava con calma e con voce stanca. Ella rispose:

«C.: "Ma come puoi pensare che si tratti di un caso personale? Io ti ho scritto ieri sera per chiederti di esserti ancora vicino specialmente in questi momenti!".

«M.: "Non ho bisogno di nessuno e nessuno ha più bisogno di me! Perciò lasciami tranquillo!".

«C.: "Ma quanto durerà?".

«M.: "Durerà quello che durerà. Una settimana, un mese, un anno...".

«C.: "Ma io non sono un tiretto che a un dato momento si può chiudere. Io non sono una sgualdrina. Spero che vorrai ricordarti che non sono stata soltanto la tua amante. In fondo non ti chiedo nulla di straordinario se non rivederti!".

«M.: "Ti ripeto di lasciarmi tranquillo e non costringermi ad adottare dei provvedimenti antipatici".

«C.: "Allora dimmi francamente che non vuoi più saperne di me ed io me ne andrò".

«M.: "Sarebbe più opportuno".

«E su questa frase attaccò il ricevitore. La Petacci si sciolse in lacrime e maledicendo Edda Ciano, che, secondo lei, era stata pochi giorni prima "a montare la testa del Duce contro di lei", disse: "Vuole accontentare l'opinione pubblica allontanandomi da Palazzo Venezia. Dopo dodici anni si preoccupa dell'opinione pubblica!".

«"Io non sono stata la sua amante" diceva la Petacci fra le lacrime. "Sono stata colei che nei momenti più tristi gli è stata vicino mentre tutti lo abbandonavano. Ricordo che, parlandomi dell'episodio Matteotti, egli mi diceva che era rimasto solo in quell'occasione; perfino la moglie lo aveva abbandonato, scappando da Roma! Quando dovette sopportare duri colpi io gli fui sempre vicino. La prima volta fu all'epoca della fuga di Graziani. Egli capì fin d'allora che la partita era perduta per l'Italia e se ne preoccupò talmente che io pensai volesse suicidarsi. Riuscii a consolarlo. Quando poi perdette il figlio Bruno ebbe un vero collasso. Egli era indeciso tra la rivoltella ed il salto dalla finestra. Nessuno seppe mai la tragedia che lo sconvolse. Sembrava impazzito. Io, sola, nella stanzetta attigua a quella sua di lavoro, dalle 7 del mattino alle 11 di sera, guardavo il soffitto e attendevo che di tanto in tanto aprisse la porta per apparirmi, trasfigurato e chiedere un mio sguardo di conforto. Mi prendeva le mani. Non pronunciava una parola. La figlia non gli fu mai vicino? Apparve solo dopo qualche settimana per dirgli che poiché il popolo italiano era molto depresso per gli avvenimenti, occorreva aprire di nuovo le sale da ballo."

«"Ora – continuò la Petacci – egli si trova nelle stesse condizioni di allora, senza una persona amica, circondato da traditori e non vuole che gli sia vicino. Mi ha trattato come una donnaccia, come tutte le altre sue donnacce. Probabilmente dopo questa telefonata ne avrà fatta un'altra simile alla Ruspi ed alla Pallottella. [*Romilda Ruspi, che abitò a lungo nel parco di villa Torlonia, e Alice Pallottelli erano due antiche amanti con le quali Mussolini non aveva mai interrotto i rapporti, nonostante le continue scenate della Petacci. Si sospettò che sia il figlio della Ruspi sia gli ultimi due figli della Pallottelli fossero di Mussolini.*] Ma esse sono state più furbe di me che si sono messe a posto finanziariamente, mentre io non ho mai accettato un soldo! (*sic!*) [*Non risulta che Claretta abbia ricevuto importanti somme di denaro dal Duce. Lo accusava, anzi, di una certa tirchieria nei regali. Il "sic!" di Carboni si spiega forse con il lusso estremo di villa Petacci, in cui sono evidenti i profitti di regime incassati dal fratello.*]

«"La Ruspi è stata ancora più intelligente poiché ha fatto un figlio e gli ha fatto credere di averlo avuto da lui. Giorni fa egli mi telefonava per annunciarmi che il figlio della Ruspi era stato ferito in Sicilia. Che mancanza di delicatezza! Mi viene a parlare del figlio di un'altra sua amante! Non mi ha mai compresa. Mi ha sempre tenuta nella stessa considerazione delle altre. Mentre io ho sacrificato dodici anni della mia giovinezza per lui! Mi lascia senza un centesimo e mi invita ad andarmene. Come faccio le valigie? Mi mette alla porta senza darmi il mezzo di sottrarmi all'ira dei suoi nemici!"

«La domestica veniva intanto ad annunciare che il pranzo era pronto per cui credetti opportuno congedarmi promettendole di ritornare dopo accordo con Donadio.

«Ciò non accadde perché Donadio, fiutando il temporale, non volle più avere rapporti con la Petacci.»

Carboni trasmise questo rapporto, commissionato dai servizi militari italiani, ai servizi segreti americani dopo la liberazione di Roma (4 giugno 1944). Come vedremo più avanti, il generale fu uno dei responsabili del disastro dell'8 settembre.

## *Caviglia o Badoglio? Pio XII preferisce il primo, Vittorio Emanuele III il secondo*

Quando Vittorio Emanuele III ha deciso di liberarsi di Mussolini? Il 1° giugno 1944, quando stava per affidare la luogotenenza al figlio Umberto, il re scrisse a futura memoria al fedele Pietro duca d'Acquarone: «Fin dal gennaio del '43 io concretai definitivamente la decisione di porre fine al Regime fascista e di revocare il Capo del governo Mussolini ... L'attuazione di questo provvedimento, reso più difficile dallo stato di guerra, doveva essere minutamente preparata e condotta nel più assoluto segreto, che venne da me mantenuto anche con le poche persone che vennero a parlarmi del malcontento del paese». Non è andata così, nonostante Hitler sia stato sempre convinto del contrario. Il 15 maggio, infatti, Vittorio Emanuele III aveva annotato il seguente appunto: «Non si dovrebbe dimenticare di fare le possibili cortesie agli uomini dei governi dell'Inghilterra e dell'America. Bisognerebbe pensare molto seriamente alla possibile necessità di sganciare le sorti dell'Italia da quelle della Germania». Ma senza abbandonare Mussolini, perché, nello stesso periodo, teme che il re d'Inghilterra lo metta in forte imbarazzo chiedendogliene personalmente la sostituzione.

Il 3 giugno Vittorio Emanuele ricevette Grandi, con il quale aveva una certa consuetudine visto che il gerarca bolognese era presidente della Camera. Lo accusò di eccessivo pessimismo sulle sorti della guerra e, sapendo che puntava all'allontanamento del Duce, gli disse: «Il mio intervento si attuerà nel modo che lei pensa e spera, ma il momento dovrò essere io a sceglierlo e questo momento non è ancora arrivato. Io sono un re costituzionale e so perfettamente che il Parlamento non è in grado di funzionare: ma, ciononostante, una qualche indicazione deve venirmi da organi dello Stato o del paese, in modo inequivocabile e certo». Grandi uscì deluso dal colloquio, ma il sovrano gli aveva fornito l'assist sul Gran Consiglio, organo statale a tutti gli effetti. E infatti, come vedremo, sarà soltanto il voto del 24 luglio espresso in quell'aula a convincerlo.

Il 5 luglio il re respinse la proposta di Ambrosio di sostituire Mussolini con il generale Caviglia o con Badoglio, che si odiavano dai tempi della prima guerra mondiale. Il gradimento per Caviglia era piuttosto esteso. Come scrive Pier Paolo Cervone nel suo *Enrico Caviglia, l'anti Badoglio*, persino Pio XII si era esposto con gli angloamericani suggerendo un governo formato da liberali e fascisti moderati, come Caviglia, Vittorio Emanuele Orlando e Luigi Federzoni. «Privilegiato dai galloni di maresciallo,» scrive Mario Cervi nella prefazione al libro di Cervone «Caviglia poté sempre avere accesso al Quirinale e all'orecchio del re. Ma era l'orecchio di un sordo, anzi d'uno che non voleva sentire e sistematicamente gelava gli interlocutori scomodi deviando il discorso verso la sua adorata collezione di monete.» La soluzione Grandi-Caviglia fu esclusa, a detta di Cervone, perché i due erano considerati troppo vicini agli angloamericani. E con i tedeschi... Alla fine, secondo il comandante dei carabinieri Cerica, la posizione di Vittorio Emanuele fu la seguente: «Mi hanno fatto una terna di nomi: Caviglia, Thaon de Revel e Badoglio. Caviglia ha rapporti troppo stretti con la massoneria [*Cervone lo nega*] e quindi è da scartare. Thaon de Revel è troppo vecchio. Non resta che Badoglio, mi piaccia o no».

Il 15 luglio Badoglio andò a trovare il sovrano a villa Savoia in borghese e in taxi. Il re era convinto che un colpo di Stato contro Mussolini non avrebbe avuto successo e, quando il maresciallo gli propose di imbarcare in un nuovo governo vecchie glorie dell'Italia prefascista (da Luigi Einaudi a Meuccio Ruini, da Ivanoe Bonomi a Marcello Soleri), lui, con il suo arcinoto cinismo, rispose: «Sono tutti dei *revenants* [*fantasmi*]». E Badoglio: «Anche noi due, Sire, siamo dei *revenants*...». Il sovrano aggiunse: «I colpi di Stato preordinati, a data fissa, non possono riuscire, specialmente in Italia dove nessuno sa mantenere un segreto».

Secondo De Felice, Vittorio Emanuele si avvicinò davvero alla decisione di sostituire Mussolini solo il 22 luglio, a tre giorni dall'arresto. Quel giorno vide il Duce e, sull'incontro a quattr'occhi, abbiamo due versioni opposte: l'uno ne uscì convinto che il sovrano non lo avrebbe abbandonato, l'altro avrebbe raccontato al suo aiutante di campo Puntoni: «Ho tentato di far capire al Duce che ormai soltanto la sua persona ostacola la ripresa interna e si frappone a una definizione netta della nostra situazione militare. Non ha capito o non ha voluto capire. È come se avessi parlato al vento». Il 18 ottobre 1943, in un rapporto a centinaia di ufficiali del ricostituito esercito a San Giorgio Ionico (Taranto), Badoglio disse che Mussolini, nell'incontro di Feltre con Hitler, si era impegnato ad annunciargli una richiesta di armistizio, ma aveva fatto scena muta, e nel successivo incontro con il re gli avrebbe promesso lo sganciamento entro il 15 settembre. «E il bello è che, adesso che questo l'ho fatto io, mi si accusa di tradimento!»

Due ulteriori elementi premevano su Vittorio Emanuele: Bastianini gli fece sapere, da un lato, dei suoi (sfortunati) contatti con gli Alleati e, dall'altro, che Roberto Farinacci – irriducibile amico dei tedeschi – stesse tramando per neutralizzare il re e il Duce dando a Kesselring, comandante supremo delle forze tedesche in Italia, i poteri sul nostro paese. Ma, secondo De Felice, soltanto l'approvazione dell'ordine del giorno Grandi avrebbe convinto definitivamente il sovrano al gran passo.

*Monarchia, militari, gerarchi: ritratto dei cospiratori*

A questo punto dividiamo i «cospiratori» in tre gruppi: la monarchia, i militari, i gerarchi.

1) *Monarchia*. Secondo De Felice, fin dalla tarda estate del 1942 Aimone di Savoia-Aosta – ramo ostile ai Savoia regnanti – si era messo in contatto con gli inglesi in Svizzera, proponendo di porsi alla testa di un'azione militare (in cui avrebbe voluto coinvolgere anche il principe Umberto) tesa ad abbattere il fascismo. L'operazione avrebbe dovuto prevedere uno sbarco alleato, appoggiato dall'aviazione. Unica condizione: permanenza della monarchia e salvaguardia della flotta. Non se ne fece niente.

Ma la personalità della Real Casa che si è più esposta contro Mussolini è stata certamente Maria José del Belgio, moglie di Umberto. Fin dal 1942 contattò Myron Taylor, rappresentante personale del presidente Roosevelt presso Pio XII, e avvicinò tutti i maggiori esponenti dell'antifascismo non rivoluzionario: da Ivanoe Bonomi ad Alcide De Gasperi, da Luigi Einaudi a Adriano Olivetti, all'amministratore delegato della Banca commerciale, Raffaele Mattioli. Come scrivemmo in *Perché Mussolini rovinò l'Italia*, la differenza tra il fascismo e le altre dittature novecentesche era che gli antifascisti che abbiamo citato – ai quali va aggiunto, tra gli altri, Benedetto Croce – erano liberi di muoversi e anche di cospirare, sia pure con la necessaria prudenza, e l'Ovra non era così cieca da non saperlo. Secondo Bonomi (*Diario di un anno*), Maria José fece addirittura da catalizzatore dei vari gruppi antifascisti: aristocrazia senatoria e intellettuale, ambienti economici e militari, politici del primo Comitato delle forze antifasciste, dove teneva i contatti con Giovanni Battista Montini, il futuro Paolo VI, braccio destro di Pio XII e, fin da allora, punto di riferimento ecclesiastico della nascitura Democrazia cristiana.

2) *Militari*. La terna decisiva per la caduta di Mussolini era formata da Vittorio Ambrosio, Giuseppe Castellano e Giacomo Carboni. Abbiamo visto che, quando nel febbraio 1943 fu nominato capo di Stato maggiore generale, Ambrosio

non aveva fama di essere un fulmine di guerra, ma era di sentimenti antitedeschi e non nascose mai al Duce l'estrema criticità della situazione.

Castellano, il più giovane generale dell'esercito, era il suo braccio destro. Convinto che solo l'eliminazione del capo del governo potesse migliorare le cose, mostrò addirittura a Ciano il piano per farlo (ma lui non volle scottarsi le mani), mentre Ambrosio ne parlava con Acquarone. Si era ancora in aprile e Vittorio Emanuele III era lontanissimo dall'idea di sostituire Mussolini.

Carboni, diventato anche lui generale non ancora cinquantenne, gareggiava con Castellano in mondanità, superandolo nelle conquiste femminili. («Si dice, Carboni, che voi vi rotoliate su tappeti di donne» l'apostrofò un giorno Mussolini.) Legatissimo ai servizi segreti, di cui fu anche il capo, era perfettamente a suo agio negli intrighi di cui abbiamo visto un esempio con la sua visita a villa Petacci.

Alla vigilia del colpo di Stato, Ambrosio si assicurò una rete di protezione militare. Ottenne dal Duce che Angelo Cerica fosse nominato comandante dei carabinieri al posto di Azolino Hazon, morto durante il bombardamento di San Lorenzo. («Sei disposto ad obbedire agli ordini, come mi dicesti a suo tempo?» gli chiese Ambrosio. «Legali o illegali?» si cautelò l'altro. «Legali, verranno dal re.») Cerica si mise a disposizione, ma a poche ore dall'operazione volle verificare personalmente con la Real Casa che le cose stessero come gli era stato promesso. E, non potendosi fidare di Renzo Chierici, nuovo capo della polizia, Ambrosio avvertì Carmine Senise di tenersi pronto per tornare in campo subito dopo l'arresto di Mussolini. Carboni, infine, fu nominato capo di un reparto motocorazzato per la difesa di Roma da inevitabili rigurgiti fascisti e, soprattutto, da colpi di mano tedeschi.

3) *Gerarchi*. All'interno del vertice fascista, gli uomini decisivi nel colpo di Stato furono Dino Grandi, protagonista assoluto, Giuseppe Bottai e Galeazzo Ciano. Grandi era stato un fascista della primissima ora, anche se non aveva partecipato alla marcia su Roma perché si era ritirato a fare l'avvocato. Vicinissimo a Mussolini dopo il delitto Matteotti,

era stato ministro degli Esteri, apprezzato ambasciatore a Londra (di qui i suoi contatti con gli inglesi), ministro della Giustizia e, ora, presidente della Camera.

Bottai era il gerarca di maggior caratura culturale. Ardito in guerra, marciatore su Roma, laureato in legge, da ministro dell'Educazione nazionale fece riforme per la tutela del paesaggio, basate su princìpi in parte ancora in vigore. Consentì a importanti intellettuali (in larga parte antifascisti) di insegnare all'università anche senza laurea (Carrà, Casorati, Guttuso, Morandi, Pratolini, Quasimodo e Ungaretti) e nella sua rivista «Primato» ospitò gli esponenti di quella che nel dopoguerra diventerà la crema degli intellettuali comunisti italiani. Cattolico, fu un fermo sostenitore delle leggi razziali.

Ciano nacque e visse nella bambagia, fino alla morte tragica e prematura. Figlio di Costanzo (l'eroe di Buccari con Gabriele d'Annunzio, ammiraglio con quattro medaglie d'argento, una di bronzo e una d'oro al valor militare, amicissimo del Duce, che lo portò alla presidenza della Camera), sposò nel 1930 Edda Mussolini. Un matrimonio zeppo di reciproci tradimenti eppure solidissimo, come avrebbe dimostrato la più che tenace e sfortunata difesa che Edda fece del marito nel vano tentativo di evitarne la fucilazione a Verona nel gennaio 1944. Intelligente, farfallone e amante della bella vita, nel 1936 diventò a 33 anni ministro degli Esteri e lo rimase fino al rimpasto di governo operato dal Duce il 6 febbraio 1943.

### *Il Duce accettò di convocare il Gran Consiglio*

Mussolini era, paradossalmente, inconsapevole di quel che si tramava alle sue spalle. Anche se è vero che, dopo il suo arresto, al comandante della nave che lo trasferiva all'isola di Ponza avrebbe detto: «Oggi che conto quasi sessant'anni mi accorgo che sono ancora ingenuo come un ragazzo». A Farinacci che gli raccontava la verità (Grandi, Badoglio, Ambrosio e Acquarone stavano tramando per sostituirlo) rispose: «Vedi sempre tradimenti, tu... Bisogna guardarsi dai romanzi gialli...». All'amico giornalista Ottavio Dinale, che a fine giugno gli ripeteva le stesse cose, replicò: «Che vengano allo scoperto i complottardi, così me ne sbarazzo in dieci minuti o in un paio d'ore» (*Quarant'anni di colloqui con lui*). Il 20 luglio, a cinque giorni dal colpo di Stato, alla moglie che gli parlava di intrighi sospettando che Badoglio gli facesse controllare i telefoni, ribatteva seccato: «Quello che mi preoccupa sono i carri armati americani, altro che Badoglio e gli intrighi che tu vedi dappertutto...».

Mussolini aveva invitato i gerarchi più rappresentativi a girare l'Italia per tirare su il morale della nazione. Grandi si era rifiutato subito di tenere comizi nella sua Bologna. Bastianini, Bottai, De Bono, Farinacci, Giuriati e altri decisero di andare a chiedere chiarimenti. Il pomeriggio del 16 luglio si presentarono a palazzo Venezia e, con grande sorpresa del Duce, lo misero sotto accusa, tant'è vero che lui rimproverò il segretario del partito, Carlo Scorza, di averlo messo di fronte a un «pronunciamento». Giovanni Giuriati gli contestò di aver demolito la rivoluzione che avevano fatto, Bottai si spinse a chiedere il ripristino dello Statuto e, comunque, a decentrare il potere agli altri ministri. Alla fine Mussolini cedette: «Ebbene, radunerò il Gran Consiglio [*che non si riuniva da prima della guerra*]. Si dirà, in campo nemico, che s'è radunato per discutere la capitolazione, ma l'adunerò».

L'indomani, 17 luglio, si confidò con Manlio Morgagni, l'amico presidente dell'agenzia di stampa Stefani, l'unico a suicidarsi il 25 luglio. «I tedeschi sono ancora forti» gli disse «e potrebbero intervenire in forze per risolvere la situazione italiana ormai compromessa. Ma vorrebbero il comando del fronte interno, condizione che né il popolo italiano, né il re, né il sottoscritto, potrebbero accettare.» Poi la profetica conclusione: «È necessario continuare a combattere, anche se ogni speranza è ormai morta. Ma tutti mi abbandoneranno: il popolo e il re, che entrambi hanno rinnegato sempre coloro che non donano fortuna e potenza. Purtroppo mi lasceranno anche coloro a cui ho dato un nome nel registro anagrafico della recente storia italiana e di cui ho creato la fortuna morale e materiale. Tra poche ore o tra pochi giorni sarò solo, a decidere per tutti, forse contro tutti».

Il 21 luglio Scorza comunicò a Grandi che il Duce aveva convocato il Gran Consiglio per il 24 luglio alle 17. Perché? «Non lo so. È tornato da Feltre con questa idea.» Nel suo libro *25 luglio quarant'anni dopo* l'ex gerarca bolognese ammette di essere rimasto spiazzato e di aver capito solo successivamente che a Feltre Hitler lo aveva messo in guardia sulla fedeltà dei suoi gerarchi. E pensò che Mussolini volesse far ingoiare al vertice del regime la pillola amarissima del comando tedesco anche sul territorio italiano.

Alla soddisfazione per aver avuto finalmente una sede istituzionale in cui confrontarsi, Grandi affiancava il concreto timore di star facendo un buco nell'acqua. Diventato nel 1928 organo dello Stato, il Gran Consiglio aveva votato una sola volta, il 6 ottobre 1938, sulla definizione giuridica di coloro che dovevano essere esclusi dalla società italiana in quanto ebrei, ed era in dissenso con la linea di Mussolini, tant'è vero che il successivo Consiglio dei ministri approvò una legge che ne ignorava il parere. In ogni caso, Grandi consegnò al segretario del partito il suo ordine del giorno, sapendo che l'avrebbe inoltrato al Duce.

Uscito dall'ufficio di Scorza, Grandi andò da Federzoni per fare l'ipotetica conta dei favorevoli e dei contrari. I primi non erano più di 6, i secondi non meno di 7. Gli incerti 15.

Racconta Mussolini in *Storia di un anno*, parlando di sé in terza persona: «Alle ore 12 di mercoledì 22 [*in realtà era giovedì*] Scorza presentò a Mussolini l'ordine del giorno Grandi. Mussolini lesse il documento, lo definì inammissibile e vile e lo pose nella sua cartella. Scorza parlò di un grave tradimento che si sarebbe verificato, ma Mussolini non vi diede molta importanza».

L'ordine del giorno è una paginetta che, per una buona metà, rende omaggio ai sacrifici delle forze armate «in queste ore di supremo cimento» e richiama la «necessità dell'unione morale e materiale di tutti gli italiani». Il succo politico è negli ultimi due paragrafi. Nel primo si chiede «l'immediato ripristino di tutte le funzioni statali attribuendo alla Corona, al Gran Consiglio, al Governo, al Parlamento, alle

Corporazioni i compiti e le responsabilità stabilite dalle nostre leggi statutarie e costituzionali». Nel secondo si prega «la Maestà del Re ... di assumere l'effettivo comando delle Forze Armate».

Dal punto di vista formale, il documento non chiedeva le dimissioni del Duce, ma un suo forte ridimensionamento militare e politico. E su questo si sarebbe discusso al Gran Consiglio. Sorprendentemente, però, nel loro colloquio del 22 luglio Grandi chiese a Mussolini di annullare la riunione e di dimettersi, di «deporre spontaneamente nelle mani del re tutti i suoi poteri civili e militari e il ripristino integrale della Costituzione».

Racconta Grandi: «Mussolini mi ascoltò senza interrompermi, senza polemizzare con me come io mi attendevo e senza infuriarsi. Alla fine mi disse soltanto queste parole che giammai potrò dimenticare. "Tutto ciò che mi hai detto e – mi dici – ripeterai in Gran Consiglio potrebbe avere un fondamento di verità e di utilità per il Paese se fosse vero che la guerra è perduta. Senonché, in questo, tu ti sbagli. La guerra non è perduta. Io non ti posso rivelare alcuni importantissimi segreti militari; ma, però, sappi che tra pochissimo tempo la Germania uscirà con una potentissima arma segreta, la quale capovolgerà interamente le sorti della guerra. La Germania e l'Italia vinceranno questa guerra. Io non cedo i poteri a nessuno; il fascismo è forte, la nazione è con me, io sono il capo, mi hanno obbedito, mi obbediranno. C'è molto disfattismo fuori e dentro il regime, ma esso sarà curato a dovere come si merita non appena io giudicherò che sarà venuto il momento. Per tutto il resto, arrivederci posdomani in Gran Consiglio. Puoi andare"».

Il Duce sapeva di mentire: si rilegga la disperata confessione a Morgagni di cui abbiamo parlato poc'anzi. È vero che Hitler stava cercando disperatamente l'arma fatale, ma non la ebbe mai. I razzi V1 e V2 furono impiegati per la prima volta rispettivamente nel giugno e nel settembre 1944, un anno dopo l'annuncio di Mussolini. Il V1 fu il primo missile da crociera della storia, il V2 il precursore dei moderni missili balistici. Procurarono alcune migliaia di morti a Londra e ad Anversa, in Belgio, ma scarsa precisione e difficoltà di produzione in serie impedirono che distruggessero Londra, come previsto dal Führer.

### *Rachele gridò: «Falli arrestare tutti!»*

Grandi era contrario a coinvolgere nella congiura Ciano, che era il genero del Duce ed era stato da questi valorizzato in ogni modo. Fu Bottai a informarlo soltanto il 22 luglio, e Ciano non ebbe alcun dubbio a entrare in partita. La cosa si seppe subito. Rachele, che non si era mai fidata del genero, racconta in *La mia vita con Benito* che al marito erano arrivate informazioni dettagliate in proposito. Il 23 luglio Mussolini incaricò Scorza di convocare Ciano, che negò recisamente. Lo stesso giorno, però, quest'ultimo partecipò a una riunione in casa Bottai in cui chiese ad Alfredo De Marsico, illustre giurista da poco nominato ministro della Giustizia, di cancellare una frase che attribuiva al Gran Consiglio poteri deliberanti per non allarmare il Duce, che gliene attribuiva solo di consultivi (e aveva ragione perché, secondo lo stesso Grandi, non era mai stato approvato il regolamento attuativo che ne disciplinasse fino in fondo i poteri).

Nel libro *Galeazzo Ciano. Una vita*, Giordano Bruno Guerri ne fa un ritratto spietato. «Il 23 luglio entra – per ultimo – nel gruppo degli uomini che manovrarono e "piazzarono" l'ordine del giorno Grandi.» Secondo il racconto di un testimone, riportato da Edoardo Susmel in *Mussolini e il suo tempo*, in un pranzo tenutosi a palazzo Colonna il 24 luglio, un paio d'ore prima della riunione del Gran Consiglio, Ciano da un lato temeva che Mussolini li facesse «mettere dentro» tutti, dall'altro sperava che «alla fine se ne andrà, noi poi ci aggiusteremo. Con Bottai e con Grandi non si litigherà. Uno andrà agli Interni, un altro agli Esteri. Poi ci si scambierà i posti». E pensava che anche alla guerra si potesse rimediare «se il pazzo se ne va. Si fa la pace e, allontanando i tedeschi dall'Italia, si può evitare l'occupazione americana...». Ora, Ciano era stato ministro degli Esteri per sette anni, conosceva e detestava la potenza e l'arroganza tedesche. Credeva davvero che Ribbentrop se ne sarebbe andato scusandosi per il disturbo e che gli Alleati, ormai padroni della Sicilia, sarebbero tornati indietro? E che gli italiani sarebbero passati da un fascismo all'altro senza batter ciglio?

La mattina del 23 luglio fu consegnato a Badoglio, alla presenza di Acquarone e Ambrosio, un proclama scritto da Vittorio Emanuele Orlando che annunciava la caduta di Mussolini e la successione, e che si concludeva con la frase che avrebbe segnato l'inizio della tragedia: «La guerra continua».

Eppure, quella stessa mattina il Duce sembrava ancora relativamente tranquillo. Ecco la sua breve conversazione con Claretta, che sembrava non rendersi conto di quanto stava accadendo.

C.: «Buongiorno, amore. Ti disturbo?».

M.: «Sto preparandomi per il Consiglio di questa sera».

C.: «Ricordati però che hai promesso di portarmi domani a Castelporziano».

M.: «Anch'io sento la necessità di un bagno di mare…».

C.: «E allora?».

M.: «Credo che sarà molto difficile…».

C.: «Ma ci dai tanta importanza?».

M.: «Temo che questa volta sarà meno facile…».

C.: «Vedrai che invece prevarrà ancora la tua volontà».

M.: «Me lo auguro… Riguardo al bagno dovremo rimandarlo».

C.: «D'accordo. Ciao Ben mio. Almeno telefona…».

Eppure, il 20 luglio, anche Claretta aveva messo l'amante sull'avviso. «Rifletti prima di riunire il Gran Consiglio … Ricordati che tutti sono. … Casa Reale ti tradisce … Tu non mi credi quando ti dico che Badoglio lavora [*contro di te*] … io sento che l'inglese Grandi credendo di sostituirti in un domani – ti tradirà…!»

Profetica, come spesso le è accaduto, nel primo pomeriggio di sabato 24 luglio Rachele aveva avvertito il marito: «Falli arrestare tutti, Benito. Ascoltami, ti prego. Dai l'ordine ancora prima di cominciare».

E poi arrivò il pomeriggio fatale. Racconta Grandi: «Uscii [*da palazzo Montecitorio*] per entrare un minuto nella piccola chiesa in piazza Colonna. Raccomandai al Signore mia moglie e i miei figli lontani e Lo pregai di illuminare me e i miei compagni nell'azione che stavamo per compiere. Misi nelle mie tasche due bombe a mano Breda che il giorno precedente mi ero fatto dare dal generale Agostini, comandante della milizia forestale. Mi prospettai freddamente, come eventualità pressoché certa, che non saremmo usciti vivi da palazzo Venezia». Poco prima Grandi aveva fatto consegnare a Vittorio Emanuele III una lettera in cui gli diceva che soltanto lui avrebbe potuto salvare la patria. Fece in modo che la lettera fosse consegnata dopo le 17, a Gran Consiglio già iniziato.

Attraversando il cortile di palazzo Venezia, scoprì che era interamente occupato da reparti della Milizia armati e in pieno assetto di guerra. Militi fascisti con i loro ufficiali stazionavano lungo lo scalone e nella stessa anticamera della sala di riunione. Questo non era mai accaduto e, per i congiurati, non era affatto un buon segnale. Tutti i 28 membri del Gran Consiglio indossavano, come ordinato dal segretario Scorza, la sahariana nera, la divisa della Milizia fascista. Grandi seppe che anche Ciano si era premunito, portando con sé due granate. Bottai ne aveva una.

Alle 17 Mussolini entrò nella Sala del Pappagallo e disse a Scorza che lo accompagnava: «Entriamo nella trappola». A chi si riferiva? Il segretario del Pnf chiamò il saluto al Duce e tutti risposero: «A noi!». Lo schieramento era completo. Accanto al Duce sedevano i presidenti della Camera (Grandi) e del Senato (Suardo), il segretario del partito (Scorza) e i quadrunviri (De Bono e De Vecchi). Sulla destra, 11 consiglieri, tra cui Ciano e Farinacci; sulla sinistra, altri 11, tra cui Bottai, Federzoni e De Marsico. Per la prima volta, Mussolini aveva ordinato che gli interventi non venissero verbalizzati.

### *Grandi a Ciano: «Non puoi firmare contro tuo suocero»*

Il Duce parlò per due ore. Disse che la guerra era cominciata davvero con la perdita di Pantelleria e che i bombardamenti sul territorio metropolitano avevano dato fiato agli oppositori, compresi i fascisti imborghesiti che vedevano in pericolo le loro posizioni personali. «In questo momento» ammise «io sono l'uomo più detestato, anzi più odiato in Italia, il che è perfettamente logico. Una guerra è popolare se va bene e se va male diventa impopolarissima.» Poiché gli si chiedeva di restituire al re il comando delle forze armate, Mussolini lesse il documento con il quale nel 1940 Badoglio lo pregava di assumere la responsabilità militare della guerra al posto del sovrano. Difese la Germania, negando che avesse fatto mancare gli aiuti. Accusò i comandi militari che gli avevano promesso una resistenza in Sicilia («Mi dissero che avrebbero respinto il nemico in 48 ore, mentre dopo tre giorni la partita era persa»). Ricordò il 1917, quando, dopo Caporetto, si pensò di portare il governo in Sicilia. «Ora, qualora fosse indispensabile, lo porterei nella valle del Po.» (Tragica profezia, visto che al Nord avrebbe costituito la Repubblica di Salò.) E concluse: «L'ordine del giorno Grandi pone la questione dell'esistenza stessa del regime. Chiama direttamente in causa la Corona. Vuole che io me ne vada. Io però non sono disposto a farmi iugulare». (E, annota il presidente della Camera, fece il gesto di tagliarsi la gola.) Infine minacciò i congiurati: «Io sono certo che il re che mi è stato sempre vicino, rimarrà con me. E allora quale sarà la vostra posizione? Fate attenzione, signori!». Nella Sala del Pappagallo calò un silenzio assoluto. I consiglieri erano scossi. Mussolini, riconosce Grandi, aveva riguadagnato tutto quello che aveva perduto.

Dopo di lui, parlò per primo il segretario del partito, Carlo Scorza. Aveva assicurato di essere favorevole all'ordine del giorno, ma poi cambiò completamente parere. «Io rimarrò sempre fedele a Mussolini. Non vi è che una soluzione, resistere e combattere. Ogni altra soluzione è tradimento.» (Osserva Grandi: «La partita appare perduta. Federzoni Bottai de Marsico che sono di fronte a me mi guardano. Questo dicono i loro occhi. È perduta». Talmente perduta che De Vecchi accettò volentieri una delle bombe che lui gli passò.) Poi fu la volta di Emilio De Bono e Cesare Maria De Vecchi, che difesero l'esercito. Roberto Farinacci fece un discorso violentissimo, accusando il Duce di aver scelto i peggiori (si legga: Starace), e suggerì di porre l'esercito italiano sotto il comando tedesco. Giuseppe Bottai fece l'intervento di tenore più elevato, sostenendo che la guerra era ormai perduta e dicendosi disposto a votare l'ordine del giorno, anche se fosse rimasto il solo a farlo.

Alle 21, quattro ore dopo l'inizio dei lavori, parlò Dino Grandi. Illustrò il suo ordine del giorno e fece un discorso a due facce: da un lato esaltò e rimpianse il Mussolini dei primi tempi («La dittatura ha ucciso la rivoluzione»), dall'altro lo attaccò pesantemente dicendogli: «Il popolo italiano fu da te tradito il giorno in cui l'Italia ha cominciato a germanizzarsi. Ci hai condotto sulla scia di Hitler; hai abbandonato la via di una leale e sincera collaborazione con l'Inghilterra e ci hai abbandonato ingolfati in una guerra che è contro l'onore, gli interessi e i sentimenti del popolo italiano». Concluse con una domanda angosciosa: «Reggeranno i tessuti connettivi della nazione all'inevitabile contraccolpo che il trapasso dalla dittatura alla costituzione potrà determinare? Dobbiamo sperarlo, confidando nel coraggio e nella saggezza del nostro re e nel coraggio e patriottismo di tutti gli italiani».

Ciano recitò il pezzo migliore del suo repertorio documentando il tradimento dei tedeschi. Non disse nulla contro il padre di sua moglie, eppure Mussolini avvampò. Scrive Antonio Spinosa nella biografia del Duce: «I suoi occhi, nel ricordo di Federzoni, scintillarono di rabbia e la sua mascella contratta masticava visibilmente tacite imprecazioni e sinistre promesse contro il genero infedele».

Alle 23 fu avanzata la proposta di rinviare la seduta all'indomani. Grandi capì che il rinvio sarebbe stato fatale. Scattò in piedi e dichiarò: «Di qui non si esce se non dopo che il mio ordine del giorno sarà discusso e votato». Mussolini non protestò, sospese la seduta per mezz'ora e bevve, come al solito, una tazza di latte tiepido molto zuccherato. Non fece nulla per forzare gli indecisi. Il solo Tullio Cianetti, neoministro delle Corporazioni, ritirò la sua firma all'ordine del giorno Grandi e questo, al processo di Verona, gli salverà la vita. Ciano tirò fuori la stilografica per firmare il documento, ma il presidente della Camera cercò di trattenerlo: «Tu non puoi» gli disse, ricordandogli il vincolo di parentela e il debito politico con il Duce. Ma lui insistette.

### *Mussolini: «Tutto è perduto. Claretta, salvati»*

Alla ripresa, Scorza fu invitato a leggere l'ordine del giorno e a chiamare la votazione. Il primo voto fu del segretario del partito e fu naturalmente un no, pronunciato a voce alta e guardando in volto tutti i presenti. Chiamò poi il presidente del Senato, Giacomo Suardo, che si astenne, invece di seguire il segretario. Infine, il vecchio De Bono. «Sì» disse il quadrunviro con voce decisa. Scrive Grandi in *25 luglio quarant'anni dopo*: «Il suo sì è quello decisivo perché trascina con sé, lo si avverte subito, tutti gli esitanti. I nomi e i voti si susseguono. Diciannove "sì". Sette "no". ... Anche Mussolini è sorpreso, ma nulla dice il suo viso cupo e impassibile. Si rivolge a me: "Chi porterà al Re questo ordine del giorno?". Rispondo: "Il Capo del governo, ossia tu stesso". Mussolini guarda fissamente l'assemblea. "Voi avete procurato la crisi del regime." Scorza accenna a fare il saluto al Duce. Mussolini lo trattiene con un gesto: la seduta è tolta. Attraversa lentamente la sala seguito da Scorza e da altri».

Quando qualcuno gli propose di far arrestare i congiurati, il Duce ribatté: «Dovrei far arrestare quattro collari della Santissima Annunziata, il presidente dell'Accademia d'Italia, ministri, ambasciatori?». Nell'introduzione al libro di Grandi, Renzo De Felice condivide la posizione del Duce, sostenendo che gli arresti sarebbero equivalsi a una dichiarazione di bancarotta le cui ripercussioni in Italia e all'estero sarebbero state enormi e tali da provocare inevitabilmente l'intervento del sovrano. L'altra domanda, però, è questa: se davvero Mussolini era convinto che tutto fosse finito, come poteva aspettarsi un gesto conciliante da parte di Vittorio Emanuele III?

Dopo aver congedato Scorza, il Duce si ritirò e sollevò la cornetta del telefono in linea diretta con Claretta.

C.: «Com'è andata?».

M.: «Come vuoi che andasse?».

C.: «Mi spaventi!».

M.: «C'è poco da spaventarsi. Siamo giunti all'epilogo... alla più grande svolta della storia...».

C.: «Ma che hai, Benito mio!... Non ti capisco...».

M.: «La stella si è oscurata».

C.: «Non tormentarmi... spiegami!».

M.: «È finito tutto. Occorre che anche tu cerchi di metterti al riparo!».

C. (*in lacrime*): «E tu?».

M.: «Non pensare a me, fai presto!».

C.: «Ma se non si sa nulla...».

M.: «Saprai tra qualche ora».

C.: «Sarà una tua idea...».

M.: «Disgraziatamente, non è così».

C.: «Allora?».

M.: «Fai ciò che ti ho detto, altrimenti potrebbe essere peggio».

«Li hai fatti arrestare tutti?» gli chiese Rachele, che lo aspettava sveglia, al suo rientro. «No, lo farò domani» rispose lui per accontentarla. «Domani sarà troppo tardi» vaticinò la moglie.

### *La profezia di Rachele: «Non andare dal re. Non tornerai»*

Uscito a piedi da palazzo Venezia, Grandi si avviò con Federzoni verso piazza Montecitorio dove aveva l'alloggio di servizio come presidente della Camera. In una strada secondaria, lo attendeva a fari spenti un'automobile con a bordo il duca Acquarone, ministro della Real Casa. I due entrarono a casa di Mario Zamboni, un deputato amico di Grandi, da due ingressi diversi. Il presidente della Camera consegnò ad Acquarone l'ordine del giorno con le 19 firme e una dichiarazione che sarebbe stata rivelata vent'anni dopo dallo stesso Grandi allo storico Gianfranco Bianchi, in cui sosteneva che, in assenza di un voto del Parlamento, il

Gran Consiglio rappresentava la via costituzionale corretta per aprire la crisi di governo. Era, come sappiamo, una tesi già ventilata da Vittorio Emanuele III. Grandi disse ad Acquarone come immaginava il nuovo Consiglio dei ministri, limitato a una decina di personalità non fasciste. Fece i nomi di Alcide De Gasperi, Alberto Pirelli e Marcello Soleri, liberale prefascista.

Insorse, però, quando lui gli comunicò che il capo del nuovo governo sarebbe stato Pietro Badoglio: «Badoglio? È vero che nasce antifascista. Ma ha ricevuto dal fascismo tutti gli onori possibili, è stato viceré di Addis Abeba e per di più ci ha fatto perdere la guerra. Meglio il maresciallo Caviglia...». (Ma sappiamo che Caviglia non era, come si dice, all'orecchio del re.) E aggiunse che sarebbe partito per Madrid, per prendere contatto con gli Alleati. (In realtà, non si mosse dal suo appartamento di Montecitorio fino al 17 agosto, del tutto indisturbato.)

Alle 6 del mattino del 25 luglio Acquarone tornò al Quirinale per mostrare a Vittorio Emanuele III il proclama di Badoglio. Il re firmò immediatamente la nomina del maresciallo a capo del nuovo governo e consegnò il documento ad Ambrosio e Castellano, che lo recapitarono all'interessato.

Per vent'anni, tranne che in occasioni eccezionali, ogni lunedì e giovedì Mussolini si era presentato regolarmente all'udienza reale in abito da cerimonia e con il cappello rigido. (La frequenza e il rituale di questi incontri facevano impazzire Hitler.) Il 25 luglio era domenica e il Duce (ormai ex, anche se lui ne era ancora all'oscuro) chiese di essere ricevuto quel giorno stesso. Il che costrinse i congiurati ad anticipare frettolosamente il piano, che fu approntato tra le 12.30 e le 17.

Cerica, il comandante dei carabinieri, ordinò che i reparti restassero consegnati nelle caserme, simulando una rassegna con il nuovo comandante dell'Arma. Fu messo a disposizione dei congiurati un autocarro con il cassone coperto di tela cerata, sul quale presero posto 50 carabinieri per fronteggiare qualsiasi emergenza, e fu richiesta un'ambulanza per il trasferimento dell'illustre detenuto. Poiché il servizio di sicurezza a villa Savoia era gestito dalla polizia, il suo capo, Renzo Chierici, venne informato all'ultimo istante da Ambrosio che sarebbe stato sostituito dal predecessore, Carmine Senise. Saputa la ragione dell'esonero, Chierici non batté ciglio, né peraltro avrebbe potuto. Il compito di arrestare Mussolini fu affidato ai capitani dei carabinieri Paolo Vigneri e Raffaele Aversa, comandanti rispettivamente della compagnia di Roma e della compagnia Tribunali, i quali potevano contare su un gruppo di soli 6 uomini: 3 sottufficiali addestrati alle arti marziali e 3 carabinieri in borghese, armati con i nuovi fucili mitragliatori Breda.

La notte successiva alla riunione del Gran Consiglio, il Duce dormì pochissimo. Alle 9 di mattina era già in ufficio a palazzo Venezia e ordinò di convocare Grandi. Lo avrebbe fatto altre due volte nella mattinata e nel primo pomeriggio, ma il presidente della Camera, asserragliato nel proprio appartamento a Montecitorio, si negò. Questa è una delle tante circostanze inverosimili di quei momenti storicamente cruciali. Il dittatore ancora in carica non riusciva a contattare l'autore dell'ordine del giorno che minacciava di farlo decadere, anche se costui non era certo il solo a sapere dove si trovava. Verso l'una Mussolini ricevette l'ambasciatore nipponico Shinrokuro Hidaka, che si disse molto preoccupato per le sorti del conflitto e uscì dal colloquio ancor più preoccupato, perché il Duce gli comunicò che, se l'Italia non avesse ricevuto subito da Berlino le armi richieste, non avrebbe potuto continuare la guerra.

Sulla via di casa, Mussolini fece una deviazione per sincerarsi di persona delle condizioni del quartiere di San Lorenzo dopo il bombardamento del 19 luglio. Contro ogni aspettativa, non fu oggetto di contestazioni, ma, anzi, addirittura di manifestazioni calorose da parte di chi aveva perso la casa o aveva visto morire un parente. Rientrò soltanto verso le 15 e consumò un pasto più frugale del solito, mentre Rachele lo assaliva con i suoi dubbi e le sue lugubri profezie: «Non andare dal re, non fidarti. Il re è il re e se gli converrà ti getterà a mare...». Infine, la tragica previsione: «Non tornerai». Ma Mussolini, che si fidava ancora di Vittorio Emanuele, le rispose: «Il re è il mio migliore amico, forse il solo che ho in questo momento. Tre giorni fa mi ha detto: "Se anche tutti vi attaccassero, io vi difenderei".».

E Claretta? Mussolini l'aveva – psicologicamente – mollata da un pezzo. E lei non si dava pace. Cercò di farsi ricevere a palazzo Venezia nella mattinata del 25 luglio (il Duce presente), ma non vi riuscì. Il commesso Quinto Navarra s'impietosì e la fece salire nel pomeriggio, quando Mussolini se ne era già andato e non avrebbe più fatto ritorno. L'appartamento Cybo, in cui per tanti anni aveva concesso al suo Ben gli unici momenti di spensieratezza, dovette sembrarle un luogo di lutto.

### *Vittorio Emanuele III: «L'Italia è in "tocchi"». L'arresto del Duce*

Il piano per l'arresto di Mussolini subì un cambiamento all'ultimo istante. Il re aveva chiesto che fosse arrestato fuori dai cancelli di villa Savoia, per non contravvenire ai più elementari doveri di ospitalità, consigliato in questo senso dalla regina. Ma il comandante dei carabinieri di Roma, Giovanni Frignani, avvertì Cerica che l'operazione poteva essere effettuata soltanto in un luogo sicuro, cioè all'interno dei giardini della villa. (Entrato in clandestinità con il colonnello Giuseppe Cordero Lanza di Montezemolo dopo l'8 settembre, Frignani sarà ucciso alle Fosse Ardeatine.) E il re dovette acconsentire a malincuore.

Qualche minuto prima delle 17 la Fiat 2800 di Mussolini, con al volante Ercole Boratto, un campione della guida al servizio del Duce dai tempi della marcia su Roma, varcò il cancello di villa Savoia, mentre la scorta presidenziale rimaneva come sempre in attesa all'esterno. Appena prima che iniziasse l'udienza, Boratto venne chiuso a chiave in una stanza, provvisto di panini e di un mazzo di carte. Sarebbe stato liberato soltanto a mezzanotte.

Vittorio Emanuele indossava la divisa di «primo maresciallo dell'Impero», Mussolini un abito blu. L'incontro durò in tutto venti minuti. Il Duce estrasse da una cartella l'ordine del giorno Grandi, una copia del codice civile e la lettera con cui Cianetti revocava la firma all'ordine del giorno, e precisò che il Gran Consiglio aveva soltanto una funzione consultiva: il suo parere, quindi, non aveva valore giuridico, con un'evidente sottovalutazione dell'enorme valore politico del deliberato. Dopodiché propose un rimpasto di governo e accennò all'ipotesi che i firmatari dell'ordine del giorno fossero deferiti al tribunale militare.

Ma il re, agitatissimo, lo investì con una sentenza senza appello: «Le cose non vanno più. L'Italia è in "tocchi". L'esercito è moralmente a terra. I soldati non vogliono più battersi. Gli alpini cantano una canzone in cui dicono che non vogliono più fare la guerra per conto di Mussolini. Il voto del Gran Consiglio è tremendo. ... In questo momento voi siete l'uomo più odiato d'Italia. Voi non potete contare più su un solo amico. Uno solo vi è rimasto, io. Per questo vi dico che non dovete avere preoccupazioni per la vostra incolumità personale: io vi stimo molto e ve l'ho provato qui più di una volta, difendendovi contro ogni attacco. Ma stavolta devo pregarvi di lasciare il vostro posto e di lasciarmi libero di affidare a un altro la direzione del governo. Io devo intervenire per salvare il paese da un massacro inutile e per tentare di ottenere dal nemico un trattamento meno inumano. L'avvenire della nazione è affidato alla Corona. Le mie decisioni sono già state prese. Il Maresciallo Badoglio è il nuovo capo del governo».

Sulla reazione di Mussolini, abbiamo due versioni diverse. Nella prima, il Duce – scosso dal nome di Badoglio – replicò: «Voi prendete una decisione di gravità estrema». Ammise di essere consapevole della propria impopolarità, ma che un allontanamento così brusco dell'uomo che aveva dichiarato la guerra avrebbe potuto influire negativamente sul morale dell'esercito. La seconda versione, invece, parla di un Mussolini accasciato: «Allora tutto è finito». Accompagnandolo alla porta, il re lo rassicurò: «Rispondo personalmente della vostra sicurezza». E aggiunse sottovoce: «Mi dispiace, mi dispiace».

Ascoltiamo adesso la versione fornita dal Duce stesso in *Storia di un anno*, in cui usa la terza persona: «Mussolini scese la breve scalinata e avanzò verso la sua automobile. A un tratto un capitano dei carabinieri [*Vigneri*] lo fermò e disse: "Eccellenza, Sua Maestà mi incarica di proteggere la vostra persona"». Lui ribatté: «Andiamo, non c'è bisogno» e fece la mossa di dirigersi verso la propria automobile, che non sapeva ormai sprovvista di autista, ma il capitano Vigneri lo bloccò: «Ho un ordine da far rispettare. Bisogna salire qui». Lo sorresse per il gomito e lo fece salire sull'ambulanza insieme al suo segretario particolare De Cesare, al capitano Aversa, ai tre carabinieri esperti in arti marziali e ai tre (Mussolini dice due) agenti in borghese, che presero posto accanto al portellone posteriore armati di fucile mitragliatore.

Erano le 17.25 del 25 luglio 1943. Finiva la dittatura ventennale di Benito Mussolini.

VII

# Il Duce prigioniero del Führer

## *Mussolini: «Andiamo alla Rocca delle Caminate». E si trovò all'isola di Ponza*

L'ambulanza scaricò Mussolini prima nella caserma dei carabinieri di via Podgora, poi nella sede della legione allievi ufficiali carabinieri di via Legnano, probabilmente più sicura. Il Duce (ormai, di fatto, ex Duce) si era appena allontanato da villa Savoia quando squillò il telefono nella sontuosa residenza pariolina che Pietro Badoglio aveva preteso di far costruire a spese dello Stato come compenso (non il solo) per la conquista dell'impero. Era il duca Pietro Acquarone, che lo convocava a corte a nome del re. «Il tempo di indossare la divisa e arrivo» rispose il maresciallo, che nell'attesa stava giocando a bridge con gli amici, tenendo lo champagne ben fresco in ghiacciaia. Intanto, nella sua casa di campagna a Campiglioni, in provincia di Arezzo, Vittorio Emanuele Orlando (83 anni) aspettava (invano) una chiamata dalla Real Casa. Il re gli aveva commissionato il comunicato sulle dimissioni del Duce, illudendolo che sarebbe stato lui a sostituirlo, ma aveva già deciso per Badoglio e non gli lasciò fare nemmeno una telefonata di cortesia.

In *Badoglio racconta*, Vanna Vailati scrive che il maresciallo provò a schermirsi, dicendosi troppo vecchio (72 anni) e del tutto inadatto al prestigioso incarico. Ma, in realtà, aveva già pronta una lista di ministri prefascisti, che Vittorio Emanuele III strappò senza esitazione, sostituendoli con un gruppo di tecnici che avrebbero potuto figurare tranquillamente in un governo Mussolini. Dopodiché il comunicato fu trasmesso all'agenzia Stefani per l'immediata divulgazione, ma il direttore Roberto Suster, come racconta nel suo diario (*Gli ostaggi di San Gregorio*), chiamò subito la Casa reale per accertarsi che la notizia fosse autentica, e poi – per un residuo rispetto istituzionale verso un regime che era appena caduto – chiese il permesso di diffonderla al ministro della Cultura popolare, Gaetano Polverelli, il quale, naturalmente, non ebbe niente da obiettare. Nessuno sapeva che Mussolini era stato arrestato.

Il comunicato fu passato alla Eiar in tempo per il giornale radio delle 22.45. Ma il pubblico ignaro fu prima intrattenuto per otto minuti dall'orchestra Zeme. Anche i dirigenti della radio vollero cautelarsi, perciò Raoul Chiodelli, direttore della Eiar, chiamò direttamente Acquarone, che gli confermò la caduta del Duce. Così alle 22.53 Titta Arista, primo speaker dell'emittente radiofonica, poteva annunciare: «Attenzione! Attenzione! Sua Maestà il Re e Imperatore ha accettato le dimissioni dalla carica di Capo del governo, Primo Ministro e segretario di Stato presentate da Sua Eccellenza il Cavaliere Benito Mussolini, e ha nominato Capo del governo, Primo Ministro e Segretario di Stato il Cavaliere, Maresciallo d'Italia Pietro Badoglio».

Arista lesse poi uno scarno messaggio di Vittorio Emanuele III che comunicava di assumere il comando di tutte le forze armate, avvertendo che nessuna deviazione sarebbe stata tollerata. Infine, il terzo comunicato con il proclama di Badoglio: «Italiani! Per ordine di Sua Maestà il Re e Imperatore assumo il governo militare del Paese con pieni poteri. La guerra continua». (Frase tragicamente incauta, perché era impensabile che, per Hitler, la caduta di Mussolini fosse irrilevante.) Badoglio concludeva avvertendo che sarebbe stato stroncato chiunque intralciasse il normale cammino del nuovo corso.

Il giorno successivo, il capo di Stato maggiore dell'esercito, Mario Roatta, diffuse una circolare con l'ordine di fucilazione immediata di qualunque istigatore al disordine e l'apertura del fuoco, anche con mortai e artiglieria, in caso di disordini.

All'una di notte Mussolini ricevette una lettera di Badoglio. Il brusco trattamento subìto era finalizzato a garantire l'incolumità personale del Duce, che sarebbe stato accompagnato, «con i dovuti riguardi, nella località che vorrete indicare». Mussolini rispose subito ringraziando e indicando come residenza gradita la Rocca delle Caminate. Si disse contento che il nuovo governo continuasse la guerra con gli alleati tedeschi e augurò ogni bene al suo successore per il gravoso compito assegnatogli da Sua Maestà il re «del quale, durante ventuno anni, sono stato leale servitore e tale rimango».

Fu, questa, una penosa commedia degli equivoci. Il prefetto di Forlì fece subito notare che la Rocca delle Caminate non era difendibile. Era scontato: Badoglio non lo sapeva? Non aveva una soluzione di ripiego? Fatto sta che Mussolini fu trasferito come un pacchetto da un luogo all'altro, senza che se ne conoscesse la destinazione definitiva. Perché era stato stabilito che, al momento dell'armistizio, l'ostaggio fosse consegnato agli angloamericani, ma nessuno si era premurato di trovare una sede sicura dove trattenerlo nel frattempo.

Dopo due giorni trascorsi in caserma, il Duce fu caricato in macchina convinto di raggiungere la sua casa in Romagna. Quando si accorse che, invece d'imboccare la via Flaminia, l'auto si stava dirigendo verso sud, sulla via Appia, chiese chiarimenti. Gli fu risposto dall'ispettore generale Saverio Polito (pronuncia Pòlito), che lo accompagnava: «È cambiato l'ordine». Le nuove disposizioni prevedevano che fosse condotto nell'isola di Ventotene, ma, data l'assenza di contatti radio per evitare intercettazioni, la scorta scoprì soltanto al momento dell'arrivo che il luogo era pieno di tedeschi, oltre che di confinati antifascisti prossimi alla liberazione.

Quando gli fu riferito che la corvetta *Persefone* sulla quale viaggiava avrebbe deviato verso la vicina isola di Ponza, Mussolini si ribellò. Sapeva bene che lì si trovavano al confino Tito Zaniboni, autore di un clamoroso attentato alla sua vita, e soprattutto Pietro Nenni, vecchio compagno di battaglie che il destino aveva alla fine collocato su sponde opposte. Ma dovette rassegnarsi. Prese alloggio in una casetta gialla nella frazione di Santa Maria. Guardandolo da lontano con il cannocchiale, Nenni scrisse parole generose: «Trent'anni fa eravamo in carcere insieme, legati da un'amicizia che pareva sfidare il tempo e le tempeste della vita, basata com'era sul comune disprezzo della società borghese e della monarchia. Oggi, eccoci entrambi confinati nella stessa isola: io per decisione sua, lui per decisione del re e delle camarille di corte, militari e finanziarie, che si sono servite di lui contro di noi e contro il popolo e che oggi di lui si disfano nella speranza di sopravvivere al crollo del fascismo».

### *Il giubilo dell'Italia, che in una notte si scoprì antifascista*

La riservatezza delle comunicazioni non doveva essere totale se Hitler seppe dell'arresto di Mussolini alle 22 del 25 luglio, tre quarti d'ora prima del comunicato radio. Come immaginabile, diventò una furia. Ecco il resoconto stenografico della sua reazione: «Badoglio è il nostro acerrimo nemico. Grandi è un porco e Ciano il peggiore. Questo è un tradimento bello e buono. Sto attendendo notizie su quello che il Duce dirà. Speriamo che l'ambasciatore a Roma riesca a scovare Mussolini. Che il Duce venga subito in Germania!». E ancora: «Badoglio deve dire che la guerra continua perché è un tradimento. Dirò alla terza divisione corazzata granatieri di entrare subito a Roma e a un gruppo speciale di arrestare subito il re, il principe ereditario, il governo e tutta la banda!».

Pensava all'operazione di un commando di paracadutisti diretta dall'asso dell'aviazione Kurt Student, ma Albert Kesselring lo convinse che un tale colpo di mano avrebbe convinto l'esercito italiano a schierarsi immediatamente con gli angloamericani. Intanto, decine di divisioni tedesche entravano nel nostro paese da tutti i varchi di confine.

Il Führer si sbagliava su un punto decisivo: pensava che almeno una parte della popolazione si schierasse con Mussolini, e invece l'Italia era travolta da manifestazioni di giubilo superiori a ogni attesa. Racconta Suster in *Per una storia d'Italia del 1943*: «Subito la città e le strade sembrano percosse da un sussulto. Porte e finestre si spalancano. Un uomo in camicia da notte attraversa piazza di Spagna, gridando come impazzito e agitando una bandiera tricolore. Ragazze, donne, soldati si precipitano fuori: tutti gridano, si abbracciano, corrono. Il brusio sale come una marea, lontana e minacciosa». I rari tentativi insurrezionali furono soffocati nel sangue. A Bari, un'imponente manifestazione per liberare i detenuti politici fu stroncata dall'esercito, che uccise 20 persone. A Reggio Emilia, in una situazione analoga, morirono in 9.

Nel giro di una notte, l'Italia si scoprì antifascista. Milioni di uomini si strapparono dall'occhiello il distintivo del partito, che fino al giorno prima avevano esibito con orgoglio. I busti di Mussolini venivano abbattuti ovunque, mentre in alcuni uffici gli stessi carabinieri si premuravano di far scomparire dalle pareti i suoi ritratti. E i gerarchi? Carlo Scorza si mise subito a disposizione di Badoglio. Il suo vice, Alessandro Tarabini, inviò a firma Scorza i telegrammi per rassicurare i segretari federali. Umberto Albini, dal 6 febbraio 1943 vice di Mussolini al ministero dell'Interno, diramò alle prefetture le disposizioni per il controllo dell'ordine pubblico.

Il pericolo principale era che Enzo Galbiati, capo della Milizia, attivasse la divisione corazzata M, dotata dai tedeschi dei migliori carri armati Panzer per proteggere la persona del Duce. Avrebbe potuto occupare alcuni edifici strategici, a cominciare dalla sede della radio in via Asiago, ma non si mosse. Galbiati aspettò nel suo ufficio che il generale Quirino Armellini andasse a prenderne il posto e il console generale della Milizia, Alessandro Lusana, comandante operativo della divisione, disse che i suoi reparti sarebbero rimasti fedeli alla patria e si limitò a far sostituire il fascio cucito sulle divise con le stellette dell'esercito. Il reparto cambiò nome, da M in Centauro.

Scrivono Indro Montanelli e Mario Cervi in *L'Italia della disfatta*: «I pochi antifascisti vecchi, fossero in carcere, o al confino o nell'isolamento dei reprobi, constatarono con stupore di essere una esigua e in definitiva trascurabile minoranza, di fronte alla massa degli antifascisti nuovi. Parve che vent'anni fossero cancellati in un giorno anche se tutta la struttura burocratico-militare di quei vent'anni veniva salvaguardata». Commentò amaramente Benedetto Croce, che antifascista lo era sempre stato (pur continuando a lavorare indisturbato): «Non certo impreveduto, ma sempre repugnante, è lo spettacolo al quale si assiste dei rapidi cambiamenti politici».

Galeazzo Ciano, ambasciatore presso la Santa Sede, chiese per sé e per la sua famiglia una protezione che, ingenerosamente, gli fu negata. Fece allora la tragica scelta di volare a Monaco di Baviera, in bocca al suo peggior nemico. Dino Grandi, indisturbato a Montecitorio fino al 17 agosto, partì – sotto falso nome – per la Spagna e il Portogallo con la famiglia, per contatti con gli Alleati che si rivelarono inutili. (Per mantenersi, diede ripetizioni di latino, mentre la moglie s'improvvisò modista. Sarebbe rientrato in Italia negli anni Sessanta, dopo aver lavorato per la Fiat e aver consolidato eccellenti rapporti con gli americani.) Dino Alfieri, Giuseppe Bastianini e Umberto Albini ripararono in Svizzera. Alessandro Pavolini, Roberto Farinacci e Renato Ricci raggiunsero in Germania i loro amici tedeschi. Furono arrestati Achille Starace, Enzo Galbiati e Giuseppe Bottai che, con l'aiuto dei servizi segreti francesi, fuggì da Roma liberata nel 1944 per arruolarsi nella Legione straniera in Algeria, dove rimase fino al 1948 dopo aver combattuto contro i tedeschi in Francia e in Germania. «Parto per espiare le mie colpe di non aver saputo fermare in tempo la degenerazione fascista» scrisse nel libro *Legione è il mio nome.*

Tra i militari, Badoglio arrestò soltanto il suo arcinemico Ugo Cavallero. Che, liberato dai tedeschi, si rifiutò di mettersi al loro servizio. Fu trovato morto con un proiettile di rivoltella conficcato nella tempia destra, mentre si trovava ospite di Kesselring in una villa a Frascati. Si parlò di suicidio, ma Cavallero era mancino.

*Ponza - Maddalena - Gran Sasso*

La vita di Mussolini a Ponza scorreva tranquilla. Gli fu persino permesso di fare un bagno grazie alla benevola tolleranza del suo carceriere, il maresciallo dei carabinieri Osvaldo Antichi, che spesso lo faceva anche vincere nelle partite a scopa. Il 30 luglio ricevette due bauli di abiti e della frutta da Rachele, che, due giorni dopo, avrebbe raggiunto la Rocca delle Caminate scortata dall'ispettore Polito, che le fece delle avance disgustose. Convocato a Roma dal generale dei carabinieri Angelo Cerica per sapere come andassero le cose a Ponza, Antichi riferì che ormai tutti sapevano della presenza dell'illustre turista. Fu deciso perciò di trasferirlo l'indomani stesso, 7 agosto, nell'isola sarda della Maddalena.

Nei due trasferimenti marittimi, Mussolini fu accompagnato dall'ammiraglio Franco Maugeri, capo dei servizi segreti della marina, destinato a diventarne nel 1947 capo di Stato maggiore. Nel suo *Mussolini mi ha detto*, Maugeri riferisce un mutamento di posizioni del Duce a proposito delle alleanze. Nel viaggio verso Ponza avrebbe affermato: «Bisogna svincolarsi dai tedeschi», e in quello verso la Maddalena: «Non c'è altro da fare che continuare la guerra». Eppure, nell'ultimo trasferimento, quando l'ammiraglio lo informò che si temeva un colpo di mano tedesco per liberarlo, Mussolini avrebbe reagito indignato: «Si può pensare che io possa andarmene in Germania e tentare di riprendere il governo con l'appoggio tedesco? Ah, no davvero!». Secondo Maugeri, lo sfogo sembrava sincero.

Mussolini rimase nell'isola sarda ventuno giorni, che non furono affatto piacevoli. Gli fu concessa una sola passeggiata, e alla sua sorveglianza provvide un esercito di un centinaio di uomini. Un astuto depistaggio dei servizi segreti italiani convinse per qualche giorno i tedeschi che fosse stato trasferito da Ponza a La Spezia. Così Hitler ordinò che Student e Rommel (richiamato in Italia) preparassero una sorta di anticipazione dello sbarco in Normandia sulla città ligure, ma alla fine si accorsero che si trattava di una bufala.

Il 20 agosto un aereo militare tedesco sorvolò la villa in cui Mussolini era recluso alla Maddalena a una quota talmente bassa che lui riuscì a salutare il pilota. Una settimana dopo ci fu il trasferimento a Campo Imperatore, sul Gran Sasso, un luogo che sembrava inespugnabile. Si fece appena in tempo, perché Otto Skorzeny, il capitano delle SS incaricato di «salvare» Mussolini, aveva fissato il rapimento dalla Maddalena per il 29 agosto. Si era travestito da marinaio per capire dove fosse nascosto, ma uno dei militari preposti alla sua sorveglianza gli rivelò che era appena partito: «Restiamo solo noi a fare da spaventapasseri per i tipi come te».

Mussolini fu inizialmente alloggiato per sei giorni in un piccolo resort accanto alla stazione di partenza della funivia del Gran Sasso. Ma era un posto frequentato da militari in malattia e persino da turisti. La voce della sua presenza arrivò subito all'Aquila, perciò fu trasferito all'albergo di Campo Imperatore, una struttura costruita nel 1934 all'interno di un grande progetto per la valorizzazione della zona. Ho alloggiato nell'appartamento che fu di Mussolini: una camera da letto, un bagno, un soggiorno e una porta comunicante con un'altra stanza in cui alloggiava il maresciallo Antichi, il carabiniere di Ponza diventato per lui un amico personale.

La sorveglianza del prigioniero era assicurata dall'ispettore di polizia Giuseppe Gueli e dal tenente dei carabinieri Alberto Faiola: il primo simpatizzante dei tedeschi, il secondo del governo Badoglio, anche se poi andrà a Salò. In più, c'erano un'ottantina di militari armati.

A Campo Imperatore, Mussolini trascorreva la giornata tra brevi passeggiate intorno all'albergo (il cielo era sereno e il panorama affascinante) e lunghe partite a carte, passatempo da prigionieri, che non aveva mai praticato in libertà.

## *Il tentato suicidio e la liberazione «acrobatica»*

Mussolini ascoltava le trasmissioni radio straniere. Fu così che, nella notte tra l'11 e il 12 settembre, scoprì da un'emittente tedesca che tre giorni prima era stata diffusa la notizia della firma dell'armistizio, che – si diceva – prevedeva la sua consegna agli Alleati. Racconta lui stesso in *Storia di un anno*: «Mussolini era deciso a non consegnarsi vivo agli inglesi e soprattutto agli americani. Nella notte constatò che le lame di un rasoio Gillette erano sufficienti ad aprirsi le vene. Ci fu allarme e immediato sequestro di ogni oggetto metallico». E aggiunge che il tenente Faiola gli aveva assicurato che l'avrebbe protetto nella fuga prima di consegnarlo agli inglesi, anche se abbiamo visto che Mussolini non era affatto entusiasta all'idea di cadere in mano ai tedeschi e di essere da loro costretto a riprendere l'attività politica in libertà vigilata. Il suo sogno era un sereno pensionamento alla Rocca delle Caminate, ma poiché questo era impossibile, non si è mai capito davvero quali fossero i suoi obiettivi concreti. Si diceva che volesse essere liberato da italiani, ma non si capisce da quali italiani: i fascisti si erano squagliati, e Badoglio lo avrebbe consegnato agli Alleati.

Mussolini fu liberato alle 14.30 del 12 settembre 1943. Tutti si aspettavano un'operazione di terra, come lasciava immaginare il volo a bassa quota di aerei della Luftwaffe nel cielo dell'Aquila. (In effetti, i tedeschi attaccarono e costrinsero alla resa, dopo uno scontro a fuoco, un piccolo distaccamento militare italiano ad Assergi, nei pressi della stazione di partenza della funivia per Campo Imperatore.) Fu invece portata a termine un'operazione entrata a buon diritto nella leggenda dell'aviazione militare. Il geniale Student mise in azione 9 alianti per far sbarcare nella piccola piazzola antistante l'albergo di Campo Imperatore un centinaio di paracadutisti. Aveva affidato l'esecuzione del piano al maggiore Harald Mors, ma il commissario politico era il capitano Otto Skorzeny, al quale Hitler attribuì il merito dell'operazione perché si trattava di un ufficiale delle SS. Mussolini vide l'atterraggio dalla finestra del suo appartamento, e Antichi ricorda la sua reazione quando si accorse che si trattava di tedeschi: «Questa non ci voleva».

«Non sparate!», «Non sparate!» gridarono all'unisono Mussolini, l'ispettore Gueli, agitatissimo, e il generale Fernando Soleti, che era stato prelevato come ostaggio nell'aeroporto di Pratica di Mare e che ora faceva scudo al gigantesco capitano delle SS. Skorzeny raggiunse l'appartamento di Mussolini e gli disse: «Duce, il mio Führer mi ha inviato da voi per liberarvi. Siete libero». E lui: «Sapevo che il mio amico Adolf Hitler non mi avrebbe abbandonato». Secondo il ricordo di Antichi, Mussolini fece in realtà un gesto di stizza quando seppe che il Führer lo stava aspettando.

Il prigioniero fu fatto salire su una «cicogna», un piccolo biposto condotto dal capitano Heinrich Gerlach, che con una manovra acrobatica era riuscito ad atterrare in pochi metri quadrati. Il biposto è fatto per ospitare solo due persone, ma Skorzeny impose la sua presenza, anche a costo di mettere in pericolo la sicurezza del volo. Voleva portare fisicamente Mussolini da Hitler e attribuirsene il merito esclusivo. La «cicogna» arrivò malmessa, dopo un pessimo volo, all'aeroporto di Pratica di Mare, da dove un altro aereo portò il Duce a Vienna. Qui avrebbe dovuto incontrare i famigliari che, invece, il maltempo aveva dirottato su Monaco, dove li vide l'indomani.

Ascoltiamo il racconto fatto da Rachele nelle sue memorie: «Le sue prime parole sono: "Credevo di non rivedervi più". Sembra incredibile, ma egli è ancora all'oscuro della situazione che si è creata in Italia dopo il 25 luglio. Gli chiedo: "Ora che hai intenzione di fare?". Mi fissa un attimo in silenzio ... "Dovrò discutere a lungo con Hitler, ma sono sempre deciso a non abbandonare la mia linea di condotta, a fare ciò che sarà ancora possibile per la salvezza del popolo italiano". ... "Credi che ne valga la pena?" "So che forse mi costerà la vita, ma terrò fede alla parola data. ... ora più che mai bisogna rimanere al fianco dell'alleato."».

## *Due generali italiani a Lisbona, l'uno all'insaputa dell'altro*

L'8 settembre, quattro giorni prima che Mussolini fosse liberato, venne reso noto che l'Italia aveva firmato l'armistizio con gli Alleati nelle condizioni peggiori, nella massima confusione, come antipasto di una grande tragedia. Il dilettantismo di Badoglio, le disastrose bugie del generale Giacomo Carboni, le invidie tra generali e la pessima reputazione degli italiani presso gli angloamericani scrissero un copione farsesco.

Ecco come erano andate le cose. Il 2 agosto Blasco Lanza d'Ajeta, un giovane diplomatico di serie B, si recò a Lisbona per incontrare l'ambasciatore inglese Ronald Campbell. Il 4 agosto partì per Tangeri, in Marocco, Alberto Berio, un altro diplomatico, di serie C. Mentre gli Alleati confermavano che l'Italia avrebbe dovuto arrendersi senza condizioni, Roma chiedeva comprensione e aiuto, senza che ci fosse nessuno con le credenziali giuste per trattare.

Il livello dei negoziatori e la confusione aumentarono con l'invio in Portogallo di due generali, Giuseppe Castellano e Giacomo Zanussi, che, come vedremo, partirono l'uno all'insaputa dell'altro. Il giorno di Ferragosto Castellano fu ricevuto a Madrid, dove aveva fatto scalo nel viaggio verso Lisbona, dall'ambasciatore inglese sir Samuel Hoare, al quale promise, senza averne mandato, che il nostro paese era pronto a collaborare con gli Alleati a patto di essere informato preventivamente delle località in cui sarebbero avvenuti gli sbarchi degli angloamericani. Ora, provate a immaginare se, con la reputazione di riservatezza tipica degli italiani, un qualunque negoziatore alleato si sarebbe spinto a fornire a un generale, peraltro sprovvisto di un chiaro mandato a trattare, una notizia vitale. Tutto sarebbe dovuto avvenire nella massima riservatezza, ma Hitler sapeva benissimo che gli italiani stavano trattando e rafforzava le truppe alla nostra frontiera, pensando già all'invasione. Si aggiunga che gli Alleati erano molto divisi tra loro sul trattamento da riservare al nostro paese.

Gli americani erano disgustati all'idea che gli italiani avessero cambiato campo solo nel momento della sconfitta. Tra gli inglesi, Churchill era abbastanza ben disposto, ma il suo ministro degli Esteri, Anthony Eden, che odiava Mussolini, voleva imporci le condizioni peggiori. Il 19 agosto, a Lisbona, due alti ufficiali americani consegnarono a Castellano le condizioni dell'armistizio cosiddetto «corto», ristretto in 12 articoli che imponevano all'Italia l'immediata cessazione di ogni attività bellica contro gli Alleati, la consegna della flotta navale e aeronautica, la lotta contro i tedeschi affinché abbandonassero il territorio nazionale. Poiché era evidente che quest'ultima condizione poteva essere soddisfatta solo in concomitanza con uno sbarco alleato, Castellano comunicò la richiesta di Badoglio di conoscere con un anticipo di due settimane la data dello sbarco, ma la pretesa era talmente risibile (i tedeschi l'avrebbero saputo un minuto dopo) da non essere nemmeno presa in considerazione. Si stabilì che, entro il 30 agosto, l'Italia avrebbe dovuto dare una risposta, ma l'idea folle di far tornare il generale a Roma in treno per ragioni di riservatezza fece perdere giorni preziosissimi. Castellano arrivò, infatti, soltanto il 27 agosto.

Tre giorni prima del suo rientro, non sapendo dove lui si trovasse esattamente, si pensò bene di inviare a Lisbona un altro militare, il generale Giacomo Zanussi, che apparteneva a un gruppo di potere avverso. Quando Zanussi si presentò all'ambasciatore inglese, questi pensò giustamente che gli italiani stessero facendo il doppio gioco. Castellano era appena ripartito e lui si trovava di fronte una persona che ignorava totalmente la proposta del suo collega e la risposta ricevuta. A Zanussi fu consegnato il testo dell'armistizio cosiddetto «lungo», molto più pesante di quello corto. Così pesante da recare nel frontespizio la scritta «resa incondizionata», assente nel precedente. Commentano Montanelli e Cervi: «Si era arrivati così a questa situazione: Castellano aveva con sé l'armistizio corto, ma ignorava quello lungo; Zanussi aveva nella cartella il lungo, ma non sapeva nulla del corto».

Per evitare che la richiesta di resa incondizionata mandasse tutto all'aria, il generale Dwight Eisenhower, comandante in capo delle forze alleate, spedì Zanussi ad Algeri, per evitare che arrivasse a Roma prima di Castellano. L'armistizio lungo prevedeva anche la consegna di Mussolini agli Alleati, lo scioglimento di tutte le istituzioni fasciste, l'abrogazione delle leggi razziali e la dichiarazione di guerra alla Germania da parte dell'esercito del Regno del Sud, cosa che sarebbe avvenuta soltanto il 13 ottobre 1943.

Giunto a Roma, Castellano litigò con Badoglio (che considerava un «imbecille», come scriverà nelle sue memorie) e con il ministro degli Esteri Raffaele Guariglia (che considerava un codardo), che lo accusavano di essere andato molto al di là del suo mandato. Lo rispedirono quindi in Sicilia per comunicare agli Alleati che le loro condizioni erano state respinte, salvo che non fosse previsto lo sbarco di un numero di divisioni esattamente doppio rispetto a quello di cui disponevano gli angloamericani. A Cassibile, vicino Siracusa, Castellano scoprì la presenza di Zanussi e il pasticcio fu tale che lui continuava a parlare di armistizio corto, senza consentire a Zanussi di riferire su quello lungo, che ignorò fino alla fine.

Il pomeriggio del 3 settembre 1943 Castellano firmò con il generale Bedell Smith, delegato da Eisenhower, l'armistizio corto. Solo dopo la firma, venne a sapere dagli americani dell'esistenza dell'armistizio lungo, che sarebbe stato firmato soltanto il 29 settembre sulla corazzata britannica *Nelson*, ancorata nelle acque di Malta, da Badoglio per l'Italia e da Eisenhower per gli Alleati. Ma la tragedia era già iniziata.

Il piano prevedeva uno sbarco alleato a Salerno, mentre per garantire la difesa di Roma sarebbe stata aviotrasportata una divisione angloamericana negli aeroporti di Cerveteri, Furbara e Guidonia, in supporto alle truppe del generale Carboni, al quale fu affidata (molto incautamente) la difesa della capitale. Carboni ha sempre sostenuto che non aveva i mezzi sufficienti per fronteggiare i tedeschi. La sua tesi è stata però smentita nel dopoguerra da documenti che dimostrano la disponibilità di 88.000 uomini e di mezzi adeguati contro 25.000 soldati tedeschi, un numero che, nella ricostruzione di Eugen Dollmann, raffinato ufficiale delle SS di stanza a Roma, viene ridotto addirittura a 16.000. (Nel frattempo gli italiani continuavano nel doppio gioco con i tedeschi. Il 15 agosto c'era stato a Casalecchio di Reno, in provincia di Bologna, un incontro tra Roatta, capo di Stato maggiore dell'esercito italiano, e alti ufficiali germanici, tra cui Rommel, in cui il primo dovette accettare che i vertici militari tedeschi avessero giurisdizione sulle truppe italiane, anche se formalmente agli ordini del re.)

## *Armistizio. L'ambiguità di Badoglio, fonte di tragedie*

Per Badoglio, il 3 settembre era stata un'altra giornata drammatica. Da un lato, l'incaricato d'affari tedesco Rudolf Rahn (l'ambasciatore era stato richiamato in Germania perché forse era l'unico a non aver previsto il 25 luglio) gli aveva chiesto di concentrare tutte le forze operative sugli Appennini tra La Spezia e Rimini (la Linea gotica) agli ordini di Rommel. (Ipotesi respinta perché, disse Badoglio, non si potevano abbandonare due terzi del territorio italiano senza combattere.) Dall'altro, il capo del governo ricevette tutti i delegati dei partiti antifascisti – tra cui Alcide De Gasperi, Ugo La Malfa, comunisti, socialisti, liberali, azionisti – che gli annunciarono di voler lanciare un appello per mobilitare il paese in vista di «eventualità estreme». La richiesta, idealmente generosa, era folle dal punto di vista della riservatezza, tant'è vero che lo stesso Badoglio confessò a Ivanoe Bonomi di aver pensato, in un momento d'ira, di far fucilare i suoi interlocutori.

Il generale Vittorio Ambrosio, capo di Stato maggiore, sulla base di informazioni solo parzialmente esatte si convinse che l'armistizio non sarebbe stato reso ufficiale prima del 12 settembre. Nessuno, tuttavia, gliel'aveva mai confermato. Pur sapendo che erano in arrivo a Roma due ufficiali americani per conoscere le condizioni in cui sarebbe avvenuto l'aviosbarco per la difesa della città, il generale pensò bene di andarsene in treno a Torino per sistemare questioni di famiglia, tra cui un trasloco. (Lui dirà che doveva mettere al sicuro dei documenti riservati, ma per questo sarebbe stato sufficiente inviare nel capoluogo piemontese un ufficiale affidabile, mentre era decisamente grottesca la sua prolungata assenza da Roma nel momento cruciale.)

Lo sbarco era un'operazione molto complessa: 90 aeroplani alleati sarebbero decollati dalla Sicilia per lanciare paracadutisti su due aeroporti romani, mentre altri 45 avrebbero sbarcato materiali e truppe terrestri. I due ufficiali incaricati di verificare l'affidabilità degli italiani nella difesa della capitale erano il generale Maxwell Taylor e il colonnello Tudor Gardiner. Sbarcati a Gaeta e trasferiti a Roma nelle vesti di prigionieri di guerra, i due si trovarono a palazzo Caprara, sede del comando motocorazzato agli ordini di Carboni, senza che né il diretto interessato né gli alti comandi militari fossero presenti. Due ufficiali italiani li fecero accomodare e ordinarono un pranzo al Grand Hotel, cosa che lasciò interdetti gli ospiti, vista l'inconsueta raffinatezza in tempo di guerra.

A un certo punto, i due ufficiali alleati si seccarono e chiesero di parlare con Ambrosio, che però era a Torino. (Osserva lo storico militare Giorgio Rochat in *Le guerre italiane 1935-1943*: «Ambrosio mente quando dice di non sapere dell'arrivo di Taylor. In ogni caso, che la più alta autorità militare abbandonasse per quaranta ore il suo posto di comando in un momento così drammatico rimane … un indice del collasso morale dei vertici militari prima ancora dell'8 settembre».) Allora chiesero di Roatta e di Carboni, entrambi irreperibili. Quando finalmente si fece vivo e seppe che l'annuncio dell'armistizio era programmato per l'indomani, 8 settembre, alle 18.30 italiane, Carboni disse due grosse bugie, che cambiarono le sorti dell'armistizio e l'immediato futuro della stessa Italia. Mentì sostenendo che gli aeroporti dove sarebbero sbarcati gli Alleati erano sotto il controllo tedesco, e non era vero. Mentì lamentando di non avere carburante sufficiente, e anche questo era falso, visto che soltanto ventiquattr'ore più tardi i tedeschi si sarebbero impadroniti di due importanti depositi. Fonti militari, citate da Elena Aga Rossi in *Una nazione allo sbando*, documentano che Carboni «sostenne l'esigenza di annullare l'operazione esagerando la presenza delle truppe tedesche intorno a Roma e minimizzando quella italiana».

Allora si decise di svegliare Badoglio nella sua villa ai Parioli. Il maresciallo confermò di non essere pronto a difendere l'aviosbarco americano e chiese a Taylor di rinviare l'annuncio dell'armistizio. La mattina dell'8 settembre, tornato finalmente a Roma, Ambrosio mandò il suo vice Francesco Rossi ad Algeri per pregare Eisenhower di sospendere l'annuncio. Il capo delle forze angloamericane reagì malissimo, accusando gli italiani di agire in malafede e minacciando pesantemente il comando militare di pubblicare in tutto il mondo i dettagli della trattativa, se non avessimo collaborato lealmente con gli Alleati. D'accordo con Roosevelt e Churchill, Eisenhower decise di non rinviare l'annuncio dell'armistizio, di annullare l'aviosbarco su Roma e di mantenere lo sbarco a Salerno, che sarebbe cominciato poche ore dopo.

Nella giornata dell'8 settembre, la malafede regnò sovrana. La mattina, ricevendo con Badoglio l'incaricato d'affari tedesco, Vittorio Emanuele III disse: «Informi il Führer che l'Italia non capitolerà mai. È legata alla Germania per la vita e per la morte». Alle 17.45, dopo che l'agenzia britannica Reuters aveva annunciato la resa degli italiani, la corte e i militari si divisero sul da farsi. Carboni propose di continuare nel doppio gioco, annunciando fedeltà sia ai tedeschi sia agli Alleati. Secondo Montanelli e Cervi, il generale «seguiva un suo ambiguo disegno: intratteneva stretti contatti con esponenti dell'antifascismo, in particolare del Partito comunista, e ammassava armi da distribuire alla popolazione». Fu merito di un giovane ufficiale, Luigi Marchesi, far presente che, se l'Italia avesse continuato nel doppio gioco, Roma sarebbe stata bombardata e distrutta.

Alle 18.30 l'armistizio fu annunciato ufficialmente da Radio Algeri. Alle 19.43, dagli studi radio di via Asiago, il maresciallo Badoglio comunicava che gli Alleati avevano accettato la richiesta di armistizio avanzata dagli italiani. «Conseguentemente, ogni atto di ostilità contro le forze angloamericane deve cessare da parte delle forze italiane in ogni luogo. Esse però reagiranno a eventuali attacchi da qualsiasi altra provenienza.» Quest'ultima frase fu il prologo di una lunga tragedia. Gli italiani non avrebbero più attaccato gli Alleati e avrebbero aspettato di essere attaccati dai tedeschi prima di cominciare un'eventuale difesa in condizioni di assoluta inferiorità. Racconta Ruggero Zangrandi in *1943: 25 luglio - 8 settembre*: «A nessuno poté venire in mente in quelle ore di solennità ed emozione che il padrone della voce si accingeva a imboscarsi prendendo l'unica strada rimasta libera intorno a Roma».

Insieme a Badoglio sarebbe partita la corte intera, dopo aver inviato in Svizzera 40 vagoni blindati di oggetti preziosi e aver affidato i gioielli della Corona a mani sicure. Una gioia frenetica s'impossessò dell'Italia e degli italiani. La guerra era finita. E invece no. Le lacrime di gioia si sarebbero trasformate molto presto in lacrime amarissime.

### *Scappano tutti. Roma indifesa*

Nessuno si occupò della difesa di Roma e, soprattutto, della sorte dei 900.000 soldati impiegati all'estero, come vedremo più avanti. La cosa più urgente era scappare. La notte sul 9 settembre si decise di arretrare a Tivoli una linea di difesa agli ordini di Carboni, lasciando la città scoperta e, di fatto, in mano ai tedeschi, visto che Kesselring non aveva alcuna intenzione di ripiegare verso nord, come speravano gli italiani.

Alle 5 del mattino la famiglia reale e l'intero Stato maggiore si misero in automobile con direzione Pescara percorrendo la via Tiburtina, l'unica ancora libera. Fermati a un posto di blocco, i fuggiaschi se la cavarono dicendo: «Ufficiali generali». Troppo poco per convincere la guardia. Si è avuto sempre il sospetto che la fuga fosse stata concordata con i tedeschi, come sostiene Zangrandi, che parla di un baratto con la mancata difesa di Roma.

Dovevano davvero scappare tutti? Un sovrano non si lascia arrestare, anche se Vittorio Emanuele III celiava: «Che se ne fanno di un vecchietto come me?». Ma il principe Umberto sarebbe rimasto volentieri per salvare la dignità della Corona e, probabilmente, la stessa monarchia, anche a costo della vita. Si offrì di tornare indietro dopo una breve sosta del corteo nel bellissimo castello di Crecchio, a 40 chilometri da Pescara, presso i duchi di Bovino, amici dei Savoia, ma glielo impedirono prima Badoglio e poi suo padre.

A Pescara il corteo trovò mille giovani piloti in addestramento con un centinaio di aerei da caccia, che avrebbero avuto un miglior impiego se fossero stati usati per proteggere i loro colleghi al Sud. Trattarono il sovrano e lo Stato maggiore con rispetto ma con freddezza, al punto di non stringere la mano a Badoglio quando il maresciallo la offrì per primo. Il clima, dunque, non era favorevole. Temendo una rivolta popolare, si preferì allora proseguire per il vicino porto di Ortona.

Vittorio Emanuele III, che pensava di andarsene quasi in solitudine, si trovò sulla banchina con 250 persone agitatissime: ufficiali di Stato maggiore, attendenti, famigliari. Scoppiò una rissa indescrivibile. Invece dei 30 passeggeri previsti, salirono a bordo della corvetta *Baionetta* in 57 («l'assalto alla baionetta» ironizza Petacco in *La nostra guerra 1940-1945*). Gli altri rimasero a terra urlanti, ma, pur in un'emergenza che aveva messo in ginocchio Roma, si trovò all'istante un'altra nave pronta a portarli a Brindisi, diventata inopinatamente capitale del Regno del Sud.

E la difesa di Roma? Nelle sue memorie (*La calda estate del 1943*) il colonnello Dollmann, rappresentante di Himmler in Italia, che pur indossando le lugubri insegne delle SS era uomo mite, racconta: «Nelle prime ore del mattino del 9 settembre trovai Kesselring estremamente preoccupato in attesa, da un'ora all'altra, dell'aviosbarco alleato o dell'attacco concentrato, comandato naturalmente dallo stesso Badoglio, da parte delle sei divisioni italiane fatte affluire intorno a Roma. Se l'assunzione del comando da parte di Badoglio fosse avvenuta tempestivamente, in concomitanza con lo sbarco aereo degli Alleati nei pressi di Roma, secondo l'opinione mia e di Kesselring, la sconfitta dei tedeschi sarebbe stata inevitabile».

Non avvenne niente di tutto questo. Badoglio era in fuga, Carboni – dopo aver fatto fallire con una menzogna l'aviosbarco – si era messo in borghese e, insieme al figlio e ad altri ufficiali, a bordo di due auto con targa diplomatica, si era avviato verso Tivoli, fermandosi anche nel castello dei principi Massimo ad Arsoli, dove si stava girando un film. Avrebbe sostenuto in seguito di voler raggiungere Ambrosio per avere chiarimenti, mentre, secondo Montanelli e Cervi, c'è «il sospetto che intendesse imitarne l'esempio e che ne sia stato impedito solo da un rafforzamento dei controlli tedeschi. Ipotesi molto fondata».

Carboni, come abbiamo detto, era anche capo del Sim, il servizio segreto militare, e in questa veste la sera dell'8 settembre consegnò a un gruppo di dirigenti comunisti, guidati da Luigi Longo, due camion carichi di armi da consegnare ai civili per la difesa di Porta San Paolo. Qui, per iniziativa di tre coraggiosi ufficiali (Felice D'Ambrosio, Enrico De Mori e Antonio D'Assergio), fu opposta una fortissima resistenza, che costò la vita a oltre un migliaio di militari e a 183 civili, di cui 27 donne. Secondo Zangrandi, che difende l'operato di Carboni, a Porta San Paolo avrebbero combattuto anche militari agli ordini del generale. Questo contribuì a evitargli la condanna nel processo che gli fu intentato per la mancata difesa di Roma, la cui sentenza fu emessa nel 1949 e determinò la sua uscita dalla latitanza.

Tuttavia, a dimostrazione del fatto che Roma avrebbe potuto essere difesa e non lo fu, basti leggere l'ultimo capoverso del dispaccio trasmesso alle 5.15 del mattino del 9 settembre a Carboni dal capo di Stato maggiore dell'esercito Roatta: «Reagire energicamente a eventuali tentativi di penetrare con la forza o ad altri atti di qualsiasi ostilità». Più chiaro di così. Difeso da Zangrandi, ma sepolto dalla stragrande maggioranza degli storici con l'accusa della mancata difesa della capitale, Carboni dovette confrontarsi anche con la sentenza pronunciata da Giorgio Amendola, capo della resistenza militare comunista romana: «Noi allora giudicammo che avesse completamente mancato al suo dovere. In seguito, Carboni ha mostrato simpatie per noialtri, ma la condanna espressa a suo tempo nei suoi riguardi resta» («L'Espresso», 4 agosto 1963). Nel dopoguerra Carboni militò nel Partito comunista e fu contrario all'adesione dell'Italia alla Nato e alla Comunità europea di difesa, il progetto di esercito europeo fallito per la bocciatura da parte dell'Assemblea nazionale francese a causa dell'alleanza tra i comunisti e il partito di Charles De Gaulle.

A Roma resse per alcuni giorni un governicchio guidato dal maresciallo Enrico Caviglia – un gentiluomo che non vedeva l'ora di prendere il posto di Badoglio e ne ebbe il permesso dal re – e dal ministro della Guerra Antonio Sorice, l'unico graduato a non scappare. Kesselring chiese il congedo illimitato per tutti i reparti dell'esercito italiano del Centro-Sud e promise l'onore alla bandiera e agli ufficiali. In realtà, ci furono arresti di massa, mentre i paracadutisti tedeschi piovuti su Roma si abbandonarono a un'ignobile serie di scorrerie. Come scrive Gianni Oliva in *La guerra fascista*, due settimane dopo l'armistizio Rommel aveva disarmato 415.000 soldati nel Nord e Kesselring 102.000 nel Sud. Nel frattempo, altri 60.000 dei nostri si erano arresi in Francia.

Alla fine, 600.000 militari italiani furono deportati in Germania: la quasi totalità rifiutò di aderire alla Repubblica di Salò. Una pagina eroica, questa, che è stata a lungo dimenticata. Nel 1980 intervistai alcuni dei pochi sopravvissuti: erano fantasmi ai quali il nostro paese non aveva mai reso onore.

## *Gli ordini contraddittori e il disfacimento dell'esercito italiano*

Perché l'esercito italiano rimase senza ordini? Si trattava di circa 2 milioni di uomini: 1 milione in Italia, a fronte di 400.000 soldati tedeschi, e 900.000 all'estero così ripartiti: 230.000 in Francia, 300.000 in Iugoslavia, altrettanti in Grecia e Albania, 53.000 nelle isole dell'Egeo. Nel dopoguerra, Roatta ha confermato che nella prima settimana di settembre lui e Ambrosio avevano allertato le armate, ordinando di «interrompere a qualunque costo, anche con attacchi in forze ai reparti armati di protezione, le ferrovie e le principali rotabili alpine» e di «agire con grandi unità o raggruppamenti mobili contro le truppe tedesche». Per diventare operativo, però, quest'ordine necessitava della firma di Badoglio il cui unico interesse, l'8 settembre, era invece quello di scappare. Fu così che i comandanti in Italia e all'estero si trovarono senza ordini e reagirono, come s'immagina, nelle maniere più diverse.

Prendiamo, per esempio, il caso della marina. L'ammiraglio Raffaele De Courten, che ne era il capo, rivestendo al tempo stesso l'incarico di ministro dell'Arma, non diede disposizioni, lasciando l'ammiraglio Carlo Bergamini, comandante della squadra navale di La Spezia, libero di decidere. Ma quando costui, rispettando le disposizioni alleate, si diresse verso l'Algeria per la consegna della flotta, che sarebbe stata protetta da aerei angloamericani, fu tardivamente bloccato dal ministro, che gli ordinò di fermarsi alla Maddalena e di non consegnare le navi né ai tedeschi né agli inglesi, contravvenendo agli accordi dell'armistizio. La Maddalena, però, era occupata dalle truppe di Hitler, cosicché, quando finalmente Bergamini poté muoversi verso l'Algeria, lo fece dopo aver perso tanto tempo e senza la copertura aerea alleata. Per di più, i nostri reagirono tardivamente agli attacchi tedeschi perché avevano l'ordine di non sparare per primi. Il risultato fu che la corazzata *Roma*, ammiraglia della flotta, fu centrata da due bombe che fecero esplodere la santabarbara e s'inabissò con a bordo l'ammiraglio Bergamini. Su un equipaggio di 2021 uomini, i superstiti furono soltanto 628. Le altre navi italiane si consegnarono a Malta.

L'aeronautica aveva un contingente di 180.000 uomini e rimise agli Alleati 200 aeroplani, una quota simbolica degli 8000 velivoli con i quali aveva iniziato la guerra. Ma la tragedia più grande avvenne, ovviamente, tra le file dell'esercito. E Cefalonia è il simbolo di quali disastri possano provocare ordini contraddittori.

Il generale Antonio Gandin era al comando di 12.000 uomini di stanza a Cefalonia e Corfù, due isole strategiche per controllare il golfo di Patrasso e l'accesso orientale al mare Adriatico. L'8 e il 9 settembre Gandin ricevette due ordini opposti: il primo di reagire solo in caso di attacchi tedeschi, il secondo di cedere agli uomini di Hitler l'artiglieria pesante. Quando il comandante del contingente germanico gli chiese la resa, il generale si consultò con i propri uomini e prese tempo, sperando che da Brindisi gli arrivassero rinforzi. Finché il 13 settembre gli fu ordinato di resistere.

Qui l'audacia non fu premiata dalla fortuna. Il contrammiraglio Giovanni Galati gli spedì due navi con il necessario per rafforzare la difesa, ma non poté sbarcare a Cefalonia perché, secondo una falsa informazione, il porto era controllato dai tedeschi. Le navi si diressero allora a Corfù, ma furono richiamate indietro da un ufficiale britannico, perché partite senza autorizzazione. Gli italiani si batterono con molto coraggio per una settimana, ma, privi di una qualunque assistenza aerea, furono massacrati dagli Stukas tedeschi. In combattimento caddero 65 ufficiali e 1200 tra sottufficiali e soldati. Il 22 settembre Gandin dovette arrendersi. A questo punto si scatenò la ferocia germanica, con esecuzioni di massa.

Nell'estate del 2025 sono andato a salutare i 4000 caduti della «Casetta rossa», il luogo in cui furono massacrati dopo essersi arresi. I feriti furono uccisi negli ospedali, mentre il 24 settembre fu fucilato Gandin. Era stato in ottimi rapporti con i tedeschi e decorato con la croce di ferro in Russia, che scagliò in faccia al plotone d'esecuzione. Sfortunati anche i superstiti. Due delle navi su cui vennero imbarcati come prigionieri (*Ardena* e *Marguerite*) incapparono in acque minate, mentre una terza (*Mario Roselli*) fu affondata dall'aviazione britannica, ignara di chi stesse trasportando. Morirono oltre 2000 italiani. Dei 12.000 militari della divisione Acqui, i sopravvissuti furono meno di 4000.

I tedeschi hanno sempre sostenuto di avere avuto libertà di azione nell'esecuzione selvaggia dei prigionieri italiani dopo l'8 settembre, in quanto considerati «partigiani». A prescindere dalla barbara violazione di qualunque diritto umanitario, sul piano strettamente giuridico avevano ragione, come fece rilevare a Badoglio il generale Eisenhower il 29 settembre a Malta, dove erano convenuti per la firma dell'armistizio. Il maresciallo riconobbe che erano passibili di fucilazione, allora il generale americano obiettò: «Per difendere questi uomini sarebbe opportuno che l'Italia dichiarasse guerra alla Germania, facendoli diventare membri di un esercito regolare». Fra le tante responsabilità di Badoglio, questa è una delle più gravi. Aspettando fino al 13 ottobre per dichiarare guerra alla Germania, l'Alto comando italiano sacrificò la vita di migliaia di soldati, lasciati privi di qualunque protezione.

### *Il Führer al Duce: «Se vi ritirate, distruggerò l'Italia»*

«Hitler accolse calorosamente l'ex Duce quando questi giunse a Rastenburg il 14 settembre, l'aria sofferente, vestito in un semplice completo scuro e soprabito nero, mera ombra del pavoneggiante dittatore di un tempo. Privo degli ornamenti del potere, Mussolini era un uomo finito» scrive Ian Kershaw nella sua biografia del Führer. E Joachim Fest (*Hitler. Una biografia*) aggiunge: «In fin dei conti, gli restava ancora un unico desiderio, quello di tornare nella sua natia Romagna. La sua mente era ormai tutta volta al pensiero della fine, e sulla fotografia presentatagli da un'ammiratrice, che lo aveva incontrato durante la prigionia, perché le concedesse un autografo, aveva scritto: "Mussolini defunto"».

Il primo incontro tra il Duce e il Führer durò un paio d'ore e per Mussolini fu un'esperienza drammatica. Hitler non esitò a rimproverare l'amico della triste fine della sua grande avventura, come riferisce Frederick W. Deakin in *Storia della Repubblica di Salò*: «Ma cos'era questo fascismo che si è dissolto come neve al sole? Per anni ho garantito ai miei generali che il fascismo era l'alleanza più sicura per il popolo tedesco. Non ho mai voluto dar retta alla mia diffidenza verso la monarchia … Vi confesso che noi tedeschi non abbiamo mai capito il vostro atteggiamento in questa materia». In una nota del diario di Joseph Goebbels si legge: «Il Führer si aspettava che, per prima cosa, il Duce si preoccupasse di vendicarsi ampiamente su chi lo aveva tradito. Ma Mussolini non ha dato a divedere di voler fare nulla di simile, e con ciò ha dimostrato quali sono i limiti oltre i quali non saprà mai andare. Non è un rivoluzionario come il Führer e Stalin. È così legato alla sua italianità che gli mancano le qualità del rivoluzionario e del sovvertitore mondiale».

Secondo Renzo De Felice (*Mussolini l'alleato*), «Hitler fu esplicito e intransigente: i "traditori" del 25 luglio e *in primis* Ciano (quattro volte traditore: della patria, del fascismo, dell'alleanza, della famiglia) dovevano essere puniti con la morte; Mussolini doveva riassumere il potere; il nuovo governo fascista doveva imperniarsi sul binomio Mussolini-Graziani, l'unico generale che godesse del prestigio necessario a ricostituire un esercito italiano». E gli disse che già l'indomani avrebbe dovuto annunciare alla radio «che la democrazia è deposta e che sorge lo Stato fascista italiano in cui i poteri dovranno essere accentrati nella vostra persona». Hitler minacciò Mussolini con inconsueta durezza: il tradimento italiano aveva messo a rischio la stessa sopravvivenza militare della Germania; se lui si fosse ritirato, l'Italia settentrionale avrebbe invidiato la Polonia per la durezza della reazione tedesca.

A Salò, Mussolini avrebbe confidato a Carlo Silvestri (*Mussolini, Graziani e l'antifascismo*) di aver scongiurato il Führer di esimerlo da un incarico di governo: «Non credevo a una possibile risurrezione del fascismo. Se Badoglio e la monarchia si erano assunti la responsabilità di scatenare la guerra civile, io non volevo condividere tale responsabilità».

Hitler non volle sentire ragioni. Se il Duce non fosse tornato in campo, Milano, Torino e Genova sarebbero state distrutte con le famose armi diaboliche che millantava di avere. Il colloquio dell'indomani non andò meglio. Uscendone, Mussolini confidò al figlio Vittorio (*Vita con mio padre*): «L'unica soluzione è tornare al combattimento. Bisogna salvare l'Italia da maggiori disastri». E aggiunse, non sappiamo con quanta convinzione: «La guerra non si può ancora dichiarare perduta per l'Asse». La stessa convinzione avrebbe rivelato alla sorella Edvige (*Mio fratello Benito*) e al vicesegretario del Partito fascista repubblicano,

Pino Romualdi (*Fascismo repubblicano*). Mentre al segretario Giovanni Dolfin (*Con Mussolini nella tragedia*) esprimeva non solo molti dubbi sulla vittoria tedesca, ma addirittura non se l'augurava: «Se le cose andassero bene per loro, i tedeschi ci farebbero pagare ben caro il nostro "tradimento" e per averci difeso».

L'unico punto sul quale Mussolini non cedette a Hitler fu il nome del nuovo Stato: il Führer voleva che si chiamasse «Repubblica fascista italiana», ma lui lo convinse che la parola «fascismo» era da archiviare, e dunque scelse di chiamare la sua nuova creatura, non amata sin dalla nascita, «Repubblica sociale italiana». Alla fine, Mussolini si trovò di fronte al poco che restava dell'alta gerarchia fascista: Pavolini, Ricci, Farinacci e Preziosi, tutti estremisti nell'alleanza con i tedeschi. Pavolini lo stimolava ad assumere subito il comando del nuovo fascismo. Mussolini fece però capire che non aveva fretta e che, in ogni caso, bisognava con calma ricominciare da zero. I tedeschi, da un lato, spingevano perché riprendesse in pugno la situazione, dall'altro temevano che il suo rientro in politica avrebbe frenato il loro totale controllo sull'Italia. Annota Goebbels nel diario: «A me sembrava che, oltre al Tirolo meridionale, il nostro confine avrebbe dovuto includere le Venezie. Ciò sarebbe difficilissimo nel caso che il Duce rientri nella vita politica. Sotto la guida del Duce, l'Italia tenterà di riorganizzare un troncone di Stato verso il quale avremo sotto molti aspetti degli obblighi».

All'insaputa di Mussolini, fin dal 10 settembre, cioè due giorni prima della sua liberazione sul Gran Sasso, Hitler aveva preso due provvedimenti che riguardavano l'Italia. Con il primo aveva deciso, di fatto, di annettere politicamente la Venezia Giulia e l'Alto Adige, affidandone il comando a due suoi uomini di fiducia; con il secondo considerava il resto del Nord come «territorio occupato» sotto il controllo di un plenipotenziario militare tedesco. Le SS avrebbero avuto carta bianca per garantire la sicurezza delle forze germaniche.

### *Mussolini voleva ritirarsi: perché accettò di guidare la Rsi?*

Il 15 settembre Mussolini costituì il Partito fascista repubblicano nominandone segretario Alessandro Pavolini, raffinato intellettuale fiorentino, politicamente più che estremista. Pavolini la spuntò sul ras di Cremona, Roberto Farinacci, che si era candidato alla segreteria ma fu bocciato da Mussolini, per il quale proverà fino alla fine un autentico odio. Il nuovo Duce ricostituì la Milizia fascista con il nome di Guardia nazionale repubblicana, con a capo Renato Ricci, che già nella notte tra l'8 e il 9 settembre, insieme a Pavolini e Farinacci, aveva gridato da Radio Monaco: «Il tradimento non si compirà». Come s'intuisce dal nome del nuovo partito, Mussolini aveva deciso di troncare qualunque rapporto con la monarchia, immaginando di indire una Costituente per deporre i Savoia.

La domanda più importante è quella che non ha una risposta univoca: perché Mussolini ha deciso di tornare in campo? L'opinione largamente condivisa dagli storici è che abbia voluto evitare la «polonizzazione» e la distruzione dell'Italia settentrionale. Questo andrebbe a suo merito, se non fosse che, come annota De Felice, «la costituzione della Rsi fu all'origine della guerra civile ... che, nel 1943-1945, insanguinò le regioni occupate dai tedeschi, divise profondamente gli italiani e scavò solchi d'odio tra loro e condizionò poi massicciamente per decenni la vita italiana, dandole un carattere diverso da quello di altri paesi occidentali». Con una normale resistenza patriottica contro l'occupante tedesco, secondo lo storico del fascismo, i comunisti avrebbero avuto «meno possibilità di incidenza, di egemonia e di strumentalizzazione del movimento partigiano e, dopo la Liberazione, di trasferire tale incidenza ed egemonia in settori sempre più larghi della vita politica, civile e culturale e di usarle per condizionare le altre forze politiche e culturali».

In ogni caso, alla guida della Rsi arrivò un «defunto», come lo descrive bene in *Perché a Salò* Luigi Bolla, un diplomatico non fascista aggregatosi al nuovo Stato per «ragioni alimentari»: «A Gardone Mussolini era prigioniero ed è vero, ma prigioniero di se stesso prima che dei tedeschi. Un uomo che continuo a ricordare annientato dalla constatazione di un devastante fallimento e irretito da un'abulia razionalmente mascherata dalla convinzione di "non potere". Solo in questo modo mi sembra possibile spiegare l'assenteismo da lui mantenuto in alcuni casi-limite, come quello della fucilazione di Ciano, e a maggiore ragione in tutto il corso della Repubblica». Definitivo l'autoritratto che Mussolini fa di se stesso: «Sono prigioniero dal giorno che mi arrestarono in casa del re. Il vero capo della Repubblica sociale non è Mussolini, ma Rahn [*plenipotenziario di Hitler in Italia*]. Se Hitler e la Germania vincessero la guerra, Mussolini e l'Italia l'avrebbero ugualmente perduta. Per noi non c'è più via di scampo. Di là siamo nemici che si sono arresi senza condizioni, di qua siamo dei traditori».

Il 18 settembre, alle 5 del pomeriggio, Mussolini parlò da Radio Monaco: «Camicie nere, italiani e italiane, dopo un lungo silenzio ecco che arriva a voi la mia voce e sono sicuro che la riconoscete…». In realtà era irriconoscibile, tant'è vero che a Roma si sparse la notizia che fosse morto e qualcuno parlasse al posto suo. Invitò gli italiani a tornare alle armi perché era l'unico modo per «cancellare una pagina così obbrobriosa», e annunciò la nascita della Repubblica sociale rivolgendosi a contadini, operai e piccoli impiegati: «Lo Stato che uscirà dall'immane travaglio sarà il vostro e come tale lo difenderete contro chiunque sogni ritorni impossibili». (Anche Rachele, che assisteva alla trasmissione, non vide lo stesso uomo di sempre. Era la prima volta, ha scritto nelle memorie, che il marito parlava senza folla. E la differenza si notava.)

Gli italiani accolsero con freddezza il messaggio. Avevano altro a cui pensare. Osserva in una nota di diario Roberto Suster, già direttore dell'agenzia Stefani: «Lo stato d'animo … della grande massa degli italiani viene sottoposto alla più dura e sfibrante prova. L'Italia ha praticamente cessato di esistere e bisogna essere o per i tedeschi o per gli angloamericani, mentre la stragrande maggioranza non sente di essere né per gli uni, né per gli altri. Si ha ogni giorno la sensazione più precisa di essere precipitati dentro un baratro senza fondo...». Fino al giudizio tragico e definitivo sui giorni successivi all'8 settembre di Salvatore Satta che, in *De profundis*, parlò di «morte della patria» e, con essa, della nazione, intesa come vincolo di appartenenza.

Ascoltando Radio Monaco, una sola persona, una donna, riconobbe in pieno il suo uomo. Era Claretta Petacci che, liberata da un giorno insieme alla sua famiglia, dopo l'arresto e la carcerazione, avvenuti il 12 agosto, insieme alla devastazione della villa alla Camilluccia, scrive nel diario: «Mi sarei inginocchiata per abbracciare la radio nel tentativo di renderti corporeo, vivo, mio: Ben, ti amo, ti amo amore, amore... gridava la mia anima folle, solo per te ho resistito, ho vinto. Tu parli, tu parli al popolo ancora. La tua voce calda bassa triste come non mai...».

## *Nasce il governo di Salò, prigione del Duce*

La mattina del 19 settembre Mussolini, su pressione di Edda, rivide Galeazzo Ciano. «Lo accolse quasi affettuosamente» ricorda la figlia. «Si abbracciarono e parve che un'identica commozione soffocasse entrambi. Poi si chiusero nello studio di papà per un colloquio a quattr'occhi e quando Galeazzo ne uscì, mi parve disteso.» Comincia così una tragica commedia degli equivoci, che avrebbe portato Ciano davanti al plotone d'esecuzione dopo il processo di Verona e Edda a rompere qualunque rapporto con il padre.

A Monaco, la famiglia Mussolini alloggia al Prinz-Carl-Palais, una prestigiosa residenza in cui si viene trattati in maniera principesca. Pranzi e cene, serviti da camerieri inappuntabili, si svolgono in un clima surreale. Attorno al tavolo ci sono il Duce e Rachele, con i figli Vittorio, Romano e Anna Maria. Poi Ciano con Edda e i loro figli Fabrizio, Marzio e Raimonda. Nelle sue memorie, Vittorio ha descritto la cristalleria, i grandi lampadari, i quadri dei re e dei principi, e i gerarchi nazisti che si affacciavano per qualche istante alle porte per assistere allo spettacolo incredibile di Mussolini che pranza con il traditore.

E invece il «traditore» si sentiva tranquillo. Confessava a Vittorio di sperare in un avvenire politico o, alla peggio, di rispolverare i gradi di colonnello dell'aeronautica e di andare a combattere contro gli angloamericani.

Il nuovo governo s'insediò a Roma il 23 settembre 1943. Pavolini era il vice Mussolini a tutti gli effetti: alla carica di segretario del partito affiancava quella di ministro preposto al controllo, di fatto, dell'intera agenda di governo. Rodolfo Graziani associò alla carica di ministro della Difesa nazionale quella di capo di Stato maggiore generale. Guido Buffarini Guidi, amico dei tedeschi e della Petacci, ebbe l'Interno. Serafino Mazzolini fu nominato sottosegretario agli Esteri, di cui Mussolini mantenne il portafoglio. Ambasciatori e magistrati furono esonerati dal giuramento, mentre i diplomatici ostili al fascismo furono lasciati liberi di tornarsene a casa. Piero Pisenti, vecchio amico di Mussolini, ottenne di tener fuori i giudici dai vincoli del regime. Alla Cultura popolare andò Ferdinando Mezzasoma, che sarebbe stato fucilato a Dongo. Giovanni Gentile – celebre filosofo, prima amico e poi avversario di Benedetto Croce – fu nominato presidente dell'Accademia d'Italia. Carlo Alberto Biggini, ministro dell'Educazione nazionale e accademico egli stesso, esonerò i professori dal giuramento e mantenne in cattedra i docenti antifascisti, a cominciare da quel Concetto Marchesi, luminare degli studi classici e comunista militante, che avrebbe firmato la condanna a morte di Gentile (forse obbedendo a un ordine di partito – o sottoscrivendo un documento in parte non suo – dal quale mai si sarebbe dissociato).

Chi erano gli aderenti alla Repubblica sociale? Molti vecchi arnesi del fascismo a suo tempo emarginati e desiderosi di vendetta, burocrati che non avevano nessuna voglia di entrare nella Resistenza e tiravano a campare, militari come quelli della X Mas di Junio Valerio Borghese, che giudicavano la Repubblica sociale italiana la «risposta ad una esigenza morale e politica ben precisa che sarebbe nata anche senza Mussolini», come scrivono Sergio Bertelli e Francesco Bigazzi in *Pci, la storia dimenticata*. Nelle sue *Lettere a Milano*, un combattente comunista intellettualmente onesto come Giorgio Amendola rileva che accanto «alle forze capitalistiche che videro la possibilità di praticare un fruttuoso doppio giuoco, a una parte degli alti strati della burocrazia sospinti non solo dalla paura, ma per tentare di mantenere una continuità dell'apparato statale, ai disperati che non credevano più a nulla e volevano vendicarsi dei fallimenti della loro vita, si univa certamente ristretta, ma più impegnata, anche l'adesione di gruppi di giovani che avevano assistito con disgusto al crollo delle loro speranze alla caduta di un regime avvenuta senza alcuna difesa e luce di sacrificio e che avevano subìto come un oltraggio il cinico doppio giuoco praticato dalla monarchia e da Badoglio e quello che appariva il tradimento degli impegni ancora rinnovati con l'alleato tedesco». Ed Emilio Gentile, uno degli storici più severi con il fascismo, in *La grande Italia* scrive: «Per molti [*giovani volontari*], educati a identificare la patria con il fascismo e il fascismo con la patria, una distinzione era tuttora impossibile». Nel loro patriottismo prevaleva l'adesione fideistica al mito fascista della «grande Italia», a cui dedicarsi interamente, anima e corpo.

Come spiega un diciassettenne milite della X Mas, i giovanissimi militanti della Rsi combattevano per una «Italia risorta» che «marcia di nuovo verso la meta prefissa, con una ferrea volontà. Il sacrificio di lunghi anni non poteva infatti naufragare nel disonore in una maniera così indecorosa. ... Dall'abisso in cui siamo caduti, ... venduti dai traditori, ci siamo levati soprattutto noi volontari, con tutte le nostre forze per riscattare la via dell'onore: e cantiamo novelle canzoni di guerra, con in cuore la medesima immutabile fede e con sulle labbra un solo e grande nome: ITALIA! Ed è appunto questa sacra parola che deve continuamente restare presente nell'animo di tutti, che spingerà noi, nuova gioventù guerriera d'Italia, verso la tanto agognata meta».

C'è Fulvio Balisti, amico di d'Annunzio, che – pur critico di Mussolini – sceglie Salò perché «un re non può scappare dopo aver mandato i cittadini alla guerra» (*Da Bir el Gobi alla Repubblica sociale italiana*). C'è il giovane che scrive alla madre: «Si può decidere di non combattere più, ma si resterebbe col rimpianto di non aver tentato». C'è il ragazzo di 21 anni, né seguace di Graziani né di Badoglio, che decide di seguire la via «che salverà l'onore dell'Italia». E poi, naturalmente, ci sono quelli che Vincenzo Costa, ultimo federale di Milano, chiamò gli «sciacalli»: «Pensarono che vestendo una divisa potevano camuffare i propri bassi istinti e le loro furfanterie». (Li incontreremo nel prossimo capitolo.)

All'esercito della Repubblica sociale si unirono anche 5000 giovani volontarie che chiesero di essere impegnate in prima linea («Lasciamo che vadano dove vogliono» commentò Mussolini. «Danno migliore esempio degli uomini.»)

Il 25 settembre Mussolini raggiunse Forlì da Monaco e il 28 volle tenere simbolicamente il suo primo Consiglio dei ministri alla Rocca delle Caminate. Non era un uomo libero, essendo sorvegliato a vista dagli sgherri dei suoi due carcerieri: Rudolf Rahn e Karl Wolff, capo delle SS in Italia. Come sede del nuovo Stato, Hitler impedì che fosse scelta Bolzano o una significativa città del Veneto. Mussolini detestava i laghi (gli mettevano malinconia), ma dovette acconciarsi a stabilire la capitale a Salò, sul Garda, mentre la sua residenza e gli uffici della presidenza furono sistemati nel palazzo Feltrinelli di Gargnano, in provincia di Brescia.

Repubblica sociale vuol dire «socializzazione». In un manifesto di 18 punti, Mussolini voleva tornare alle origini socialiste del suo movimento: abolizione del sistema capitalistico, lotta alle plutocrazie mondiali, ambigua limitazione della proprietà privata, esproprio dei terreni e cogestione delle imprese tra proprietari e lavoratori. Non se ne fece nulla. A Giorgio Bocca (*La repubblica di Mussolini*), Giorgio Almirante confessò l'entusiasmo dei giovani per la socializzazione, mentre secondo Cesare Merzagora, autorevole esponente del mondo imprenditoriale, l'esperimento era completamente fallito. I padroni erano rimasti padroni e gli operai erano rimasti operai.

*E infine Rachele scoprì l'esistenza di Claretta*

Nel frattempo, anche Claretta Petacci era arrivata sul Garda sotto la protezione dei tedeschi. Aveva trascorso un mese nel carcere di Novara insieme ai suoi famigliari: lei ristretta in una piccolissima cella con la madre e la sorella Myriam, mentre il padre alloggiava in un altro braccio, pur avendo la possibilità di visitare ogni giorno la figlia maggiore, che stava spesso malissimo.

Sul primo (e forse unico) incontro tra Claretta e Mussolini ci sono almeno due versioni. Una è di Mirella Serri (*Claretta l'hitleriana*). I due amanti si sarebbero visti il 28 ottobre a villa Feltrinelli, residenza del Duce, prima dell'arrivo di Rachele e dei figli. Mussolini viene descritto come un uomo provato e spento: «Oggi siamo inermi, non abbiamo un soldato, un aviere, un marinaio. Non un cannone, un fucile, un carro armato, un camion, un velivolo, un bastimento, una uniforme. ... Lo strazio di vedere il lavoro di vent'anni distrutto ... Bisogna ricominciare dalle fondamenta ed è quello che sto facendo, tra difficoltà che puoi facilmente immaginare».

L'altra versione è di Arrigo Petacco (*Eva e Claretta*) ed è frutto della testimonianza di un diplomatico giapponese, Shichiro Ono, al quale Mussolini avrebbe chiesto di ospitare la sua amante a villa Fiordaliso di Gardone Riviera, nel complesso che fu abitato da Gabriele d'Annunzio, ufficialmente sede dell'ambasciata nipponica, dove Claretta alloggiò per l'intero periodo in cui il diplomatico rimase in Italia. «Il Duce non ha mai pagato un soldo» racconta Ono. «La signora usava la mia macchina, una Fiat 1500 con bandiera giapponese, e non poteva muoversi di casa senza il mio consenso e la mia presenza perché il Duce aveva insistito su questo: temeva qualche brutto scherzo delle SS.»

Secondo Ono, Mussolini e la Petacci s'incontrarono solo una volta: «Il Duce mi pregò di organizzare l'incontro nella torre del Vittoriale, ma fu lui a trovare il pretesto. Nella villa accanto ... c'era la mostra di uno scultore italiano... Il Duce venne un giorno a vederla e poi ... uscì dal retro ... e andò su da Claretta nella torre». Fecero l'amore?, gli chiese

Petacco. «Credo proprio di sì. Sono rimasti nella torre per più di un'ora e quando sono scesi, la signora era arrossata, spettinata, confusa e... felice.»

All'incredulità di Petacco sul fatto che fino al 31 gennaio 1945, data del trasferimento di Ono, i due amanti si fossero incontrati soltanto una volta, il diplomatico giapponese – che non aveva alcuna ragione per mentire – rispose giurando di aver detto la verità. E Petacco conclude: «Se il signor Ono mi ha detto il vero, ciò spiegherebbe perché Mussolini, che non era grafomane e che aveva scritto soltanto 36 lettere a Claretta tra il 1932 e il 1943, gliene abbia scritte addirittura 318 (tante ne sono conservate all'Archivio di Stato) nei 560 giorni in cui si svolse la seconda fase della loro corrispondenza. Se si fossero visti più spesso, lui avrebbe certamente scritto di meno e parlato di più».

Una volta Mussolini disse a Claretta che lei era odiata persino più di lui: dagli antifascisti per ragioni intuibili e dai fascisti perché la consideravano un'arrampicatrice sociale alle spalle del Duce. Ciò che lui però non poteva sospettare è che una donna così devota collaborasse alle sue spalle e ai suoi danni con i nazisti. Se ne accorse addirittura un anno dopo l'arrivo a Gargnano, quando il questore Emilio Bigazzi Capanni, su suo incarico, irruppe nell'appartamento della Petacci e trovò in un cassetto della camera da letto otto copie fotografiche di lettere di Mussolini. Il questore avrebbe dovuto arrestarla, ma non lo fece perché lei gli mostrò un biglietto su carta intestata del Duce e della cosa non si parlò più.

Le campagne scandalistiche scatenate dopo il 25 luglio consentirono a Rachele di scoprire che da parecchi anni suo marito aveva un'amante. Anzi, come è arcinoto, Mussolini, di amanti, ne ha avute tante e la moglie lo sapeva. Ma, incredibilmente, ignorava la relazione con Claretta e, quando la scoprì, lei era arrivata da tempo a Gardone Riviera, a pochi passi da suo marito. («Nessuna mi ha fatto soffrire quanto lei» racconterà nelle memorie Rachele.) Eppure, lo difenderà sempre, ostinatamente, come «non solo il migliore dei padri, ma anche uno sposo attento e affettuoso che, fino all'ultimo, mi circondò di ogni premura. Mai, posso giurarlo, passò una notte fuori di casa, mai si permise di presentare Claretta a qualcuno della nostra famiglia». Nonostante possa sembrare inverosimile, davvero Mussolini – traditore bulimico e seriale – non trascorse mai una notte lontano dalla dimora di famiglia, fatti salvi, ovviamente, gli impegni di Stato.

Per affrontare la Petacci, Rachele aspettò un anno, quando nell'autunno del 1944 si fecero insistenti le voci che la donna fosse protagonista di un intrigo internazionale ai danni di suo marito. Si presentò con Buffarini Guidi al cancello di «Villa dei Morti» (così chiamata perché sembrava disabitata), cercò di scavalcarlo, visto che Claretta si era barricata in casa, e quando finalmente la ebbe di fronte le disse di andarsene: «Quando si vuol bene a qualcuno, si accetta qualunque sacrificio per lui». Così Rachele nelle sue memorie.

Assai più credibile e movimentata la versione dell'incontro fornita da Myriam Petacci, che, dopo il 25 luglio, i giornali accusarono di essere protagonista di un ménage a tre con la sorella e il Duce. «Voi credete di aver fatto perdere la testa a mio marito,» avrebbe detto Rachele «ma mi fate ridere, perché ne ha avute tante, ma tante, sapete, e siete stata tradita anche voi, non soltanto io, e forse ha tradito più voi che me. ... Perché non vi vuole mica bene, sapete? Me lo ha detto ieri che non vi vuole bene e che se vi levate dai piedi gli fate un favore.» Finì malissimo. Claretta svenne e mostrò alla rivale le copie fotografiche (solo le copie) di 32 lettere inviatele dal Duce. Una telefonata di Rachele a Mussolini finì per peggiorare le cose, e poi se ne andò dopo aver lanciato contro Claretta un profetico anatema: «Finirete male, signora, vi porteranno a piazzale Loreto». (Quel luogo era già famoso a Milano perché, poche settimane prima, i fascisti vi avevano ucciso 15 partigiani.)

Quel che non si sapeva è che anche Rachele aveva tradito il marito. Lo rivela la nipote Alessandra Mussolini nel libro *Benito, le rose e le spine*, uscito per Piemme nel settembre 2025. «Lo tradì con Corrado Varoli, che era stato non a caso scelto da mia nonna per lavorare a villa Carpena come amministratore» ha raccontato Alessandra ad Aldo Cazzullo per il «Corriere della Sera». «Furono sorpresi da un'altra sorella di Rachele, Augusta, che entrò in camera con il vassoio della colazione e li trovò insieme. Il vassoio cadde a terra, il bricco del latte andò in mille pezzi e Augusta disse subito che avrebbe avvertito Benito perché era segretamente innamorata di lui. Aveva sempre avuto un rapporto difficile con Rachele.»

Augusta disse a Benito che le cose con la moglie non andavano molto bene. Lui capì e si precipitò con la sua Alfa Romeo a villa Carpena. Rachele pianse, non confessò, ma il marito capì che aveva una relazione. Disse alla moglie di allontanare l'amministratore e per caso, tornando indietro all'improvviso come per un presentimento, non scoprì la coppia insieme a cena, perché Rachele aveva invitato Varoli per dirgli di persona che doveva andarsene.

Perché questo tradimento che Mussolini trovava inconcepibile? «Non per vendetta» ha detto Alessandra a Cazzullo. «Anzi, per riequilibrare la situazione. Per vedere cosa si prova a fare quello che lui aveva fatto spesso: stare con un'altra persona. E, in qualche modo, anche per riconquistare il marito.»

# VIII

# Mussolini e Hitler verso la tragedia finale

## *L'ultimo attentato a Hitler*

Il diciassettesimo e ultimo incontro tra Hitler e Mussolini avvenne il 20 luglio 1944, qualche ora dopo che il Führer era scampato a un tremendo attentato.

Il tenente colonnello Claus von Stauffenberg era il capofila di un gruppo di cospiratori che da molto tempo volevano uccidere il Führer, e sempre con una bomba a scoppio ritardato. Una volta Stauffenberg la portò con sé a una conferenza, ma, visto che il piano prevedeva di eliminare, oltre a lui, anche Göring e Himmler, e quest'ultimo non si presentò, ne rinviò l'esecuzione. Un'altra volta la piazzò sull'aereo del Führer, ma l'ordigno non esplose.

Il 20 luglio, dopo aver superato tutti i controlli, Stauffenberg era arrivato a due metri da Hitler in una riunione ristretta nel quartier generale della Prussia orientale. Innescò la bomba, che sarebbe dovuta scoppiare dieci minuti dopo, la mise in una borsa e la piazzò sotto la scrivania, vicino al Führer. Poi uscì, simulando di dover fare una telefonata, senonché nel frattempo il generale Heinz Brandt, per avere le gambe libere, aveva spostato la borsa lontano dal tavolo. Con quel gesto salvò la vita del dittatore, ma uccise se stesso. Ci furono altri 3 morti e molti feriti gravi, mentre Hitler se la cavò miracolosamente con lo sfondamento del timpano destro e qualche contusione, che non gli impedirono di rispettare l'appuntamento con Mussolini, fissato tre ore dopo l'attentato.

Quando i due si videro, il più spaventato era il dittatore italiano. Racconta l'interprete Paul Schmidt: «"È stato qui" disse Hitler tranquillamente mentre a Mussolini gli occhi stavano quasi per schizzare fuori dalle orbite per la costernazione. Si era fatto pallido come un cadavere ... "Ero qui in piedi presso questo tavolo" continuò a raccontare Hitler con una straordinaria indifferenza, come se il suo spirito fosse altrove, "per osservare qualche cosa sulla carta, quando il piano del tavolo mi è volato improvvisamente addosso, spingendomi violentemente in alto il braccio. (*Aveva salutato Mussolini con la mano sinistra.*) La bomba è esplosa proprio davanti ai miei piedi." Mussolini scuoteva la testa in preda a un indicibile sconvolgimento. "Se ripenso al modo miracoloso nel quale sono scampato dal pericolo" aggiunse Hitler "debbo concludere che nulla possa mai accadermi." Mussolini annuì vivacemente: "Dopo quel che ho visto qui" disse indicando con un gesto della mano le rovine ammonticchiate nella stanza "sono interamente della sua opinione. È stato un segno del Cielo!"».

In Hitler non venne mai meno la sincera amicizia nei confronti di Mussolini, ma politicamente lo trattava come un suddito. La prima dimostrazione si era avuta con la persecuzione degli ebrei. Con le sue leggi razziali, il Duce aveva discriminato gli italiani di religione ebraica, ma non li aveva perseguitati fisicamente.

### *La razzia nel ghetto ebraico di Roma. Il silenzio di Pio XII*

Facciamo un passo indietro. Sabato 16 ottobre 1943, meno di tre mesi dopo la caduta del regime fascista, 365 agenti della polizia tedesca isolarono il ghetto ebraico di Roma, arrestando 1259 persone di ogni sesso ed età. Artefice dell'operazione fu un giovane capitano delle SS, Herbert Kappler, che faceva capo a Adolf Eichmann, anche lui non ancora quarantenne e specializzato nella persecuzione antiebraica. (Eichmann sarà impiccato a Ramla, in Israele, nel 1962, dopo essere stato rapito in Argentina dai servizi segreti israeliani. Kappler, condannato all'ergastolo, fuggì dall'ospedale militare del Celio nell'agosto 1977 e sarebbe morto in Germania all'inizio dell'anno successivo.)

La razzia – odiosissima in sé – nel ghetto diventa ancora più grave se si pensa che, alla fine di settembre, gli ebrei erano stati costretti a versare ai tedeschi 50 chili d'oro per evitare rappresaglie personali. La Santa Sede si era fatta garante nel caso in cui la comunità ebraica non fosse riuscita a raccogliere l'oro sufficiente, ma non ce ne fu bisogno. L'intervento del Vaticano servì, invece, a far rilasciare 252 persone di quelle rastrellate dai nazisti: quasi tutti erano ebrei sposati con un coniuge ariano. Delle 1022 persone avviate ai campi di sterminio, ne sopravvissero soltanto 16.

Si è molto discusso sul ruolo avuto nella tragica vicenda da Pio XII, che venne informato immediatamente di quello che stava accadendo. Avrebbe potuto, con un gesto clamoroso, presentarsi al binario dove, dopo la razzia nel ghetto, il treno dei deportati era in procinto di partire per un viaggio senza ritorno, e allargare le braccia al cielo, come aveva fatto a piazza San Giovanni dopo il bombardamento di Roma, per fermare idealmente il convoglio. Non lo fece (e quasi certamente non sarebbe servito a nulla) e, su pressione dell'ambasciatore tedesco presso la Santa Sede, Ernst von Weizsäcker, non autorizzò nemmeno la diffusione di una nota di protesta. Il diplomatico sosteneva che dare pubblicità alla cosa avrebbe avuto un esito devastante sulle superiori autorità germaniche (era stato Hitler in persona, a quanto pare, a ordinare la razzia).

Il recentissimo libro *Un mosaico di silenzi* di Giovanni Coco, archivista dell'Archivio apostolico vaticano, aggiunge particolari inquietanti sul silenzio di Pio XII. Coco riferisce che suor Pascalina Lehnert, per quarant'anni potentissima governante personale di papa Pacelli, ricorda nelle sue memorie che, quando nell'agosto 1942 i giornali avevano pubblicato la denuncia dei vescovi olandesi contro la disumana persecuzione degli ebrei che aveva spinto Hitler a far arrestare e gasare 40.000 giudei, il pontefice era entrato in cucina per bruciare due fogli manoscritti in cui esprimeva la sua protesta per quanto accaduto, destinata alla pubblicazione sull'«Osservatore Romano». «Che ne sarebbe dei cattolici e degli ebrei nella sfera di influenza tedesca?» aveva detto per spiegare il ripensamento. L'archivista pontificio rileva che, in quei drammatici giorni dell'ottobre 1943, allo strazio personale del papa si affiancò un contegno assolutamente reticente sull'accaduto, al punto di suscitare impressioni negative persino tra i militari tedeschi, stupiti «specialmente per quanto riguarda l'avvenuta deportazione degli ebrei di Roma e l'assenteismo dell'autorità ecclesiastica».

Coco smentisce, inoltre, l'esistenza di una circolare con cui, il 25 ottobre 1943, Pio XII avrebbe ordinato alle case religiose di «salvare il maggior numero possibile di ebrei». In realtà, fu data facoltà alle case generalizie di regolarsi autonomamente, cosicché accanto ai molti salvataggi di ebrei si contarono anche molti rifiuti. Occorre ricordare, poi, che in Vaticano c'era una corrente assai poco favorevole ai semiti, guidata da monsignor Angelo Dell'Acqua che, negli anni Sessanta, sarebbe diventato vicario del pontefice Paolo VI a Roma.

### *Gli americani a Napoli. Il ritorno di Togliatti*

La Resistenza ebbe inizio il 22 settembre 1943, quando i tedeschi ordinarono a tutti i napoletani dai 18 ai 33 anni di presentarsi per il lavoro obbligatorio. Dovevano essere 30.000, obbedirono in 150. Molti degli altri si armarono e cominciarono a sparare: fu un movimento trasversale, anche socialmente, fatto di vecchi antifascisti e di apolitici che, antifascisti, lo diventarono all'istante. Si armarono persino i bambini: il simbolo di quei giorni è Antonio Garofalo, 12 anni, fotografato mentre con il fucile a tracolla passa da una barricata all'altra, prima di essere ucciso da una pallottola in testa. Il 1° ottobre arrivarono gli Alleati. E nacque l'epopea dei grandi inviati speciali americani (fu scomodato addirittura John Steinbeck, già premio Pulitzer), i quali descrissero – come avevano fatto in Sicilia – i bambini che «accerchiavano ciascuno di noi per avere una galletta o un cioccolato piagnucolando *caramela caramela*».

Se, alla fine del 1943, i partigiani armati non superavano le 4000 unità, iniziava a prendere piede l'idea di un governo politico il cui embrione era nato già il 9 settembre, quando, in un appartamento del quartiere Salario, a Roma, si erano riuniti Alcide De Gasperi per la Dc, Alessandro Casati per i liberali, Ivanoe Bonomi (indipendente), Pietro Nenni per i socialisti, Mauro Scoccimarro e Giorgio Amendola per i comunisti e Ugo La Malfa per il Partito d'Azione. Erano tutti contrari ai Savoia, ma non tutti antimonarchici, ragion per cui De Gasperi propose di rinviare la soluzione del problema istituzionale alla fine della guerra.

Per salvare la poltrona, il 14 marzo 1944 Pietro Badoglio allacciò relazioni diplomatiche con l'Unione Sovietica, con gran sorpresa e dispetto degli angloamericani. Non fu una data scelta a caso, perché due settimane dopo, il 27 marzo, sbarcherà a Napoli e poi raggiungerà Salerno – dove si era insediato il nuovo governo – Palmiro Togliatti, con il preciso mandato di Stalin di favorire la formazione di un governo di unità nazionale con tutti i partiti membri del Comitato di liberazione nazionale (Cln).

Nonostante Vittorio Emanuele III s'illudesse di conservare il trono, gli uomini nuovi volevano sfrattarlo il più presto possibile. Si decise che, subito dopo la liberazione di Roma, il re avrebbe lasciato la luogotenenza al figlio Umberto.

Quasi due mesi prima, il 22 gennaio 1944, gli Alleati erano sbarcati ad Anzio e tutti erano convinti che, nel giro di pochissimo tempo, avrebbero raggiunto la capitale, che, invece, fu liberata soltanto il 4 giugno. Giulio Andreotti me ne illustrò le ragioni nel 2004 per *Storia d'Italia da Mussolini a Berlusconi*. Negli anni Cinquanta, quando era ministro della Difesa, il generale americano Maxwell Taylor, che avrebbe dovuto coordinare l'arrivo in Italia di una divisione aerotrasportata, gli spiegò che le forze alleate avevano ricevuto l'ordine di tenere inchiodati i tedeschi ad Anzio per impedirne il ricongiungimento in Francia con le truppe che avrebbero contrastato lo sbarco in Normandia, che avverrà due giorni dopo la liberazione della capitale. «Era una spiegazione logica,» mi disse Andreotti «ma noi soffrimmo a lungo la presenza dei tedeschi, che a Roma fu molto dura.» (Taylor era lo stesso ufficiale che la notte sull'8 settembre 1943 aveva dovuto bloccare l'aviosbarco su Roma a causa delle menzogne del maresciallo Badoglio e del generale Giacomo Carboni.)

Il 5 giugno 1944, puntualissimi, Badoglio e il generale inglese Noel Mason-MacFarlane, capo della missione alleata, si presentarono da Vittorio Emanuele III a Ravello chiedendogli di firmare il trasferimento dei poteri al figlio. Il re chiese di sottoscrivere l'atto al Quirinale, ma gli fu impedito. Suo figlio Umberto passò a Roma qualche ora per incontrare i notabili postfascisti e fu subito rispedito a Napoli. Per abdicare (tardivamente), il sovrano attenderà il 9 maggio 1946, meno di un mese prima del referendum del 2 giugno. Al molo di villa Rosebery a Posillipo, al momento dell'imbarco verso l'esilio di Alessandria d'Egitto, né al padre né al figlio sarebbe scappata una parola o una lacrima. Umberto II rimarrà sul trono meno di un mese, il che gli valse il soprannome di «Re di maggio».

## *L'odio di Rachele per Galeazzo Ciano*

«Il 27 agosto 1943, con l'aiuto dei tedeschi potemmo sottrarci alla sorveglianza e raggiungere il campo di aviazione di Ciampino dove un aereo ci prese a bordo per portarci a Berlino. Solo in seguito si seppe che la nostra destinazione era Monaco da dove, dopo due giorni, i tedeschi ci avevano promesso di farci proseguire verso un paese neutrale [*Ciano sperava di andare in Spagna, da dove avrebbe proseguito per l'America del Sud*]. Comprendemmo che da ospiti eravamo diventati prigionieri.» È una parte del lungo racconto che, dopo la morte di Ciano, sua moglie Edda Mussolini fece al celebre psichiatra svizzero André Repond, direttore della casa di salute mentale dove la figlia del Duce era ricoverata, che stilò su di lei una relazione per il Ministero pubblico della Confederazione elvetica.

Dietro l'apparente serenità dei pranzi a Gargnano, sui quali abbiamo riferito, le famiglie Mussolini e Ciano erano divise da un odio insanabile. Rachele pretendeva che Edda si schierasse dalla parte del padre e non del marito. («Ciano non merita alcuna pietà» confidò ad Alessandro Pavolini. «A mio marito non dirò mezza parola né pro né contro mio genero, ma se i giudici lo condanneranno a morte faranno il loro dovere di fascisti.»)

Di diverso parere sembrerebbe il Führer, stando a quanto riferisce Repond: «Anche Hitler, che la signora Ciano andò a trovare nel suo quartier generale a Königsberg alla fine del 1943 per perorare la causa di suo marito, si sarebbe lasciato intenerire. A Hitler sarebbero persino venute le lacrime agli occhi, dato che gli capitava anche di essere molto emotivo, ma Ribbentrop e donna Rachele sarebbero stati irriducibili».

Testimoni nazisti del colloquio riferiscono di essere rimasti sorpresi dalla pazienza del Führer verso Edda, che lo ricattava. Disse a tutti che, in cambio della libertà del marito, era disposta a consegnare i diari di Ciano, pieni di rivelazioni compromettenti. («Ciano è un novello Bruto» dichiarò la moglie di Mussolini a Ermanno Amicucci, direttore del «Corriere della Sera».)

Il conte fu trasferito in aereo da Monaco a Verona il 19 ottobre e subito rinchiuso in una piccola cella nel carcere degli Scalzi. Lo accompagnava una bella ragazza, Felicitas Beetz, che, nonostante avesse soltanto 24 anni, era già maggiore delle SS. I nazisti sapevano che Ciano era uno sciupafemmine e contavano sulle arti seduttive di Felicitas per sapere dove fossero nascosti i diari. Le cose andarono diversamente perché lei se ne s'innamorò sinceramente e fece di tutto per salvarlo. (Dirà, dopo l'esecuzione, alla madre di Galeazzo: «Io ho amato suo figlio, contessa, e lo amo ancora. È stato l'amore più grande della mia vita».)

La Beetz aveva architettato un piano geniale. Come raccontano Indro Montanelli e Mario Cervi in *L'Italia della guerra civile*, due SS in divisa di militi fascisti avrebbero dovuto aggredire i soldati tedeschi messi di guardia alla cella di Ciano, con il consenso e la collaborazione degli assaliti, e poi sopraffarli e rapire il prigioniero, che sarebbe stato trasferito dapprima in Ungheria, quindi in Turchia. Una volta in salvo, avrebbe provveduto ad avvertire Edda, la quale avrebbe consegnato i diari. Di questo copione venne informato prima il generale delle SS Wilhelm Harster, fino ad arrivare, per via gerarchica, a Heinrich Himmler. Naturalmente, il capo delle SS non se la sentì di assumersi una responsabilità così enorme e girò la richiesta a Hitler, che bloccò tutto.

E arriviamo a Mussolini, ambiguo, dubbioso e tormentato come un personaggio di Pirandello. Il Duce voleva o non voleva la morte del genero? Il ministro della Giustizia, Piero Pisenti, al quale aveva chiesto un parere, gli disse che, a suo avviso, non esistevano gli estremi del tradimento. Non era stato forse Mussolini a chiedere la votazione al Gran Consiglio? Si era votato liberamente, e questo annullava la possibilità giuridica di accusare di tradimento i consiglieri che si erano espressi a favore dell'ordine del giorno Grandi. Ma la risposta del Duce era stata gelida: «Voi vedete solo il lato giuridico, io debbo guardare quello politico. Le ragioni di Stato sommergono ogni altra valutazione. Ormai bisogna andare fino in fondo».

I tedeschi, in questa circostanza, furono abilissimi. Formalmente lasciarono a Mussolini ogni decisione, e Hitler non proferì parola. Ma se i congiurati e, soprattutto, Ciano non fossero stati condannati, la disistima per la debolezza del Duce avrebbe superato ogni limite. I fascisti repubblicani erano scatenati. Pavolini era stato chiarissimo: «Attraverso la mia bocca, vi parlano i trecentomila fascisti repubblicani che vi hanno sempre ciecamente seguito... Non dovete permettere» aveva detto a Mussolini alla vigilia del processo «che essi rimangano una volta ancora delusi e traditi. Se giustizia non sarà fatta, vi prego di accettare sin da questo momento le mie dimissioni».

Per salvare Ciano, si mosse anche Claretta Petacci, che pure lo aveva sempre odiato. Fece sapere al conte di aver inviato un appunto a Mussolini, che le rispose con queste parole: «È bene che Ciano sappia che, malgrado tutto, io non l'ho abbandonato. Saprò convincere, me stesso per primo, che egli fu vittima delle circostanze e non volontario complice del meditato intrigo».

### *I disperati e vani ricatti di Edda per salvare il marito*

Il processo contro Ciano e gli altri gerarchi si aprì l'8 gennaio 1944 nel palazzo di Castelvecchio e si chiuse in appena due giorni. Il 9 gennaio, alla vigilia della sentenza, Edda – fuggita con i diari del marito in Svizzera grazie all'aiuto del marchese Emilio Pucci – fece avere a Felicitas Beetz tre lettere, indirizzate rispettivamente al generale Harster, a Hitler e a Mussolini. Particolarmente dura quella per il padre: «Ora basta. Se Galeazzo fra tre giorni non sarà in Svizzera, secondo le modalità che ho fatto conoscere ai tedeschi, tutto ciò che so, con prove alla mano, sarà usato in forma spietata. Altrimenti lasciateci vivere tranquilli e non sentirete più parlare di noi». Non ebbe risposta.

Accanto a Ciano, sul banco degli imputati sedevano il quadrunviro Emilio De Bono, lo storico segretario amministrativo del Partito fascista Giovanni Marinelli, due ministri (Carlo Pareschi e Tullio Cianetti) e il presidente della Confederazione dei lavoratori dell'industria, Luciano Gottardi. Si salvò solo Cianetti, che, come abbiamo visto, aveva scritto per tempo una lettera al Duce in cui ritrattava la sua adesione all'ordine del giorno Grandi e fu condannato a trent'anni di carcere. Per gli altri, la sentenza fu la pena capitale. I nove giurati decisero a maggioranza e furono unanimi solo nel negare a Ciano qualunque attenuante.

L'11 gennaio, poco prima della fucilazione, il conte tentò il suicidio con una fiala di cianuro che, in realtà, conteneva un'altra sostanza, perciò non morì. Dieci minuti dopo averla ingerita, infatti, disse a Cianetti: «Non ha funzionato». Gliel'aveva data Frau Beetz che, essendo l'unica a poterlo fare, sarebbe stata subito scoperta.

Dopo la sentenza, i condannati inoltrarono a Mussolini una domanda di grazia: era lui, il capo dello Stato, l'unico a poter decidere. Secondo Silvio Bertoldi (*Salò*), fu Pavolini a stabilire di non inoltrare la petizione, con la motivazione di non voler addolorare e disturbare il Duce, essendo la questione di stretta competenza del partito. Tuttavia, non sentendosela di bloccare personalmente la richiesta, lo fece attraverso un tortuoso scaricabarile tra parecchi gerarchi, cosicché alla fine toccò a Italo Vianini, una figura di secondo piano, dare seguito alla direttiva contenuta in una lettera con cui Renato Ricci, il capo della Guardia nazionale repubblicana, decideva di non respingere la domanda di grazia ma, al tempo stesso, di non inoltrarla a Mussolini. A quel punto non restava che l'esecuzione.

All'alba dell'11 gennaio, tre ore prima che ai condannati fosse comunicato il rigetto della domanda di grazia, Mussolini telefonò a Karl Wolff, capo delle SS in Italia, per dirgli che la lettera di Edda lo aveva lasciato «perplesso». Wolff gli ribadì l'ordine del Führer di non interferire sull'esito del processo e, quando il Duce gli chiese un parere «personale e confidenziale», lui rispose che al suo posto sarebbe stato inflessibile. Aggiunse, poi, che il Führer dubitava che la sentenza sarebbe stata eseguita. Allora Mussolini domandò: «Una mancata esecuzione potrebbe nuocermi nella considerazione del Führer?». E Wolff: «Sì, e molto».

Poco prima delle 9 del mattino dell'11 gennaio 1944, nel poligono di tiro di Forte San Procolo fu ordinato ai condannati di mettersi a cavalcioni su una sedia, dando le spalle ai 30 uomini del plotone d'esecuzione comandato da Nicola «Nino» Furlotti, capo della polizia di Verona. Essendo riusciti facilmente ad allentare la corda che legava loro le mani, Gottardi e Pareschi si alzarono in piedi gridando «Viva l'Italia!», come De Bono, il quale però rimase seduto. Marinelli pianse per tutto il tempo. Ciano, che aveva rifiutato la benda, girò di scatto il capo verso il plotone, cosicché i proiettili destinati alla nuca gli si conficcarono nella schiena, senza provocarne la morte immediata. Così Furlotti dovette finirlo con due colpi di rivoltella alla tempia destra. Dopo l'esecuzione, Felicitas Beetz andrà a deporre un mazzo di rose sulla bara aperta di Ciano nel cimitero di Verona.

Il 26 gennaio don Giuseppe Chiot, cappellano del carcere degli Scalzi a Verona, si recò in visita da Mussolini e, nel dopoguerra, avrebbe raccontato a Bertoldi che il Duce gli disse di non aver mai ricevuto la domanda di grazia e che, nell'«orribile notte» precedente l'esecuzione, «ogni volta che accendevo la luce nella mia stanza, scoprivo la tentazione orribile della rivoltella sul mio tavolino».

## *L'esercito di Mussolini. Il «terrorismo cittadino» dei Gap*

Quanti soldati contava l'esercito di Mussolini? Nel dopoguerra lo Stato maggiore dell'esercito italiano ha parlato di 558.000 uomini, mentre all'epoca la Rsi forniva un numero superiore: mezzo milione di uomini, ai quali andavano aggiunti 260.000 lavoratori militarizzati. In linea di massima, la distribuzione era questa: 300.000 uomini dell'esercito, 79.000 dell'aeronautica, 26.000 della marina, 10.000 della X Mas di Junio Valerio Borghese, che fu la prima a essersi costituita. A questi vanno sommati i 150.000 uomini della Guardia nazionale repubblicana (l'erede della Milizia fascista) e i 110.000 militi delle Brigate nere, comandate da Pavolini e composte da tutti i richiamati iscritti al partito, dai 18 ai 60 anni, senza altri obblighi militari. Obiettivo principale delle Brigate nere era la lotta antipartigiana. Nei diciotto mesi di guerra civile, molti repubblicani disertarono, ingrossando le file della Resistenza. Alla fine, i caduti furono 13.000 e, nell'aprile 1945, quando anche il Nord fu liberato, i militari repubblicani attivi non superavano ormai le 125.000 unità.

Se è vero, come sostiene Renzo De Felice, che all'origine della guerra civile ci fu la nascita stessa della Repubblica sociale italiana, è altrettanto vero che il primo colpo di pistola fu sparato dai comunisti dei Gap (Gruppi di azione patriottica). La «pacificazione» di cui s'illuse nei primi tempi il nuovo apparato statale fascista (Giorgio Bocca gliene dà atto in *La repubblica di Mussolini*) era di fatto impossibile. Abbiamo detto dell'esonero dal giuramento di magistrati e diplomatici e del mantenimento in cattedra di accademici di valore e comunisti militanti, come Concetto Marchesi, ma il fatto stesso che il Pci impose a quest'ultimo di non collaborare con le nuove autorità dimostra la velleità di ogni possibile intesa. D'altra parte, l'Italia del Nord era sotto il dominio di un esercito occupante alleato del nuovo fascismo. Prima che inevitabile, la Resistenza armata era doverosa. Ma un conto è il combattimento contro reparti militari italiani e tedeschi, altro è il singolo omicidio, che scatena deliberatamente la spirale incontrollabile delle rappresaglie, con l'obiettivo di sollevare la popolazione contro i nazifascisti.

25 ottobre 1943. Qui inizia il «grande terrorismo cittadino» di cui parla Bocca. A Torino i Gap uccidono Domenico Giardina, seniore della Milizia. I fascisti rispondono con l'esecuzione di Ateo Garemi, comandante del Gap torinese. Il 21 dicembre il successore, Giovanni Pesce, ammazza nel suo negozio l'orologiaio Aldo Morej, amico personale di Mussolini. Nessuna rappresaglia. Che invece c'era stata – spropositata, tremenda – il 15 novembre, due giorni dopo l'assassinio di Igino Ghisellini, federale di Ferrara, un moderato pluridecorato: i fascisti avevano giustiziato 11 partigiani che non avevano niente a che fare con il delitto, sulla cui matrice peraltro esistono tuttora molti dubbi, dal momento che Ghisellini era inviso anche agli estremisti fascisti. Mussolini s'infuria, parla di atto «stupido e bestiale», teme che, se il fenomeno non viene stroncato, scatenerà la furia omicida dei tedeschi. Ma viene messo in minoranza, perché Pavolini scrive e grida che la caccia al fascista è ormai generalizzata.

A Milano, il 18 dicembre, i Gap ammazzano Aldo Resega, federale della città, che si divide tra la sua azienda e il partito. È un moderato, gira in tram, disarmato. Si sente in pericolo, ma scrive: «Lasciate che il sangue sgorghi senza rappresaglia e senza vendetta». E invece i militi della banda intitolata a Ettore Muti uccidono per rappresaglia 8 partigiani. Ai funerali di Resega, nel Duomo di Milano, i gappisti sparano da una finestra sulla folla assiepata nella piazza antistante. I fascisti risposero con migliaia di colpi d'arma da fuoco in aria, in un clima d'isteria collettiva. Ormai la guerra civile è esplosa ed è incontrollabile.

## *Il terrorismo fascista e le rappresaglie partigiane*

Come scrive Claudio Pavone in *Una guerra civile*, alcuni estremisti di Salò «vedono il traditore non nel fascismo, ma in chi ha tradito il fascismo, peggio ancora se fascista e come tale imperdonabile … Questi fascisti pensano che la Repubblica sociale sia l'ultima occasione per ritrovare la purezza offesa dei fascisti nel ventennio». Si distinguono in questa categoria Mario Carità a Firenze, Pietro Koch prima a Roma e poi a Milano, e Francesco «Franco» Colombo, fondatore della Legione Muti.

Ecco il ritratto di Carità tracciato da De Felice: «Per un violento e un frustrato qual era [*lui*] … schierarsi prima con i tedeschi e poi con la Rsi era stato un fatto essenzialmente caratteriale, di autoaffermazione e di potere, un modo per rivalersi e fare proprie vendette su coloro (ufficiali dell'esercito, burocrati, dirigenti del Pnf, ecc.) che per anni avevano goduto i benefici del potere e condannato tanti squadristi come lui ad una vita oscura e magra … e li avevano altezzosamente guardati dall'alto in basso». Quando Mussolini lo riprese, Carità gli scrisse: «Le fucilazioni non debbono essere fatte solo tra le classi proletarie, le fucilazioni debbono essere fatte soprattutto nelle categorie dei dirigenti militari, politici ed aristocratici». Per poi finire con una nota di scherno: «So che questi gesti non Vi piacciono perché non Vi è mai piaciuto il sangue».

Pietro Koch, già ufficiale dei Granatieri di Sardegna, imboccò «la via della vendetta», scrive De Felice, «non solo con entusiasmo, ma con una spietatezza gioiosa, con la convinzione del crociato che trovava nella lotta l'appagamento tanto dei suoi princìpi più "nobili" quanto dei suoi istinti più bestiali». Fu un torturatore spietato sia a Roma sia a Milano, che amava far assistere alle sue nefandezze una coppia di attori famosi come Osvaldo Valenti e la sua amante Luisa Ferida, nei quali si sommavano l'effetto di sostanze stupefacenti e la follia vendicatrice.

Francesco Colombo era orgoglioso di venir definito un «balordo». A Resega, che prima di essere ucciso dai gappisti lo aveva informato di essere persona non gradita tra le file del Partito fascista repubblicano, aveva replicato: «Garibaldi non chiese ai suoi uomini di presentare all'imbarco di Marsala il certificato penale... Eppure fece l'Italia! Tu dici che sono un balordo: ebbene, con i miei balordi faremo piazza pulita dai traditori, dai gerarchi vigliacchi, dall'antifascismo».

Tutti e tre, insieme a Valenti e Ferida, saranno giustiziati.

Anche i partigiani fecero le loro rappresaglie, di cui abbiamo dato ampiamente conto in *Vincitori e vinti* e in *La grande tempesta*. Ne parla – unica fonte, forse, dell'antifascismo storico – pure Pavone nel suo libro sulla guerra civile. Due episodi significativi tra i tanti.

Nell'ottobre 1944 i partigiani della Valle di Lanzo (Torino) proposero ai tedeschi la consegna di 120 prigionieri in cambio della salvezza di un importante capo della Resistenza, Giovan Battista Gardoncini, e di 8 suoi compagni. I tedeschi rifiutarono lo scambio e i partigiani giustiziarono i 120 ostaggi.

Nel dicembre 1944 un mitico comandante partigiano, Duccio Galimberti, fu seviziato e ucciso dalle Brigate nere di Cuneo. La risposta fu la fucilazione di 50 prigionieri appartenenti alle stesse Brigate nere.

L'episodio forse più raccapricciante, però, riguarda la strage dei partigiani cattolici, liberali e socialisti della brigata Osoppo (fazzoletto verde) da parte dei partigiani comunisti della brigata garibaldina Natisone (fazzoletto rosso). Come sottolinea Ernesto Galli della Loggia (*La morte della patria*), dietro questa battaglia tra partigiani e nazifascisti se ne nascondeva un'altra, quella tra i comunisti consenzienti al disegno di Tito di annettersi l'intera Venezia Giulia e i partigiani che erano contrari. La battaglia, insomma, tra chi, dopo la Resistenza, guardava all'Italia come nazione occidentale e chi la voleva sotto l'influenza sovietica. (L'ordine della strage, firmato da Alfio Tambosso, il partigiano «Ultra», spiega che la brigata Natisone agiva sotto il comando del maresciallo Tito e conclude: «L'Armata rossa gloriosa avanza e i tempi stringono».)

Come documenta Tommaso Piffer nel recentissimo *Sangue sulla Resistenza*, il comandante della brigata Osoppo, Francesco De Gregori («Bolla»), si rifiutò di accettare che la sua formazione passasse alle dipendenze dei comunisti iugoslavi, «denunciò con forza ai vertici della Resistenza italiana le mire slovene e pagò questa scelta con la vita». Il 7 febbraio 1945 i partigiani dell'Osoppo furono sorpresi da un centinaio di combattenti comunisti della Natisone. Nonostante avessero consegnato il loro deposito di armi, De Gregori e Gastone Valente furono massacrati di botte e poi uccisi. Con loro fu ammazzata Elda Turchetti, una ragazza di 22 anni che aveva lavorato per i tedeschi, ai quali peraltro nulla aveva rivelato circa la posizione e l'attività dei partigiani. Altri 14 furono massacrati nei giorni successivi. La maggior parte degli assassini fuggì in Iugoslavia e Cecoslovacchia per evitare il processo.

### *I fratelli Cervi. Sant'Anna di Stazzema. Marzabotto*

Tre stragi compiute da fascisti e nazisti, diversissime tra loro ma emblematiche della guerra civile, furono quelle dei sette fratelli Cervi, di Sant'Anna di Stazzema e di Marzabotto. Anche di queste abbiamo dato conto estesamente in *Vincitori e vinti* e in *La grande tempesta*.

Il 25 novembre 1943 i sette fratelli Cervi furono attaccati dalle camicie nere della Milizia nella loro tenuta tra Campegine e Gattatico (Reggio Emilia), dove vivevano tutti insieme nella stessa casa. Si arresero dopo uno scontro a fuoco e vennero fucilati il 28 dicembre nel poligono di tiro di Reggio Emilia. Perché? La famiglia Cervi, di origine cattolica poi convertita al comunismo, si distingueva dalle altre per formazione culturale e capacità imprenditoriale, grazie all'insegnamento di papà Alcide, unico maschio sopravvissuto alla strage. Questo le procurò molte invidie, se non un'aperta ostilità, culminata nell'assenza di protezione partigiana. (Me lo confermò Maria, figlia di uno dei sette fratelli e custode della casa museo, quando andai a trovarla nell'estate del 2005.) Appena i Cervi furono arrestati, partì il passaparola tra i partigiani di non uccidere fascisti, per non giustificare la rappresaglia. Ma il 14 dicembre 1943 fu ammazzato Giovanni Fagiani, primo seniore della Milizia. I fascisti non reagirono. Tredici giorni dopo fu giustiziato da due partigiani Davide Onfiani, segretario comunale di Bagnolo in Piano (Reggio Emilia). E, l'indomani, i Cervi furono fucilati.

Perché Onfiani fu ucciso? Otello Montanari, vecchio partigiano amicissimo di papà Cervi, nel 1990 alzò il sudario che copriva tanti omicidi «rossi» e per questo fu espulso dall'Associazione nazionale partigiani, che lo riabilitò soltanto nel 2016, due anni prima della morte. Quando, nel 2005, m'invitò a pranzo nella sua casa di Reggio Emilia, mi parlò di due partigiani che andarono in segreto (e in lacrime) dalla mamma dei sette fratelli Cervi, facendo capire che erano loro gli assassini di Onfiani. Poiché uno dei due era morto, Montanari chiese alle rispettive famiglie di autorizzarlo a farmi il nome dell'altro, ma il permesso gli fu negato, sicché si è portato il segreto nella tomba.

(Nel maggio 1945, al di fuori quindi del perimetro storico di questo libro, le vendette partigiane portarono a Pieve di Cento, in provincia di Bologna, al massacro di 42 persone, tra cui i sette fratelli Govoni, compresa Ida, che stava allattando la figlia di pochi mesi. Sette fratelli come i Cervi e, per di più, disarmati; ma, essendo vittime della «parte sbagliata della storia», questa strage è conosciuta da pochi.)

12 agosto 1944, Sant'Anna di Stazzema. Stabilito l'ultimo fronte di resistenza sulla Linea gotica – da Massa Carrara (all'epoca, Apuania) sul mar Tirreno a Rimini sull'Adriatico –, Albert Kesselring, comandante delle forze tedesche in Italia, aveva ordinato di bruciare le case di chiunque avesse dato assistenza ai «banditi» partigiani, anche se costretto. Quel giorno di agosto i tedeschi incendiarono l'intero paese di Sant'Anna, nell'Alta Lucchesia, proprio sulla Linea gotica. Siccome gli uomini erano scappati, le vittime furono quasi tutte donne e 65 bambini di età inferiore ai 10 anni. Complessivamente, il numero dei morti

identificati oscilla tra 432 e 437, come mi raccontò Claudia Buratti, nipote di alcune vittime e consulente del processo celebrato a La Spezia e conclusosi nel 2007. (Il numero ufficiale di 560 è sbagliato.)

Perché avvenne il massacro? Il rapporto scritto a caldo da un ufficiale britannico parla di un manifesto in cui i tedeschi invitavano la popolazione ad abbandonare il paese per poter avere mano libera nei confronti dei partigiani. Ed è documentata anche l'esistenza di un manifesto partigiano: «Si invita la popolazione a non ubbidire ai tedeschi, ad armarsi e aiutare i partigiani che, con tutte le loro forze, avrebbero difeso la zona». Difesa che non ci fu.

Nel libro più documentato sull'argomento (*Sant'Anna di Stazzema*) lo storico Paolo Pezzino, anch'egli consulente del tribunale di La Spezia durante il processo, riconosce che «le accuse più diffuse sulla responsabilità del massacro furono rivolte ai partigiani». D'altra parte, fin dal 1950, il commissario di polizia di Viareggio, Mario Cecioni, aveva scritto in un rapporto che «quasi tutti i Santannini esprimono l'opinione che la loro disgrazia debba attribuirsi a deficienze nella condotta dei partigiani». Tutte le sentenze dei vari processi che si sono succeduti non attribuiscono ai fascisti repubblicani alcuna responsabilità nella strage.

Il tribunale di La Spezia ha fatto propria la tesi formulata nel libro *Sangue chiama sangue* dall'ex ufficiale repubblicano Giorgio Pisanò, secondo il quale «al rastrellamento partecipò, accanto ai tedeschi, un partigiano comunista di nazionalità polacca, diventato spia delle SS: fu costui molto probabilmente a indicare ai tedeschi le frazioni da distruggere e le famiglie da massacrare». Questa tesi è smentita da Pezzino, che esclude il coinvolgimento ufficiale di uomini della struttura politica e militare del fascismo repubblicano, ma ricorda – sulla base di testimonianze tedesche – che nei reparti responsabili della strage erano presenti parecchi volontari italiani che indossavano la divisa delle SS.

Sotto il nome «Marzabotto» vanno comprese stragi in 115 paesi o piccoli raggruppamenti di case lungo il Reno nei pressi di Bologna, compiute tra il 29 settembre e il 5 ottobre 1944 dalla 16ª SS-Panzergrenadier Division comandata dal generale Max Simon. Il numero più credibile di vittime è 770, tra uomini di età avanzata, donne e 216 bambini, conteggiato scrupolosamente dagli storici Luca Baldissara e Paolo Pezzino nel loro saggio *Il massacro*. Dopo la strage di Sant'Anna, Mussolini scrisse a Rudolf Rahn, commissario politico di Hitler in Italia: «In questa maniera non si riesce a distruggere la piaga del ribellismo, ma si fanno dei nuovi clienti al ribellismo stesso e si allontanano le simpatie di quelli rimasti a noi fedeli». Ma poiché i nazisti si ostinavano a uccidere donne e bambini e a incendiare interi paesi, il 15 settembre il Duce scrisse direttamente a Hitler: «Come uomo e come fascista, io non posso più a lungo sopportare la responsabilità, sia pure soltanto indiretta, di questo massacro di donne e bambini».

Come non detto. Due giorni dopo, Kesselring ordinò di bruciare tutti i paesi dai quali provenissero autori di attentati. Walter Reder, un maggiore austriaco di 29 anni, eroe in Russia, applicò alla lettera la direttiva. Ci sono prove che i partigiani sapessero dell'imminente attacco e abbiano diffidato la popolazione dall'allontanarsi, magari perché – peccando di ottimismo – pensavano di riuscire a tener testa ai tedeschi, reggendo fino all'arrivo degli Alleati.

Baldissara e Pezzino documentano che i tedeschi non si muovevano sempre in forze e che i partigiani non contrastarono efficacemente nemmeno piccoli gruppi. Per esempio, a Casaglia, una frazione di Marzabotto, i partigiani erano a un passo e non intervennero. Tutte le persone rifugiate nella chiesa furono sterminate: 26 uomini, 35 donne e 50 bambini, e il parroco venne decapitato.

Reder, arrestato dagli americani ed estradato in Italia, fu condannato nel 1951 all'ergastolo. Rimase in carcere per 37 anni e fu a lungo l'unico detenuto nella fortezza di Gaeta. Nel 1985 il governo Craxi ne autorizzò la scarcerazione anticipata di sei mesi e l'ufficiale nazista tornò con un volo di Stato in Austria, dove sarebbe morto nel 1991.

## *I chiaroscuri della «guerra civile» rivelati cinquant'anni dopo*

Dopo l'8 settembre, le popolazioni delle valli e delle montagne dove si muovevano i partigiani erano largamente favorevoli a quanti si opponevano ai nazifascisti. Le cose cambiarono nella seconda metà del 1944, quando Kesselring ordinò di trattare allo stesso modo i «banditi» e i contadini che, magari controvoglia, avevano procurato loro del cibo o un letto. Magari controvoglia, perché, come ha raccontato bene Beppe Fenoglio in *Il partigiano Johnny*, trascorrevano poi ore con l'animo in subbuglio nel terrore che i nazisti se ne accorgessero.

Scrive in un appunto del 31 dicembre 1944 Giorgio Agosti, un magistrato antifascista di Giustizia e Libertà che sarà il primo questore di Torino liberata: «Un grave errore è stato l'ostinarsi nell'impossibile occupazione di intere zone ... dove si sono visti regolarmente i partigiani cedere dopo qualche ora di combattimento e lasciare nelle peste i civili, che, volontariamente o no, li avevano aiutati. ... E il rancore si dirige in ugual misura contro il fascista che incendia e contro il partigiano che si è fatto mantenere, che ha magari dimenticato nella stalla un caricatore e che al momento buono non è stato capace di difendere il paese e ha soltanto pensato a mettersi in salvo». De Felice, in *Mussolini l'alleato*, riporta una nota interna del Partito comunista di fine luglio 1944: «Nella mentalità dei contadini è subentrata la convinzione che gli eccidi avvengono perché si uccidono i tedeschi e che sarebbe bene non ucciderli. Anche qui in città si ragiona in tal modo».

In *La grande tempesta* abbiamo citato molti episodi del genere e l'annotazione di De Felice su quanto sia estranea alla realtà l'immagine di un rapporto idilliaco tra contadini e partigiani, esaltato – tra i tanti – da Luigi Longo, uno dei massimi esponenti della Resistenza comunista, in *Un popolo alla macchia*. Ignorata la *Storia della guerra civile in Italia* di Giorgio Pisanò, perché l'autore ha militato nella Rsi, per quasi cinquant'anni il testo di riferimento su questo periodo è stato *Storia della Resistenza italiana* di Roberto Battaglia, che il socialista riformista Ugo Finetti vuole «battezzato» personalmente da Longo.

Il Comitato di liberazione nazionale Alta Italia (Clnai) era presieduto da Alfredo Pizzoni e composto da Ferruccio Parri, Edgardo Sogno e Giancarlo Pajetta. Pizzoni, un importante dirigente bancario vicino a Giustizia e Libertà, svolse un ruolo decisivo, facendosi garante presso gli Alleati di un finanziamento di 140 milioni di dollari al mese in cambio del riconoscimento da parte dei dirigenti della Resistenza del governo militare alleato. Ebbene, Battaglia cita Pizzoni marginalmente un paio di volte insieme ad altri, mentre ignora totalmente Sogno, medaglia d'oro della Resistenza, che era un rilevante punto di riferimento per gli inglesi. (Accusato di golpismo, nel 1976 Sogno finì in carcere per volere del giudice istruttore di Torino, Luciano Violante, e poi completamente scagionato.)

Togliatti fu abilissimo nell'accreditare l'egemonia comunista sulla Resistenza. Come osserva lo storico di sinistra Gianni Oliva in *L'alibi della Resistenza*, «un ristretto gruppo di avanguardie rivoluzionarie si è così trasformato in grande partito di massa». Già nel 1977 Bocca rivelò che i partigiani comunisti, pur essendo i più attrezzati, non costituivano la maggioranza del movimento partigiano. Nell'autunno del 1943 i partigiani erano soltanto 3600, di cui metà monarchici, socialisti, liberali, cattolici. Salirono a 12.600 il 30 aprile 1944: 9000 nell'Italia settentrionale, 3600 nel Centro-Sud, dei quali i membri delle brigate Garibaldi d'ispirazione comunista erano meno della metà. Arrivarono a 130.000 solo nell'aprile 1945 e, d'incanto, a 250-300.000 nei giorni dell'insurrezione.

Bisognò attendere il 1991 e il già citato libro di Pavone, uomo della Resistenza e autorevole ricercatore scientifico, per sdoganare la definizione di «guerra civile» fino a quel momento impronunciabile perché appannaggio di Pisanò e della storiografia neofascista. Non è un caso se si è dovuto aspettare un uomo della Resistenza come Carlo Azeglio Ciampi perché, nel 2000, si ripristinasse la sfilata militare in via dei Fori Imperiali e perché, dal 2001, la celebrazione della Repubblica del 2 giugno tornasse festività nazionale. Dal 1977, soltanto la data della Liberazione, il 25 aprile, era giornata festiva.

### *Due errori paralleli: via Rasella e l'assassinio di Giovanni Gentile*

Nella primavera del 1944 avvennero due degli episodi più gravi e controversi dell'intera guerra civile italiana. Nel pomeriggio del 23 marzo, in via Rasella, a Roma, furono fatti esplodere 13 chili di tritolo nascosti in un bidone della spazzatura durante il passaggio di una compagnia di soldati tedeschi. Rimasero uccisi sul colpo 30 militari (altri 3 sarebbero morti più tardi) e un ragazzino di 12 anni, che transitava lì per caso, e feriti 56 soldati e alcune donne. La reazione germanica fu isterica. Si parlò di far saltare in aria tutte le case di via Rasella o di far fucilare 30/50 italiani per ogni tedesco ucciso, come voleva Hitler. Alla fine ci si accordò sul tradizionale, tremendo rapporto di 10 italiani fucilati per ogni vittima tedesca. La confusione era tale che vennero poi mandate al massacro 335 persone, 5 in più della cifra stabilita.

Per l'esecuzione, programmata per il giorno successivo, 24 marzo, fu scelta la cava delle Fosse Ardeatine, più agevole per una fucilazione di massa. Vennero uccisi, tra gli altri, 75 ebrei, 51 ufficiali dell'esercito e dei carabinieri, una quarantina di militanti comunisti, 68 membri del gruppo trotzkista Bandiera Rossa, 52 esponenti del Partito d'Azione e di Giustizia e Libertà. Le vittime furono scelte tra i condannati alla pena di morte e all'ergastolo, o in attesa di giudizio per accuse punibili con la stessa pena. Gli ebrei furono aggiunti all'ultimo momento per arrivare al numero previsto.

Era utile quell'attentato alla causa partigiana? No. Innanzitutto i membri del battaglione Bozen (Bolzano) non erano tedeschi ma altoatesini, mobilitati tra il novembre 1943 e il gennaio 1944 tra i cittadini di lingua tedesca che nel 1939 avevano optato per la permanenza in Italia anziché il trasferimento nel Reich. La chiamata fu poi estesa alla classe 1894, cioè ai cinquantenni. Poiché l'opzione per diventare cittadini italiani era considerata una colpa, si trattava di un «battaglione di punizione». Il Bozen non era destinato al combattimento, ma a far la guardia ai ministeri della Repubblica sociale. (Meno fortunato fu il parallelo battaglione Brixen, cioè Bressanone, mandato a morire in Russia.) Si aggiunga che ormai tutti sapevano che Roma sarebbe stata liberata a giorni (lo fu il 4 giugno) e gli autori dell'attentato erano perfettamente a conoscenza che l'assassinio di soldati inquadrati nell'esercito tedesco avrebbe comportato una mostruosa rappresaglia.

All'inizio degli anni Duemila ebbi un'aspra polemica epistolare e poi giornalistica con Rosario Bentivegna, il giovanissimo medico che mise il tritolo nel bidone della spazzatura. Non ero tra quelli che contestavano a Bentivegna il fatto di non essersi presentato al posto delle vittime, perché l'esecuzione fu segreta e immediata. E perché sapevo che Giorgio Amendola, capo militare della Resistenza romana, aveva scritto in *Lettere a Milano* che «noi partigiani combattenti avevamo il dovere di non presentarci, anche se il nostro sacrificio avesse potuto impedire la morte di tanti innocenti. ... Accettare il ricatto delle rappresaglie voleva dire rinunziare in partenza alla lotta. Questa era la linea».

La mia obiezione era sulla tragica inutilità dell'attentato. Una strage del genere sarebbe stata giustificata per impedire un colossale massacro di partigiani o di cittadini inermi, e anche in questo caso si sarebbe dovuto tener conto dell'enormità della prevedibile rappresaglia. Ha ragione Bocca quando, nel suo libro sulla Resistenza (*Storia dell'Italia partigiana*), scrive: «In realtà, e i comunisti lo sanno bene, il terrorismo ribelle non è fatto per prevenire quello dell'occupante, ma per provocarlo, per inasprirlo». Al contrario di Bocca, non ritengo questo tipo di «lezioni feroci giustamente necessarie». A via Rasella fu superato ogni limite e, non a caso, in seguito i comunisti si trovarono emarginati all'interno del movimento di Liberazione.

Un delitto che isolò il mondo comunista fu l'assassinio di Giovanni Gentile, avvenuto il 15 aprile 1944 a Firenze. Un commando partigiano composto da 5 persone fermò l'auto del filosofo sulla porta della villa in cui abitava. «È lei il professore?» chiese uno di loro. Alla risposta affermativa, Gentile fu freddato da Giuseppe Martini, un duro di appena 21 anni, e da Bruno Fanciullacci, capo dei gappisti che condussero l'operazione. Gli altri membri del gruppo erano Antonio Ignesti, Luciano Suisola e Marcello Serni.

Togliatti approvò il delitto e, per questo, fu pesantemente censurato dai leader di tutti gli altri partiti antifascisti, che pubblicarono un documento durissimo contro l'attentato e contenente una frase che rendeva giustizia anche al passato del filosofo: «L'influenza culturale da lui esercitata non era mai contraria alla libertà».

Nel 1996 Paolo Paoletti identificò uno degli esecutori materiali del delitto in Martini, il quale, ricoverato in ospedale per una grave malattia, gli rivelò i nomi degli altri componenti del commando. Si dovettero aspettare sessant'anni e la pubblicazione sul «Corriere della Sera» (6 agosto 2004) di un'intervista di Antonio Carioti a Teresa Mattei, militante dal 1942 del Pci fiorentino, per scoprire chi fossero i mandanti del delitto: il suo futuro marito Bruno Sanguinetti, Giuseppe Rossi, il segretario della federazione comunista di Firenze, e Ranuccio Bianchi Bandinelli, il celebre archeologo che abbiamo incontrato nel primo capitolo di questo libro mentre nel 1938 accompagnava compiaciuto Hitler e Mussolini nella visita ai principali monumenti romani.

Gianfranco Mattei, fratello di Teresa, era stato torturato dai nazisti nel famigerato carcere di via Tasso a Roma, dove si era suicidato. Come rappresaglia, si pensò in un primo momento di uccidere Ardengo Soffici, importante pittore futurista che aveva aderito a Salò. A dirottare la scelta su Gentile fu un discorso da lui pronunciato il 19 marzo 1944. Alla nascita della Repubblica sociale, il filosofo pregò Mussolini di essere lasciato in pace e accettò di presiedere l'Accademia d'Italia con la formale assicurazione che non si sarebbe mai più occupato di politica. Tuttavia, nel discorso di marzo disse: «L'Italia fu aiutata a rialzarsi dal Condottiero della grande Germania, che quest'Italia aspettava al suo fianco nella battaglia formidabile per la salvezza dell'Europa e della civiltà occidentale». Un frasario totalmente estraneo al vocabolario di Gentile, al quale la stessa Teresa Mattei, sua allieva, riconosceva una grande moderazione di fondo e la protezione degli antifascisti, benché non gli perdonasse il «tradimento» dell'adesione a Salò.

Perché, allora, Gentile si espose tanto? Lo rivelò nel 2005 Paoletti nel libro *Il delitto Gentile*. Il figlio del filosofo, Federico, era l'unico degli ufficiali italiani prigionieri dei tedeschi a non ricevere né lettere né indumenti né alimenti dai famigliari. Gentile pagò il riscatto pronunciando il discorso del 19 marzo: il 30 Federico fu liberato e, quindici giorni dopo, il padre fu assassinato.

### *Lo sterminio «industriale» degli ebrei. Lo sbarco in Normandia*

Il pessimo andamento della guerra con la Russia non aveva minimamente distratto Hitler dallo sterminio degli ebrei. Nelle sue conversazioni degli anni Trenta con Hermann Rauschning (*Gespräche mit Hitler*), il Führer espose con molta crudezza il suo programma: «La natura è feroce e quindi possiamo esserlo anche noi. Se io spedisco il fiore dei tedeschi nella tempesta d'acciaio della guerra che si prepara, senza neppure provare il minimo dispiacere per il prezioso sangue tedesco che verrà versato, non dovrei avere il diritto di togliere di mezzo milioni di individui di una razza inferiore che si moltiplicano come insetti nocivi?». Come osserva Joachim Fest nella sua biografia del dittatore, Hitler scartò l'ipotesi di concentrare gli ebrei in Madagascar, perché il problema per lui non era di procurare al giudaismo una patria, ma esclusivamente di sradicarlo biologicamente.

Il 31 luglio 1941 Hermann Göring impartì l'ordine di «procedere alla soluzione finale del problema ebraico». Prima che fosse attivata la micidiale catena di montaggio dei forni crematori, o in assenza di un campo di sterminio vicino, si provvedeva a concentrare gruppi di ebrei (uomini e donne di qualunque età e bambini) e a metterli in fila davanti alla fossa nella quale sarebbero stati sepolti collettivamente.

L'ingegner Hermann F. Gräbe ha deposto in giudizio su una fucilazione in massa di circa 5000 ebrei avvenuta il 5 ottobre 1942 a Dubno, in Ucraina, a opera di reparti delle SS e di membri della Milizia fascista ucraina: «I deportati si spogliavano senza pianti né grida, se ne stavano raccolti in gruppi per famiglie, baciandosi e dicendosi addio a vicenda ... Una vecchia con i capelli candidi reggeva in braccio un bambino di forse un anno, canticchiandogli qualcosa e facendogli il solletico. Il bambino lanciava gridolini di piacere. Il padre e la madre guardavano la scena con gli occhi imperlati di lacrime ... I fucilandi ... si disposero davanti ai morti o feriti, alcuni di loro facendo una carezza a quelli che erano ancora vivi e dicendo sottovoce qualcosa, poi risuonarono le raffiche».

Contemporaneamente veniva sperimentata la capacità di sterminio di alcuni lager. Bełżec poteva uccidere 15.000 persone al giorno. Sobibór, 20.000. Treblinka e Majdanek, 25.000. Ad Auschwitz lo sterminio diventò una macchina perfetta che, al momento della liberazione, aveva eliminato 1 milione di persone. A Treblinka i morti furono 700.000, a Bełżec 600.000, negli altri campi da 150.000 a 250.000. Fest sostiene che, nelle previsioni del comando nazista, avrebbero dovuto essere uccisi 11 milioni di ebrei. Alla fine ne furono ammazzati oltre 5 milioni (alcune fonti parlano di 6).

Nel dicembre 1942 e nel settembre 1943 l'Unione Sovietica propose alla Germania una pace separata a condizioni molto vantaggiose. Come sappiamo, la stessa soluzione fu suggerita ripetutamente da Mussolini al Führer. Ma Hitler non ne volle sapere: «Sa cosa le dico, Ribbentrop? Se io oggi mi mettessi d'accordo con la Russia, bene, domani ricomincerei da capo». Ribbentrop concluse che il Führer non era più interessato a soluzioni politiche. Per lui esistevano soltanto la vittoria o il disastro.

La pace separata con l'Unione Sovietica e la neutralizzazione del fronte orientale gli avrebbero fatto molto comodo il 6 giugno 1944, quando cominciò lo sbarco alleato in Normandia. Nessuno dei tedeschi si aspettava che avvenisse lì, soltanto Hitler l'aveva immaginato grazie alla sua straordinaria capacità intuitiva. Tutti ritenevano che il luogo ideale fosse Calais, dove la Manica è più stretta. Così le truppe germaniche rimasero spiazzate, tranne che a Omaha Beach, dove si trovavano perfettamente inquadrate in vista di un'esercitazione. Per il resto, gli Alleati andavano sul sicuro: decrittando con Enigma i codici segreti tedeschi, sapevano perfettamente che lo sbarco era da loro previsto altrove.

A mezzanotte del 6 giugno erano sbarcati 155.000 soldati alleati guidati da Dwight Eisenhower, comandante in capo, e da Bernard Law Montgomery. Una decina di giorni dopo, grazie ai porti artificiali che garantivano continuità nei rifornimenti, gli angloamericani avevano sbarcato quasi 1 milione di uomini e mezzo milione di tonnellate di materiali. Il feldmaresciallo Erwin Rommel, che non sospettando nulla era andato in Germania in licenza, tornò subito al comando. (Dopo il fallito attentato del 20 luglio al Führer, Rommel, nonostante non avesse mai partecipato a complotti per uccidere Hitler, fu giudicato meritevole di morte per il suo atteggiamento favorevole a un accordo con gli Alleati. Scelse il suicidio.)

### *L'ultimo comizio del Duce*

Il 1944 vide il progressivo disfacimento dell'esercito di Salò (il crollo psicologico era aumentato dopo l'ingresso degli angloamericani a Roma), mentre in parallelo si rafforzavano i reparti della Resistenza, alimentati dai rifornimenti alleati. Si trattava, ormai, di un piccolo esercito perfettamente strutturato, soprattutto in alcune aree del Nord. A Montefiorino, in provincia di Modena, fu addirittura creata per qualche mese una piccola Repubblica autonoma, mentre nella Val d'Ossola, vicino al confine con la Svizzera, a fine estate i reparti fascisti si arresero l'uno dopo l'altro.

A metà luglio Mussolini si recò in Germania per visitare le quattro divisioni italiane che vi si stavano addestrando. Con grande sorpresa dei tedeschi, l'accoglienza che gli venne riservata dai giovani militari fu entusiastica. Con il petto gonfio di soddisfazione, il Duce si apprestava a raccontare al Führer la sua esperienza quando, arrivando al suo quartier generale, lo vide miracolosamente scampato al micidiale attentato sul quale abbiamo riferito a inizio capitolo. Delle quattro divisioni addestrate in Germania, soltanto due scesero in Italia e si misero virtualmente agli ordini di Rodolfo Graziani. Ma, di fatto, scomparvero. Il 4 ottobre Mussolini scrisse a Kesselring: «Il popolo si domanda: dove sono le divisioni italiane che tornarono dalla Germania a fine luglio? Cosa fanno? Perché non sono impiegate? Perché gli eserciti nemici utilizzano tutti i popoli dei cinque continenti per attaccare l'Italia e non è permesso agli italiani – ai migliori – di contribuire a difenderla?».

Nonostante la crescente disistima per gli italiani, i tedeschi insistevano perché Mussolini tornasse a parlare in pubblico. Lui prima nicchiò, poi si convinse e tenne il suo ultimo comizio, il 16 dicembre 1944, al teatro Lirico di Milano. Era dal 1936 che non parlava nel capoluogo lombardo, la città che aveva visto nascere il fascismo. Pur essendo fisicamente il fantasma di se stesso, fu accolto dalla folla che gremiva il teatro e riempiva la piazza antistante con un entusiasmo che lasciò interdetti i tedeschi. Parlò, come al solito, dell'esistenza di nuove armi micidiali in possesso di Hitler e concluse con un'ottimistica chiamata alle armi: «Noi vogliamo difendere con le unghie e con i denti la valle del Po. Noi vogliamo che la valle del Po resti repubblicana in attesa che tutta l'Italia sia repubblicana».

Mentre le industrie maggiori – a cominciare dalla Fiat di Agnelli e Valletta – sostenevano la Resistenza assumendone gli esponenti e finanziandone la battaglia, i tedeschi, osserva Frederick W. Deakin nella sua *Storia della Repubblica di Salò*, controllavano l'intera economia dell'Italia settentrionale, sfruttando tutte le risorse utili e il potenziale umano disponibile nell'esclusivo interesse dello sforzo bellico tedesco. Il 5 febbraio Mussolini destituì Buffarini Guidi da ministro dell'Interno, dando un forte segnale di distacco dai tedeschi, che cercarono in ogni modo di impedire l'operazione e fecero arrestare due funzionari italiani accusati di tramare contro Buffarini Guidi. «Lui è odiato persino più di me» disse il Duce, seppellendo ogni residua resistenza.

### *E i tedeschi si arresero all'insaputa di Mussolini*

Mussolini fu tradito due volte. La prima dai firmatari dell'ordine del giorno Grandi, che per la verità fecero cadere il regime con il suo consenso. La seconda dai tedeschi. Quando il 20 luglio 1944 era andato a trovare Hitler, scampato miracolosamente all'attentato, aveva detto compiaciuto ai suoi: «Non siamo i soli a essere traditi». Mai avrebbe immaginato che, a tradirlo in un momento decisivo, sarebbero stati gli stessi alleati germanici.

Mediatore della resa nazista fu Ildefonso Schuster, un sacerdote di origine bavarese che dal 1929 era arcivescovo di Milano. Con la sua mediazione, Karl Wolff, capo delle SS in Italia e ormai plenipotenziario militare, vista la promozione di Kesselring a comandante del fronte occidentale, nel febbraio 1945 entrò in contatto con gli angloamericani. In cambio della resa incondizionata e dell'incolumità per se stesso e per i militari tedeschi ancora presenti in Italia, promise che non avrebbe distrutto gli impianti industriali italiani, come ordinato da Hitler che, naturalmente – al pari di Mussolini –, era tenuto all'oscuro della trattativa.

Visto che gli Alleati volevano, ovviamente, una garanzia più solida di quella offerta da lui, Wolff prima andò da Kesselring e poi, in aprile, addirittura a Berlino, con indiscutibile coraggio, per informare direttamente il Führer. Sostenne, raccontano Montanelli e Cervi, di aver persino stabilito una via di accesso diretto al presidente degli Stati Uniti e al primo ministro britannico. Hitler, insolitamente mite, si limitò a rimproverare il generale per essersi allargato troppo nelle trattative, ma lo rispedì in Italia con l'ordine di resistere a oltranza. Anche Heinrich Himmler, suo superiore diretto, prima accettò l'idea della resa, poi il 23 aprile si rimangiò tutto, ma ormai era tardi.

Il 25 aprile 1945 il Comitato di liberazione nazionale Alta Italia proclamò l'insurrezione generale e i partigiani liberarono Milano, prima che il 29 arrivassero gli angloamericani. Il 26 aprile Wolff informò Graziani, che si lamentò di essere stato lasciato completamente all'oscuro della trattativa e lo stesso giorno avvertì Mussolini attraverso il prefetto di Como. Il 29 aprile, a Caserta, la resa tedesca veniva firmata da due emissari di Wolff e del generale Heinrich von Vietinghoff, che comandava il Gruppo d'armate C. (Nel 1944 Vietinghoff aveva evitato la distruzione di Rimini e aveva disobbedito all'ordine di distruggere i porti di Genova, La Spezia e Trieste.)

Se avesse voluto, Mussolini avrebbe potuto salvarsi. Il sottosegretario all'Aeronautica, Ruggero Bonomi, aveva predisposto un volo che il 22 aprile avrebbe potuto portarlo insieme ai suoi famigliari in Spagna. Il volo partì regolarmente, ma, al posto loro, sedeva l'intera famiglia Petacci, tranne Claretta e il fratello Marcello.

Alle ore 15 del 25 aprile 1945 Mussolini entrò nello studio dell'arcivescovo Schuster, dove avrebbe dovuto incontrare una delegazione del Clnai. Nell'attesa, i due parlarono in modo surreale di diversi temi ecclesiastici e l'arcivescovo offrì all'ospite un bicchierino di rosolio e dei biscotti. Quando gli chiese che intenzioni avesse, Mussolini rispose che, prima di arrendersi, avrebbe ancora combattuto con 3000 camicie nere. All'obiezione del prelato che ci fosse uno zero di troppo, il Duce ammise: «Ma sì, forse saranno più di 300, ma non molto».

Alle 17.30 arrivò la delegazione partigiana, guidata dal generale Raffaele Cadorna e composta dal democristiano Achille Marazza, dal liberale Giustino Arpesani e dall'azionista Riccardo Lombardi. Viste le circostanze, l'offerta fu molto generosa. I militari e i miliziani fascisti sarebbero stati trattati da prigionieri secondo le convenzioni internazionali. Gli ufficiali non sarebbero stati disarmati e le famiglie rispettate. Marazza propose che le forze armate fasciste si radunassero tra Milano, Como e Lecco per la resa incondizionata. A questo punto intervenne Graziani il quale, racconta Marazza nelle sue memorie (*Milano 25 aprile 1945*), avrebbe dichiarato che non era lecito arrendersi senza aver consultato i tedeschi, per non ripetere un nuovo 8 settembre. Fu allora che, con grande imbarazzo, il cardinale Schuster dovette comunicare che i tedeschi si erano già arresi. Mussolini sbottò: «Ci hanno trattato sempre come servi e alla fine mi hanno tradito».

Il Duce si assentò per un'ora e al ritorno, dopo un colloquio con Pavolini, dichiarò che sarebbe partito per Como e la Valtellina. Sbagliò, ma probabilmente sospettava che l'ala comunista della Resistenza non avrebbe rispettato il patto stabilito con l'ala moderata (il 26 aprile il Partito comunista fece affiggere un manifesto: «Distruggete fisicamente quanti più fascisti potete»). Secondo Attilio Tamaro (*Due anni di storia*), Mussolini disse che si sarebbe dato alla macchia e che era incredulo che non si trovassero 500 uomini disposti a seguirlo. In effetti, la piccola armata promessa da Pavolini esisteva, ma non si era ancora fatta viva. Anche Rachele era scettica sulle promesse dei partigiani e non ha mai invitato il marito a costituirsi.

### *L'addio a Rachele. Claretta: «Io non lo abbandono»*

La notte sul 27 aprile Mussolini scrisse alla moglie l'ultima lettera: «Cara Rachele, eccomi giunto all'ultima fase della mia vita, all'ultima pagina del mio libro. Forse noi due non ci rivedremo più, perciò ti mando questa lettera. Ti chiedo perdono per tutto il male che involontariamente ti ho fatto. Ma tu sai che sei stata per me l'unica donna che ho veramente amato. Te lo giuro davanti a Dio e al nostro Bruno in questo momento supremo. Tu sai che noi dovremmo andare in Valtellina. Tu, con i ragazzi, cerca di raggiungere la frontiera svizzera. Laggiù vi farete una nuova vita. Credo che non ti rifiuteranno il passaggio. ... Se questo non fosse, dovete presentarvi agli Alleati che forse saranno più generosi degli italiani. ... Ti bacio e ti abbraccio insieme ai ragazzi. Tuo Benito». In realtà, a Rachele e ai figli non solo fu negato il passaggio in Svizzera, ma anche l'asilo presso il vescovado di Como.

Il 26 aprile si fece finalmente viva la colonna di Pavolini che, partendo all'alba da Milano, era arrivata alle 8 a Como. Era una colonna vera e propria, composta da 178 automezzi e da quasi 5000 camicie nere, di cui 345 ausiliarie. Mussolini, nel frattempo, si era spostato di 40 chilometri a Menaggio, per ragioni di sicurezza. A questo punto andò in scena una drammatica commedia degli equivoci. C'è chi sostiene che Mussolini aspettasse gli Alleati (Pisanò), chi che attendesse la colonna di Pavolini, inspiegabilmente ferma a Como (gli storici fascisti Giorgio Pini e Duilio Susmel, *Mussolini, l'uomo e l'opera*).

Il federale di Milano Vincenzo Costa racconta di essere stato convocato a mezzanotte del 26 aprile alla prefettura di Como insieme a Pino Romualdi, vicesegretario di Pavolini, per incontrare due esponenti dei servizi segreti americani ai quali si aggiunse un terzo ufficiale. All'alba fu sottoscritto un documento che prevedeva la firma della resa da parte delle truppe fasciste nella Val d'Intelvi, nel Comasco, ai confini con la Svizzera, con la garanzia che i partigiani non avrebbero disturbato il convoglio. Di fatto, Mussolini sarebbe stato consegnato alle Nazioni Unite (Stati Uniti, Gran Bretagna e Francia), che era esattamente quel che lui non voleva. Risulta, peraltro, che Mussolini non sapesse niente di questa trattativa, perché Romualdi e Costa (che non firmò, temendo una trappola) non riuscirono a telefonargli.

Alla fine, il Duce scelse di fare, per così dire, l'autostop. La notte sul 27 aprile fu svegliato dall'arrivo di un reparto della contraerea tedesca formato da 143 uomini, proveniente da Milano e diretto in Tirolo. Alle 5.30 partì da Menaggio una colonna nella quale ai militari tedeschi si erano aggregati 174 fascisti italiani, tra gerarchi e camicie nere. Tra questi c'erano anche Claretta Petacci e suo fratello Marcello, camuffato da diplomatico spagnolo.

Il 22 aprile l'amante del Duce aveva scritto alla sorella Myriam: «Io seguo il mio destino che è il suo. Non lo abbandonerò mai, qualunque cosa avvenga. Non distruggerò con un gesto vile la suprema bellezza della mia offerta e non rinuncerò ad aiutarlo, ad essere con lui sino che potrò … Tutte le mie carte tu sai dove sono. Conservale e rispettale … Tienile tu. Te le affido. Anche le foto sue, tutte, quelle firmate e quelle no. Conservale e difendile … E ti prego, qualunque cosa accada, fa sì che sia veramente detta la verità su di me, su di lui, sul nostro amore, sublime, lunghissimo, divino, oltre il tempo e oltre la vita».

*Mussolini fu «venduto» dai tedeschi?*

Alle 7.30 del 27 aprile il convoglio fu bloccato da alcuni tronchi d'albero che ostruivano la strada. I partigiani erano guidati dal conte Pier Luigi Bellini delle Stelle (nome di battaglia «Pedro»), comandante dell'unica brigata Garibaldi presente nella zona, il quale avrebbe dichiarato che erano in 25. In ogni caso, per numero e armamento, i tedeschi avrebbero potuto liquidarli con estrema facilità, se avessero voluto. Il problema è che non vollero, interessati com'erano a raggiungere al più presto la Germania, anche sacrificando l'illustre ospite.

Il capitano Hans Fallmeyer, comandante della colonna tedesca, andò a parlamentare a lungo con Bellini. Nel frattempo, dei gerarchi e i loro famigliari scesero dalle auto e si misero a discutere con alcuni contadini della zona, promettendo e consegnando valori che non avrebbero più rivisto. Al ritorno dalla trattativa, Fallmeyer riferì che la colonna tedesca era autorizzata a passare, mentre gli italiani avrebbero dovuto fermarsi ed essere identificati. Friedrich Birzer, il capo della scorta di SS incaricata di proteggere Mussolini, disse al Duce che avrebbe dovuto indossare una divisa tedesca e camuffarsi tra gli altri militari in ritirata. Claretta Petacci, che nel frattempo si era avvicinata al camion su cui viaggiava il Duce, lo incoraggiò al travestimento, a differenza di Pavolini, che, invece, lo invitò a rimanere insieme agli altri camerati.

A Dongo avvenne il rapido controllo dei camion della colonna tedesca. Secondo la versione ufficiale dei partigiani sarebbe stato Giuseppe Negri, il vicecomandante di Bellini, a identificare Mussolini, accucciato nel cassone del camion e con addosso una divisa da caporale tedesco di qualche taglia in più e un elmetto. «Gh'è chi el "Crapùn"» disse, arrestandolo. Ora, è assai strano che Negri sia andato dritto al terzo camion della colonna: c'è dunque il fondato sospetto che i tedeschi abbiano «venduto» Mussolini per poter proseguire tranquillamente.

Il Duce fu quindi condotto nel municipio di Dongo, dove Bellini fece l'inventario del contenuto della borsa che il prigioniero aveva con sé. Mussolini chiese di fare attenzione, perché dentro c'erano «documenti segreti che hanno un'importanza storica grandissima». Si trattava di quattro dossier con le seguenti intestazioni: «Processo di Verona», «Corrispondenza Hitler-Mussolini», «Umberto di Savoia» (pare che quest'ultimo fascicolo sia immediatamente scomparso e si è detto che contenesse allusioni alla presunta omosessualità del futuro re d'Italia) e un quarto contenente soltanto ritagli di giornali sull'ipotesi di un passaggio del Duce in Svizzera. C'erano poi alcune sterline d'oro e assegni circolari per 1 milione 575.000 lire.

Bellini non ha mai fatto cenno alla corrispondenza di Mussolini con Churchill, che invece, secondo Peter Tompkins – giornalista americano diventato poi agente dei servizi segret3i britannici –, era costituita da 62 lettere, successivamente vendute dal partigiano comunista Dante Gorreri al capitano dei servizi britannici Malcolm Smith per 2,5 milioni di lire in contanti. Nell'immediato dopoguerra, Smith consegnò le lettere a Churchill, che soggiornò sul lago di Como fingendosi in vacanza, con il nome di «colonnello Waltham». C'è poi la storia del cosiddetto «oro di Dongo», la cassaforte della Repubblica di Salò, di cui si è favoleggiato a lungo nel dopoguerra. Nel suo libro *La pista inglese*, Luciano Garibaldi riporta la testimonianza di Massimo Caprara, segretario di Togliatti, secondo cui la parte del «tesoro» nelle mani di Gorreri fu ceduta all'amministratore del Pci Renato Cigarini. Valutata 189 miliardi di lire del 1949 (circa 3,5 miliardi di euro di oggi), fu depositata su conti svizzeri del Partito comunista e in seguito parzialmente utilizzata dall'imprenditore comunista romano Alvaro Marchini per costruire nella capitale il palazzo di via delle Botteghe Oscure, sede storica del partito, e la tipografia milanese dell'«Unità».

### *E Claretta fece scudo a Benito con il suo corpo*

Torniamo al Mussolini prigioniero. Una delle prime cose che fece fu di chiedere a Bellini di portare i suoi saluti alla signora Petacci, che era stata fermata a bordo di un'auto con il fratello Marcello. Una volta identificata, Claretta scongiurò il partigiano gentiluomo di ricongiungerla all'amante. L'incontro avvenne di notte: il Duce era irriconoscibile, perché i partigiani l'avevano avvolto in bende simulando che fosse uno dei loro feriti. «Che ci fate qui? Perché vi ostinate a seguirmi?» domandò a Claretta, preoccupatissima per la bendatura. Poi i due furono accompagnati in casa dei contadini Giacomo e Lia De Maria a Bonzanigo di Mezzegra, ai quali, naturalmente, fu taciuta l'identità degli ospiti. Era la prima – e sarebbe stata anche l'ultima – notte che Benito e Claretta avrebbero trascorso insieme. Benché possa sembrare incredibile, tutti gli incontri dei due amanti nell'arco di tredici anni erano sempre avvenuti di giorno.

Claretta era pronta da tempo a morire con il suo uomo. In *Eva e Claretta*, Arrigo Petacco riporta due suoi appunti scritti sulla carta igienica del carcere di Novara: «Se commettessero il supremo misfatto, che vengano pure i vigliacchi a completare il crimine contro il nostro amore. Assassineranno anche me? Che mi ammazzino pure! Così potremmo riunirci e vivrò con te per l'eternità negli spazi divini». E ancora: «Sarà contro un muro di calce abbagliante? Sarà da un'altra parte? Che sia dove sia, non mi lascerò bendare gli occhi. Rigida, immobile di fronte ai fucili dei carnefici, voglio guardarli negli occhi e quando starà per giungere la fine, gridare forte: "Per il mio Duce! Per il mio solo e unico amore!"».

La mattina del 28 aprile 1945, Lia De Maria – sconvolta per aver capito chi era l'ospite – servì una colazione a base di latte, polenta e fette di salame. Claretta mangiò con appetito, Benito bevve solo del latte.

Sulla fine di Mussolini e della Petacci sono circolate molte versioni. La più accurata ci è sembrata quella fornita da Franco Bandini, storico lontano dal fascismo e ricercatore affidabile, in *Le ultime 95 ore di Mussolini*. L'ala moderata della Resistenza e forse lo stesso Bellini, il partigiano che lo aveva arrestato, volevano consegnare il Duce agli Alleati, rispettando l'impegno preso nell'armistizio. I comunisti, il socialista Sandro Pertini e l'azionista Leo Valiani volevano, invece, che fosse fucilato subito. Per salvare Mussolini, gli Alleati mossero tre pedine indipendenti l'una dall'altra: Emilio Quincy Daddario, che lavorava per i servizi segreti americani e che il pomeriggio del 27 aprile salvò Graziani, custodendolo nel Grand Hotel et de Milan in via Manzoni; Salvatore Guastoni e Giovanni Dessy, anch'essi agenti segreti con accredito americano; e addirittura la 34ª divisione americana, che cercò invano il Duce a Como.

I tentativi dei «salvatori» furono però frustrati dall'ambiguità del generale Raffaele Cadorna, comandante del Corpo Volontari della Libertà. Pur facendo parte dell'ala legalitaria della Resistenza, Cadorna pensò che un processo pubblico a Mussolini non avrebbe giovato all'immagine dell'Italia e, perciò, decise di consegnarlo ai comunisti, i quali avevano incaricato dell'esecuzione Walter Audisio (nome di battaglia, «colonnello Valerio»), 36 anni, comunista dal 1931, confinato a Ponza ed esponente dell'ala più dura della Resistenza. Alle 4 del mattino del 28 aprile, chi voleva salvare Mussolini e chi voleva ucciderlo s'incontrarono nell'ufficio di Cadorna. Il generale consegnò ad Audisio un lasciapassare per sé e per il suo gruppo di armati nella provincia di Como, senza informare Daddario che questo significava la sentenza di morte. Mussolini e la Petacci furono prelevati dai partigiani Aldo Lampredi e Michele Moretti dall'abitazione dei De Maria e caricati su una 1100, sequestrata da Valerio sul momento. Alle 15.15

la vettura partì da Bonzanigo di Mezzegra e si fermò a Giulino di Mezzegra, davanti a villa Belmonte, abitata da due famiglie di sfollati.

Tra le tante versioni sulla morte di Mussolini, la più credibile ci sembra quella del testimone oculare Giovanbattista Geninazza, autista della 1100 sequestrata dai partigiani, raccolta da Bandini: «Con il mitra spianato, Valerio pronuncia alcune parole: ordine ... sentenza di morte. Mussolini resta immobile e assente. Claretta gli si aggrappa gridando a Valerio: "Non potete fare questo!". Valerio: "Levati di lì, sennò ammazzo anche te"». Valerio spara, ma il mitra s'inceppa. Geninazza riferisce che Claretta gli si scaglia contro, tenendo la canna del mitra con le mani. Valerio afferra allora la pistole-machine di Moretti. Mussolini si apre il bavero del cappotto dicendo: «Sparami al petto». Valerio fa nuovamente fuoco e la prima a cadere è Claretta, che fa scudo con il corpo al suo uomo. Mussolini, agonizzante, striscia contro il muro e si accascia più lentamente. Allora Valerio gli si avvicina per il colpo di grazia. Sono le 16.10.

Alle 17 Valerio è già a Dongo per ordinare, a sua discrezione, la fucilazione di 15 fascisti, dei quali 9 sono gerarchi di primo piano (a cominciare da Alessandro Pavolini), 3 sono fascisti non estremisti e gli ultimi 3 sono uomini di cultura e un capitano dell'aeronautica, confuso per errore con il pilota di Mussolini. Marcello Petacci, scambiato per il figlio del Duce Vittorio, si buttò nel lago e fu ucciso a raffiche di mitra mentre nuotava. I 19 corpi (compresi quelli di Mussolini, della Petacci e di Achille Starace, fucilato il giorno successivo a Milano dopo un processo sommario) vennero appesi a testa in giù a piazzale Loreto, nello stesso luogo in cui il 10 agosto 1944, come abbiamo già accennato, 15 giovani partigiani erano stati uccisi dai fascisti della Legione Muti, su ordine del comandante delle SS di Milano, Theodor Emil Saevecke, per rappresaglia contro un attentato avvenuto due giorni prima ai danni di un camion tedesco che distribuiva viveri alla popolazione. (Rappresaglia, peraltro, del tutto immotivata, giacché a rimanere uccisi erano stati 6 cittadini milanesi e nessun tedesco.)

Le prime formazioni partigiane entrarono a Milano nel pomeriggio del 28 aprile. Scrivono Montanelli e Cervi: «Si assistette alla moltiplicazione dei partigiani, da settantamila divenuti centomila, e poi trecentomila. L'insurrezione generale divampò, in pratica, quando non c'era più nulla contro cui insorgere».

### *La sorella a Eva Braun: «Disgraziata, il tuo Führer è un demonio!»*

Il 20 luglio 1944, il giorno stesso dell'attentato al Führer, la segretaria Christa Schröder aveva ricevuto da lui l'incarico di spedire a Eva Braun sull'Obersalzberg la sua uniforme lacerata dall'esplosione: avrebbe dovuto conservare i pantaloni «ridotti a brandelli da cima a fondo» e la giacca, alla quale mancava «un pezzo quadrato» sulla schiena. La Schröder, che disse di sé di aver partecipato «più di un famigliare» alla vita di Hitler, osservò nelle sue memorie (*Er war mein Chef*) che anche lui era stato «in un certo senso fiero di questo trofeo». Alla vista di ciò che restava dell'uniforme, Eva quasi svenne.

Dopo l'attentato, le condizioni di salute del Führer erano peggiorate nettamente. Fu lo stesso Goebbels a notare, da riprese filmate della Braun, che durante la guerra il dittatore era notevolmente invecchiato e ora camminava tutto curvo. Circa due mesi dopo l'attentato il suo medico personale, Theodor Morell, osservò che Hitler (il «paziente A») si sentiva sempre più indisposto, soffriva di disturbi cardiaci, crampi allo stomaco e accusava mal di gola. Un'itterizia lo costrinse a letto fino a metà ottobre. Fu allora, il 26 ottobre, che Eva, a 32 anni, fece testamento. Il documento fu redatto nella casa paterna su carta da lettere intestata alla sorella Gretl. Su ogni foglio ne cancellò il nome e vi sostituì il suo.

Il documento era estremamente semplice: c'è la parola «testamento» seguita dai nomi dei beneficiari. Eva divise, in modo scrupoloso, l'intera sua eredità tra famigliari e amici. Si trattava di gioielli, vestiti, porcellane, mobili, quadri e contanti.

Secondo un elenco stilato dalla sua biografa Nerin E. Gun, c'erano dipinti di Hermann Gradl, Hugo Wilhelm Kauffmann, Theodor Bohnenberger, Oscar Mullay, Heinrich Knirr e Fritz Halberg-Krauss, tutti pittori di genere e di paesaggi appartenenti alla scuola di Monaco, prediletta da Hitler. Un inventario degli oggetti rinvenuti dagli americani nella casa in Wasserburgerstrasse, nel novembre 1945, elenca 10 sterline, 1000 dollari e oltre 100.000 marchi. Nel suo guardaroba era appesa l'uniforme di Hitler insanguinata. C'erano poi alcuni gioielli troppo modesti per essere inventariati singolarmente, ma anche un orologio d'oro e diamanti e una spilla di diamanti. Tutti questi oggetti furono dichiarati, insieme ad alcuni album di fotografie, «bottino di guerra».

Eva Braun trascorse l'ultimo Natale, quello del 1944, a Monaco con la famiglia. Il 19 gennaio 1945 tornò a Berlino e s'incontrò, per l'ultima volta, con la sorella maggiore Ilse, che con il secondo marito viveva a Breslavia, nella Germania orientale, dove si era appena combattuta una spaventosa battaglia contro i russi.

«Non ho più vestiti da mettermi addosso… i miei bellissimi mobili… e i miei libri…» le disse.

Eva la confortò: «Non preoccuparti, tra una quindicina di giorni sarai di nuovo a casa, a Breslavia, lo so da fonti attendibili. Hai chiuso bene a chiave la porta? Allora non hai nulla da temere».

La reazione di Ilse, secondo la Gun, che la intervistò negli anni Sessanta, fu furiosa: «Disgraziata, svegliati, apri gli occhi di fronte alla realtà. Breslavia è perduta, la Slesia è perduta, la Germania è perduta. … Il tuo Führer è un demonio; sta trascinando anche te nell'abisso insieme a lui, e tutti noi con te». La risposta di Eva fu: «Meriteresti di essere messa al muro e fucilata». Portò una mano sul cuore e si accasciò su una poltrona. Quando riprese conoscenza, Ilse la salutò, baciandola per l'ultima volta.

*Hitler: «Resto a difendere Berlino e poi mi suicido»*

Pochi giorni dopo, Eva lasciò Berlino per ordine di Hitler, che la invitò a prendersi cura delle cose di Berchtesgaden. Eva voleva festeggiare il suo compleanno, il 6 febbraio, in famiglia, e per l'occasione il Führer le fece recapitare un ciondolo di topazi e un braccialetto di diamanti. Poi decise di raggiungere il suo uomo a Berlino. («Morire m'importa poco, so la fine che mi aspetta, sono anni che lo so...» avrebbe detto.) Ci andò con l'autista Jung sulla sua Mercedes-Benz, verniciata di grigio scuro perché meglio si mimetizzasse e somigliasse di più a una vettura della Wehrmacht. Quando la vide arrivare, nel dittatore si mescolarono gioia e disappunto.

Durante il mese di marzo Eva scese poco nel bunker: solo verso la fine cominciò a portarvi i suoi mobili e gli effetti personali, stabilendovisi in modo permanente. Eva seguiva Hitler come un'ombra, ma lui era l'ombra di se stesso. Lo pregava di non imbottirsi di farmaci, che il dottor Morell gli prescriveva in grande quantità (82, risulterà dalla sua cartella clinica). Negli ultimi tempi, prima di ogni incontro con Eva, gli praticava anche delle iniezioni di testosterone, ormoni prelevati dalla prostata e dallo sperma di tori giovani. Eva stessa lo sollecitava a farlo.

Sebbene ascoltasse racconti terribili, per incoscienza o per grande forza di carattere ancora a Pasqua del 1945 lei si mostrava allegra al telefono con la sorella e l'amica Herta Schneider. E quando il 13 aprile l'Armata rossa entrò a Vienna, disse a Hitler: «Che peccato, avevi una magnifica collezione di armi antiche laggiù...».

Il 19 aprile, dopo una lunga passeggiata nel Tiergarten, il grande parco di Berlino, con i viali ancora senza foglie e il laghetto senza più i cigni divorati dai cittadini affamati, scrive a Herta una lettera in cui riesce a spiegare la situazione esattamente com'è. Niente linee telefoniche, incursioni aeree in gran quantità, impossibile muoversi in auto, intorno solo il rumore delle cannonate. Ma continua a parlare del suo uomo come fosse un dio: «Sono assolutamente convinta che alla fine tutto andrà bene e anche *lui* è stranamente ottimista», dà disposizioni circa il personale di servizio del Berghof, come se il suo ritorno lì fosse imminente, e informa l'amica che lei e le segretarie si esercitano a sparare contro i fanali e le statuette del giardino.

Il 20 aprile Hitler festeggia il suo cinquantaseiesimo compleanno. Eva gli fa dono del suo ritratto in una cornice preziosissima. Sono presenti tutti i personaggi più importanti del regime. Il Führer è molto invecchiato, ma si concede per l'ultima volta a fotografi e cineprese. Premia i ragazzi della Gioventù hitleriana, fa eseguire le ultime condanne a morte per l'attentato del 1944. Vuole pranzare solo con Eva e le segretarie. Poi si ritira. Ma la sua donna non vuol perdere l'occasione di fare festa. Partecipano tutti, anche Martin Bormann, capo della Cancelleria, e il dottor Morell, che li lascerà il giorno dopo. La musica si confonde con il rombo dei cannoni.

L'indomani Hitler convoca Eva, le due segretarie rimaste e la cuoca che gli cucina piatti dietetici, Constanze Manziarly. Le avverte che un aereo sta per arrivare a prelevarle. Nessuna delle quattro donne, però, andrà via. Intanto nel bunker arriva Magda Goebbels con i suoi sei figli, accolta come una sorella, e alloggia nella stanza lasciata libera dal dottor Morell.

Il 21 aprile, ai capi delle forze armate, Wilhelm Keitel e Alfred Jodl, che avrebbero firmato la resa e lo invitano a rifugiarsi in Baviera, Hitler risponde, invece, che si fermerà a Berlino per guidare le operazioni di difesa della città e poi si suiciderà, come riferisce lo stesso Keitel nelle sue memorie. Nel verbale stenografico di una segretaria si legge: «Non sono diventato Führer per difendere la mia casa di montagna».

Anche Eva si rassegna: «Ha perso la sua fede» scrive a Herta. Per lei è giunto il tempo dei commiati. Nelle lettere all'amica e a Gretl indica a chi donare i suoi gioielli, in modo che tutte le persone a lei più care siano accontentate, ma, scrive alla sorella, «mi piacerebbe portare il braccialetto d'oro con pietra verde sino alla fine. Chiederò che mi sia tolto dopo, e allora sarai tu a doverlo portare sempre come ho fatto io». Invia anche soldi per cibo e sigarette. Rassicura Gretl che, in cantina, il tabacco per il padre e la cioccolata per la madre non mancheranno. E nel post scriptum indica l'indirizzo dell'orologiaio che ha in riparazione il suo orologio di brillanti.

Il 24 aprile Eva vuole fare una passeggiata nel suo viale preferito, ma le bombe russe la costringono a rientrare. Non vedrà più la luce del sole.

Il giorno precedente, il 23, Göring aveva trasmesso a Hitler la richiesta di diventare suo successore. Il Führer s'infuria e lo destituisce. Il 26 nomina al suo posto, come comandante della Luftwaffe, il generale Robert Ritter von Greim, che riesce ad arrivare fortunosamente davanti al bunker grazie allo spettacolare atterraggio di Hanna Reitsch, grande aviatrice. Durante la notte Hanna viene convocata da Hitler, che le dona una fiala di veleno nel caso dovesse finire in mano ai russi: «Tutto è perduto, anche se io continuo a sperare». Hanna insiste per ripartire con il Führer, che declina con garbo l'invito, ed è lei l'ultima persona a lasciare il bunker. Restano, tra i fedelissimi, soltanto Goebbels e Bormann.

L'ultimo traditore è il generale delle SS Hermann Fegelein, marito di Gretl, sorpreso in abiti civili e con molto denaro mentre cerca di fuggire. Viene fucilato ed Eva commenta: «Povero, povero Adolf. Tutti ti hanno abbandonato, tutti ti hanno tradito...».

### *«L'Italia ha giovato più ai nemici che a noi»*

Il bunker di Adolf Hitler a Berlino era una costruzione a due piani. Quello superiore era riservato a segretarie, assistenti e aiutanti militari. Sotto, il bunker vero e proprio: un rettangolo diviso in due da un ampio corridoio, a un'estremità del quale c'era un passaggio che conduceva nel giardino e, all'altra, una scala che portava al piano superiore e, di lì, all'ala destra della Cancelleria. Nell'anticamera erano stipati i mobili antichi trasferiti dal palazzo, tappeti srotolati sul pavimento di cemento, dipinti italiani del Cinquecento. Contro il muro, una panca in stile rustico, al centro una grande tavola circondata da sedie e un'altra panca sul lato opposto da cui si accedeva alla sala conferenze. A destra, una cameretta-ripostiglio e una stanza di ventilazione.

C'era poi la «sala delle mappe», dove si tenevano le riunioni militari, arredata solo con un grande tavolo e delle sedie. Adiacente, era la camera da letto del Führer, alla quale si accedeva dal suo salotto-studio, ammobiliata con un letto da campo, un tavolino, due sedie e la cassetta dei cani.

Solo dal salotto di Hitler era possibile entrare nel bagno, con i rubinetti in metallo dorato. Una piccola anticamera divideva l'appartamento del Führer dalla camera di Eva, ben ammobiliata e ricca di tappezzerie.

Dall'altra parte del corridoio c'era la camera del dottor Morell, sostituito nel 1944 nell'assistenza al Führer da Ludwig Stumpfegger, un medico delle SS che avrebbe fornito a Magda Goebbels il veleno per uccidere i sei figli. (La stanza di Morell, come abbiamo detto, era stata occupata dalla famiglia Goebbels.) Accanto alla camera di Stumpfegger c'erano l'infermeria, il centralino telefonico e l'ufficio di Bormann.

«Scommetto che questa sera piangerete ancora...» disse Eva a Traudl Junge il 28 aprile 1945. (Traudl, che aveva 25 anni, era la segretaria personale di Hitler e nel dopoguerra avrebbe scritto un fondamentale libro di memorie, *Fino all'ultima ora*, pubblicato dopo la sua morte, avvenuta nel 2002.) Poi si chiuse in camera con la piccola Helga, 12 anni, la maggiore dei figli di Goebbels. La pettinava, mentre i domestici stavano stirando i vestiti ed erano in corso preparativi segreti.

Verso le 20 la Junge, attraversando l'anticamera per entrare nello studio di Hitler, notò una tavola apparecchiata, la tovaglia con le iniziali A.H., il servizio d'argento, calici da champagne. (L'ultima volta che era uscita dal bunker, prima di rinchiudervisi definitivamente, aveva visto un cavallo morto preso d'assalto da donne armate di coltelli che ne tagliavano tranci da cucinare a casa.) La Junge raccolse il testamento politico e il testamento privato del Führer. Nel primo, al di là degli scontati anatemi contro il giudaismo internazionale, c'è una parte che ci riguarda da vicino, ed è dove esprime il suo pentimento per l'alleanza con l'Italia. Hitler non rinnega l'«immutabile amicizia» con Mussolini, ma la inscrive tra i passivi della sua vita: «L'alleanza con l'Italia ha giovato più ai nostri nemici che a noi. L'alleato italiano ci ha messo i bastoni tra le ruote, quasi ovunque». E qui comincia un'analisi spietata di tutte le sconfitte italiane e, in particolare (come abbiamo ampiamente riferito in questo libro), dell'intervento tedesco in nostro soccorso nei Balcani, «cosa che ha comportato un catastrofico rinvio dell'inizio della guerra in Russia. Avremmo potuto attaccare il 15 maggio 1941 e concludere la campagna prima dell'inverno: tutto sarebbe andato diversamente».

Brevissimo il testamento privato: «Poiché non ho pensato, durante gli anni del conflitto, di potermi assumere la responsabilità di fondare una famiglia, ho ora deciso, alla fine del viaggio della mia vita, di sposare la ragazza che, dopo anni di fedele amicizia, ha scelto liberamente di condividere il mio destino in una città quasi completamente assediata». Il Führer, che lascia i suoi beni al partito e allo Stato, e la collezione di dipinti alla galleria di Linz, sua città natale, nomina Bormann esecutore testamentario e conclude: «Io stesso e mia moglie, per sottrarci all'onta della destituzione e della capitolazione, scegliamo la morte. È nostra volontà di essere immediatamente cremati nel luogo in cui ho compiuto gran parte del mio lavoro giornaliero durante dodici anni al servizio del mio popolo». Scegliendo la cremazione, voleva evitare lo scempio che il giorno precedente era stato fatto dei cadaveri di Mussolini e di Claretta Petacci.

### *«Meglio un Achille morto che un cane vivo»*

La sera del 29 aprile Hitler entrò nella sala conferenze: ad attenderlo c'erano Eva, Bormann e Goebbels, Magda, Gerda Christian, Constanze Manziarly, i generali Wilhelm Burgdorf e Hans Krebs, e Artur Axmann, il capo della Gioventù hitleriana, che aveva raggiunto il bunker. Come ufficiale di stato civile era presente Walter Wagner, arrivato lì dopo varie peripezie. Eva indossava un vestito lungo in taffettà nero, dalla gonna molto abbondante e con il collo alto, uno degli abiti preferiti di Hitler. Portava un braccialetto d'oro con tormaline, un orologio con brillanti, un ciondolo di topazi e una spilla appuntata tra i capelli. Hitler indossava l'uniforme. Gli anelli nuziali, che provenivano con ogni probabilità dall'oro della Gestapo, erano larghi. (Il giorno dopo Eva spedì il suo all'amica Herta.) Il cerimoniere disse: «Chiedo a Lei, Mein Führer, Adolf Hitler: acconsente a prendere Fräulein Eva Braun come sua sposa? ... E adesso chiedo a Lei, Fräulein Eva Braun...». Eva firmò prima con il cognome da ragazza, poi corresse: «Eva Hitler». (Sottolinea Fest: «Nella sua qualità di Führer – Hitler lo aveva più volte affermato – egli non poteva essere sposato, dal momento che l'aura mitologica da lui attribuita al concetto non tollerava tratti umani».)

Poi Hitler rimase chiuso nel suo studio fino alle 4 del mattino con la segretaria per completare il testamento e firmarlo. Eva, nel frattempo, chiese che venissero serviti dolci e champagne, e fece musica con l'unico disco rimasto. Quando tornò da loro, il Führer si mise a discutere ininterrottamente di politica con Bormann e Goebbels.

Il 30 aprile tutti si svegliarono tardi. Il bunker viveva l'amara quotidianità, compreso il pranzo del Führer (che mangiò con le segretarie e la cuoca), ma la tensione era al culmine. Non fidandosi più di nessuno, per sperimentare l'efficacia del veleno Hitler lo fece ingerire alla sua amatissima cagna, Blondi. Effetto immediato. Dopodiché ordinò che fossero messi a disposizione delle SS del suo corpo di guardia 200 litri di benzina.

Tra le 15 e le 16, mentre due sergenti sovietici issavano la bandiera rossa sulla cupola del vicino Reichstag, il Führer uscì dalla sua stanza e volle stringere la mano a tutti. Traudl Junge ricorda di lui la mano calda e, di Eva, il sorriso e l'abbraccio, oltre all'invito ad andarsene e a salutarle la Baviera. Eva, diventata finalmente Frau Hitler, indossava un abito nero con delle rose sulla scollatura: era pettinata e ordinata proprio come lo era stata in tutti i giorni della sua vita, compresi quelli trascorsi nel bunker.

Marito e moglie si ritirarono nella loro stanza, chiudendosi alle spalle la pesante porta di ferro. Il silenzio spettrale fu rotto per un attimo da Magda Goebbels che, giunta di corsa alla porta, tentò un'ultima, disperata incursione, ma venne bruscamente respinta da Hitler.

Sul letto, i due coniugi erano seduti l'uno accanto all'altra, lei alla destra di lui, con le gambe raccolte sotto il corpo, come usava accomodarsi al Berghof nell'ampia poltrona, con i suoi cani ai piedi a farle da guardia.

Eva estrasse la sottile fiala di vetro con il cianuro dalla capsula di ottone, la premette tra i denti, e in meno di un minuto il respiro scivolò da affannato a flebile a nulla. (Scrive la Lambert: «Il tubicino di ottone che aveva contenuto il suo veleno le era caduto dal grembo ed era rotolato sul pavimento. Sembrò a tutti un rossetto scartato».) Il suo capo fu trovato chino sul corpo di Hitler, che si era suicidato con un colpo di pistola, pur avendo anch'egli a disposizione una fiala di veleno.

Il generale Johann Rattenhuber, capo del corpo di SS addetto alla sicurezza personale del Führer, fece trasportare i loro corpi nel cortile: cosparsi di benzina, bruciarono sotto un bombardamento. Più tardi, «quando già le sparse ceneri volavano al vento», fu improvvisata una velocissima cerimonia simbolica di sepoltura nel cratere di una bomba. Le ceneri furono coperte di terriccio, poi pressato, mentre un ristretto corpo di guardia salutava con il braccio teso. Pochi giorni prima Hitler aveva detto: «Meglio un Achille morto che un cane vivo».

# 2025:
# L'OMBRA DELLA GUERRA E LE SFIDE DEL FUTURO

# IX

# Il ciclone Trump e il nuovo ordine mondiale

## *Un gigante irritabile contro pigmei blasonati e frustrati*

Se Hitler e Mussolini hanno incarnato il tragico finimondo dagli anni Trenta alla seconda guerra mondiale, negli ultimi ottant'anni nessuno ha sconvolto l'ordine mondiale come Donald Trump. Pur nel loro altalenante isolazionismo, tutti i presidenti americani del dopoguerra avevano considerato in qualche modo indissolubile il loro legame con l'Europa, per ragioni storiche, politiche, militari, economiche. E mai, come nel primo anno del secondo mandato presidenziale di Trump, l'Europa si è sentita «marginale e spettatrice» – queste le parole di Mario Draghi al Meeting di Comunione e Liberazione del 22 agosto 2025 – di quel che accade nel mondo, dall'Ucraina alla guerra di Gaza, dall'aumento dei dazi all'innamoramento di Trump per Putin. «È evaporata l'illusione di un'Unione europea che ha potere geopolitico e nelle relazioni commerciali internazionali» ha concluso Draghi. E Giorgia Meloni, parlando nella stessa sede il 27 agosto, gli ha dato ragione. Ne emerge l'immagine di un'Unione intimidita, ossequiosa, irrilevante.

Eppure, criminalizzare Trump, come è stato fatto in lungo e in largo, ne ha facilitato paradossalmente il successo. (Ne sappiamo qualcosa noi in Italia con quello che è accaduto con Silvio Berlusconi prima e Giorgia Meloni poi.) E archiviarne la vittoria elettorale come frutto dell'imbarbarimento di un'America sempliciona e ignorante significa non aver capito nulla delle frustrazioni sedimentate negli anni, e via via crescenti, di un ceto medio trasversale dal punto di vista religioso e razziale (ma in particolare quello bianco impoverito), che ha visto la fine del «sogno americano» nella propria decadenza sociale ed economica e nell'assenza di prospettive per i propri figli.

Trump usa toni sgradevoli e arroganti. Potrebbe dire le stesse cose con un tatto maggiore. Umiliazioni come quella inflitta il 28 febbraio 2025 a Volodymyr Zelens'kyj («Torna quando sarai pronto»), presentatosi alla Casa Bianca con un bagaglio di centinaia di migliaia di morti sulle spalle e ridicolizzato in mondovisione, non fanno parte delle tradizioni del più potente paese della terra. Zelens'kyj è stato riabilitato nell'estate e nell'autunno del 2025, ma che si tratti di Ucraina o di tariffe commerciali appare ogni giorno più evidente l'abissale differenza di potere tra il presidente degli Stati Uniti e i suoi alleati/avversari. Un gigante quanto mai irritabile dinanzi a un'Unione di pigmei blasonati e frustrati.

All'osservatore europeo, abituato quasi sempre ad altri linguaggi, è indubbiamente necessaria grande umiltà per capire come un uomo così rumoroso e spiazzante in ogni atteggiamento abbia stravinto le elezioni del novembre 2024, pescando voti nei fiumi e nei laghi più diversi del continente nordamericano. Trump ha sconfitto Kamala Harris in tutti e sette gli Stati chiave e ha conquistato 312 grandi elettori, superando di gran lunga i 270 necessari. Inoltre ha ottenuto 2 milioni 300.000 voti in più dell'avversaria a livello nazionale, diventando il secondo presidente repubblicano a vincere anche nel voto popolare, dopo George W. Bush nel 2004. Ha stravinto tra i maschi bianchi, ma il margine di sconfitta tra gli afroamericani e i *latinos* è stato assai più basso di quello di quattro anni prima. Quando, a qualche giorno dalle elezioni, Barack Obama ha intimato ai maschi neri di votare per la Harris per non essere esclusi dal salotto buono, in uno Stato chiave del Sud come la Georgia Trump ha raddoppiato i consensi proprio tra loro.

Ma ha vinto soprattutto nella *rust belt* (cintura della ruggine), cioè gli Stati chiave del Midwest (Pennsylvania, Michigan e Wisconsin), passati dai democratici ai repubblicani appunto per l'impoverimento del ceto medio.

### *E Donald disse: «Papà, devo andare a Manhattan»*

Vedremo meglio tra poco le ragioni profonde della vittoria di Trump. Ma che cosa faceva «The Donald», come lo definì la prima moglie Ivana, prima di entrare in politica?

«Ho iniziato con un piccolo ufficio insieme a mio padre a Brooklyn e nel Queens. Lui era un grande negoziatore. Ho imparato così tanto quando giocavo con le costruzioni ai suoi piedi mentre lui trattava con i subappaltatori. "Donald, non andare a Manhattan. Lì ci sono i pesci grossi. Non sappiamo nulla. Non farlo." Io però ho risposto: "Papà, devo andare a Manhattan. Devo costruire quegli edifici. Devo farlo, papà, devo farlo". E dopo 45 anni a Brooklyn mi sono avventurato a Manhattan e ho stipulato dei grandi contratti: l'hotel Grand Hyatt [*1978*]; ero responsabile anche per il centro congressi nel West Side. Ho stipulato un sacco di contratti e l'ho fatto quando ero giovane, e ora costruisco in tutto il mondo. E amo quello che faccio. Però un sacco di guru della televisione hanno detto: "Donald non correrà mai, e una delle ragioni principali è che non ha il successo che tutti pensano".» Così Trump si presentò il 16 giugno 2015 all'apertura della campagna presidenziale che lo avrebbe portato per la prima volta alla guida degli Stati Uniti.

Donald Trump è nato nel 1946 nel Queens, un grande sobborgo di New York. Quarto di cinque figli, due sorelle e tre fratelli, ma il maggiore, Fred jr, morì per alcolismo. (È la ragione per cui Donald non fuma e non beve.) Compiuti gli studi superiori alla New York Military Academy (si congedò con il grado di capitano), si è laureato in economia all'università della Pennsylvania.

Come scrisse David Hochman, che lo intervistò per «Playboy» nell'ottobre 2004, «il padre Fred trascorse la vita a costruire edifici low cost fuori Manhattan, ma quasi subito Donald gli chiarì di non essere interessato a seguire i suoi passi, invece voleva indossare i suoi bei stivali e attraversare l'East River che separa il South Side da Manhattan, dove puntò lo sguardo in alto, verso i grattacieli della città, [*fino a imprimere*] il suo nome a grandi lettere su alcuni tra gli edifici più importanti di New York. Suo padre fu un milionario di successo, suo figlio è diventato un miliardario di successo. "Se ho avuto un vantaggio rispetto a mio padre, potrebbe essere stato nelle idee: l'idea di un palazzo. E potrebbe anche essere stato nella 'portata'. Preferisco vendere appartamenti ai miliardari che vogliono vivere nella 5ª e nella 57ª Strada, piuttosto che appartamenti alla gente di Brooklyn, che sono persone meravigliose ma che finiranno per fregarmi perché ogni penny è importante... Ero solito stare sull'altro lato dell'East River e guardare Manhattan."».

Come scrive Mattia Ferraresi in *La febbre di Trump*, quando nel 1973 la società immobiliare della famiglia finì sotto inchiesta per discriminazione razziale, con l'accusa di non voler affittare appartamenti agli afroamericani, il giovane Donald suggerì al padre di affidare il caso a Roy Cohn, ebreo e omosessuale, braccio destro di Joseph McCarthy (senatore repubblicano profondamente anticomunista), che lo assunse su segnalazione dell'ex direttore dell'Fbi, J. Edgar Hoover, perché il fatto che fosse ebreo lo avrebbe favorito nel respingere le accuse di antisemitismo.

«Sotto la guida di Cohn,» racconta Ferraresi «la causa del dipartimento di Giustizia contro Trump, per il sospetto di discriminazioni razziali, viene ribaltata in una controdenuncia in cui si accusa lo Stato di costringere l'azienda ad affittare case a soggetti con situazioni finanziarie instabili. Allegata c'è un'iperbolica richiesta di risarcimento da 100 milioni di dollari. Il giudice accantona immediatamente l'assurda accusa, ma le parti accettano un patteggiamento che costringe i Trump ad affittare una quota minima delle proprietà ad afroamericani, mentre fa abilmente scomparire dalla vista dei giornali e del pubblico una fastidiosa storia di discriminazione.»

Per Trump, conclude Ferraresi, «Cohn è stato molto più di un avvocato. È stato un manuale di sopravvivenza e un protettore formidabile nella stagione in cui il palazzinaro in ascesa era in perenne lotta con il sindaco [*newyorkese Ed*] Koch riguardo a permessi, piani regolatori e crediti fiscali che erano l'essenza del business. Si narra che Trump tenesse sempre una sua fotografia nel portafogli, da usare per far ragionare gli interlocutori più riottosi: "Preferisci vedertela con lui?"».

### *Dalle modelle dello Studio 54 al successo di «The Apprentice»*

Cohn ha introdotto Trump anche nel mitico Studio 54, la celeberrima discoteca per vip di fine anni Settanta: «Lì dentro ho visto accadere cose che non ho visto mai più. C'erano supermodelle che si facevano scopare sulle panchine in mezzo alla stanza. Una volta, ricordo, ce n'erano sette, ciascuna con un uomo diverso. Mi ricordo Truman Capote che ballava da solo in mezzo alla pista, facendo piroette». Trump, annota ancora Ferraresi, ha sempre difeso Cohn con indefettibile lealtà, anche quando cadde in disgrazia, per poi morire di Aids nel 1986. Alle domande sui rapporti del suo avvocato con la mafia, nonché con gli ambienti più razzisti d'America, rispondeva: «Chi non ne aveva?».

Fin dal 1978, quando aveva iniziato la ristrutturazione dell'hotel Grand Hyatt, accanto al Grand Central Terminal, la più grande stazione ferroviaria newyorkese, Trump aveva dimostrato ottime doti di negoziatore, avendo ottenuto dalla città di New York un abbattimento quarantennale degli obblighi fiscali dell'albergo, il che costituì una riduzione dei rischi per l'imprenditore e un incentivo per gli investitori. Cinque anni dopo, nel 1983, veniva inaugurata la Trump Tower, un grattacielo di 58 piani nel cuore di Manhattan, con appartamenti di lusso e uffici di alta rappresentanza. (Si racconta che Trump avesse dichiarato che la sua Tower fosse alta 68 piani e che, per rendere più credibile la bugia, avesse fatto truccare i pannelli degli ascensori.)

8 aprile 1984, domenica. Sul «New York Times Magazine» appare un ritratto spumeggiante di Donald, «l'uomo del mo-

mento, uno degli imprenditori più ricchi, capace di comprare tutto ciò che vuole. Passare una giornata con lui è come guidare una Ferrari senza parabrezza, esilarante anche se finisce qualche moscerino tra i denti». E Ferraresi nel suo libro sottolinea la popolarità raggiunta quell'anno da Trump: «La sua figura statuaria, sormontata da una vaporosa chioma bionda che funge da aureola, è da mesi sulle pagine di tutti i giornali di New York. Non c'è televisore in cui non compaia e raduno dell'alta società in cui non porti il suo sorriso beffardo. Il suo nome campeggia a caratteri dorati sulla torre inaugurata alcuni mesi prima al numero 725 della Fifth Avenue, nel ventricolo del cuore del mondo».

Nel 1987 il celebre immobiliarista mise, suo malgrado, un piedino nel mondo della politica. Probabilmente non ne aveva una gran voglia, e a stimolarlo fu Roger Stone, che gli suggerì di comprare per quasi 100.000 dollari una pagina sui tre più prestigiosi quotidiani americani: il «New York Times», il «Boston Globe» e il «Washington Post». Stone, maestro di Cohn, era stato primo assistente di Richard Nixon nelle campagne elettorali repubblicane. Nella pagina pubblicitaria, Trump sollecitava il mondo politico ad avere la schiena più dritta di fronte ai grandi problemi della nazione. E avanzava le tesi che avremmo ritrovato nelle campagne elettorali del 2016 e del 2024: l'America deve smettere di pagare la difesa di alleati che possono difendersi da soli, deve invece aiutare i propri malati, i senzatetto, chi ha davvero bisogno di assistenza. Nel 1987 Trump riteneva che il Giappone fosse l'avversario più pericoloso per gli Stati Uniti. Nel decennio 2015-2025 il posto del Giappone è stato preso dalla Cina.

Trump fu costretto a licenziare nel 2015 Stone perché aveva chiamato un giornalista «stupido negro». Ma, secondo Ferraresi, lui diventò il suo «sicario informale», che spargeva fango nei salotti televisivi e usava toni durissimi contro la famiglia Clinton nel libro *The Clintons' War on Women*. Nonostante la sua immagine di repubblicano duro e puro, prima di scendere in politica Trump aveva sostenuto 6 presidenti democratici e 4 repubblicani.

A dargli enorme visibilità e popolarità è stata una trasmissione televisiva, «The Apprentice» (L'apprendista), da lui condotta sulla Nbc dal 2004 alla vigilia delle elezioni presidenziali del 2016. Si tratta di una competizione in cui i concorrenti, che vivono in una penthouse suite e sono suddivisi in varie squadre, si cimentano nel mondo degli affari, dell'impresa e dell'organizzazione aziendale, cercando di mostrare il proprio talento nel marketing, nella contabilità e nella gestione del lavoro. Ogni settimana, all'interno di ciascuna squadra viene scelto un *project manager*, che deve assistere gli altri concorrenti nel conseguimento di obiettivi imprenditoriali. Di puntata in puntata, coloro che si dimostrano inadatti o non ottengono risultati vengono eliminati. Premio per il vincitore: un contratto per un ruolo dirigenziale in una società della Trump Organization, con uno stipendio iniziale di 250.000 dollari l'anno.

Lo show era coprodotto da Trump e da Mark Burnett, il quale, vincendo lo scetticismo iniziale di Donald, gli chiese di parteciparvi in prima persona interpretando se stesso, il capo azienda, il padrone che giudica e decide le sorti dei concorrenti. La formula con cui venivano eliminati – *You are Fired!* (Sei licenziato!) – divenne popolarissima, entrò nelle hit televisive e, osserva Gennaro Sangiuliano nella sua biografia del tycoon, funzionò da moltiplicatore di notorietà per Trump, consolidandone il tratto di decisionista, di uomo del fare.

L'attenzione posta da Donald nella costruzione del proprio personaggio è dimostrata anche dai suoi camei in ben 12 film e 14 serie televisive, e non senza riscontri positivi, visto che è stato candidato per due volte agli Emmy Awards. Aspetto curioso: Trump – che non butta mai niente – è iscritto alla Screen Actors Guild, il sindacato degli attori, dalla quale riceve una pensione di 110.000 dollari all'anno.

## *Tra elegia della ricchezza e fallimenti mascherati*

Nel 2006 Trump scrisse con Robert Kiyosaki il best seller *Perché vogliamo che tu sia ricco*. Il primo era celebre per il programma «The Apprentice», il secondo conduceva il talk show *Rich Dad's Guide to Wealth* (Guida del padre ricco alla ricchezza) sulla Pbs, la raffinatissima azienda televisiva pubblica liberal degli Stati Uniti. (Provate a immaginare se su una rete pubblica italiana sarebbe possibile mandare in onda una trasmissione del genere.) La chiave del programma era in questo passo tratto dal loro libro: «I ricchi si stanno arricchendo, ma tu ti stai arricchendo? Stiamo perdendo il ceto medio, e un ceto medio in calo è una minaccia per la stabilità dell'America e della stessa democrazia mondiale. Vogliamo che tu sia ricco perché tu possa partecipare alla soluzione piuttosto che al problema». E ancora: «Non vendiamo pesce, non vendiamo consigli per investire né diciamo alla gente in cosa investire. Noi insegniamo. Vogliamo che impari ad arricchirti, a investire il tuo denaro e a diventare il tuo esperto finanziario personale. Vogliamo insegnarti a pescare da solo». Tra le immagini che accompagnano il testo c'è una clessidra: la parte superiore, quella dei ricchi, si amplia sempre di più. Anche la parte inferiore, quella dei poveri, si allarga sempre di più. Quella centrale (il ceto medio), invece, si restringe sempre di più, come una persona con un girovita molto stretto.

«Certe persone non sono fatte per essere ricche, è qualcosa che hai, qualcosa con cui sei nato» disse Trump nel 2004 nella citata intervista per «Playboy». «Molte persone non hanno la capacità di essere ricche perché sono troppo pigre o non ne hanno il desiderio o la perseveranza. Diventare ricchi è un talento. Alcune persone hanno talento per il pianoforte. Alcuni hanno talento per crescere una famiglia. Altri hanno talento per il golf. Io capita che abbia talento per fare i soldi.»

### *Gli affari di Trump andavano sempre bene?*

Il 7 gennaio 2007 Trump dichiarò a Gaby Wood del «Guardian»: «Io non sono mai fallito, ma sono stato in profonda difficoltà e ora la mia società è molto più grande, molto più forte di quanto lo sia mai stata». E nel 2015 James Hirby, nell'articolo *How is Donald Trump Able to File for Bankruptcy So Many Times?* (Come è possibile che Donald

Trump abbia dichiarato bancarotta così tante volte?), pubblicato sul sito «The Law Dictionary», osservò: «Trump in persona non ha mai presentato istanza di fallimento, ma le sue società lo hanno fatto quattro volte utilizzando il Chapter 11 della legge sulla bancarotta. Alla società è consentito continuare a operare ristrutturandosi e riducendo il suo debito. Permettendo al business di continuare, i dipendenti mantengono il loro lavoro e la società continua a produrre ricavi. I debiti societari continuano a dover essere pagati, ma possono essere ridotti. La società deve produrre un piano di rientro e un budget, entrambi devono essere approvati dai creditori e dal tribunale».

Hirby cita i quattro fallimenti aziendali di Trump: Trump Taj Mahal (1991), Trump Plaza Hotel (1992), Trump Hotels & Casino Resorts (2004) e Trump Entertainment Resorts (2009), tutte società con sede ad Atlantic City.

In *The Art of Comeback* (L'arte del ritorno) Trump scrive: «Il 26 marzo 1991 le notizie sulla prima pagina sia del "New York Times" sia del "Wall Street Journal" predicevano la mia fine, dettagliando i problemi finanziari che stavo vivendo. Chiunque con un po' di cervello avesse letto quelle notizie avrebbe detto che ero finito. Gli articoli furono ritrasmessi da radio e televisione ed esplosero in tutto il mondo. Fu senza dubbio il peggior momento della mia vita». In quel periodo doveva alle banche circa 1 miliardo di dollari, perché aveva dato la sua garanzia personale per prestiti che ammontavano a 3,7 miliardi.

### *Ivana e Melania, le due donne più importanti di Donald*

Nell'ultimo mezzo secolo, due donne hanno avuto un ruolo importante nella vita di Donald Trump. Entrambe belle e intelligenti, entrambe provenienti dall'Europa dell'Est, entrambe modelle. Entrambe mogli.

Ivana Marie Zelníčková (1949, cecoslovacca), istruttrice di sci, conobbe Donald quando, diventata modella e trasferitasi in Canada, andò a New York per promuovere le

Olimpiadi di Montréal del 1976. I due si sposarono nel 1977 e diventarono subito una coppia molto in vista nel jet set internazionale. Inserita nella Trump Organization, Ivana ha firmato il restauro dell'hotel Plaza. Chiese il divorzio nel 1992, non perdonando al marito un'avventura con Marla Maples, ex Miss Georgia. È morta nel 2022, a 73 anni, in seguito a una caduta dalle scale nella sua casa di Manhattan.

I tre figli avuti con Trump hanno mantenuto uno stretto rapporto con il padre. Donald jr (1977) ha gestito progetti immobiliari internazionali ed è stato un suo forte sostenitore politico nelle campagne elettorali e nei due mandati presidenziali. Eric (1984) ha guidato la Trump Organization e affianca il padre nell'attività politica, mantenendo sempre una certa discrezione. La figlia prediletta è Ivanka (1981): impegnata anche lei nel business familiare, è stata consigliera alla Casa Bianca durante il primo mandato di Trump, disimpegnandosi dopo il 2021. Ma resta vicinissima al padre.

Melania Knavs (1970, slovena) incontrò Donald per la prima volta nel 1998 a New York, durante una delle serate della settimana della moda. Li presentò Paolo Zampolli, fondatore di un'agenzia di modelle e socio di Trump, che all'inizio del secondo mandato presidenziale lo avrebbe nominato ambasciatore per gli Affari speciali. Donald le chiese il numero di telefono, lei non glielo diede, ma ottenne invece i suoi: «Se gli avessi dato il mio numero, sarei stata solo una delle tante donne che avrebbe chiamato. Volevo vedere quali erano le sue intenzioni. Si capisce molto di un uomo dal tipo di numero che ti dà. Lui mi ha dato tutti i suoi numeri». Melania se la prese comoda, cominciò a frequentare Trump gradualmente, si fidanzò nel 2004 e lo sposò nel 2005 a Palm Beach: tra gli invitati, Bill e Hillary Clinton, Rudolph Giuliani, miliardari e giornalisti di fama. Lei, racconta Sangiuliano, indossava un abito di Dior da 100.000 dollari, decorato con 1500 Swarovski.

Nell'unico discorso, pronunciato durante la campagna elettorale del 2016, Melania fece questo ritratto del marito: «Se qualcuno lo attacca, lui colpisce dieci volte più forte. Ma è un brav'uomo, premuroso in famiglia. È un bravo imprenditore e le accuse di maschilismo non sono fondate, perché è molto rispettoso delle donne». Nella campagna elettorale del 2024 ha usato toni molto meno aggressivi di Trump, evitando scontri politici diretti e occupandosi soprattutto di bambini e di bullismo. Non ha mai partecipato ai comizi più importanti e, nel primo anno del secondo mandato, è apparsa di rado in occasione degli eventi ufficiali della Casa Bianca e nei viaggi presidenziali. Memorabile l'immagine del giorno dell'insediamento, in cui indossa un cappello con le falde tanto larghe da impedire al marito di baciarla. Nel 2006 è nato il figlio Barron, che da subito Melania ha cercato di tenere lontano dai riflettori.

Per quanto riguarda i diritti civili, si è dichiarata favorevole all'aborto, prendendo le distanze dalle posizioni del consorte che, dopo la revoca sancita dalla Corte suprema (2022) della tutela costituzionale del diritto all'aborto, ha evitato di promulgare un divieto nazionale totale lasciando libera scelta ai singoli Stati, anche se in alcuni l'aborto è vietato persino a donne che hanno subìto violenza.

### *La «ruggine» americana e «Make America Great Again»*

La perdita di posti di lavoro nell'industria e il passaggio di milioni di americani al settore dei servizi a bassa remunerazione erano fenomeni sociali già gravi quando gli Stati Uniti furono sconvolti, prima degli altri paesi, dalla crisi finanziaria del 2008. Come osserva Andrew Spannaus in *Rivincita*, i nodi erano venuti al pettine e ora spettava alla classe politica riconoscere gli errori che avevano portato alla crisi. Barack Obama ammetteva che il problema era strutturale, sottolineando più volte la necessità di riforme radicali come quelle attuate da Franklin Delano Roosevelt per risollevare il paese durante gli anni Trenta dalla Grande Depressione, eppure da presidente non le perseguì davvero. Così, alla popolazione furono chiesti sacrifici, mentre le grandi banche e i fondi beneficiavano di salvataggi praticamente illimitati. Tra i cittadini crebbero la frustrazione e la rabbia, rafforzando quell'idea che i politici sono tutti uguali, e nemmeno di fronte alla grande crisi sarebbero usciti dalla modalità autoreferenziale, con uno Stato incapace di fare il suo dovere nei confronti della gente normale.

La conseguenza di tutto questo è stata Donald Trump. Un personaggio, scrive Spannaus, così lontano dalla politica ordinaria che è apparso a molti elettori come la giusta risposta a un establishment avvitato su se stesso. Trump era irruente, offensivo e a volte anche incoerente, ma aveva individuato uno slogan che trasmetteva un messaggio chiaro: il paese non è più quello di un tempo, adesso è l'ora di «Make America Great Again», soprattutto negli Stati del Midwest, ormai decaduti al punto di essere definiti, come abbiamo detto, «cintura della ruggine». Lo slogan MAGA era stato inventato da Ronald Reagan, quarant'anni prima, ma Trump lo ha rispolverato, tirato a lucido e fatto proprio.

Secondo James Fontanella-Khan, caporedattore della sezione Finanza del «Financial Times» di New York, «ciò che Trump vuole fare, prendendo dei rischi enormi perché la ricaduta sui mercati è disastrosa, è di riportare tutte le attività produttive negli Stati Uniti, non solo il settore manifatturiero, ma anche quello dei servizi. Trump vuole rendere l'America davvero indipendente. Il piano è quello di tornare a un'America che non ha bisogno di nessuno, a un'America pre-Novecento, con confini sicuri a nord e a sud e i due oceani che la proteggono». In una parola, immagina una «fortezza America».

A questa promessa di reindustrializzazione, Trump aggiungeva le invettive contro le guerre all'estero, mettendo in scacco i dirigenti del Partito repubblicano. Infatti, se a sinistra la critica alla guerra in Iraq era stata fondamentale per il successo politico di Obama, a destra i repubblicani non erano ancora riusciti a voltare pagina. The Donald sconvolse tutti gli schemi con un programma che evocava più manifatture, il rifiuto della fissa repubblicana dei tagli allo Stato sociale e la fine dei conflitti all'estero. Il messaggio trumpiano era condito con insulti per tutti, oltre che con parole crude e proposte provocatorie per contrastare l'immigrazione, rea a suo giudizio di togliere opportunità economiche ai cittadini americani. Così, secondo Spannaus, Trump sembrava fuori da ogni canone di accettabilità, e invece è stato proprio questo approccio a farlo apparire in grado di sfondare la resistenza di quello che lui aveva battezzato il «Deep State», ovvero gli apparati di governo che continuavano a impostare politiche dello stesso tipo nonostante la frustrazione crescente tra gli elettori.

«La nostra nazione è in guai seri» affermava nella campagna elettorale del 2016. «Non siamo rispettati da nessuno. Siamo oggetto di derisione in tutto il mondo. L'Isis, la Cina, il Messico: tutti ci stanno martellando. Chiunque ci martella. I nostri nemici stanno diventando più forti e noi stiamo diventando sempre più deboli.» E aggiungeva: «L'altro giorno, un giornalista mi ha detto: "Mister Trump, lei non è una persona perbene. Come potrà convincere gli elettori a votarla?". Ho risposto: "Non lo so. Numero uno: credo di essere una persona perbene. Do via un sacco di denaro in beneficenza e altre cose". Credo di essere veramente una persona perbene, ma dico: "Questa sarà un'elezione basata sulla competenza. Perché la gente è stanca di queste persone perbene, ed è stanca di essere fatta a pezzi da chiunque nel mondo ed è stanca di spendere più denaro pro capite in istruzione di ogni altra nazione del mondo". E siamo ventiseiesimi al mondo. Venticinque paesi sono meglio di noi in fatto di istruzione, e alcuni di loro appartengono al Terzo mondo.»

### *La vittoria contro il sistema, la delusione del primo mandato*

Con questi argomenti, Donald Trump prevalse sugli altri 17 candidati repubblicani alla nomination per le elezioni presidenziali del 2016. Con quasi 13,5 milioni di voti è stato il candidato più votato nella storia del Partito repubblicano. L'8 novembre 2016 Trump diventò presidente degli Stati Uniti conquistando 304 grandi elettori su 538, ma perdendo nel voto popolare con Hillary Clinton, che ottenne 3 milioni di suffragi in più. E, come di nuovo avrebbe fatto nel 2024, attrasse i voti di cittadini che cercavano un'alternativa all'establishment del paese. Circa 8 milioni di elettori, che nel 2012 avevano votato per Obama, nel 2016 votarono per lui.

Ridurre la sua vittoria a una reazione a Obama e Hillary Clinton significa, secondo Spannaus, non capire il salto compiuto dal tycoon nella considerazione di quella parte del paese che si sentiva lasciata indietro dalla globalizzazione. Trump si presentava cattivo e arrabbiato, e ne aveva per tutti. È una suprema ironia della storia che una persona di questo genere abbia determinato un momento di grande democrazia, dando voce a istanze che le istituzioni di Washington avevano pensato di poter ignorare.

Nel 2016 Trump guadagnò voti decisivi tra i lavoratori sindacalizzati degli Stati postindustriali e «arrugginiti» (Michigan, Wisconsin e Pennsylvania) proprio con il suo messaggio a favore della reindustrializzazione del paese. Il successo di un messaggio antiglobalizzazione e anti-Wall Street costrinse la politica a ritornare con i piedi per terra. Non si poteva più ignorare il lungo processo di svuotamento della classe media e del potere reale degli Stati Uniti sul resto del mondo. L'establishment si mosse subito per impallinare il nuovo presidente soprattutto a proposito del Russiagate (il presunto supporto di Putin in campagna elettorale) che, peraltro, dopo due anni di indagini non portò a niente. Oltre a rimarcare la debolezza delle prove, Spannaus ricorda ironicamente che fu proprio Trump a inviare le prime armi offensive a Kiev, dopo che Obama si era limitato a fornire solo quelle difensive per evitare di militarizzare lo scontro. Fin da allora Trump avrebbe voluto aprire a Putin, e invece i rapporti tra la Russia e gli Stati Uniti continuarono a peggiorare perché prevalse l'establishment nel favorire la linea dura con Mosca.

I critici di Trump sostengono che, nel suo primo mandato presidenziale, non tenne fede alla promessa di stare dalla parte dei lavoratori, proseguendo con la tradizionale politica repubblicana antisindacale e varando numerose norme per aiutare le imprese ad aggirare gli obblighi della sicurezza e del welfare. L'obiettivo dichiarato di tale politica, al pari dei grandi tagli delle tasse, era quello di abbassare i costi per il mondo del business e facilitare così i nuovi investimenti nella manifattura. I risultati furono deludenti. Anche i capitali rientrati dall'estero non vennero impegnati per il rafforzamento dell'industria manifatturiera: la liquidità non fu reinvestita, ma si preferì trasferirla agli azionisti.

Per quanto riguarda l'immigrazione, Trump varò programmi per frenare i flussi, soprattutto dal Messico, senza risolvere alla radice il problema. Inoltre, denunciò gli accordi di Parigi sul cambiamento climatico e non riuscì a smantellare il sistema sanitario messo in piedi da Obama. Segnò invece un forte punto a favore dei repubblicani in campo giudiziario, nominando tre giudici conservatori alla Corte suprema, con tutti i risultati decisivi che ne sono derivati.

Nel 2020, durante l'emergenza Covid-19, Trump ebbe un atteggiamento ondivago: all'inizio minimizzò la portata del fenomeno, pur essendo consapevole della sua gravità, e criticò gli Stati democratici sulle restrizioni del lockdown (la politica antivax sarebbe stata enfatizzata nel secondo mandato dal ministro della Sanità, Robert Kennedy jr). Al tempo stesso, però, gli va dato atto di aver finanziato in modo straordinario la ricerca scientifica, ottenendo nell'arco di un solo anno il primo vaccino. Con uno stanziamento di 2 trilioni di dollari, limitò fortemente l'impatto del virus sulle imprese e sulla popolazione: il venerdì sera le aziende inviavano allo Stato la somma degli stipendi dei dipendenti senza lavoro e il lunedì successivo ricevevano l'accredito in banca.

L'insoddisfazione per il primo quadriennio presidenziale di Trump si manifestò alle elezioni del 2020, quando perse nettamente contro Joe Biden: 46,8 per cento contro il 51,3 del candidato democratico. Colpì la sconfitta nei tre Stati chiave (Michigan, Wisconsin e Pennsylvania), tradizionalmente sofferenti, che gli avevano garantito la vittoria quattro anni prima.

Il 6 gennaio 2021, mentre il Congresso era riunito per ratificare la vittoria di Biden, un folto gruppo di sostenitori di

Trump diede l'assalto al Campidoglio: quattro di loro e un poliziotto rimasero uccisi. Un episodio di estrema gravità, in un tempio della democrazia occidentale, ed è un miracolo che il tycoon sia uscito indenne dall'inchiesta successiva.

### *J.D. Vance e il ritratto dei bianchi frustrati*

Quando, nel 2016, uscì il libro di J.D. Vance, oggi vicepresidente degli Stati Uniti, il «New York Times» lo definì «uno dei sei migliori per aiutare a comprendere la vittoria di Trump». Pubblicato in Italia da Garzanti con il titolo *Elegia americana*, lo spirito di questo saggio è spiegato meglio dal titolo originale, *Hillbilly Elegy: A Memoir of a Family and Culture in Crisis*. *Hillbilly* è l'equivalente del nostro «buzzurro», ed è il termine spregiativo con cui vengono chiamati gli abitanti di Middletown, la città dell'Ohio dove Vance è nato nel 1984, ma anche i residenti del Kentucky e dell'Alabama.

Quando parliamo di Stati Uniti, immaginiamo che siano un tutt'uno, mentre, dal punto di vista sociale, sono profondamente disuniti. Scrive il vicepresidente: «Sì, sono bianco, ma non mi identifico di sicuro nei Wasp, i bianchi anglosassoni e protestanti del Nordest. Mi identifico invece con i milioni di proletari bianchi di origine irlandese e scozzese che non sono andati all'università. Per questa gente, la povertà è una tradizione di famiglia: i loro antenati erano braccianti nell'economia schiavista del Sud, poi mezzadri, minatori e infine, in tempi più recenti, meccanici e operai. Gli americani li chiamano *hillbilly* (buzzurri, montanari), *redneck* (colli rossi) o *white trash* (spazzatura bianca). Io li chiamo vicini di casa, amici e familiari».

Vance è cresciuto in una famiglia povera, con una madre alcolista e tossicodipendente, un padre biologico che l'ha dato in adozione a 6 anni (salvo poi pentirsene), un numero imprecisato di padri occasionali (i compagni della madre) e una nonna straordinaria, che l'ha allevato insegnandogli a difendersi tirando pugni, ma anche a credere profondamente nel «sogno americano». «Le nostre case sono in preda al caos» scrive. «Almeno un membro della famiglia assume stupefacenti. Nei momenti più difficili, ci prendiamo a cazzotti davanti al resto della famiglia, inclusi i bambini piccoli. I nostri figli sono dati in affido, ma non ci restano mai a lungo.» Ricorda, però, che una volta, se un uomo offendeva una donna, veniva inseguito con la motosega, e se alludeva a un capo di biancheria intima, veniva costretto a mangiarla. Con molta lucidità, Vance ha presto capito che non tutti i poveri sono uguali e ha imparato a distinguere i pigri, che sono molti e vorrebbero essere assistiti senza lavorare, dai volenterosi sfortunati.

Vance era un ragazzo molto intelligente. Grazie anche alla pensione della nonna, ha sempre studiato e lavorato, si è diplomato con il massimo dei voti in un liceo mediocre, ha prestato servizio per quattro anni nei marines, è stato in Iraq e si è laureato con ottimi voti nell'università statale dell'Ohio. Ma, una volta ammesso alla Yale Law School, fu come se fosse atterrato su Marte. Dinanzi al classismo di studenti e insegnanti, manifestato quasi sempre in buona fede, si chiedeva come fosse stato possibile essere capitato in mezzo a loro. Nessuno dei suoi compagni di studi aveva mai parlato con un reduce di guerra. Nessuno aveva conosciuto le durezze dell'infanzia e della vita. A salvarlo furono una docente di buona volontà e Usha, la ragazza di classe sociale superiore alla sua che gli insegnò in che ordine usare le posate a tavola e che poi l'avrebbe sposato, rendendolo felice.

Quali sono le conseguenze politiche di disparità sociali così spaventose? Vance scrive che il messaggio della destra va sempre più in questa direzione: «Se sei un perdente, non è colpa tua; è colpa del governo». E racconta che, quando il padre scoprì che lui voleva iscriversi alla facoltà di legge di Yale, gli chiese se nel modulo informativo avesse finto di essere nero o di sinistra. «È così che sono crollate le aspettative dei proletari bianchi americani. Non dovremmo stupirci: se questi atteggiamenti dilagano, il numero di persone disposto a lavorare per migliorare la propria vita è destinato a calare: non c'è gruppo etnico sociale più pessimista dei bianchi della classe operaia. Più di metà dei neri, degli ispanici e dei bianchi laureati si aspettano per i propri figli un benessere superiore a quello di cui godono attualmente loro. Tra i bianchi della classe operaia, solo il 44 per cento condivide quell'aspettativa. E, cosa ancora più sorprendente, il 42 per cento dichiara di stare economicamente peggio dei genitori. Nel 2010, io non la pensavo così.»

«Quella che si apprestava ad andare alle urne nel novembre del 2024» scrive Claudio Pagliara in *L'imperatore* «era un'America impoverita, arrabbiata, delusa. Molto diversa da quella descritta dai dati economici che il presidente Joe Biden ciclicamente elencava come prova del successo delle sue politiche: una crescita robusta, una disoccupazione storicamente bassa, un'inflazione riportata sotto controllo. Tutto vero. Ma l'America che avevo osservato era in sofferenza e chiedeva un cambiamento radicale. Non quella delle élite liberal di New York e Los Angeles, ma quella profonda dove si giocava la partita. E Kamala Harris era troppo legata all'amministrazione uscente per incarnare il desiderio di svolta.»

E sottolinea: «Per giunta i più impoveriti, arrabbiati e delusi erano proprio coloro che in passato costituivano la base elettorale del Partito democratico, il suo nocciolo duro: afroamericani e ispanici; operai e agricoltori; e quella classe media, un tempo benestante, che oggi vede il sogno americano trasformarsi in miraggio. Trump aveva radunato intorno a sé una coalizione sociale inedita per un repubblicano: lavoratori preoccupati per il proprio futuro, minacciato dalla concorrenza straniera; migranti ormai integrati impauriti dalla potenziale competizione sul mercato del lavoro rappresentata dal fiume in piena dei nuovi arrivati; evangelici, disposti a perdonare di tutto in virtù di una presunta grazia divina e felici per la revoca del diritto all'aborto, decisa da una Corte suprema a super maggioranza conservatrice proprio grazie alle nomine effettuate dal tycoon nel primo mandato; gran parte della popolazione bianca insofferente all'idea di mandare i propri figli in scuole dove viene insegnato il concetto di Critical Race Theory, la teoria secondo cui il razzismo non è solo il risultato di pregiudizi individuali ma sistemico, dunque incorporato nelle istituzioni stesse».

(A questo proposito, in *Quello che dovete sapere sull'America di Trump* Federico Rampini osserva: «La Critical Race Theory ha egemonizzato anche scuole pubbliche, grandi università, il cinema di Hollywood, il mondo dell'arte e dei media. Se l'establishment progressista stabilisce che solo i bianchi sono portatori di peccati incancellabili, che solo i bianchi devono passare il resto della loro esistenza a chiedere scusa per tutte le loro colpe, non è strano che la destra abbia vinto».)

«La vittoria di Trump» continua Pagliara «è la rivincita di un'America che si sente tradita dalle élite liberal, più impegnate a promuovere i bagni unisex nelle scuole e la partecipazione dei transgender alle gare sportive femminili che a mettere in sicurezza i confini e le strade delle città. Un'America impoverita dalla globalizzazione, stanca di finanziare guerre lontane, mentre è alle prese con le difficoltà di arrivare a fine mese, con il costo della vita alle stelle. Un'America che invoca misure protezionistiche a tutela dei propri lavoratori, esposti alla concorrenza straniera, anziché un libero mercato al servizio degli interessi delle multinazionali. In una frase: un'America ripiegata su se stessa. Con Trump, l'America cessa di essere generosa. *America first* significa anche America egoista.»

### *Lo sguardo, la firma, il linguaggio*

Nella sua seconda ascesa alla Casa Bianca Trump è stato favorito da due fattori: la criminalizzazione che ne hanno fatto gli avversari e la debolezza di Kamala Harris. Secondo Rampini, «i troppi processi fragili contro Trump sono stati la ricerca di una scorciatoia giudiziaria da parte di chi non riesce a sconfiggere politicamente il trumpismo». L'ultimo regalo al candidato presidente è stata la quarta incriminazione del 14 agosto 2023. Nella foto segnaletica, Trump si è mostrato con «la testa inclinata in avanti, gli occhi puntati tra le sopracciglia, luce che arriva dall'alto, la sensazione che il soggetto stia per sferrare un colpo frontale all'obiettivo fotografico». Trasformando così il simbolo dell'incriminazione nel cavallo di battaglia della sua campagna elettorale con lo slogan «Mai arrendersi».

Lo sguardo battagliero di Trump può essere curiosamente accostato alla sua firma. L'autografo con cui sottoscrive i documenti presidenziali è enormemente più ampio delle altre firme. Secondo la grafologa Candida Livatino, «le punte aguzze delle lettere sembrano delle lance per difendersi e soprattutto attaccare gli interlocutori, che spesso considera nemici. Dalla sua grafia si percepisce la completa indifferenza all'idea di risultare antipatico. Tradisce la sua aggressività verbale, ma fa anche trasparire astuzia e capacità manipolatorie, finalizzate al raggiungimento dei suoi obiettivi». La Livatino rileva che, dopo essere tornato alla Casa Bianca, «la curva nell'ultima lettera del cognome, che presentava una forma più morbida di abbraccio, un segnale di socialità, è stata sostituita da un tratto molto più appuntito, più duro, di una persona rafforzata nell'ego e nell'aggressività verbale».

Coordinato con lo sguardo e la firma è, naturalmente, il linguaggio. I ricercatori Elliot Schumacher e Maxine Eskenazi, autori di uno studio in cui analizzavano i discorsi di tutti i candidati alle presidenziali del 2016, avevano evidenziato che Trump ha un vocabolario di un migliaio di parole e usa il linguaggio di un dodicenne. E anche oggi parla allo stesso modo. A nostro giudizio, però, questo non è assolutamente un limite, perché pone il presidente degli Stati Uniti sullo stesso marciapiede dove cammina l'uomo comune. In Trump, il linguaggio scritto è assolutamente identico a quello parlato, con tutte le estreme semplificazioni del caso. E, naturalmente, la parola più frequente è «Io». Un *basic English* molto simile al *basic Italian* di Mike Bongiorno che, con un vocabolario persino più ridotto, si faceva capire da tutti.

Un'altra sua foto iconica è quella del 14 luglio 2024: Trump sanguinante da un orecchio dopo essere miracolosamente scampato a un attentato durante un comizio elettorale a Butler, in Pennsylvania. Al grido di «Fight! Fight! Fight!» (Combatti! Combatti! Combatti!) il candidato presidente ha preso l'abbrivio per l'ultima fase della campagna elettorale. E qui gli è stata di grande aiuto la debolezza della sua avversaria. Durante la presidenza Biden, i democratici facevano gli scongiuri perché l'inquilino della Casa Bianca avesse lunga vita, giudicando la Harris del tutto inadatta a prendere il timone del mondo. Kamala aveva avuto un'investitura aristocratica senza battersi all'interno del partito e aveva commesso il peccato mortale di nascondere le imbarazzanti condizioni di salute di Biden, visibilissime già durante il G7 di Borgo Egnazia, in Puglia, nell'estate del 2024.

Rampini fa perfidamente notare che, durante la breve campagna elettorale, la Harris ha dovuto riconoscere di fatto – senza dirlo – che Trump aveva ragione su alcuni punti qualificanti. Nel 2020 era per frontiere spalancate a chiunque volesse entrare negli Stati Uniti, ma nel 2024 conveniva con il suo avversario sulla necessità di un controllo rigoroso dei flussi migratori. La stessa cosa sui dazi contro la Cina, la politica energetica, l'ordine pubblico, la lotta alla criminalità, l'uso delle armi per autodifesa. Ripensamenti tardivi e, quindi, poco credibili.

### *Per Trump, soltanto maschi e femmine*

Tra i primi 50 ordini esecutivi firmati da Donald Trump il 21 gennaio 2025, poche ore dopo il suo insediamento alla Casa Bianca, spicca la revoca di 78 decreti di Biden, tra cui il codice etico antidiscriminazione in favore del «ripristino della verità di genere». Il DEI (diversità, equità e inclusione) era nato con il legittimo scopo di evitare ogni forma di discriminazione e di pregiudizio razziale nei luoghi di lavoro, ma con il passare del tempo l'élite liberal lo aveva capovolto, trasformandolo in un elemento di discriminazione nei confronti di intere categorie di persone, ed era diventato la bandiera di movimenti come Black Lives Matter (dopo l'assassinio dell'afroamericano George Floyd, ucciso senza ragione il 25 maggio 2020 da un poliziotto bianco a Minneapolis), Lgbtq+ e #MeToo.

Un esempio per tutti, rivelato da un'inchiesta del «Wall Street Journal»: l'amministratore delegato di Morgan Stanley, James Gorman, parlò di «ingiustizia razziale irrisolta» ponendo come obiettivo l'incremento del 50 per cento della presenza di dirigenti afroamericani e ispanici, con un bonus specifico per coloro che avessero raggiunto i livelli stabiliti di assunzioni e promozioni dei dipendenti sottorappresentati. Così, da un lato sono stati bloccati i licenziamenti dovuti di lavoratori protetti, dall'altro sono stati discriminati dipendenti bianchi più meritevoli dei colleghi afroamericani. Molti dirigenti, pur di ottenere il bonus, adottavano provvedimenti palesemente ingiusti.

Claudio Pagliara riferisce nel suo libro che molti genitori si erano sentiti espropriati dei loro diritti da insegnanti che, a loro insaputa, avevano assecondato la richiesta dei figli-alunni di essere interpellati con pronomi non conformi al loro sesso biologico. C'è stata, poi, l'introduzione nei curricula scolastici della controversa e già citata Critical Race Theory secondo cui il razzismo non è solo pregiudizio individuale ma sistemico, e ogni bianco che la contesta finisce sul banco degli accusati, a prescindere dalle sue azioni concrete. Infine, la partecipazione di atlete transgender a competizioni femminili ha scatenato la rivolta di atlete di ogni colore politico. Con un risultato scontato: sull'altare della tutela delle minoranze è stato messo in secondo piano proprio il principio cardine del modello americano, cioè il merito. L'impalcatura del DEI era già stata molto indebolita nel 2023 da una sentenza della Corte suprema, che aveva giudicato incostituzionali i suoi princìpi fondativi. Trump gli ha dato il colpo di grazia, stabilendo che esistono soltanto il sesso maschile e quello femminile, impedendo così alle atlete transgender di partecipare a competizioni sportive femminili.

Nel suo libro *Suicidio occidentale*, Federico Rampini ricorda alcune stravaganze dell'estremismo liberal: la diffusione di bagni unisex, la distribuzione in alcune scuole statali di tamponi mestruali nei bagni dei maschietti, la partecipazione di giovani transgender dotate di attributi sessuali maschili alle attività sportive scolastiche come componenti di squadre femminili. Nel quadriennio di amministrazione Biden-Harris, scrive Rampini, «guai se nelle e-mail i docenti [*osavano*] utilizzare il maschile e il femminile, solo il neutro plurale [*era*] ammesso, perché [*bisognava*] rispettare le identità "fluide"».

Con il suo provvedimento, oltre a fare giustizia di alcuni surreali e stucchevoli ideologismi, Trump ha voluto evitare la discriminazione al contrario di cui parlavamo prima, ristabilendo il primato del merito, elemento fondativo del «sogno americano».

Il decreto antidiscriminazione ha comportato anche la proibizione di insegnare teorie «radicali e divisive» negli istituti e nelle università che ricevono fondi pubblici. Questa decisione ha scatenato una battaglia tra la Casa Bianca e alcune prestigiose università americane, accusate di non aver protetto gli studenti ebrei e di aver consentito manifestazioni antisemite, anche attraverso atteggiamenti estremisti in favore del mondo palestinese. Prendiamo la Columbia University. Gli studenti e docenti ebrei che avevano protestato perché un gruppo di universitari filopalestinesi aveva definito il 7 ottobre un legittimo atto di resistenza hanno ricevuto una lettera firmata da un centinaio di professori che definivano l'attacco di Hamas una «straordinaria vittoria della resistenza palestinese» contro «i colonizzatori crudeli».

Trump ha multato la Columbia di 400 milioni di dollari e l'ateneo se l'è cavata pagandone la metà in tre anni. Molto più pesante la sanzione per Harvard, l'università più antica degli Stati Uniti, che ha intrapreso contro il governo federale una lunga causa legale.

### *La meteora Elon Musk e i tagli del Doge*

Per centotrenta giorni, dall'insediamento di Trump al 29 maggio 2025, un ruolo chiave nell'amministrazione americana lo ha avuto Elon Musk. Nato nel 1971 a Pretoria, in Sudafrica, bambino geniale formatosi sui libri di fantascienza, guadagna i soldi per arrivare nello spazio prima creando, a 24 anni, una versione online delle guide telefoniche, poi entrando nel business dei pagamenti virtuali e, infine, fondando, a 31 anni, SpaceX, un'azienda spaziale che nel 2008 è riuscita a far raggiungere a un suo razzo l'orbita terrestre e nel 2015, dopo un accordo con la Nasa, ad assicurare il ritorno del primo stadio del razzo Falcon 9 con atterraggio verticale. A 33 anni, poi, Musk è entrato in Tesla, una start-up di automobili elettriche che, dopo un iniziale insuccesso, gli ha procurato la ricchezza.

La sua rete satellitare Starlink è diventata presto la più avanzata al mondo, molto più di quella programmata per il 2030 dall'Unione europea, cosicché molti paesi, tra cui l'Italia, si sono trovati nell'imbarazzante condizione di decidere se aspettare a lungo o comprare subito un sistema efficiente da un privato non sempre facile da controllare. Per esempio, i satelliti Starlink sono stati decisivi in alcuni momenti per l'Ucraina nel fronteggiare l'invasione russa, ma quando Zelens'kyj voleva compiere passi poco graditi alla Casa Bianca, Musk ha spento il segnale.

Nel 2022 Musk ha comprato il social network Twitter e lo ha ribattezzato X, entrando in aperto conflitto con Mark Zuckerberg, l'inventore di Facebook. I due sono venuti virtualmente alle mani e avevano individuato il Colosseo come arena per darsele davvero, ma per fortuna hanno rinunciato prima che qualcuno, ovviamente, glielo impedisse.

Dopo aver sostenuto con energia e con molti soldi le campagne presidenziali di candidati democratici, Musk è stato il maggior finanziatore della seconda campagna elettorale di Trump. Diventato l'uomo più ricco del pianeta, si è visto affidare dal neopresidente un ruolo molto impegnativo e strategico: ridurre l'inefficienza della burocrazia americana a colpi di licenziamenti di massa. Affiancato da sette assistenti, tutti giovani e quasi tutti miliardari come lui (l'intera squadra non ha percepito stipendi), ha diretto il Doge (Department of Government Efficiency), il dipartimento per l'Efficienza governativa.

Il 22 febbraio 2025, 2 milioni di dipendenti federali americani hanno ricevuto una e-mail con la seguente domanda: «Elenca in cinque punti che cosa hai fatto la settimana scorsa». Parecchie decine di migliaia di impiegati hanno invece ricevuto la mattina la lettera di licenziamento e hanno dovuto lasciare nel pomeriggio dello stesso giorno il loro ufficio, riponendo i pochi oggetti di proprietà in una scatola di cartone. In quattro mesi sono stati tagliati 60.000 posti federali, si sono avute 76.000 uscite volontarie ed è stato stilato un programma di licenziamenti destinato a coinvolgere altre 150.000 persone. Quasi 300.000 dipendenti espulsi, il 15 per cento dell'intero organico dell'amministrazione americana.

Musk, probabilmente, ha risparmiato 150 miliardi di dollari, rispetto ai 2000 preventivati all'inizio, ma ha buttato il bambino con l'acqua sporca, mettendo in crisi interi settori, come quelli delle agenzie incaricate delle emergenze umanitarie o degli aiuti americani all'estero. Il 29 maggio ha abbandonato l'incarico – non rimpianto – in polemica con Trump, accusato di elaborare programmi troppo costosi, mentre lui aveva cercato di tagliare da ogni parte. Durante l'impegno di governo, Musk aveva lasciato la carica di amministratore delegato di Tesla, che aveva pagato pesantemente sia il suo abbandono sia la politica trumpiana (70 per cento di perdita in borsa). Perciò, nell'autunno del 2025, i suoi azionisti lo hanno pregato di tornare al comando della casa automobilistica con un bonifico di 1000 miliardi di dollari.

## *La stangata sui dazi e la rassegnazione dell'Europa*

Uno dei provvedimenti più controversi e clamorosi adottati da Trump subito dopo il suo secondo insediamento è la revoca del diritto di godere fin dalla nascita della cittadinanza americana per i figli di immigrati regolari e di persone che si trovano, pur legalmente, negli Stati Uniti soltanto con un visto turistico o un permesso di lavoro. Lo «ius soli» fa parte della Costituzione americana dal 1868 ed era nato per sanare un oggettivo problema di discriminazione per i figli degli schiavi liberati, che non avevano diritto di cittadinanza. Da allora è stato uno dei simboli del «sogno americano», anche se bisogna riconoscere che forse ne hanno approfittato in troppi, soprattutto tra gli immigrati irregolari. Sommerso da una valanga di ricorsi e dalle decisioni dei tribunali locali di annullare il provvedimento, il 27 giugno 2025 Trump è stato salvato da una sentenza della Corte suprema che, pur non entrando nel merito della decisione, non riconosce ai tribunali periferici il diritto di bloccarlo.

Il provvedimento fa parte della nuova politica contro l'immigrazione. Nel suo primo mandato, il presidente aveva rimpatriato 2 milioni di clandestini. Biden ne ha espulsi il doppio, e anche Obama ne aveva allontanato un numero maggiore. Nel 2025 Trump ha fatto molto spettacolo parlando di muri e di fili spinati, mostrando qualche decina di clandestini in manette in partenza verso quelli che lui ha chiamato «paesi cesso» e agitando lo spauracchio di Guantánamo per terrorizzare tutti. Certamente, il Messico è stato indotto a rafforzare le protezioni alla frontiera americana, ma, appena eletto, Trump ha inviato alla frontiera meridionale 1500 soldati, mentre Biden ne aveva già mandati 2500. Secondo il dipartimento per la Sicurezza interna, dal momento del suo insediamento all'ottobre del 2025, 1 milione 600.000 persone senza permesso hanno lasciato spontaneamente gli Stati Uniti, mentre altre 400.000 sono state espulse fisicamente. L'obiettivo è di arrivare a 600.000 espulsioni nel primo anno di mandato.

Il provvedimento politicamente più significativo preso da Trump è stato, tuttavia, quello sui dazi. Da navigato uomo di televisione, il 2 aprile 2025 si è presentato in mondovisione impugnando un cartellone tipico dei talk show televisivi con le «pagelle» da assegnare ai diversi paesi del mondo. Il dazio imposto all'Europa era del 20 per cento, calcolato in modo pasticciato e arbitrario. Il totale delle esportazioni europee negli Stati Uniti è di 605 miliardi di dollari, una cifra che procura al governo americano un disavanzo di 235 miliardi. Il presidente e i suoi esperti hanno pensato di recuperarli dividendo 235 per 605. Il risultato è 0,39, cioè il 39 per cento, che, diviso per due, fa più o meno il 20 per cento.

Il discorso di Trump è molto semplice: vedete quanto sono buono, per mettermi in pari avrei potuto aumentarvi le tasse del 39 per cento, mi accontento del 20. I mercati non si commossero e affondarono pesantemente le borse. Ha avuto allora inizio una faticosissima trattativa che, di rinvio in rinvio, ha portato l'Europa ad accettare, dall'inizio di agosto, un aumento del 15 per cento sulla quasi totalità dei prodotti e Trump a firmare il relativo decreto il 4 settembre 2025. È andata bene alle automobili, che rischiavano di essere gravate del 25 per cento. Ma c'erano comunque dei paradossi da sanare: finora l'Europa applicava un dazio del 10 per cento a ogni auto importata dagli Stati Uniti, mentre gli americani si accontentavano del 2 per cento, però l'Europa ha commesso l'errore di applicare un dazio del 50 per cento al Bourbon – certo non una delle bevande più diffuse –, facendo partire malissimo la trattativa riguardante i dazi sui vini e sui superalcolici europei.

La tentazione dei dazi è vecchia quanto l'America. Abramo Lincoln diceva: «Dateci dazi sulle importazioni e diventeremo la nazione più grande del mondo». Nel 1930, in piena Grande Depressione, il presidente Herbert Hoover impose tariffe doganali su 20.000 prodotti di importazione nel vano tentativo di proteggere le merci americane. Gli storici considerano unanimemente quella decisione un errore che provocò ritorsioni da parte dei paesi colpiti, innescando una spirale di protezionismo, recessione e aggravamento della crisi economica.

Scrive Pagliara: «Trump si muove come un giocatore d'azzardo al tavolo verde: rilancia fino al limite del collasso, poi ritira le fiches appena prima del disastro. ... La sua strategia è un'alternanza di muscoli e ripensamenti, di escalation e tregue, di frasi a effetto e passi indietro travestiti da mosse geniali. ... In questo schema i dazi non sono davvero strumenti economici. Sono leve di potere. Sono messaggi. Sono il linguaggio con cui Trump ridefinisce i rapporti tra Stati Uniti e mondo. A costo di fare e disfare, colpire e poi premiare, dividere e poi ricucire. ... [*C'è*] un uomo solo al centro del tavolo. E il resto del mondo che trattiene il fiato, aspettando la prossima mossa».

Al di là dei numeri, quello che ha colpito durante la trattativa è infatti una visibile sudditanza psicologica degli europei nei confronti del presidente americano. Henry Kissinger, il diplomatico più autorevole della storia americana contemporanea, diceva di non conoscere il numero telefonico da comporre per parlare con l'Europa. Adesso Trump ha il cellulare di Ursula von der Leyen, ma, al di là delle cortesie di rito, di fatto non ne riconosce il ruolo. Come può ragionevolmente un presidente che, con un tratto di penna, modifica la storia americana e ridisegna profondamente l'ordine mondiale, interloquire con una signora che, per muovere ogni passo importante, ha bisogno del voto unanime di 27 paesi politicamente e ideologicamente divisi?

### *E l'Europa marciò verso l'eutanasia*

La profonda diffidenza nei confronti dell'Europa e dei suoi valori è stata manifestata sin da febbraio 2025 dal vicepresidente americano J.D. Vance, che, a pochi giorni dalle elezioni tedesche, aveva attaccato i leader europei per aver creato «cordoni sanitari» attorno ai partiti di destra. Vance ha affermato che la vera minaccia per l'Europa non viene tanto da attori esterni come la Russia o la Cina, ma da un arretramento sui valori fondamentali condivisi (democrazia e libertà di espressione). A suo avviso, l'Europa starebbe attentando alla libertà di parola, censurando i media, limitando il diritto elettorale, arrestando e condannando persone per espressioni considerate offensive. E, per finire, ha accusato il Vecchio Continente di cattiva gestione dell'immigrazione di massa, di insufficienti controlli, il che provoca pesanti ricadute politiche e sociali.

Queste tesi sono state rilanciate alla fine di maggio in una newsletter redatta da Samuel Samson, consigliere del dipartimento di Stato americano, che parla apertamente di un'Europa degenerata in una perversa commistione di censura digitale, migrazioni di massa, restrizioni della libertà religiosa e altri numerosi attacchi all'autogoverno democratico. Critica le leggi europee sui servizi e mercati digitali, che verrebbero usate per silenziare le voci dissidenti e compiere repressioni politicamente motivate al fine di alterare il risultato elettorale. E lo stesso segretario di Stato, Marco Rubio, ha denunciato «il regresso democratico dell'Europa che incide sempre di più sulla sicurezza americana e sui rapporti economici, oltre che sui diritti di libertà di espressione di cittadini e aziende statunitensi». Nelle loro parole è apparsa più che evidente la difesa a oltranza delle multinazionali che dominano il mercato digitale, i cui padroni si sono precipitati a mettersi al servizio di Trump subito dopo il suo ingresso alla Casa Bianca.

La sottomissione europea è stata lucidamente descritta da Mario Draghi nel suo intervento al Meeting di Comunione e Liberazione dell'agosto 2025, di cui abbiamo parlato all'inizio di questo capitolo. «Trump ci ha dato una sveglia molto brutale» ha detto. «Abbiamo dovuto rassegnarci ai dazi imposti dal nostro più grande partner commerciale e alleato di antica data, gli Stati Uniti. Siamo stati spinti dallo stesso alleato ad aumentare la spesa militare, una decisione che forse avremmo comunque dovuto prendere, ma in forme e modi che probabilmente non riflettono l'interesse dell'Europa. Nonostante abbia dato il maggior contributo finanziario alla guerra in Ucraina, e abbia il maggiore interesse in una pace giusta, l'Unione europea ha avuto finora un ruolo abbastanza marginale nei negoziati per la pace. ... L'Europa è stata spettatrice anche quando i siti nucleari iraniani venivano bombardati e il massacro di Gaza si intensificava. Questi eventi hanno fatto giustizia di qualunque illusione che la dimensione economica da sola assicurasse una qualche forma di potere geopolitico.»

E, intervenendo il 16 settembre a Bruxelles per commentare lo stato di attuazione del suo piano strategico per l'Europa a un anno dalla presentazione, Draghi ha osservato: «Il nostro modello di crescita sta svanendo. Le vulnerabilità stanno aumentando. E non esiste un percorso chiaro per finanziare gli investimenti di cui abbiamo bisogno. L'inazione minaccia non solo la nostra competitività, ma la nostra stessa sovranità». Con la sottile ironia tipica della persona, ha parlato di «autocompiacimento e di inerzia nell'agire, che viene persino presentata come rispetto dello stato di diritto». È il ritratto, questo, di un continente che marcia – non sappiamo quanto inconsapevolmente – verso l'eutanasia.

Gli osservatori ritengono che la comunità afroaraba statunitense abbia abbandonato Biden per il sostegno dato a Israele nella repressione del popolo di Gaza dopo la strage compiuta il 7 ottobre 2023 da Hamas. Ebbene, l'appoggio di Biden scompare dinanzi al silenzio-assenso di Trump sulla strage di civili palestinesi intensificatasi tra l'estate e l'autunno del 2025. L'operazione di terra iniziata dall'esercito israeliano il 16 settembre ha aggravato il bilancio di decine di migliaia di morti accumulati nei due anni di guerra, privando Israele dell'appoggio storico di molti paesi occidentali. Tuttavia, sotto il profilo politico, la cosa più grave è stata la dichiarazione di Benjamin (Bibi) Netanyahu che Israele non consentirà la nascita di uno Stato palestinese, tagliando in due la Cisgiordania per renderne impossibile l'unità geografica e permettendo a decine di migliaia di coloni di occupare terre destinate ai palestinesi.

I paesi occidentali si sono divisi sul riconoscimento dello Stato di Palestina. La decisione assunta da Francia, Spagna e altre nazioni ha lasciato molto fredde l'Italia e la Germania. Secondo la Convenzione di Montevideo del 1933, infatti, il riconoscimento di uno Stato richiede l'esercizio di una sovranità assoluta su un territorio definito. Cosa purtroppo, allo stato attuale, impossibile.

Il comportamento di Israele meriterebbe senz'altro sanzioni che, invece, lasciano perplessi i maggiori paesi europei. Ma riconoscere, in queste condizioni, lo Stato di Palestina è soltanto uno sventolare la bandiera, un gesto di solidarietà ideale senza alcuna conseguenza pratica.

Un ulteriore sostegno a Israele è avvenuto il 22 giugno 2025 quando il presidente americano ha autorizzato il bombardamento dei tre più importanti siti nucleari iraniani (Fordow, Natanz e Isfahan) usando ordigni ad alto potenziale in grado di bucare i bunker che proteggono gli impianti e lanciando dai sommergibili missili Tomahawk. Il risultato è stato inferiore alle attese di Trump, che immaginava di aver inferto un colpo mortale al programma nucleare iraniano, anche se lo ha sicuramente indebolito.

Al di là di questo episodio, il presidente americano non ha alcuna intenzione di intraprendere nuove guerre, in linea con la tradizione repubblicana (interrotta dai Bush), che storicamente ha condannato Woodrow Wilson, Franklin D. Roosevelt, Harry Truman e John F. Kennedy, quattro presidenti democratici, protagonisti rispettivamente dell'ingresso degli Stati Uniti nei due conflitti mondiali e nelle guerre di Corea e del Vietnam.

Questo sospetto è emerso di nuovo dopo l'incontro del 17 ottobre a Washington fra Trump e Zelens'kyj. Il presidente ucraino era convinto che, dopo il successo ottenuto a Gaza, Trump avrebbe potuto usare la stessa forza per piegare lo Zar. Ma non ha voluto. La concessione dei micidiali missili Tomahawk è stata cancellata e, ancora una volta, Putin ha saputo sedurre Trump con l'allettante proposta di unire gli Stati Uniti e la Russia con un tunnel sottomarino che costerebbe pochissimo, se affidato alle aziende avveniristiche di Elon Musk.

Oltre alla Crimea, il dittatore russo vuole l'intero Donbass: oltre 50.000 chilometri quadrati, più di 6,5 milioni 700.000 abitanti, in prevalenza russofoni ma non necessariamente russofili. Dunque, pretende che gli venga regalato anche quel che non ha saputo conquistare sul campo e che, ragionevolmente, non riuscirebbe a conquistare in futuro: le quattro fortezze strategiche di Kramators'k, Slov'jans'k, Kostjantynivka e Druzhkivka, che gli impediscono di controllare l'intero Donbass. Ma l'idea di ammodernare la tecnologia energetica russa con quella americana è un affare così colossale per gli Stati Uniti da poterli indurre a dimenticare le centinaia di migliaia di ucraini morti per difendere la patria.

E infatti, nel tempestoso colloquio del 17 ottobre alla Casa Bianca, Trump ha detto brutalmente a Zelens'kyj: «O consegni a Putin il Donbass o ti distruggerà». Gli esperti militari dicono che allo Zar servirebbero cinque anni per conquistarlo, ma se gli Stati Uniti privassero l'Ucraina di qualunque assistenza, anche di intelligence, ce la farebbe l'Europa, da sola, a difendere un fondamentale baluardo di libertà?

### *Trump ha rilanciato Putin senza avere nulla in cambio*

Una pesante sconfitta diplomatica è stata, invece, quella subita da Trump nei confronti di Vladimir Putin. Quando, il giorno di Ferragosto 2025, i marines si sono inginocchiati sulla pista della base aerea di Elmendorf-Richardson, vicino Anchorage, in Alaska, per stendere il tappeto rosso fino alla scaletta del «Cremlino volante» di Putin, qualcuno dei giornalisti americani in attesa ha esclamato: «Make Russia Great Again». Un tappeto rosso, in realtà, non si nega a nessun capo di Stato. Colpisce, invece, quel che è accaduto quando il leader russo ha messo piede sul suolo americano (l'Alaska è stata venduta dalla Russia agli Stati Uniti il 30 marzo 1867 per 7,2 milioni di dollari, pari a soli 157 milioni di dollari odierni, e Putin non lo ha mai dimenticato).

I due capi di Stato non s'incontravano dal 16 luglio 2018 a Helsinki, in Finlandia, in occasione di un vertice russo-statunitense, e già allora colpì l'atteggiamento conciliante di Trump nei confronti di Putin: le agenzie di intelligence americane parlavano di interferenze russe per favorire la vittoria del magnate alle elezioni presidenziali del 2016.

Ad Anchorage, Trump è andato incontro all'ospite applaudendo e la cosa era talmente sconveniente sul piano del protocollo che la Casa Bianca ha tagliato la scena dai filmati ufficiali. «Buongiorno, caro vicino. [*Lo stretto di Bering, che divide i due paesi, è largo appena 83 chilometri*] È bello vederti sano e salvo» ha detto il capo del Cremlino, alludendo all'attentato al quale il presidente americano era miracolosamente scampato il mese prima. Il linguaggio del corpo segnalava una certa confidenza, ma il vero colpo di scena è stato il passaggio dato in automobile da Trump a Putin, indice di un'ostentata familiarità. Il previsto colloquio di sei ore è durato la metà, segno che non c'era stato modo di approfondire molti punti.

Dinanzi ai giornalisti, senza accettare domande, Putin ha parlato per otto minuti e mezzo e Trump soltanto per tre. Il leader russo ha letto un appunto molto ben preparato, dicendo che gli eventi in Ucraina rappresentano minacce fondamentali alla sicurezza nazionale del suo paese. Trump, come al solito, ha parlato a braccio con un linguaggio molto semplificato, rivolto come sempre alla sua base elettorale. Ha detto: «Non c'è un accordo fino a quando non c'è un accordo», certificando così il fallimento dell'incontro, visto che il suo obiettivo principale, sbandierato ai quattro venti, era il cessate il fuoco. (Non è passato inosservato che il ministro degli Esteri russo, Sergej Lavrov, indossava sotto la giacca una felpa con la scritta CCCP, l'acronimo in cirillico dell'Urss, del cui impero faceva parte l'Ucraina e che Putin non fa mistero di voler ricostituire.)

Come ha osservato Anna Zafesova in *Russia, l'impero che non sa morire*, «l'aggressione all'Ucraina del 2022 ha reso ancora più evidente la sete di passato di un paese che non vede un futuro». E il 18 agosto 2025 il direttore del «Corriere della Sera», Luciano Fontana, ha sottolineato: «Putin ha potuto farsi vedere in tutte le tv del mondo come leader di una superpotenza che tratta alla pari con gli Stati Uniti. Quello che ha sempre voluto, nostalgico com'è del ruolo imperiale dell'Unione Sovietica. Trump ha diffuso invece promesse e ultimatum che ha dovuto rivedere».

Insomma, il navigato commerciante che sperava (e spera tuttora) che l'accordo politico con il capo del Cremlino gli procuri buoni affari ha dovuto cedere al navigato agente del Kgb, i vecchi servizi segreti sovietici, «maestro nel lanciare le palle dove vuole lui». Nessun cessate il fuoco, nessuna concessione, mentre nelle stesse ore i russi attaccavano l'Ucraina con 85 droni Shahed di fabbricazione iraniana e un missile balistico Iskander-M, in grado di volare a una velocità di 8000 km all'ora, eludendo i sistemi di sorveglianza.

L'incontro di Anchorage ha suggerito paralleli con i vertici di Jalta e di Monaco. A Jalta, nel 1945, Roosevelt, Stalin e Churchill disegnarono l'ordine mondiale sulla testa degli europei, in parte sconfitti. Anchorage è stata, probabilmente, una Jalta all'insaputa di Trump, giacché i risultati in favore di Putin sono stati larghissimamente superiori al previsto. Il presidente russo si è visto proiettato al centro della scena politica mondiale senza aver pagato alcun prezzo. E, soprattutto, l'incontro in Alaska si è svolto con la totale esclusione dell'Ucraina e dei paesi europei.

Il parallelo con Monaco (1938) regge se mettiamo Putin al posto di Hitler, al quale furono fatte concessioni rivelatesi del tutto inutili per evitare la seconda guerra mondiale.

Il ritornello della campagna elettorale di Trump («Farò terminare la guerra in 24 ore») suona beffardo se si guarda a quanto è successo nell'anno successivo alla sua vittoria. Dopo aver delegittimato in maniera crudele Volodymyr Zelens'kyj nel febbraio 2025 e aver corretto il tiro il 26 aprile durante il «colloquio nel confessionale» in San Pietro prima dei funerali di papa Francesco, il presidente americano non ha concesso niente agli ucraini, imponendo in autunno agli europei di pagare le prime armi americane destinate a Kiev e non infliggendo al Cremlino alcuna sanzione. E anche quando, tra settembre e ottobre, la Russia ha testato la capacità di resistenza e d'interdizione dell'Unione europea, facendo sconfinare sciami di droni nel cielo della Polonia, Trump ha parlato di errori e si è guardato bene da far levare in volo aerei americani per affiancare quelli europei.

A questo punto non resta che prendere atto che Trump è innamorato di Putin. Talvolta, un innamorato deluso. Ma, fosse per lui (e per una parte non irrilevante del popolo americano), l'ex agente del Kgb potrebbe prendersi tutto quel che vuole in Ucraina e fare buoni affari con gli Stati Uniti e con chi li comanda.

*Poi, all'improvviso, Trump impone la tregua a Gaza*

Giovedì 9 ottobre 2025, all'improvviso, Donald Trump annuncia l'accordo tra Israele e Hamas per il cessate il fuoco a Gaza, che prevede la restituzione dei 20 uomini presi in ostaggio il 7 ottobre 2023 e ancora vivi, la restituzione di 27 corpi dei rapiti uccisi in prigionia (un totale di 78 morti su 255 ostaggi) e la liberazione di 1968 prigionieri palestinesi detenuti nelle carceri israeliane, di cui 250 ergastolani. Il 10 ottobre è entrato in vigore il cessate il fuoco e, il 13, i 20 ostaggi sono stati restituiti alle famiglie e i prigionieri palestinesi rilasciati.

Nonostante l'utilissima mediazione di Qatar, Egitto e Turchia, questa straordinaria operazione si deve esclusivamente alla forza degli Stati Uniti e alla brutalità con cui Trump ha saputo esercitarla. Il presidente americano, con una telefonata molto energica, ha costretto Netanyahu a non esagerare nelle richieste («Bibi, non puoi combattere contro il mondo») e ha fatto capire a Hamas che i suoi capi e i suoi miliziani ancora presenti nella Striscia sarebbero stati annientati. «Scatenerò l'inferno!» aveva minacciato, e tutti hanno capito che faceva sul serio.

Domenica 19 ottobre, intervenendo nella trasmissione «60 Minutes» della rete americana Cbs, Steve Witkoff, inviato speciale del presidente americano in Medio Oriente, e Jared Kushner, genero di Trump e parte attiva nelle trattative, hanno rivelato che il fattore decisivo per una svolta è stato il bombardamento del 9 settembre compiuto dagli israeliani su Doha, capitale del Qatar, nel vano tentativo di uccidere 4 dirigenti di Hamas. Washington non ne sapeva niente. Il Qatar è un alleato preziosissimo degli Stati Uniti e ospita una base militare americana. «Ci siamo sentiti traditi» ha detto Witkoff. «Questo è stato il momento in cui Trump ha sentito che Israele aveva perso il controllo ed era il momento di essere forti e di impedirgli di fare cose che avrebbero danneggiato i suoi interessi.»

Il 13 ottobre, a Sharm el-Sheikh, in Egitto, Trump ha firmato l'accordo insieme agli altri tre garanti: il presidente egiziano Abd al-Fattah al-Sisi, il presidente turco Recep Erdoğan e l'emiro del Qatar Tamim bin Hamad al-Thani. Ironia della storia, non erano presenti né Netanyahu né il capo della delegazione di Hamas. Erdoğan non voleva incontrare il primo ministro israeliano e la presenza di Hamas a quel tavolo sarebbe stata imbarazzante per tutti. Il protocollo in 20 punti prevede, tra l'altro, l'uscita definitiva di Hamas dalla Striscia, la grazia e l'esilio per i suoi combattenti, un rifornimento costante di tutti i generi di prima necessità per la popolazione gazawa senza interferenze di alcun genere (finora sia Hamas sia Israele avevano ostacolato una corretta e regolare distribuzione di alimentari e medicinali), l'istituzione di un Consiglio per la pace in attesa della riforma dell'Autorità nazionale palestinese esautorata nel 2006 da Hamas con la connivenza di Israele, che voleva indebolirla non sapendo di rafforzare i terroristi), il divieto per lo Stato ebraico di occupare e di annettere Gaza, l'impegno degli Stati Uniti a lavorare con partner arabi e internazionali per sviluppare una Forza internazionale di stabilizzazione che addestri forze di polizia palestinesi e metta in sicurezza le aree di confine con la collaborazione della Giordania e dell'Egitto.

Trump ha annunciato che Israele non annetterà la Cisgiordania, ma su questo punto non esiste un protocollo scritto. È il problema di gran lunga più complesso, perché la presenza dilagante dei coloni israeliani nelle terre che loro chiamano ancora «Giudea» e «Samaria» rende molto difficile un'equa distribuzione dei territori e una convivenza pacifica.

In ogni caso, il presidente americano – di buona o cattiva voglia – è stato acclamato come l'unico che poteva compiere il miracolo. Alle ovazioni della Knesset si è affiancata la sfilata dei 21 leader presenti a Sharm el-Sheikh per rendergli omaggio. Tutti uomini tranne Giorgia Meloni, di cui Trump ha promosso l'edizione americana dell'autobiografia, e che ha definito «una donna bellissima», complimento che, ha aggiunto, se rivolto a una signora negli Stati Uniti, gli sarebbe costato caro.

Il sogno è che la tregua si trasformi in pace e che i cosiddetti «Accordi di Abramo», interrotti brutalmente dalla strage del 7 ottobre 2023, possano ampliarsi a tutti gli Stati arabi moderati, disegnando finalmente una nuova geografia politica del Medio Oriente.

È apparsa sconcertante la decisione di Trump, al tempo stesso assurda e inevitabile, di affidare nelle prime settimane il controllo della sicurezza di Gaza ai guerriglieri di Hamas (in attesa che vengano affiancati da truppe turche). Questi ne hanno approfittato per fucilare 300 «collaborazionisti», invertendo così la tradizione storica secondo cui sono i vincitori a compiere tali deplorevoli operazioni e non gli sconfitti come Hamas.

Il disarmo di Hamas, punto cardine dell'accordo, è anche il più difficile da attuare completamente. E gli incidenti accaduti a una sola settimana dalla firma degli accordi ne hanno dimostrato la fragilità.

### *L'omicidio di Charlie Kirk e lo stato della democrazia in America*

L'uccisione di Charlie Kirk (10 settembre 2025) è stata un ulteriore spartiacque tra chi ama Trump e chi lo odia. Kirk (31 anni, sposato con due bambini piccoli) è stato ucciso mentre discuteva di politica nel campus di Orem della Utah Valley University affollato da migliaia di studenti. Il suo assassino, Tyler Robinson, 22 anni, studente molto radicalizzato politicamente, gli ha sparato da un tetto dell'ateneo con un fucile Mauser. Sulle pallottole erano incise frasi come: «Ehi, fascista, beccati questa!» e «Bella ciao», con le prevedibili polemiche scoppiate in Italia.

Kirk era un influencer di straordinaria popolarità. Aveva quasi 15 milioni di follower tra Instagram e TikTok e, nella campagna presidenziale del 2024, aveva dirottato su Trump un'enorme quantità di voti giovanili. La sua organizzazione si chiama (perché gli è sopravvissuta) Turning Point Usa (Punto di svolta), «Dimmi dove sbaglio» era lo slogan con cui sfidava gli interlocutori – come stava facendo nel momento in cui è stato colpito a morte – a contraddirlo su temi cruciali di etica sociale e di politica. Cristiano evangelico con una forte attenzione per il cattolicesimo (religione praticata da sua moglie Erika), in un'intervista del 29 giugno aveva dichiarato che, in caso di morte, avrebbe voluto essere ricordato per il coraggio della sua fede.

Antiabortista e con posizioni conservatrici ultraradicali, non ha mai pronunciato le frasi orribili che gli sono state addebitate post mortem. Come ha scritto Maurizio Belpietro («La Verità», 18 settembre 2025), non è vero che Kirk abbia detto che il cervello di Michelle Obama è più piccolo di quello di una donna bianca. Rivolgendosi a donne impegnate nella Critical Race Theory, aveva osservato: «Non avete la capacità di elaborazione cerebrale per essere altrimenti prese sul serio? Avete dovuto rubare il posto a una persona bianca per poter essere prese un po' sul serio» (Con il termine «rubare» Kirk si riferiva a sentenze emesse dalla Corte suprema nei confronti di alcune università, colpevoli di discriminazione per aver favorito l'accesso a studenti afroamericani e ispanici a danno di bianchi e asiatici.) Kirk non ha neppure detto che i neri non sanno pilotare gli aerei, ma si è chiesto se un pilota di colore fosse stato assunto per una corsia preferenziale e non in base alla sua competenza. E non ha detto che i gay andrebbero lapidati (Stephen King ha dovuto rimangiarsi l'accusa e scusarsi), ma ha contestato l'affermazione di chi vorrebbe escludere le persone omosessuali da un partito e allontanarle dalla chiesa.

L'eredità di Kirk è stata raccolta dalla moglie Erika, che al funerale ha citato il brano del Vangelo in cui Cristo perdona i suoi assassini «perché non sanno quello che fanno».

Il forte contrasto tra quanti hanno rivendicato la piena libertà di pensiero del giovane influencer e quanti hanno affermato – a cominciare dal suo assassino – che la pallottola mortale se l'è cercata ha inasprito ancora di più, se possibile, lo scontro tra Trump e i suoi avversari.

Commentando il delitto, Jimmy Kimmel, noto conduttore del talk show della Abc che porta il suo nome, ha detto: «Abbiamo toccato nuovi punti bassi nel weekend, con la gang MAGA che disperatamente cerca di dipingere questo ragazzo che ha ucciso Charlie Kirk come qualsiasi cosa tranne che uno dei loro, pur di guadagnare punti politici». Trump ha chiesto il licenziamento di Kimmel, la Disney – proprietaria della rete Abc – lo ha sospeso per un brevissimo periodo, dopo che le catene periferiche di antenne che diffondevano il programma lo avevano spento nel timore di perdere le licenze federali di trasmissione. (Negli stessi giorni il presidente americano ha ordinato alla sua ministra della Giustizia, Pam Bondi, di perseguire tutti i propri nemici politici.)

La democrazia americana è dunque a rischio, per la prima volta da secoli? Una risposta convincente viene da Federico Rampini («Corriere della Sera», 4 ottobre 2025): «Non essendo trumpiano posso dire però che considero infondate e perfino insensate le certezze con cui molti italiani hanno già decretato che l'America ha cessato di essere una democrazia ed è scivolata nel baratro delle autocrazie. Che Trump abbia degli impulsi e degli istinti autoritari, è evidente, non fa nulla per nasconderlo. Ma non bastano le sue velleità a cambiare la natura di un sistema politico. ... Oggi tutti gli anticorpi istituzionali continuano a funzionare. Al Congresso l'opposizione democratica sta bloccando il bilancio federale. ... Nei tribunali di tutto il paese, giudici in prevalenza democratici (ma non solo) bocciano e bloccano quotidianamente molti atti del potere esecutivo. Nel mondo dell'informazione, più della metà dei media denunciano e attaccano sistematicamente tutto ciò che fa il presidente. Quanto al mondo della cultura, dall'accademia a Hollywood, l'antitrumpismo lì pesa almeno per i due terzi (e Charlie Kirk, che stava tentando di rimontare la china sul terreno dell'egemonia culturale fra gli studenti, è stato eliminato).

«Jimmy Kimmel» prosegue l'editorialista da New York del «Corriere» «è subito tornato ad animare il suo talk show. ... La Federal Reserve, continuamente attaccata da Trump, non era indipendente nemmeno ai tempi del presidente più progressista di tutti, il democratico Franklin D. Roosevelt.

La Guardia nazionale in funzione di ordine pubblico è stata mobilitata regolarmente anche da presidenti democratici, da Kennedy a Clinton, senza che nessuno parlasse di "militarizzazione" del paese. Si possono criticare e contestare alcune o tutte le sue politiche, ma il giudizio sullo stato della democrazia in America è un'altra cosa.»

# X

# Il terzo compleanno della «donna forte d'Europa»

## *Giorgia Meloni, «regina d'Europa»*

Oltrepassato il terzo anno di mandato, a Giorgia Meloni restano da superare per longevità il quarto governo Berlusconi (1287 giorni) e il secondo Berlusconi (1412). Il suo è, oggi, il sesto governo più longevo dell'intera storia italiana dal 1861. Nella primavera del 2026 supererebbe, oltre al quarto governo Berlusconi, anche quello di Giovanni Lanza (1304 giorni) e il terzo governo di Giovanni Giolitti (1291). Nell'autunno successivo, invece, cadrebbero tutti i primati precedenti, incluso il più longevo governo Berlusconi.

Per giudicarla, attingiamo a una vecchia massima di Walter Cronkite, celebre anchorman americano: «La verità è sfuggente, stiamo ai fatti». È difficile trovare un presidente del Consiglio che abbia ricevuto, anche sulla stampa, un consenso internazionale così diffuso.

Stati Uniti. «Time» (luglio 2025) le dedica la copertina. Nella foto, in basso, la didascalia: «Dove Giorgia Meloni sta conducendo l'Europa». La rivista americana la descrive come una delle donne più influenti d'Europa, protagonista di un «nuovo nazionalismo».

Francia. «Le Figaro Magazine» (giugno 2025) le dedica la copertina con il titolo *Le ragioni di un successo*. Lo stesso mese il quotidiano afferma che la Meloni è diventata «da paria postfascista un modello per la destra francese», citando Jordan Bardella e altri politici che dichiarano di ispirarsi a lei. Nello stesso mese, valutazioni gemelle da parte del settimanale «Le Point» (*L'Italia supera la Francia*) e del quotidiano «Les Échos» (*Meloni. La rimonta italiana*). Nel luglio 2025 la rivista «Valeurs actuelles» titola: *Mamma mia, Giorgia!* e la definisce: «Regina d'Europa». «Le Monde» (editoriale del 19 agosto): «Ai francesi, sentirlo fa male. Ma, agli occhi di gran parte degli investitori, non ci sono più dubbi: l'Italia di Giorgia Meloni è attualmente credibile quanto la Francia in materia di finanze pubbliche. O anche di più». «L'Express» (settembre 2025) le riserva la copertina: *La donna forte d'Europa*.

Regno Unito. «The Daily Telegraph» (25 settembre), prima pagina: «Il nuovo miracolo italiano. Ha trasformato il "malato d'Europa" in un'oasi di stabilità in un mondo scosso dalle crisi». «The Economist», il più autorevole settimanale al mondo, nel numero del 18-24 ottobre 2025: «Il primo ministro italiano, Giorgia Meloni, festeggia il suo terzo anniversario in un'impressionante forma politica. L'economia sembra meno promettente».

### *Il report della mamma, le domande della figlia. E la franchezza con Trump*

Se l'aspettava?, chiedo a Giorgia Meloni. (Lei spegne la sigaretta. No, di smettere di fumare non se ne parla. Glielo ha chiesto persino il presidente turco Recep Erdoğan: un turco che ti chiede di smettere di fumare non si era mai visto.) Voglio dire: si aspettava una visibilità internazionale così forte? «Allora, mettiamola così: ho una mentalità un po' diversa da quella che vedeva come unico ruolo possibile per l'Italia quello di fare lo junior partner di Francia e Germania.» E aggiunge: «La stabilità, sotto questo profilo, è stata fondamentale. Ho incontrato moltissimi primi ministri che mi hanno parlato della difficoltà di fare accordi con l'Italia perché, dopo l'ultimo governo Berlusconi, l'interlocutore cambiava troppo spesso. Qualcuno, prima d'incontrarlo, non ricordava più nemmeno chi fosse il presidente del Consiglio».

La Meloni mi racconta di aver deciso fin dall'inizio di non fare «la ruota di scorta» dei principali paesi europei, e ha posto temi in Consiglio europeo «come quello del governo dei flussi migratori e della difesa dei confini, che, prima di me, nessuno aveva posto. Le altre Nazioni si sono accorte che si tratta di un problema europeo e che il lavoro che sta svolgendo l'Italia nel Mediterraneo e in Africa giova a tutti. Insomma, l'Italia è una Nazione che ha tutte le carte in regola per farsi seguire e non soltanto per seguire».

E, a proposito di cose inattese, mi mostra un sondaggio: «I consensi sono i più alti dal gennaio 2023, tre mesi dopo l'inizio del nostro governo. Non era mai accaduto».

Sua madre Anna che ne dice?, le domando. Lei sorride: «Mia madre legge e vede tutto – i social, i giornali, i talk show – e si arrabbia moltissimo per gli insulti che ricevo. Vorrebbe querelare tutti. Io le rispondo: mamma, non ti agitare, io non leggo niente e non guardo niente, per non essere condizionata. Magari, invece di farmi il report tutti i giorni, fammelo due volte alla settimana. Però, capisco che una mamma...».

E sua figlia Ginevra? «All'inizio mi chiedeva: "Mamma, perché hai scelto questo lavoro?". Me lo chiedeva perché lavoro sempre e mi vede poco. Adesso è cambiata. Pochi giorni fa le ho detto: "Gigia, quando mamma smette di fare questo lavoro, faremo...". E lei: "Perché devi smettere di fare questo lavoro?". "Ma come, me lo chiedevi sempre?" "Lo so, mamma. Ma adesso ho capito che sei importante...".»

L'opposizione la vede troppo schiacciata su Trump. Com'è maturato il vostro rapporto? «Lui dice che sono popolare tra gli americani e popolarissima tra gli italoamericani» mi confida il presidente del Consiglio. «Essendo lui un leader molto forte, credo che apprezzi il fatto che non amo la formalità e che gli parlo in maniera molto franca, dicendo quello che penso, perché ritengo che gli amici debbano comportarsi così.»

Il vicepresidente americano J.D. Vance ha dichiarato che la Meloni riesce a parlar schietto senza però mai mancare di rispetto all'interlocutore. Dopo l'incontro di Sharm el-Sheikh, Trump ha pubblicato a raffica alcuni video di «Giorgia», partendo addirittura dal saluto in lingua spagnola al raduno di Vox («Yo soy Giorgia, soy una mujer…») dell'11 ottobre 2021. Questo ha generato una serie di fake news, come quella secondo cui la Meloni avrebbe condotto trattative direttamente con gli Stati Uniti, escludendo l'Europa, e avrebbe «raffreddato» il suo appoggio all'Ucraina. Fake smentite con garbo e fermezza da palazzo Chigi. Altra cosa è interessarsi riservatamente, nel rispetto delle regole europee, per ottenere dazi non punitivi, come quello sulla pasta, e intervenire affinché vengano, se possibile, abbattuti su altri prodotti.

È evidente che un uomo come Donald Trump, in grado di sconvolgere l'America e mezzo mondo, e non solo con decreti esecutivi d'immediata attuazione, abbia problemi a riconoscere un'importante autorità europea come Ursula von der Leyen che, per muoversi, ha bisogno del consenso di 27 paesi. Passo dopo passo, la Meloni li ha fatti incontrare, ha parlato ripetutamente con il segretario americano al Commercio, Howard Lutnick, e si è infine arrivati a un accordo dignitoso sui dazi.

Nel colloquio d'ottobre a Washington, Trump ha consigliato a Volodymyr Zelens'kyj di concedere il Donbass ai russi, se non vuole che il suo paese venga distrutto. Il presidente americano è ondivago, ma l'Europa mi pare che rimanga accanto all'Ucraina. «Quella in corso in Ucraina non è una guerra "regionale" o un problema soltanto europeo,» precisa la Meloni «ma è il tentativo di cambiare l'ordine mondiale, sostituendo la forza del diritto con la legge del più forte. Le provocazioni che Putin fa con i droni nei cieli europei sono, di fatto, dei test sulla tenuta dell'Alleanza atlantica, e quindi anche sulla credibilità e la forza degli Stati Uniti nella Nato.»

*Le «parole forti» della Schlein*

Veniamo al problema delle «parole forti». Commentando la reazione della sinistra all'accordo su Gaza, lei ha detto che è più pericolosa di Hamas. Questa frase le è scappata?, chiedo. «Niente affatto» replica decisa la Meloni. «Io non ho accusato l'opposizione di essere terrorista o di essere peggiore di Hamas. Ho detto una cosa diversa. Ho detto che è stata più "fondamentalista" di Hamas perché si è rifiutata di sostenere in Parlamento un piano che persino Hamas aveva sottoscritto. Ora, è possibile che a sinistra non si conosca il significato della parola "cortigiana", ma spero che si conosca almeno il significato della parola "fondamentalista": "Chi sostiene intransigentemente una dottrina senza ammettere mediazioni o compromessi".»

E continua: «C'è qualcun altro che, semmai, ha accostato qualcuno ai terroristi. È stata Elly Schlein, segretaria del principale partito di opposizione, che in un contesto internazionale ha detto che in Italia è a rischio la libertà e la democrazia perché governa l'estrema destra e ha subdolamente collegato queste affermazioni all'attentato subìto da Sigfrido Ranucci. Trovo vergognoso che si vada in giro per il mondo a screditare l'Italia, raccontando che la nostra Nazione non è una democrazia matura e solida. Elly Schlein è pagata, come lo sono io, dal popolo italiano per rappresentare l'Italia nel miglior modo possibile. Non siamo pagati per infangare la Nazione, nel tentativo di cercare un po' di consenso per il nostro partito». (Commentando l'attentato compiuto piazzando dell'esplosivo nei pressi dell'abitazione del conduttore di «Report» Sigfrido Ranucci, il 16 ottobre 2025, la Schlein aveva dichiarato: «Solidarietà a Ranucci. Libertà a rischio quando l'estrema destra è al governo».)

Ammetterà, dico al presidente del Consiglio, che è un po' cambiato l'atteggiamento della sinistra nei confronti del referendum sulla separazione delle carriere dei magistrati. Adesso sostiene che non si tratta di difendere i magistrati, che si sono squalificati (vedi il caso Garlasco e altri ancora), ma di combattere contro la lesione costituzionale minacciata da Giorgia Meloni… «Probabilmente la sinistra si è resa conto» mi risponde «che, in questo momento, la magistratura non gode di grande popolarità e che, quindi, deve tentare di personalizzare il referendum con il mantra dell'attacco alla democrazia. Atteggiamento tipico di quando la sinistra non sa che cosa dire. Questa riforma non lede assolutamente nulla, rafforza la terzietà del giudice e la separazione dei poteri, assicura il giusto processo e libera la magistratura dalle correnti politicizzate. Ci accusano di voler sottoporre i giudici alla politica, ma è l'esatto contrario, perché togliamo alla politica il potere di eleggere un pezzo del Consiglio superiore della magistratura. È un meccanismo che consentirà a migliaia di giudici meritevoli di non dover per forza legare la propria carriera a quanto decidono le correnti politicizzate. Al tempo stesso, con l'Alta Corte disciplinare, forse riusciremo ad avere anche delle sanzioni quando ci sono responsabilità macroscopiche.»

### *Meloni: «Per la sinistra radicale, la famiglia è un retaggio del passato»*

Parliamo della legge di bilancio per il 2026. Voi affermate di aver fatto un grosso sforzo, l'opposizione sostiene che non abbiate fatto nulla. In che cosa davvero può migliorare, per quanto consentito, la vita degli italiani?, domando. «La sinistra si trova in grande difficoltà,» ribatte la Meloni «perché tutto quello per cui loro hanno combattuto per anni lo abbiamo fatto noi. Siamo noi che abbiamo aumentato i salari, aiutato le donne lavoratrici, detassato gli aumenti contrattuali, portato il fondo sanitario nazionale a livelli record e chiesto soldi alle banche per farlo. Non possono dirci bravi e, perciò, si arrampicano sugli specchi.»

E aggiunge: «D'altra parte, bisogna leggere questa manovra non come un provvedimento isolato, ma nel quadro di quanto noi stiamo facendo negli anni. Abbiamo fissato delle priorità e le portiamo avanti in ogni legge di bilancio: natalità, salari, potere d'acquisto delle famiglie, sanità, sostegno alle aziende per le assunzioni e investimenti. Ogni anno facciamo un pezzo di strada in più. Avevamo detto che avremmo dato segnali al ceto medio e lo abbiamo fatto. La detassazione al 5 per cento degli aumenti contrattuali fino a 28.000 euro va letta insieme al taglio del cuneo fiscale, all'accorpamento delle aliquote Irpef, che abbiamo deciso lo scorso anno, e al taglio dal 35 al 33 per cento, che abbiamo aggiunto quest'anno. Ogni cosa deve essere vista come frutto di un programma progressivo in cui tutto si cumula. Un altro esempio riguarda il tema delle madri lavoratrici: le facilitazioni per l'asilo nido vanno viste insieme alla decontribuzione per chi ha più di due figli. Avremmo potuto certamente fare di più, ma è il meglio che abbiamo potuto fare con il macigno del superbonus sui conti pubblici che abbiamo ereditato e che, per il 2026, ci costerà la bellezza di 40 miliardi, più del doppio dell'intera manovra di quest'anno».

L'opposizione sostiene che l'aumento degli occupati dipende dal mantenimento della legge Fornero: la gente va in pensione più tardi e quindi cresce l'occupazione, ma è quella degli anziani... «E invece cresce la nuova occupazione perché abbiamo incentivato le assunzioni con il sistema del "più assumi meno paghi" attraverso la superdeduzione del costo del lavoro» puntualizza. «Abbiamo smesso di pagare il reddito di cittadinanza a chi poteva lavorare e abbiamo messo chi era nella condizione di farlo di poter trovare una occupazione. Con la Zes Unica [*Zona economica speciale per il Mezzogiorno*], e non solo, abbiamo favorito gli investimenti soprattutto nel Sud, che da fanalino di coda è diventato la locomotiva d'Italia, con pil e occupazione che crescono più della media nazionale. In tre anni abbiamo abbattuto la precarietà, con oltre 1 milione 200.000 nuovi contratti stabili.»

La norma che concede un congedo parentale di dieci giorni a madri/padri per la malattia di figli tra i 3 e i 14 anni sembra scritta da Rifondazione comunista... «Be', ora non esageriamo» esclama. E aggiunge: «La sinistra radicale non ha mai amato la famiglia. Anzi, l'ha sempre considerata un retaggio del passato da abbattere e demolire. Se viviamo una profonda crisi demografica, una delle ragioni è anche il clima culturale profondamente ostile alla famiglia che il Sessantotto ha innescato e che nei decenni è stato alimentato da troppi cattivi maestri».

Sul tema della sanità, vi si contesta di tappare i buchi di organico incentivando gli straordinari dei medici, sottoponendoli così a un grandissimo stress. «Le carenze di organico sarebbero colpa nostra?» domanda retoricamente. «Potevano pensarci loro quando hanno governato. Hanno fatto finta di non vedere i problemi per dieci anni, e adesso noi stiamo recuperando, ma serve del tempo. Noi abbiamo sbloccato le assunzioni di medici e infermieri, e le risorse aggiuntive che abbiamo destinato con questa manovra serviranno a rafforzare ancora l'organico. Stiamo favorendo l'ingresso degli specializzandi negli ospedali e, con la riforma di accesso alla facoltà di medicina, prevediamo di formare più giovani medici. E, intanto, incentiviamo i sanitari a lavorare di più, anche facendo straordinari, con un vantaggio significativo per cercare di abbattere le liste d'attesa.»

Siete riusciti a ottenere dei soldi dalle banche, che anche quest'anno hanno incassato profitti superiori alla media, da destinare prevalentemente alla sanità. Si dice che sia stato determinante un suo colloquio con Carlo Messina, amministratore delegato di Intesa Sanpaolo. La Meloni conferma: «Ho spiegato che, per mantenere i conti in ordine, occorrono delle risorse e le abbiamo chieste a chi, grazie a questa politica, ha avuto dei grandi benefici: se scende lo spread, se sale il rating dell'Italia, se le banche hanno potuto approfittare dei 200 miliardi messi a disposizione dal governo Conte per rinegoziare con la garanzia dello Stato prestiti che avevano già erogato, o dei crediti del superbonus, sempre grazie a Giuseppe Conte, è giusto che quelle stesse banche ci diano una mano a continuare in una politica così profittevole. Se, su 44 miliardi di profitti nel 2025, ce ne mettono a disposizione circa 5 per aiutare le fasce più deboli della società, credo che possiamo essere soddisfatti noi e che, in fin dei conti, possano esserlo anche loro».

Il discorso del presidente del Consiglio ai banchieri è stato questo: «Noi non vogliamo tassare la ricchezza prodotta dalle aziende, perché daremmo un segnale sbagliato. Vogliamo un contributo sulla rendita accumulata per condizioni di mercato che la politica del governo ha fortemente contribuito a creare».

Sia le industrie sia i cittadini pagano bollette elettriche più care rispetto a quelle degli altri paesi europei, i nostri concorrenti. Carlo Calenda, anche nell'incontro per questo libro, propone una radicale ristrutturazione delle bollette dell'energia prodotta dalle fonti idroelettriche alle quali bisognerebbe rinnovare la concessione. È d'accordo?, chiedo alla Meloni. «L'energia idroelettrica è quella per definizione più verde» mi dice. «Potrebbe darci molto di più, per esempio con interventi seri e strutturali, cominciando dal dragaggio delle dighe. Una volta che l'Europa avrà definito un esatto quadro normativo, al momento di rinnovare queste concessioni dovremo parlare molto chiaramente con i gestori e rivedere anche le tariffe. In questo, io sono d'accordo con Calenda.»

Un giudizio corretto sulla manovra di bilancio 2025 l'ha dato, sul «Corriere della Sera» del 17 ottobre, Carlo Cottarelli, che dirige l'Osservatorio sui conti pubblici dell'Università Cattolica. Cottarelli ha dato atto al governo di anticipare l'uscita dalla procedura d'infrazione, chiudendo un po' sotto il 3 per cento il rapporto tra deficit e pil, e riconosce che 18 miliardi della manovra sono utilizzati in gran parte per validi scopi («I 2 miliardi e mezzo per la sanità porterebbero il rapporto tra spesa sanitaria e pil al 6,5-6,6 per cento nel prossimo triennio, su livelli un po' più alti di quel 6,4 per cento a cui lo aveva lasciato il centrosinistra prima della crisi Covid»). Non gli piacciono, però, la quinta rottamazione delle cartelle esattoriali, ingiusta per tutti coloro che le tasse le hanno pagate, e la decisione di bloccare l'aumento dell'età pensionabile per adeguarla all'aspettativa di vita.

## *«Il nome del candidato premier sulla scheda elettorale»*

Intravedo novità sul fronte sindacale. Alla Cisl che è stata sempre collaborativa, sembra essersi affiancata la Uil... «Chi ha a cuore i diritti dei lavoratori» mi dice il presidente del Consiglio «non può non apprezzare una manovra che continua a occuparsi dell'aumento dei salari e lo fa valorizzando la contrattazione. Un sindacato normale si rende conto che c'è qualcosa di inedito nel valorizzare proprio il suo lavoro. Capisce che questo governo ha fatto qualcosa che nessun altro aveva fatto prima.»

Resta Landini... «Non sapendo che cosa dire a livello nazionale, si è buttato sulla politica estera» ironizza la Meloni. «Nei nostri tre anni di governo la Cgil ha indetto quattro scioperi generali e lo fa mentre aumentano l'occupazione e i salari e diminuisce la precarietà. Uno sciopero generale su una materia di politica estera è un unicum nella storia del sindacato.»

L'opposizione vi accusa di sprecare un sacco di soldi per i centri in Albania. Che fine fanno?, le domando. «Stanno operando come Centri di permanenza e di rimpatrio» mi spiega. «Mancano ancora i regolamenti per l'applicazione anticipata della lista dei paesi sicuri proposta dalla Commissione europea in cui figurano tutti i paesi che i nostri giudici considerano insicuri, impedendoci di mandare in Albania i migranti che da essi provengono. Ma risolveremo anche questo problema a livello continentale e vedremo, a quel punto, che cosa s'inventeranno i giudici italiani per fare quello che alcuni di loro hanno apertamente ammesso: bloccare i centri in Albania perché non sono d'accordo sulla loro esistenza.»

Nella maggioranza, osservo, ogni tanto si segnalano contrasti significativi... «Ci sono sfumature, questo è normale tra partiti diversi» replica il capo del governo. «Ma la compattezza della maggioranza si vede dalla velocità, dalla concretezza e dall'efficacia con cui lavora. Il governo italiano ha una politica chiarissima a livello internazionale, economico, industriale, sociale. Questo può accadere soltanto con una maggioranza solida, altrimenti non sarebbe possibile. Voglio ricordarle i governi che non erano in grado di decidere su niente proprio per le fibrillazioni molto serie al loro interno.»

Chiedo al presidente di Fratelli d'Italia, visto che la legge elettorale è di competenza del Parlamento e non del governo, se conferma il progetto di una nuova legge proporzionale con l'indicazione del candidato premier nei simboli di tutti i partiti membri di una coalizione. «Sì,» ribadisce «non sono contraria a una legge con l'indicazione del candidato premier sulla scheda elettorale, perché non è in contrasto con la nostra riforma del premierato.»

A tale proposito, l'opposizione afferma che la solidità della vostra maggioranza, da lei continuamente rivendicata, renderebbe inutile un rafforzamento dei poteri del presidente del Consiglio con il premierato. «Intanto,» mi dice la Meloni «la sinistra con questa argomentazione conferma una cosa che io dico da sempre, e cioè che la riforma non è fatta per noi, ma per consentire a tutti, dopo di noi, di poter beneficiare della stessa stabilità che ci ha consentito di lavorare in questi anni. In secondo luogo, la sinistra o non ha letto o finge di non capire il contenuto della riforma. Perché il premierato non rafforza i poteri del presidente del Consiglio, che di fatto non vengono toccati, ma rafforza il peso dei cittadini nella scelta di chi deve guidare la Nazione. Impedisce i ribaltoni, i governi tecnici, i giochi di palazzo. In una parola, rafforza la democrazia.»

Dopo il clamoroso successo che ha ottenuto nell'agosto 2025 al Meeting di Rimini, raduno d'eccellenza del mondo cattolico, qualcuno ha immaginato che lei si stia avvicinando al Partito popolare europeo… «A Rimini ho detto quello che dico sempre a proposito di lotta all'immigrazione clandestina, di natalità, di famiglia, di piano Mattei per l'Africa, di libertà educativa. La platea era molto in linea perché si tratta di questioni di buon senso. Non c'è nessuna intenzione da parte mia di avvicinarmi al Ppe, semmai è il Ppe che alcune volte si avvicina alle nostre posizioni. Io lavoro per costruire anche in Europa una maggioranza di centrodestra, che qualche volta si materializza.»

## *Crosetto: «Putin mi fa paura»*

«Putin mi fa paura» mi dice Guido Crosetto all'inizio del nostro colloquio nel suo studio di ministro della Difesa. «Mi fa paura perché ormai si è messo nella condizione per cui la fine della guerra rischierebbe anche di essere la sua fine. Perché ha 2,5 milioni di persone, tra riservisti e militari in servizio, che paga e che non avrebbero un facile ricollocamento, e perché l'economia russa è stata riconvertita in economia di guerra. Farla tornare una normale economia da tempo di pace richiederebbe un percorso molto lungo e molto difficile. La Russia si troverebbe nella stessa situazione in cui si sono trovate la Germania e l'Italia dopo la prima guerra mondiale, con il rientro dei reduci senza lavoro e abbandonati a se stessi, che nutrivano sogni di revanche uniti a una fortissima insoddisfazione per quella che definivano "vittoria mutilata". Da lì, purtroppo, nacquero il nazismo e il fascismo.»

E l'Ucraina? «Per l'Ucraina sarebbe tutto più facile, perché riprenderebbe a vivere e a sperare. Dovrebbe ricostruire, con molti aiuti internazionali, ma ce la farebbe.»

Poi Crosetto cita una frase del presidente russo molto eloquente: «Disse una volta che non bisogna mai mettere un animale feroce in un angolo perché, a quel punto, può solo attaccare. Bisogna sempre lasciargli una via di fuga».

E quale sarebbe la via di fuga di Putin? «Il tappeto rosso con cui Trump lo ha accolto in Alaska» mi spiega «era un modo per riammettere la Russia ai tavoli in cui era presente prima dell'invasione. Putin, per superare i problemi di cui parlavamo prima, ha bisogno che cadano, e il più presto possibile, per esempio, tutte le sanzioni, ma ha bisogno anche di aiuti per far riprendere la sua economia. Può fare tutto questo soltanto con Trump, che ha, da parte sua, la necessità di staccare la Russia dalla Cina, il reale nemico degli Stati Uniti. E il vero scontro nei prossimi anni avverrà proprio tra gli Stati Uniti e la Cina, per definire la leadership futura di questo secolo.»

Ma l'Ucraina, gli chiedo, avrà la possibilità di difendersi o bisognerà soltanto distruggere l'economia russa per poterla far sopravvivere? «L'Ucraina è diventata la linea Maginot dell'Europa. Kiev è diventata il punto di difesa più forte che abbia l'Europa perché, con 600.000 persone in armi, ha l'esercito europeo più potente. Mettendo insieme tutte le forze armate d'Europa si ha un numero maggiore, ma certamente non abituato a combattere come gli ucraini.»

E come fa Zelens'kyj a ripianare le perdite? «È questo il problema enorme che ha l'Ucraina rispetto alla Russia» riconosce Crosetto. «Dal primo giorno di guerra, io dico alla Nato che il bacino di reclutamento russo è cinque volte più grande di quello ucraino. Per Putin, i morti non contano e, anzi, continua a rimpiazzarli a costi sempre più alti, anche economici: 35.000 caduti al mese, 35.000 nuove reclute. Per l'Ucraina, temo che possa arrivare il momento in cui, se anche le fossero fornite tutte le armi possibili, non ci sarebbero più soldati sul campo per usarle.»

### *«520.000 gli ucraini morti, più di 1 milione i russi»*

Quante sono queste perdite secondo i calcoli Nato? «I morti ucraini sono 520.000, i morti russi più di 1 milione» risponde il ministro della Difesa. «La differenza è che gli ucraini conoscono le loro perdite, il popolo russo non ne ha idea.»

Un giorno lei disse che Zelens'kyj conosce bene la mediazione che, prima o poi, sarà costretto a firmare. «Riconquistare i territori perduti nel 2014 e dopo il febbraio 2022 oggi è considerato da tutti impossibile. La Russia non li cederà mai e l'Ucraina non avrà la forza per riconquistarli da sola, anche con il nostro aiuto. Putin non può tornare indietro, anche perché ha cambiato la Costituzione, facendo diventare i territori occupati territori "russi" a tutti gli effetti e si è messo, quindi, nella condizione di non poter trattare.»

Trump è disposto a sottoscrivere la cessione di tutti i territori? «La prima ipotesi fatta dal presidente degli Stati Uniti è parlare di cessioni…»

E l'Ucraina potrà mai ammettere la cessione delle quattro province occupate? «Non lo so» mi dice. «Spetta soltanto a loro decidere se il sacrificio più grande sia la cessione dei territori o la continuazione di una guerra sanguinosa che potrebbe peggiorare.»

Veniamo alla clamorosa tregua di Gaza. Qual è stata la carta decisiva, secondo lei? «Sia Netanyahu sia Hamas hanno capito che i giochi erano finiti» mi risponde Crosetto. «E anche i negoziatori (Qatar, Egitto e Turchia) sapevano che, quando Trump diceva che, senza accordo, avrebbe scatenato l'inferno, avrebbe mantenuto la promessa. Trump fa paura a molti perché, pur essendo un presidente democraticamente eletto dentro la più antica democrazia del mondo, ha metodi pragmatici molto duri. Non è interessato al *politically correct*, ma al risultato.»

Lei pensa che ci sarà la pace dopo la tregua? «È questo un impegno che dovrà coinvolgere tutte le nazioni interessate a un nuovo multilateralismo, che dovrà mettere insieme Europa, Asia e tutti i paesi arabi.»

All'Italia sono stati chiesti, per ora, 200 carabinieri per addestrare la polizia palestinese. «In questa prima fase, sì» conferma il ministro. «E anche di contribuire alla sicurezza di Gaza, Cisgiordania e, più avanti, di tutto il Medio Oriente. Credo che se ne parlerà nel 2026, dopo la relativa, e necessaria, autorizzazione del Parlamento. Quando avremo capito quale sarà la cornice per mettere in sicurezza il territorio di Gaza, valuteremo anche che tipo di forza mandare.»

Quale scenario immaginate? «È una situazione molto più complessa di quella che, tuttora, ci vede impegnati in Kosovo o in Libano» mi spiega Crosetto. «Si dovrà impedire che Hamas si radichi ancora una volta nella zona, in modo che non partano da Gaza nuovi attacchi a Israele che farebbero ricominciare la guerra, ed evitare al tempo stesso che Israele possa di nuovo attaccare la Striscia.»

Quanti sono in grado di fare questo lavoro? «Ci vuole una forza multinazionale di altissimo livello e di altissima preparazione. Oltre all'Italia, non sono tante le nazioni al mondo in grado di saperlo fare. Che l'Italia, come tutti gli alleati Nato e tutti i paesi arabi ci riconoscono da molti anni, sia in cima all'elenco mi riempie, se posso dirlo, di orgoglio e fierezza.»

Sarà una missione sotto l'egida dell'Onu? «Secondo me, sì» mi confida il ministro. «Potrebbe essere l'occasione per rianimare le Nazioni Unite, che attraversano un momento molto critico.»

E sarà rischiosa? «Lo scenario è difficile, assomiglia a quello che trovammo in Afghanistan...»

Ma lì è finita malissimo... «I rischi sono alti» ribadisce Crosetto. «Per questo dico che dobbiamo stare molto attenti, anche se il territorio di Gaza è assai ridotto e l'operazione dovrebbe essere più semplice.»

### *«La pace può nascere solo dall'equilibrio delle forze»*

Torniamo allo scenario globale. Quali sono, secondo lei, i limiti del disimpegno americano? Si è sostenuto, per esempio, che se la Russia dovesse invadere un piccolo paese come la Lituania, gli Stati Uniti potrebbero non intervenire. «Vede, ove mai – e non lo credo affatto possibile – gli Usa non intervenissero, salterebbe la Nato» ribatte convinto Crosetto. «Ma non sono sicuro che tutti i paesi europei sarebbero pronti. Se venissero interpellate le opinioni pubbliche in Italia, Francia, Germania e Spagna, la risposta della maggioranza delle persone, purtroppo, sarebbe negativa. Se Putin testasse la compattezza europea, potrebbe verificare che c'è qualche crepa.»

A questo servono gli sconfinamenti periodici di aerei e droni russi? «Putin non si rassegna al fatto che la Russia sia una media – e non una grande – potenza. Ha 150 milioni di abitanti in un territorio sconfinato e l'unico modo per farli crescere numericamente è di tornare, in prospettiva, alla (presunta) "gloria" della vecchia Unione delle repubbliche socialiste sovietiche e, prima ancora, della Russia zarista. Lui non ha nessun problema a mandare al macello centinaia di migliaia di persone, ma, per raggiungere l'obiettivo, deve attaccare nazioni che non sono affatto disposte a farsi riassorbire. E non sono attratte, come capita invece ad alcuni italiani, dal mito che a Mosca si viva meglio che a Roma…»

Una volta lei affermò che noi non potremmo difenderci da un attacco come quello della Russia all'Ucraina. In tre anni le cose sono migliorate? «Miglioriamo ogni giorno, ogni settimana, ogni mese» rassicura il ministro della Difesa. «Lo facciamo in silenzio. Stiamo mettendo in campo tutto quello che ci serve per affrontare eventuali minacce, come abbiamo visto in Israele e in Ucraina. Ma, per difenderci seriamente da attacchi aerei, attacchi di droni o reagire a un attacco cibernetico, ci servono dieci anni e molti investimenti.»

Per non essere attaccati bisogna essere forti. John F. Kennedy e Nikita Chruščëv riuscirono a evitare la guerra nucleare perché entrambi erano dotati di armi atomiche. Perché è così difficile convincere l'opinione pubblica italiana che gli investimenti nella difesa sono indispensabili per vivere tranquilli? «Intanto perché rimuoviamo il problema» risponde Crosetto. «Molti ucraini evitavano di pensare alla guerra come un'eventualità possibile, ma poi, invece, se la sono trovata addosso. Il luogo comune – frusto e vetusto – dice che non possiamo investire in difesa per non togliere soldi agli asili. Bene, è un'assoluta stupidaggine, perché sono capitoli di spesa diversi e perché bisogna essere ben armati per difendere anche gli asili. Quando parlo di cultura della difesa, non voglio militarizzare la cultura, ma creare la consapevolezza, il più possibile diffusa e larga, che la difesa è un prerequisito dell'esistenza stessa della democrazia e non può mai essere messa in competizione con un ospedale o una scuola, perché deve garantire anche il funzionamento degli ospedali e l'apertura quotidiana di una scuola.»

E aggiunge: «La pace può nascere solo da un equilibrio di forze. Quando nel 1983 furono installati i missili a Comiso, i pacifisti e le sinistre scatenarono l'inferno. Lo slogan era:

"Contro i missili, a Ovest come a Est". Ma quell'operazione servì a far smantellare i missili sovietici puntati contro di noi».

L'alleanza della Lega in Europa con i Patrioti, gli chiedo, può crearci problemi? «In campo internazionale, in questo momento, conta chi è amico o nemico di chi. Mi colpiscono alcune dichiarazioni a favore di Putin, perché non riesco a capire come si possa giustificare quello che sta facendo in Ucraina. Fino a cinque anni fa avevamo ottimi rapporti con i russi, che io ho sempre considerato amici. Pensavo addirittura che la Russia dovesse entrare nella Nato, perché la ritenevo un pezzo di Europa. Adesso mi spaventa che alcuni facciano finta di non vedere.»

Crosetto è convinto che la Russia ci stia già attaccando con una guerra «ibrida e cognitiva»: «Senza che neppure noi stessi, in qualità di normali cittadini, ce ne accorgiamo, la sua propaganda è entrata nel cervello e nella formazione culturale di tanta gente, indirizzandola attraverso un utilizzo sofisticato dei social e di altri strumenti dell'informazione, con un'infiltrazione scientifica e anche con l'infiltrazione classica della corruzione. La Russia ha una grandissima scuola in questo campo e noi siamo uno dei paesi più sensibili alla penetrazione interna. Persone insospettabili sono state corrotte».

E prosegue: «Noi siamo il principale paese europeo che i nostri nemici vogliono destabilizzare, terrorizzare, inquinare e rendere instabile. Il governo della Spagna si regge su pochi voti. La Francia è immersa in una crisi politica e finanziaria. In Germania, Merz guida una coalizione complicata, mentre l'AfD cresce ogni settimana. In Gran Bretagna, se si andasse a votare, il populista Nigel Farage prenderebbe il 45 per cento dei voti. L'Italia è l'unica nazione stabile in Europa e, proprio per questo motivo, siamo l'obiettivo principale. Sotto il profilo dell'infiltrazione di potenze ostili, da noi può succedere davvero di tutto».

Poi Crosetto cita il caso della Global Sumud Flotilla, la spedizione di oltre 40 piccole imbarcazioni che volevano forzare il blocco navale israeliano per portare aiuti a Gaza.

Per loro stessa ammissione, i 46 attivisti italiani, sapendo benissimo che sarebbero stati bloccati e che quindi non sarebbero riusciti a portare gli aiuti a destinazione, avevano come scopo principale la creazione di un incidente politico.

«Nessun paese Ue ha deciso una chiusura all'esportazione di armi come l'Italia» chiarisce il ministro della Difesa. «Nessuna nazione ha aiutato la Palestina come la nostra. Eppure, in nessun paese ci sono state le polemiche che abbiamo avuto da noi. Da metà agosto 2025 all'inizio della tregua, a metà ottobre, sono entrati in Palestina aiuti in cibo per il valore di 1500 calorie al giorno per persona. Questi sono dati delle Nazioni Unite, eppure la narrazione è stata che Israele affamava il popolo di Gaza e noi ne eravamo complici. È vergognoso ciò che Israele ha fatto sulla popolazione dei gazawi, ritenendo la morte dei civili un danno collaterale della guerra contro Hamas. Ma è vergognoso e impossibile dimenticare ciò che i terroristi hanno fatto il 7 ottobre 2023, mettendo un bambino di tre mesi in un forno a microonde e ridendo mentre quello esplodeva. Siamo stati il paese con le reazioni, le manifestazioni e le aggressioni più forti. Questo, nessun Landini è capace di farlo da solo. C'è un'infiltrazione formidabile che tende a destabilizzare l'unico paese europeo davvero stabile. E, mi scusi se lo dico e lo rivendico, ma il governo Meloni, che tanto poco piace alle nostre opposizioni e ai manifestanti "pro Pal", è il perno di questa nostra stabilità.»

# XI

# Tajani e Salvini, separati in casa

## *Tajani e il ruolo dell'Italia nella ricostruzione di Gaza*

Dopo le elezioni politiche del 2022, Giorgia Meloni era molto tranquilla per la tenuta della coalizione. Aveva il triplo dei voti (26 per cento) dei due partiti cadetti e, soprattutto, questi erano quasi alla pari (8,8 Lega, 8,1 Forza Italia). Stessa cosa alle europee del 2024 (28,8 FdI, 9,6 Forza Italia e Noi Moderati, 9 Lega). Nessun primato, due splendidi ministeri (gli Esteri, con straordinaria visibilità, e le Infrastrutture, con un pacco di miliardi mai visto da spendere grazie al Pnrr).

Malgrado ciò, pur nell'assoluta fedeltà ai patti di governo, Antonio Tajani e Matteo Salvini – divisi in Europa, con posizioni spesso contrastanti – hanno giocato sempre a pallanuoto: correttezza fuori dall'acqua, calci sotto. E c'è il rischio fondato che la freddezza cresca dopo i risultati delle regionali nelle Marche, in Calabria e in Toscana, in cui Forza Italia è andata nettamente meglio della Lega (niente «effetto Vannacci»), anche se l'annunciato trionfo di Luca Zaia, capolista ovunque in Veneto, serve a riequilibrare un poco il rapporto di forze. La legge di bilancio per il 2026, che sembrava un forte terreno di scontro, grazie anche alla mediazione della Meloni ha soddisfatto le richieste più importanti di entrambi. Forza Italia teneva a ridurre le aliquote fiscali per il ceto medio senza espropriare le banche (battaglia della Lega), che hanno fornito «volontariamente» il proprio contributo. La Lega voleva la rottamazione delle cartelle esattoriali e l'ha ottenuta, anche se in misura leggermente inferiore alla richiesta.

Cominciamo i nostri incontri con la squadra del centrodestra con Antonio Tajani che, come abbiamo detto, è il ministro degli Esteri italiano che negli ultimi decenni ha avuto maggiore visibilità internazionale. «Be', con due guerre combattute sul campo e una guerra commerciale sui dazi c'è stato parecchio da fare» mi dice, seduto nel suo studio nello splendido palazzo della Farnesina, con alle spalle un arazzo in lana e seta del Settecento intitolato *Cerere e Nettuno* e, di fronte, uno stupendo «mappamondo piatto» di Fra Mauro. E aggiunge: «Dobbiamo riconoscere che il lavoro di Trump sulla tregua di Gaza è stato straordinario. Il presidente ha potuto contare su un bravissimo ministro degli Esteri come Marco Rubio, con il quale siamo in continuo contatto. Su Russia e Ucraina, mentre parliamo, si annunciano i primi passi di un nuovo percorso diplomatico: è difficile, ma inizio a essere ottimista».

Tajani ricorda con orgoglio che l'Italia è stato il paese europeo a ospitare e curare nei propri ospedali il maggior numero di bambini palestinesi feriti durante la guerra. «Con il ministro Anna Maria Bernini» mi racconta «abbiamo creato un corridoio umanitario per far studiare nelle università italiane molti studenti palestinesi, contribuendo alla costruzione di una nuova classe dirigente in quel paese disastrato. Può solo immaginare l'enormità del lavoro svolto dalle nostre ambasciate e dai nostri consolati.»

Il ministro degli Esteri vede un ruolo politico, militare e assistenziale importante per l'Italia nei prossimi anni in questa parte di Palestina. «Anche se saranno molti paesi a occuparsene, le necessità sono enormi. Potremmo impegnare a Gaza medici del Bambino Gesù di Roma, del Meyer di Firenze, del policlinico di Torino, portando in Italia solo i casi più complessi. Potremmo utilizzare il Rizzoli di Bologna, specializzato in protesi da destinare ai tanti mutilati, realizzare strutture abitative modulari leggere per dare subito una casa a chi l'ha persa. C'è già un progetto operativo dell'università Iuav di Venezia, i cui esperti sono presenti da mesi a Ramallah, sede del governo palestinese, con il quale stiamo collaborando intensamente, anche perché facciamo parte del gruppo di paesi impegnati con il Programma delle Nazioni Unite per lo sviluppo per riformare l'Autorità nazionale palestinese.»

## *«Dopo le europee, siamo il secondo partito del centrodestra»*

Tajani ha dovuto attivarsi anche per riportare a casa, all'inizio di ottobre 2025, i 46 attivisti italiani della Global Sumud Flotilla, partita per fornire una piccola quantità di aiuti umanitari alla popolazione di Gaza, sapendo benissimo che gli israeliani non lo avrebbero consentito. Se avessero voluto davvero consegnare gli aiuti, avrebbero potuto lasciarli a Cipro, al patriarcato latino di Gerusalemme, che li avrebbe fatti distribuire a Gaza dal cardinale Pierbattista Pizzaballa. «Mi è sembrato assurdo» commenta il ministro «il dibattito di diritto internazionale sulla legittimità del blocco navale israeliano, peraltro riconosciuto dall'Onu fin dal 2011, mentre lo scopo reale della spedizione era attaccare il governo italiano per il mancato riconoscimento della Palestina. Noi non potremo riconoscere la Palestina fino a quando a Gaza saranno presenti frange di terroristi. Abbiamo usato parole durissime sull'eccesso di reazione israeliana, parlando apertamente di carneficina ingiustificata. Di certo non sono stati lo sciopero della Cgil di Landini o l'occupazione di stazioni ferroviarie, autostrade e aeroporti a dare il contributo decisivo alla tregua.»

Lei crede in una tregua durevole?, gli chiedo. «C'è l'impegno personale di Trump, che vuole ottenere il Nobel per la pace 2026, visto che quello per il 2025 era già stato assegnato pochi giorni prima della tregua. Ma, oltre agli Stati Uniti, tanti altri paesi arabi e musulmani, dalla Turchia al Qatar, dagli Emirati arabi all'Egitto, hanno interesse a stabilizzare l'area. E noi ne abbiamo uno fortissimo, dato che le nostre navi militari sono costrette a presidiare il mar Rosso per proteggere il commercio internazionale dagli attacchi degli Houthi.»

C'è stata poi la Grande Guerra dei dazi... «Qui ci ha dato una grossa mano» mi racconta Tajani «il mio amico Maroš

Šefčovič, slovacco, commissario Ue al Commercio, con il quale siamo stati insieme in commissione a Bruxelles. E qui è stato forte anche l'intervento di Giorgia Meloni. Io stesso, con la mia delega al Commercio internazionale, ho fatto molti incontri negli Stati Uniti e, alla fine, abbiamo convinto l'amministrazione Trump che oltre il 15 per cento non si poteva andare. Sono stati strettissimi i contatti pure con Lamberto Frescobaldi (Unione italiana vini) e con Marcello Cattani (Farmindustria), perché anche i vini e i prodotti farmaceutici sono stati un terreno di grande battaglia. Al settore del commercio internazionale lavora ininterrottamente una task force della Farnesina, che monitora anche le altre situazioni di crisi. In Russia lavorano 270 imprese italiane, nel rispetto delle sanzioni. Quando hanno provato a sequestrarci la Ariston, siamo riusciti a farla restituire alla famiglia Merloni.»

### *«Eccellenti i miei rapporti con la famiglia Berlusconi»*

Passiamo ora a parlare della politica interna. Perché sono così conflittuali i rapporti tra Forza Italia e la Lega?, gli domando. «Siamo due partiti diversi, soprattutto in campo internazionale» replica. «Noi siamo alleati della Cdu tedesca, loro di Alternative für Deutschland e, in Francia, di Marine Le Pen. Noi siamo popolari e loro sovranisti. In Italia collaboriamo lealmente e ci diciamo le cose con grande franchezza. Ci siamo presentati sempre insieme alle elezioni italiane e vorrei che fosse riconosciuto il fatto che, dalle europee del 2024 in poi, siamo il secondo partito del centrodestra, dopo Fratelli d'Italia.»

La Lega teneva molto a consentire ai presidenti di regione il terzo mandato, che avrebbe risolto nel Veneto il problema Zaia (e avrebbe messo in difficoltà il centrosinistra sia in Puglia sia in Campania, dove per il Partito democratico sarebbe stato difficile sfrattare, rispettivamente, Michele Emiliano e Vincenzo De Luca). Perché vi siete opposti? «Persino negli Stati Uniti il presidente deve fermarsi al secondo mandato» precisa Tajani. «Da noi un presidente di regione, con l'elezione diretta, ha poteri maggiori del presidente della Repubblica e del presidente del Consiglio...»

I parlamentari, però, non hanno questo vincolo... «Sì, ma non hanno i poteri di un presidente di regione.»

Nell'ultima finanziaria, faccio notare al segretario di Forza Italia, voi siete stati favorevoli a una riduzione delle imposte per il ceto medio, ma non alla rottamazione delle cartelle esattoriali. «Per noi questa non era una priorità, perché accontentava un numero limitato di persone, e dava un segnale negativo a tutti quelli che hanno pagato le tasse. Ma è stata approvata e spero venga applicata in maniera coerente.»

La Lega (incluso il ministro dell'Economia Giancarlo Giorgetti) voleva tassare gli extraprofitti delle banche, frutto di condizioni di mercato estremamente favorevoli. E voi siete stati contrari. «Il governo non può indossare gli abiti dello sceriffo di Nottingham» tiene a precisare Tajani. «Stabilire che cosa sia un extraprofitto è qualcosa che ricorda l'Unione Sovietica. Agire d'ufficio vuol dire spaventare i mercati, come già avvenuto in passato. Altra cosa è un confronto con le banche, bonario e costruttivo, in cui il governo dice: "Dateci una mano, vediamo insieme come fare".»

Come sempre, c'è grande battaglia per la conquista degli elettori moderati. Matteo Renzi ha inventato la Casa riformista per rafforzare il «centro» del centrosinistra. «Non capisco quale credibilità possa avere nei confronti dei moderati chi si allea con il Movimento 5 Stelle, che ha candidato Tridico a presidente della Calabria e Fico a presidente della Campania» mi dice il segretario di FI. E aggiunge: «La verità è che dobbiamo dare ascolto a tanti elettori ex democristiani ed ex socialisti che non hanno ancora punti di riferimento certi. Forza Italia continua ad averne costantemente dal Partito popolare europeo e si sta rafforzando elezione dopo elezione. Alle europee andammo meglio dei 5 Stelle e nelle ultime regionali siamo cresciuti, dalla Valle d'Aosta alle Marche, alla Calabria. Siamo il terzo partito nazionale dopo Fratelli d'Italia e il Partito democratico».

Qualcuno ha insinuato che i suoi rapporti con la famiglia Berlusconi non siano più idilliaci come un tempo… «E invece sono eccellenti, come sempre» replica deciso Tajani. «Il nome di Berlusconi è indissolubilmente legato a quello di Forza Italia.»

A che cosa allude, secondo lei, Marina Berlusconi quando afferma che occorre più liberalismo e bisogna dare una sveglia? «La svolta liberale l'abbiamo rilanciata con il "Manifesto della Libertà" e con la creazione di un pantheon con i punti di riferimento di Forza Italia, che vanno da Silvio Berlusconi a don Sturzo, da Giuseppe Cordero Lanza di Montezemolo, eroe della Resistenza, a Grazia Deledda, patrona delle libertà delle donne, da Gaetano e Antonio Martino a Giovanni Paolo II e Madre Teresa di Calcutta, che ha lottato per tutta la vita per liberare dalla povertà gli ultimi del mondo. Per crescere nei consensi ci serve comunque del tempo, ma in ogni caso tutti i suggerimenti che arrivano sono ben accetti e con Marina Berlusconi ci sentiamo spessissimo.»

La Festa di Forza Italia di fine settembre 2025 a Telese Terme, in provincia di Benevento, aveva come titolo «Libertà» e lei, nel suo discorso, ha pronunciato questa parola per ben 38 volte. E, a proposito di libertà, Marina Berlusconi vi ha stimolato a prestare attenzione anche a mondi diversi da quelli strettamente liberali, come il mondo cattolico o la comunità gay. «Sul significato della parola "libertà" ci siamo confrontati con lei anche negli ultimi incontri» mi confida Tajani. «E ci siamo dati atto che Forza Italia unisce la famiglia cattolica, la riformista e la liberale.»

### *Salvini: «Nessun caso Vannacci dopo la Toscana»*

Al Consiglio federale di martedì 21 ottobre 2025, nella storica sede di via Bellerio a Milano, Matteo Salvini non ha fatto nessuna resa dei conti dopo i cattivi e imprevisti risultati della Toscana e i malesseri che ne sono seguiti, e ha invitato tutti ad andare avanti insieme, visto che ormai si è aperta la campagna elettorale per le elezioni politiche del 2027. Protetto dall'efficientissimo portavoce Matteo Pandini nei giorni più complicati, Salvini si è tuffato nella legge di bilancio, che ogni anno, da sempre, è la stanza di compensazione del potere politico di governo.

Quando gli chiedo delle polemiche seguite al mancato sfondamento di Roberto Vannacci in Toscana e dello scontento della vecchia guardia (Susanna Ceccardi e altri), la risposta è tranchant: «Quelle sono polemiche che durano tre minuti. Abbiamo fatto un buon risultato nelle Marche, un ottimo risultato in Calabria, con il massimo storico di sempre, e un risultato sicuramente deludente in Toscana, che deriva da una situazione particolare con litigi, fuoriuscite e polemiche che non hanno certo aiutato Vannacci. Il generale non poteva moltiplicare i voti e questa competizione ci ha insegnato che, dove litighi per tre o quattro anni, non raccogli niente. In Campania, Puglia e Veneto andiamo compatti, e quindi…».

È stata una buona idea affidare a Vannacci la composizione delle liste? «La Toscana è casa sua» puntualizza Salvini, e poi aggiunge: «Nel corso dei miei trent'anni di politica ho imparato che, per arrivare all'obiettivo, devi saper pazientare e mediare, e i risultati arriveranno. Vannacci è una persona estremamente intelligente e credo che la sua esperienza possa servire a tutti».

Immagino che qualche governatore del Nord abbia brindato alla sconfitta del generale, considerandolo un corpo estraneo alla Lega. Salvini s'irrigidisce: «Se ciascuno fa il suo mestiere e non interferisce in quello degli altri, cresciamo tutti. Io lascio ai territori la compilazione delle liste e prendo atto delle loro scelte anche quando non sono d'accordo. In Veneto, Luca Zaia ha scelto di candidarsi capolista in tutte le province per garantire un risultato eccellente e poi potrà essere valorizzato sia a Roma sia altrove, com'è giusto».

E la Lombardia? «Le polemiche sono scritte sulla sabbia, perché si vota nel 2028. Si voterà anche in Friuli-Venezia Giulia, nel Lazio e in Sicilia, e in queste due ultime regioni la Lega avrà sicuramente più voce in capitolo e più voti rispetto alle ultime volte.»

Ma dopo che Fratelli d'Italia ha rinunciato al Veneto, c'è un patto tra lei e Giorgia Meloni perché FdI designi il candidato in Lombardia? «Siamo d'accordo sul fatto che il partito che avrà preso più voti nelle ultime competizioni esprimerà il candidato governatore. Mi pare logico. Ma prima del 2028 ci saranno le elezioni politiche del 2027 e le elezioni comunali sia a Milano sia a Roma, due città straordinarie e complesse che potrebbero essere governate meglio e per le quali i candidati sindaci andranno scelti con largo anticipo e non all'ultimo momento, com'è accaduto la volta scorsa.»

Meglio due politici o due candidati civici?, chiedo. «Non fa differenza» replica il leader della Lega. «Ci sono politici bravi e civici bravi. Poco conta che sia un militante di partito o un esponente dell'università, delle professioni, della società civile. L'importante è che abbia le idee chiare e che sia in campo già all'inizio del 2026.»

### *«Ha ragione Trump: Zelens'kyj ceda il Donbass»*

Salvini non si scalda più di tanto all'idea di scindere la Lega in due partiti, uno nordista come la Cdu tedesca e uno sudista come la Csu bavarese, per tenere la questione settentrionale divisa da quella meridionale.

«Questione settentrionale?» si chiede perplesso il vicepresidente del Consiglio. «Quando mai la Lombardia ha avuto cinque ministri come in questo governo? Giorgetti ha in mano il federalismo fiscale e lo porteremo a casa. Calderoli ha in mano l'autonomia, che andrà in porto dopo trent'anni di gazebo, di fiaccolate, di cortei dal Monviso a Venezia. Forse siamo rimasti l'unico partito che ha più di mille presidi territoriali, dove ogni sezione elegge il suo segretario e, poi, il candidato sindaco. Abbiamo il massimo di autonomia a livello territoriale. Certo, sono disponibile a fare i miglioramenti necessari. C'è spazio per tutti, ma non si fanno le rivoluzioni interne quando sei sostanzialmente in campagna elettorale per le elezioni politiche del 2027.»

Salvini è euforico perché nella legge di bilancio per il 2026 ha incassato le due cose alle quali teneva di più: la rottamazione delle cartelle esattoriali e il contributo finanziario delle banche, dirottato sull'incremento del budget sanitario. «La rottamazione interessa 16 milioni di persone che si sono trovate in difficoltà con il Covid-19, i contraccolpi delle guerre, il caro benzina e il caro bollette» mi spiega. «Sulle banche abbiamo agito in perfetta intesa con Giorgia Meloni. Quest'anno le banche hanno fatto il massimo di utili storici, in parte anche grazie all'azione del governo che ha abbattuto lo spread, ha migliorato il rating dell'Italia, riqualificato il nostro debito. I tecnici hanno calcolato che tutto questo abbia fruttato loro 7-8 miliardi. Se chiedessimo un contributo di questa entità, in Parlamento passerebbe con una maggioranza dell'80 per cento. Non voglio arrivare a una battaglia di questo genere, ma credo che la metà vada bene per aiutarci sul difficile capitolo della sanità.»

Quando ci incontrammo a «Porta a porta» a fine settembre 2025, lei affermò che l'Ucraina non avrebbe mai riconquistato i territori perduti. Ne è ancora convinto?, chiedo a Salvini. «Ne sono convinto ancora di più,» replica «e ha ragione Trump quando dice a Zelens'kyj che, se non cede il Donbass, sarà distrutto. È fatale che i territori russofoni tornino alla Russia. La solidarietà all'Ucraina è più che giustificata, ma non credo che ci sia qualcuno che voglia mettere 50 miliardi all'anno sul tavolo per andare oltre nella difesa di quei territori. Quindi, ha ragione Trump.»

Se la guerra dovesse continuare e il governo italiano, insieme a quelli europei, dovesse decidere di inviare ancora armi all'Ucraina o stabilire sanzioni contro la Russia, voi votereste compattamente con il governo come avete fatto finora? «Assolutamente sì. Io, personalmente, non lo ritengo utile come schema di gioco: siamo al diciannovesimo pacchetto di sanzioni in tre anni e mezzo di guerra e non credo che sia la strada per risolvere il conflitto, ma mantengo la parola data e, come ministro delle Infrastrutture, sono pronto all'indomani del cessate il fuoco ad andare in Ucraina per collaborare alla ricostruzione di linee ferroviarie, strade e sistema portuale.»

Giorgia Meloni ripete sempre che gli stanziamenti europei per la difesa, ai quali aderiamo anche noi, non tolgono un euro alle spese sociali. Qual è la sua opinione? «È così» conferma Salvini. «La nostra situazione economica e il prossimo rientro dalla procedura d'infrazione favoriscono la possibilità di accedere a un prestito europeo e togliere dal bilancio nazionale gli investimenti per la sicurezza. Per raggiungere gli obiettivi richiesti, ho fatto inserire anche i costi della guardia costiera, che certo non va a combattere in Ucraina, ma si tratta di 11.000 uomini, che vorrei portare a 15.000, che contribuiscono a dare sicurezza ai confini meridionali dell'Italia.»

Salvini dice di prestare molta attenzione alla politica internazionale, dopo che, tradizionalmente, la Lega se ne era tenuta piuttosto distante. «Sono molto attento ai rapporti con gli Stati Uniti, ma anche con gli alleati europei» mi conferma. «Nel nostro gruppo dei Patrioti, dopo le prossime elezioni, avremo probabilmente il presidente della Repubblica francese, abbiamo già oggi il premier ungherese Orbán, forti partiti alleati in Spagna e in Portogallo. Vedo che, in Germania, l'AfD è il principale partito e ritengo giusto e doveroso parlarci. Si aggiunga che la Lega non ha mai esitato un secondo nel sostegno alla difesa di Israele e delle realtà ebraiche ovunque esistano. Stiamo andando a costruire una grande rete internazionale, un valore aggiunto che la Lega non ha mai avuto nei suoi quarant'anni di vita.»

Le forti differenze delle alleanze europee rispetto a quelle della coalizione italiana di centrodestra possono creare qualche difficoltà al governo? «Non solo non vedo difficoltà,» ribatte «ma credo che sia un valore aggiunto per il governo italiano che un suo vicepresidente del Consiglio abbia buoni rapporti con Marine Le Pen e altri partiti spagnoli, portoghesi, tedeschi... E anche con i russi, perché, quando sarà fatta la pace con l'Ucraina, in politica non ci saranno più né santi né diavoli.»

*«Il Ponte sullo Stretto? Centosessant'anni dopo, un lombardo avvera il sogno di un altro lombardo»*

Salvini è ancora molto turbato per la decisione dei pubblici ministeri di Palermo di ricorrere direttamente in Cassazione, con una procedura rarissima, contro la sua assoluzione per il processo Open Arms, e questo lo rafforza nel sostenere la riforma costituzionale della separazione delle carriere dei magistrati. «È una riforma finalmente non punitiva ma liberatoria per tantissimi magistrati,» afferma «che non vedono l'ora che entri in vigore per poter dire apertamente quello che oggi sussurrano sottovoce. Liberare i magistrati dagli interessi particolari delle correnti porta sollievo non solo agli avvocati, ma agli stessi magistrati, che in maggioranza lavorano bene e non hanno pregiudizi politici. Togliere poteri ai Landini dei tribunali è un beneficio per tutti.»

E veniamo al Ponte sullo Stretto: è la volta buona? «Tecnici e università di tutto il mondo hanno studiato questo progetto» mi dice Salvini. «Nel 1866 il ministro dei Lavori pubblici Stefano Jacini, cremonese, ordinò il primo studio per la realizzazione del ponte. Centosessant'anni dopo sono orgoglioso che sia ancora un ministro lombardo a porre la prima pietra.»

Jacini, conte e senatore, affidò il progetto al giovanissimo ingegnere Alfredo Cottrau, già famoso per la costruzione di ponti in ferro, il quale inviò al committente un progetto per far «poggiare le pile metalliche, relativamente leggierissime e offrenti poco ostacolo alle correnti e ai marosi – su grossi galleggianti in lamiere d'acciaio ... sommersi e trattenuti da forti ancore, a circa 10 o 12 metri sotto il livello medio del mare: essendo da tutti risaputo che a quelle profondità le più potenti burrasche diventano inerti e insensibili».

Da allora i progetti si sono periodicamente succeduti fino al 2001, quando Silvio Berlusconi mostrò un plastico del ponte a «Porta a porta» insieme al ministro delle Infrastrutture e dei trasporti Pietro Lunardi. Ma il più antico progetto di uno stabile attraversamento dello stretto di Messina risale al 251 a.C. quando, durante la prima guerra punica, il console Lucio Cecilio Metello ordinò la realizzazione di un ponte galleggiante con botti e tavole su cui far transitare 140 elefanti catturati ai cartaginesi. Le correnti non lo permisero, però gli studi continuarono nel Medioevo e, dalla metà dell'Ottocento, non si sono più interrotti.

*Zaia 2: la vendetta. «Voglio essere un problema...»*

«Prima sparisce la lista Zaia, poi il mio nome dal simbolo. Forse io e il mio cognome siamo un problema per qualcuno. Vedremo di farlo diventare un problema reale.» Sabato 11 ottobre 2025, uscendo dall'incontro con Sergio Mattarella (per il trentacinquesimo anniversario della Commissione di Venezia del Consiglio d'Europa) a palazzo Ducale, per la prima volta Luca Zaia ha espresso pubblicamente il proprio malessere per la tribolata vicenda del suo ruolo nella regione Veneto.

Il 26 giugno il Senato aveva respinto un emendamento della Lega che gli avrebbe consentito di correre per il quarto mandato presidenziale (guida la regione dal 2010, quando in Veneto non era ancora stata introdotta la legge che limita a due i mandati consecutivi dei presidenti di regione). Fratelli d'Italia era stato neutrale sul tema, invece Forza Italia si era imposta su pressione di Flavio Tosi, già segretario della Liga veneta e sindaco di Verona per dieci anni, uscito dalla Lega traumaticamente nel 2015 dopo aver perso la battaglia per candidarsi alla guida della regione al posto di Zaia e poi passato a Forza Italia.

Alle elezioni regionali del 2020, Zaia era stato rieletto con il 77 per cento dei voti, record nella storia repubblicana, e aveva sfiorato il 45 per cento con la lista che portava il suo nome. (Nella sua giunta, FI non aveva trovato posto, avendo raccolto solo il 3,6 per cento dei consensi.)

Nel 2025 la competizione all'interno del centrodestra è nata dal fatto che FdI, pur essendo accreditato in campo nazionale del triplo dei voti rispetto ai due partiti alleati, presiede soltanto 2 regioni delle 13 governate dalla coalizione: FI ne ha 5 (Piemonte, Molise, Calabria, Basilicata, Sicilia), la Lega 3 (Lombardia, Veneto, Friuli-Venezia Giulia, oltre alla provincia autonoma di Trento), Liguria e Lazio sono governate da indipendenti eletti nelle liste del centrodestra e al partito di Giorgia Meloni restano soltanto Marche e Abruzzo. A FdI non sarebbe convenuto intestarsi il Veneto, in cui tutti avrebbero comunque rimpianto Zaia, ma lo squilibrio era talmente forte che soltanto dopo la vittoria nelle Marche con Francesco Acquaroli la Meloni ha consentito alla Lega di candidare Alberto Stefani, deputato emergente di 33 anni, esigendo però una cospicua rappresentanza in giunta e ricevendo da Salvini (pure tra forti mal di pancia interni) l'assicurazione di avere la Lombardia nel 2028.

Zaia ha, perciò, deciso di candidarsi come capolista in tutti i collegi, sostenendo che il campo di battaglia impervio è il suo terreno preferito (anche all'interno del centrodestra). Il suo futuro è pieno di opportunità. La più vicina potrebbe essere, naturalmente, la presidenza del Consiglio regionale del Veneto. Se così non fosse, nel febbraio 2026 potrebbe sostituire Alberto Stefani nel seggio alla Camera rimasto libero dopo la sua eventuale elezione alla presidenza del Veneto. Oppure ottenere la presidenza dell'Eni, in attesa di diventare ministro nel 2027 qualora la Meloni dovesse vincere di nuovo le elezioni, o anche prima se si liberasse un incarico di governo. O, ancora, diventare sindaco di Venezia, incarico che gli sarebbe quanto mai gradito perché pienamente operativo, garantendo al centrodestra la vittoria in una città simbolo.

Ma, nel nostro colloquio, il tema centrale è se la Lega abbia cambiato natura con l'arrivo, come vicesegretario del partito, di Roberto Vannacci. In passato c'erano stati altri ingressi di persone con un percorso politico diverso da quello del partito fondato da Umberto Bossi, come Armando Siri, Claudio Borghi, Alberto Bagnai, ma quello di Vannacci è stato molto più dirompente, e questo ha portato Zaia a suggerire una nuova articolazione territoriale della Lega, sull'esempio di quanto è avvenuto in Germania con i partiti di formazione cattolica, fortemente federati, come la Cdu e la Csu.

«Nella Lega, ma anche negli altri partiti,» mi spiega il governatore del Veneto «è difficile fare sintesi tra le diverse legittime spinte territoriali. Quando, negli anni Settanta-Ottanta, Umberto Bossi iniziò le sue battaglie, il Sud cominciava, nell'immaginario, sotto il Po. Oggi comincia a Napoli. Il federalismo non deve interessare solo l'istituzione paese ma anche i partiti, il mio come gli altri. In Germania, nazione federalista, esiste un partito nazionale che si chiama Cdu e che non si presenta in Baviera, poiché ha la sua forza corrispondente nella Csu. Potremmo fare la stessa cosa da noi. Avvicinando i partiti al territorio e alla gente. Facendo ritrovare ai ragazzi la passione per la politica, per un impegno comune a migliorare le cose.»

Sta immaginando una grande Lega del Nord sul modello della Cdu bavarese, lasciando il Centro-Sud ai nuovi arrivati come Vannacci?, gli chiedo. «Ci sono territori come il Piemonte, la Lombardia, il Veneto e il Friuli - Venezia Giulia che sono stati sempre l'area di riferimento della Lega» mi risponde. «Ma, al di là dei personalismi, ho posto pubblicamente, quest'anno a Pontida, tale riflessione, che vale per la Lega ma anche per gli altri partiti del panorama italiano.»

### *«Roma città-Stato? Voglio che lo sia anche Venezia»*

Zaia allarga il discorso al tradizionale dualismo Nord / Sud. «Abbiamo un paese a due velocità. Trovo immorale che ci siano cittadini costretti a fare le valigie per curarsi e bambini che hanno un futuro predeterminato a seconda di dove nascono. È inutile nasconderci che chi nasce a Treviso ha opportunità diverse da chi nasce a Reggio Calabria. Io non sono mai stato tra quelli che pensano al Sud come a una partita persa. Penso che il Sud sia una grande opportunità per questo paese, e quindi risolvere la questione meridionale è strategico, ma è altrettanto innegabile che esista una questione settentrionale. Il nostro azionariato di riferimento, i cittadini, le imprese e il tessuto economico di quelle regioni che pagano le tasse per garantire i servizi anche al resto d'Italia hanno bisogno di risposte su istanze che sono in alcuni casi diametralmente opposte a quelle di altre parti d'Italia. Questa risposta sta nell'autonomia differenziata.»

Zaia parla del Nord come di «una locomotiva che non si può fermare. Se sono aperti ospedali in giro per l'Italia, è anche grazie alle nostre tasse. L'80 per cento delle nostre imprese ha meno di 15 dipendenti. Non chiedono soldi, non vogliono finanziamenti, ma esigono che l'"Ufficio complicazione affari semplici" sia smantellato e che la burocrazia sia finalmente adeguata alle esigenze di chi produce».

Il governatore tira fuori l'argenteria di famiglia: «Subito dopo il Covid avevamo mezzo milione di persone in lista d'attesa per la sanità. A giugno 2023 erano ridotte a 100.000. Nell'ottobre 2025 sono 7000. Noi abbiamo sempre investito sulle nuove tecnologie, e l'intelligenza artificiale ci ha aiutato innanzitutto a ripulire le liste d'attesa. I nostri apparecchi per le mammografie, grazie all'intelligenza artificiale, garantiscono un'esatta centratura della mammella e una costante precisione diagnostica, consentendo alle donne un archivio storico senza più il problema della sovrapposizione delle lastre. Applicata all'anatomia patologica, l'intelligenza artificiale ci ha permesso di aumentare del 20 per cento la candidabilità alle cure dei pazienti oncologici. Nel Veneto la sanità ha 64.000 dipendenti, di cui 12.000 medici (ne mancherebbero 3500). Assicuriamo 80 milioni di prestazioni sanitarie all'anno, 2,5 milioni di accessi al pronto soccorso e 9000 ricoveri al giorno. Tutto questo ci costa quasi 10,5 miliardi su un budget regionale di 17».

Nell'argenteria di famiglia trova posto anche il turismo balneare. «Nel Veneto, con un mare sicuramente meno scenografico di quello del Sud, abbiamo 32 milioni di presenze turistiche. È possibile che, con le meraviglie di cui dispone, il Mezzogiorno rappresenti soltanto il 20 per cento del bilancio turistico italiano?» si chiede Zaia. «Dopodiché, dobbiamo smettere di avere complessi di colpa e guardare anche alle esigenze del Nord. È in discussione una legge per fare di Roma Capitale una città-Stato come Berlino. Benissimo, ma perché non fare una città-Stato anche di Venezia, che è la più bella del mondo, è patrimonio dell'umanità e corrono a vederla da ogni continente? Perché continuare a considerare Venezia come il luna park d'Italia? Perché non risolvere una volta per tutte il problema degli stipendi dei lavoratori statali, delle forze dell'ordine, dei sanitari, degli insegnanti che lavorano a Venezia, città carissima, dove nessuno vuole venire perché non riesce a campare con le retribuzioni attuali? Venezia è una città da proporre, come "sistema paese", anche per i grandi meeting internazionali. Ha già ospitato nel 1980 e nel 1987 due G7. Ora i grandi della terra possono e devono tornare in laguna per i summit mondiali.»

La gestione culturale dell'immigrazione e dei valori islamici è un tema delicato, soprattutto nel Nord. Il 30 aprile 2025 i piccoli allievi (3-5 anni) di una scuola materna cattolica paritaria di Treviso sono stati portati in visita a una moschea, hanno ascoltato la predica dell'imam e si sono inginocchiati per pregare fronte a terra rivolti alla Mecca. La dirigente scolastica ha dichiarato che, in questo modo, i bambini cattolici possono approfondire la conoscenza della religione dei loro coetanei musulmani. Il Partito democratico ha parlato di «ponte tra due culture», ma il governatore del Veneto non ci sta: «Noi siamo stati educati alla tolleranza e non al fondamentalismo. Ricordo quell'insegnante che tolse dal presepe Gesù bambino, la Madonna e san Giuseppe per non offendere la sensibilità dei bambini musulmani. Ma, a parte l'ignoranza (Gesù è considerato dai musulmani un profeta e Maria è l'unica donna citata nel Corano), iniziative come questa, cioè le provocazioni liturgiche, sono la negazione della tua identità e ti mettono davvero fuori dal mondo».

Torniamo da dove eravamo partiti: la compatibilità di Roberto Vannacci con le tradizioni della Lega. «Quando mi chiedono se Vannacci è un'opportunità,» mi dice Zaia «rispondo che lui lo è, come del resto tutti noi, nella misura in cui fa il militante nel rispetto delle tradizioni e dello statuto della Lega. Credo che la Lega sia un partito inclusivo e, da militante storico, credo che debba essere assolutamente rispettosa delle libertà altrui. Personalmente, ho fatto una battaglia sul fine vita che non deve essere ideologica e sarebbe grave se la politica si appropriasse di battaglie che hanno un profilo etico. Dobbiamo avere una visione liberale, progressista, inclusiva. Dobbiamo restare al passo con i tempi, senza rinunciare alla nostra identità. Dobbiamo guardare i giovani, che ci indicano la via. Dobbiamo essere rigorosi nella difesa dell'essenza stessa della Lega. In questo senso, varianti che rischiano di far deragliare il treno non sono gradite.»

## *Vannacci e il desiderio di «vannaccizzare» la Lega*

La Lega deve essere proprio cambiata se alla grande adunata di Pontida, dove in trentacinque anni si sono alternati al comando Umberto Bossi, Bobo Maroni e Matteo Salvini, il 20-21 settembre 2025 la presenza più attesa era quella di un generale di divisione della riserva di 57 anni, Roberto Vannacci. Da cinque mesi, Vannacci è anche vicesegretario del partito grazie ai 557.000 voti di preferenza alle elezioni europee del 2024: primo degli eletti per la Lega in tutta Italia, tranne che nelle isole, secondo solo a Giorgia Meloni per numero di preferenze. Sul pratone di Pontida, i giovani leghisti lo hanno accolto intonando «Un generale, c'è solo un generale...», con un'inversione gerarchica dei gradi militari perché, quando è arrivato Salvini, il comandante in capo, i ragazzi lo hanno salutato con «Un capitano, c'è solo un capitano...».

«Non ho nessuna intenzione di scalare la Lega» risponde Vannacci quando glielo chiedo. «Salvini è il capo, ha il compito di tracciare le direttrici principali del partito e ha in mano i poteri decisionali. I valori in cui crediamo sono sovrapponibili e quindi andiamo avanti di concerto, senza bisogno di coordinarci.»

Mi darà atto, però, che ha fatto una certa impressione sentirla dire il 16 maggio 2025, subito dopo la sua elezione a vicesegretario, che il suo obiettivo è «vannaccizzare la Lega». «Questa frase» chiarisce il generale «è stata vista come una minaccia, ma in realtà non è altro che la descrizione di quello che fa chiunque entri a far parte di una realtà nuova portando la propria esperienza, i propri valori, il proprio saper fare e lo diffonda tra gli altri componenti. Io mi limito alla proposta: starà agli altri dirigenti e alla base condividerla o no.»

Resta il fatto che molti dirigenti della Lega, soprattutto al Nord, hanno preso malissimo questo suo atteggiamento… «Posso capirlo. Se una persona estranea a un partito vi entra con una dotazione di quasi 600.000 preferenze e, nel giro di pochissimo tempo, diventa vicesegretario, comprendo che possa essere considerata ingombrante. Soprattutto perché il consenso crescente che percepiscono nei miei confronti mette in discussione gli equilibri precedenti e procura a qualcuno una sorta di allergia. Io credo che si debba andare avanti tutti insieme, anche se il termometro della popolarità nella base mi dice che sto percorrendo la strada giusta.»

Vannacci è molto freddo sull'idea di Zaia di scindere la Lega in due parti associate: quella nordista assomiglierebbe alla Cdu tedesca, dominante e più moderata della Csu bavarese, mentre al Centro-Sud Vannacci avrebbe il suo habitat più naturale. «Il partito deve essere unico» obietta. «Deve basarsi su princìpi e su valori che sono gli stessi per tutti. Poi non c'è dubbio che all'interno possano esserci declinazioni diverse degli stessi princìpi che si adattano alla realtà del territorio, ma un partito diviso con una dirigenza divisa sarebbe, a mio giudizio, un passo indietro.»

A Pontida, lei indossava una t-shirt con l'immagine di Charlie Kirk e la scritta «Freedom»… «Mi riconosco nei suoi valori» rivendica orgogliosamente Vannacci «e anch'io soffro delle stesse discriminazioni che lo hanno colpito. A me è accaduto quando promuovevo il mio libro *Il mondo al contrario*. A Verona hanno messo il proprietario di un albergo in condizione di negarmi una sala da 250 posti. Bene, sono andato in un paese vicino, Tregnago, dove mi hanno ascoltato 1000 persone. Mi è successo in Puglia e, in tempi recenti, all'Ateneo Veneto, dove in passato hanno parlato politici come Brunetta, Zanda, Pellicani, e dove a me non è stato consentito di parlare.»

Andiamo ai temi caldi: lei vorrebbe che, per aprire un locale, gli immigrati fossero dotati di un patentino linguistico. «Distinguiamo» precisa. «Da un lato c'è una questione identitaria, per cui non consentirei di vendere il kebab a piazza San Marco, che deve mantenere le caratteristiche per cui la gente va a visitarla. Il patentino linguistico serve a garantire l'efficienza di un servizio. Capita che in un'edicola io chieda un pacchetto di fazzoletti di carta e mi diano un giornale. Chi non conosce la nostra lingua non può rispettare le norme amministrative e di sicurezza, perché non sa leggere e, quindi, non capisce quello che può e quello che non può fare.»

Che cosa intende per re-migrazione? «Far tornare nel paese d'origine chi è entrato illegalmente in Italia per migliorare la propria condizione economica e per approfittare della generosità del nostro Stato sociale e chi, pur essendo entrato legalmente, non si adegua alle nostre leggi, alla nostra cultura e cerca di imporre la propria, non rispettando il nostro Stato di diritto. Noi siamo tra i pochi paesi che accettano lo sconfinamento. Vada a vedere che succede in Giappone o in Australia.»

Il problema, obietto, è che molti paesi non vogliono riprendersi indietro i loro migranti. «So benissimo che paesi come il Marocco non accettano i rimpatri collettivi» ribatte Vannacci «e mandare una, due o tre persone per volta a noi costa moltissimo. Qui dovrebbe intervenire l'Europa, che spende tanti miliardi per lo sviluppo dei paesi d'origine dell'immigrazione e potrebbe combattere alla radice il fenomeno condizionando l'erogazione dei fondi per lo sviluppo europeo (circa 50 miliardi all'anno) all'implementazione degli accordi per i rimpatri anche di massa. Purtroppo, un nostro emendamento al Parlamento europeo in questo senso è stato bocciato dalla sinistra, ma anche da Forza Italia. Forza Italia si è opposta all'erezione di barriere fisiche anti-immigrazione, come è avvenuto in Polonia e in altri paesi dell'Europa orientale.»

### *L'ammirazione per Putin. La batosta elettorale in Toscana*

E passiamo alla Russia, paese che gode di molta simpatia da parte di Vannacci. Non crede che debba aggiornare il giudizio per il quale la Russia non sarebbe nemica dell'Europa?, gli domando. «E invece non lo aggiorno affatto» replica il generale. «Russia ed Europa sono connesse dal punto di vista geopolitico e degli interessi economici. Mettendo insieme le materie prime russe e la capacità industriale dell'Europa si potrebbe creare un formidabile polo di capacità produttive che potrebbe concorrere con le altre potenze del pianeta. L'amministrazione Biden ha cercato di dividere la Russia dall'Europa, con il risultato di spingerla verso la Cina. Trump sta seguendo il disegno opposto: vuole separare la Russia dalla Cina e, per questo, occorre la pace con l'Ucraina, in modo da riaprire le frontiere commerciali che sono state chiuse.»

L'Europa dovrebbe accettare l'invasione di un paese sovrano come l'Ucraina senza battere ciglio? «Anche se non fa parte dell'Unione europea, l'Ucraina fa parte dell'Europa geopolitica,» mi risponde Vannacci «e capisco che l'invasione russa sia percepita male. Ma perché l'Europa non si è mossa per eliminare l'occupazione turca che dal 1974 controlla un terzo di Cipro, paese dell'Unione europea?». E aggiunge: «La Russia non solleva particolari obiezioni all'ingresso dell'Ucraina nell'Unione europea, ma non può accettarne l'ingresso nella Nato con il dispiegamento di armi a lunga gittata».

Mi scusi, generale, ma l'ingresso dell'Ucraina nella Nato non è mai stato all'ordine del giorno. «L'impegno per l'ingresso dell'Ucraina nella Nato è stato chiaramente affermato durante il vertice Nato di Bucarest del 2008. Ma la Russia non poteva aspettare che entrasse perché, altrimenti, l'Ucraina avrebbe potuto invocare l'articolo 5 della Nato, far intervenire gli altri paesi in caso di sconfinamento russo e impedire la protezione ai tanti russi che vivono nel Donbass. La Russia non ha mai pensato di invadere totalmente l'Ucraina, ma adesso non solo non tornerà indietro, dovrà andare avanti. L'unico modo per fermarla sarebbe un ingresso in guerra della Nato, e questo ci porterebbe, probabilmente, alla distruzione termonucleare reciproca.»

Mi spiega perché le piace Putin? «Il tracollo della Russia negli anni 1990-2000 ne aveva fatto lo zimbello del mondo» mi spiega Vannacci. «Con Putin si è invertita la rotta e la Russia ha riacquistato un'incredibile influenza sia dal punto di vista militare che delle relazioni internazionali. Prima che scoppiasse la guerra con l'Ucraina, Putin era uno dei leader mondiali più acclamati e più richiesti nel mondo, e questo significa che ha svolto benissimo il suo lavoro.»

Zelens'kyj, invece? «Ha eliminato le agenzie anticorruzione, opprime le minoranze, ha abolito l'insegnamento della lingua russa e, come uomo politico, non ha dato grandi risultati dopo l'invasione. Mentre Putin ha restituito grande caratura alla Russia, Zelens'kyj – mi spiace dirlo – è un burattino privo di alcuna sovranità, che deve seguire la volontà di chi gli fornisce le risorse per andare avanti.»

Debbo esprimerle, caro generale, tutto il mio dissenso. Zelens'kyj avrebbe potuto andarsene comodamente in esilio e, invece, è rimasto in patria a combattere resistendo metro per metro. A questo punto, però, devo chiederle perché le piace Trump. «Perché è un patriota, teso esclusivamente a difendere gli interessi nazionali americani. Mi piacerebbe che anche l'Europa e l'Italia facessero la stessa cosa. Invece di occuparsi della salvezza del pianeta, i nostri politici dovrebbero occuparsi della propria patria, dei propri cittadini, dei propri elettori.»

Il vicesegretario della Lega, pur riconoscendo che l'Italia è sostanzialmente disarmata, non accetta il «ReArm Europe» con un debito comune pluriennale da 800 miliardi e, soprattutto, non accetta l'idea dell'esercito europeo. «La Nato non ne ha uno e, proprio perché gli eserciti sono espressione di sovranità nazionale, non ne deve avere uno neanche l'Europa, almeno sino a che esistono gli Stati nazionali. L'unico esercito europeo possibile si chiama "interoperabilità".»

Per finire, la X Mas, che Vannacci cita spesso come esempio. Ricordo al generale che il piccolo esercito di Junio Valerio Borghese ha compiuto atti eroici fino al 1943 come reparto speciale della Regia marina, ma poi si è trasformato in uno spietato strumento antipartigiano fino alla Liberazione. «Mi riferisco, naturalmente, al primo periodo» precisa il generale «e mi chiedo perché i ragazzi sappiano tutto di Greta Thunberg e non abbiano mai sentito nominare eroi come Alcide Pedretti o Emilio Bianchi, che hanno compiuto operazioni straordinarie passate agli annali della storia della marina mondiale. Oltre che per il coraggio dei nostri uomini, eravamo all'avanguardia del mondo nell'ingegneria navale di questo settore. Ma nessuno ne sa niente.»

Nelle elezioni regionali della Toscana, nell'ottobre 2025, Vannacci ha avuto da Salvini carta bianca per la composizione delle liste. Esponenti della generazione precedente, guidati da Susanna Ceccardi, non l'hanno presa bene. E la sconfitta della Lega (4,4 per cento) ha lasciato il segno. Ma il generale non ha battuto ciglio: «Complimenti al vincitore Giani. Chi vota ha sempre ragione. Noi non perdiamo mai: o vinciamo o impariamo. Chi pensa che io mi fermi, non mi conosce».

Tuttavia, non riveliamo un segreto dicendo che la sconfitta in Toscana è stata accolta con entusiasmo dal «Partito del Nord», che non ha mai accettato l'ascesa di Vannacci nella Lega.

### *Fedriga: «Siamo noi a voler leghizzare Vannacci»*

«Vannaccizzare la Lega? No, siamo noi a voler leghizzare Vannacci...» Sorride Massimiliano Fedriga, governatore del Friuli-Venezia Giulia e presidente della Conferenza delle regioni e delle province autonome. «Chi entra nella Lega non è necessariamente un corpo estraneo» mi dice. «Al di là delle battute, se Vannacci porta un valore aggiunto all'interno della nostra cornice di valori, non vedo dove stia il problema.»

Quali sono gli elementi che vi uniscono e quali quelli che vi dividono? «Penso che tutta la parte legata all'immigrazione clandestina e alla famiglia naturale ci trovi perfettamente d'accordo. Personalmente, starei molto attento all'uso della parola "normalità" quando si parla di omosessuali. Se dici a un ragazzino o una ragazzina adolescente che gli omosessuali non sono normali in quanto minoranza statistica, puoi procurare un danno. E non mi piace quando Vannacci ricorda che, da ragazzino, fingeva di perdere l'equilibrio in autobus per toccare una persona di colore e vedere quali sensazioni gli procurava la sua pelle. Bisogna avere la consapevolezza che dinanzi al grande pubblico le parole pesano e avere molto senso di responsabilità.»

Fedriga approfitta del dibattito sull'ipotesi di scindere la Lega in una Cdu del Nord e in una Csu del Centro-Sud per ribadire che «se esiste una questione meridionale, deve essere molto chiaro che non si può dimenticare la questione settentrionale».

Si riferisce all'autonomia?, gli chiedo. «Autonomia non significa avere più risorse,» mi risponde «ma poterle gestire in modo più autonomo. E, invece, i fondi di coesione europea vanno in senso opposto, in direzione della centralizzazione della gestione.»

Posso ricordarle che i fondi di coesione servono soprattutto a migliorare lo stato di salute delle regioni meridionali? «Ma io non voglio assolutamente contrapporre il Nord al Sud...»

Facciamo un esempio: voi non chiedete di aumentare gli stanziamenti per la scuola, ma di poterli gestire diversamente, decidendo. «Lasciamo per un momento la scuola, che è un tema delicato» mi dice il governatore «e guardiamo alla Protezione civile, dove vorremmo maggiore autonomia per la gestione delle infrastrutture regionali. Guardiamo ai sovrintendenti che ci vengono inviati dallo Stato e, dopo un anno, vogliono tornare da dove sono venuti, senza poter conoscere il territorio e, di fatto, bloccando investimenti importanti. Guardiamo, soprattutto, alla sanità...»

Ma, obietto, non la gestiscono già quasi completamente le regioni? «Fino a un certo punto» replica Fedriga. «La Lombardia, per esempio, non può spendere una parte dei soldi che ha per rispondere a certe esigenze del cittadino perché ha dei vincoli su come spenderli. Prenda la mia regione, il Friuli - Venezia Giulia, che ha uno statuto speciale. Noi non prendiamo soldi dal Servizio sanitario nazionale, perché ci autofinanziamo. Eppure ci sono volute sentenze della Corte costituzionale per autorizzarci a spenderli autonomamente.»

Ricordo a Fedriga quanto sia drammatico il problema delle liste d'attesa, tanto che il governo aveva immaginato di esercitare poteri sostitutivi nei confronti delle regioni in ritardo. «Con il governo abbiamo trovato una soluzione che non prevede un commissariamento, ma un intervento dell'esecutivo in casi specifici» mi spiega. «Questo ci trova d'accordo. In realtà, in quasi tutte le regioni le liste d'attesa si stanno accorciando. Paradossalmente, la gente pensa che, erogando più prestazioni, la lista si accorci. Uno studio americano ha dimostrato il contrario: più prestazioni dai, più te ne chiedono. Il grande problema è che molte di queste prestazioni sono inappropriate.»

### *«Quel 43 per cento di prescrizioni inappropriate»*

Fedriga mi mostra uno studio del professor Filippo Menolascina, un bioingegnere pugliese che insegna a Edimburgo, dopo un'esperienza al Mit di Cambridge, negli Stati Uniti. Grazie all'intelligenza artificiale, Menolascina ha analizzato un campione di oltre 17.000 prescrizioni anonime rilasciate nel 2023 nel sistema sanitario pubblico pugliese. Ebbene, il 43 per cento delle prescrizioni di esami di diagnostica per immagini risulta «generalmente inappropriato» e soltanto il 39 per cento è stato classificato come «pienamente appropriato».

Secondo Fedriga, il tema centrale è la riforma della medicina territoriale. Che non riguarda soltanto le liste d'attesa. «Oggi gli ammalati possono curarsi a domicilio o in ospedale. Manca la soluzione intermedia. Se un anziano non può restare solo a casa, per evitargli di andare in ospedale dobbiamo utilizzare le strutture per le cure intermedie.

Inoltre, le nuove tecnologie consentono di fare a distanza il controllo di tutte le cronicità, riducendo il rischio di andare in ospedale o di prescrivere cure inappropriate.»

Obietto al governatore che la sanità è il sopracciglio ferito della maggioranza, sul quale battono regolarmente i pugni dell'opposizione. A qualunque successo del governo Meloni, l'opposizione ribatte: sì, ma la sanità... «Il problema della sanità non è dovuto né a questo governo né a quello precedente,» sostiene Fedriga «ma è frutto di una mancata programmazione di almeno vent'anni. Basti vedere la carenza di professionisti. Per formare un medico occorrono almeno dieci anni e questo significa che dobbiamo fare una programmazione molto anticipata. È poi completamente cambiato il tipo di richiesta. Per tanti anni abbiamo pensato a curare i casi più gravi e, quindi, a potenziare la rete ospedaliera. Oggi una società invecchiata richiede di rispondere alla cronicità e questo non lo si può più fare con un ospedale, ma attraverso strutture distribuite sul territorio. Tagliare centri inefficienti non significa tagliare sulla sanità, ma migliorarla. Le faccio un esempio della mia regione, dove stiamo rifacendo la rete oncologica. Bene, ho dovuto tagliare un reparto in cui si facevano 7 interventi al pancreas all'anno. All'ospedale di Verona, eccellenza nazionale, se ne fanno 300. Vuole consentirmi di farne almeno 60? Eppure ho avuto delle proteste. Nella democrazia dell'alternanza, in cui oggi governo io e domani governi tu, non ha senso fare polemiche sulla salute dei cittadini perché, alla fine, sono loro a rimetterci.»

L'altra accusa che vi viene mossa è quella di privatizzare la sanità... «E anche questo non è vero» ribatte con forza il governatore. «Se l'attività ospedaliera pubblica viene affiancata da quella privata accreditata, senza costi per il cittadino, non vedo dove sia la privatizzazione. Tengo a precisare che il privato accreditato fa parte del servizio pubblico ed è universalistico e gratuito. Altrimenti, con lo stesso criterio, dovremmo criticare il trasporto pubblico che viene gestito da aziende private. Il cittadino paga lo stesso ticket in ospedale e nella struttura privata accreditata, così come paga il biglietto dell'autobus a un privato che svolge un servizio pubblico.»

Autonomia differenziata: non mi pare che nell'ultimo anno siano stati fatti molti passi avanti... «Sono assolutamente convinto che le prime devoluzioni di materie saranno garantite a breve. Però, dobbiamo immaginare un processo che si rafforzerà negli anni sempre più.»

In controtendenza con la posizione della Lega, lei è favorevole all'aumento delle spese militari. «La teoria per cui, se aumento le spese militari, costruisco meno ospedali, non sta in piedi» taglia corto Fedriga. «Armarsi non significa voler attaccare qualcuno, ma voler difendere, per esempio, tutta la nostra economia che passa attraverso il canale di Suez. Senza economia, dove si trovano i soldi per garantire la spesa a favore dei nostri cittadini? Poi è assolutamente vero che è necessario definire cosa è spesa per la difesa.»

Lei è al secondo mandato di presidente del Friuli-Venezia Giulia. Sbaglio o, essendo la vostra una regione a statuto speciale, lei potrebbe correre per il terzo mandato, negato a Zaia e ad altri? «Io sono il primo presidente da quando c'è l'elezione diretta a fare il secondo mandato e non capisco francamente perché si debba limitare per legge la libera scelta degli elettori. Mi pare corretto tornare a un principio secondo cui sia il cittadino a poter scegliere.»

Il suo modo di agire fa pensare a una scuola democristiana... Fedriga sorride: «Quando ero bambino e abitavo a Verona, c'era un grande giardino in cui giocavamo a democristiani contro comunisti. Io stavo con i primi».

Il governatore friulano apprezza molto Giorgia Meloni. «Come voto, merita 9, mentre al governo darei un 8. Spero che si arrivi presto al premierato, perché la stabilità del governo è fondamentale. Una volta, a ogni elezione bisognava ricominciare da capo il giro delle conoscenze, adesso che i rapporti umani sono fondamentali per la soluzione dei problemi, avere gli stessi interlocutori aiuta enormemente.»

Lei apprezza anche l'operato del governo Draghi, anche qui in controtendenza con la Lega. «Bisogna rispettare una personalità come Draghi,» conferma Fedriga «che si è messo a disposizione del paese in una fase molto complessa in cui aveva tutto da perdere. Guidava una coalizione complicatissima, con istanze tante volte opposte. Draghi ha assicurato all'Italia un forte accreditamento internazionale e io ho fatto i complimenti a Salvini perché sapeva che entrare in quel governo non avrebbe fatto gli interessi elettorali del partito, ma quelli del paese. Abbiamo pagato un prezzo, ma abbiamo dimostrato quello che una forza politica deve fare nei momenti più difficili.»

XII

# Un Campo largo: largo… o no?

*Schlein: «Il Pd sta ritrovando l'anima progressista»*

Nell'autunno 2025 i sondaggi danno il «Campo largo» (ovvero l'alleanza che unisce Renzi, Schlein, Conte e Bonelli & Fratoianni) indietro di 4 punti (45 vs 49) rispetto alla coalizione di centrodestra. (Il «Campo larghissimo» non esiste più, visto che Carlo Calenda se ne è sfilato da un pezzo.) E se a un anno e mezzo dalle elezioni politiche (primavera 2027) i sondaggi contano poco o nulla, sullo scacchiere politico tutte le pedine sono già in movimento (lo sono persino per il successore di Sergio Mattarella, il cui mandato scade nel gennaio 2029…).

Nel centrosinistra, Matteo Renzi, rottamatore di provata esperienza, punterebbe su Silvia Salis nelle prevedibili primarie di coalizione, necessarie qualora il centrodestra cambiasse la legge elettorale in senso proporzionale, costringendo i partiti a indicare nel simbolo il nome del candidato premier.

Voci incontrollate dicono che vorrebbe indebolire Elly Schlein (con la quale, peraltro, ha stretto un patto) per incoronare candidato premier dell'alleanza quel Giuseppe Conte che fece cadere nel 2021, aprendo la strada al governo di Mario Draghi. Forse è una mattana, come quella secondo cui la Schlein starebbe studiando una manovra difensiva per indire primarie di coalizione a doppio turno, se non addirittura un congresso anticipato per blindarsi.

Secondo le regole, il candidato premier dovrebbe essere il leader del partito che ha preso più voti, e non c'è dubbio che il Partito democratico distacchi nei sondaggi gli alleati di parecchi punti (oltre 11 sul Movimento 5 Stelle). Nella prima terna di elezioni regionali autunnali, il centrosinistra ha perso male le ambite Marche e malissimo la Calabria, recuperando bene in Toscana con Eugenio Giani, malvisto dal M5S, che era stato all'opposizione per l'intero primo mandato. Ma i modestissimi risultati raccolti in ogni regione da Conte e il nervosismo che ne è derivato all'interno di un movimento tradizionalmente monolitico mi inducono a chiedere a Elly Schlein se le inquietudini del suo principale alleato non possano, in prospettiva, costituire un problema.

«Non accadeva da vent'anni che il centrosinistra costruisse la stessa alleanza in tutte le regioni al voto» mi risponde la segretaria del Pd. «In democrazia si vince e si perde, ma se non fossimo uniti, non riusciremmo nemmeno a giocare la partita. Il M5S riceve abitualmente i consensi maggiori nelle elezioni di portata nazionale, ma questo non rende meno necessaria per noi un'alleanza per battere la destra. Nelle campagne elettorali e nella scelta dei candidati presidente non c'è stato tra noi alcuno screzio e questo conferma la solidità del rapporto che stiamo costruendo.»

Guardando al futuro, le dico, l'obiezione classica che vi viene mossa è la compatibilità della posizione sull'Ucraina del M5S con quella del Pd e su altre questioni divisive di politica estera. «Riusciremo a fare sintesi su questo e su ogni altro tema. Lei sa che i tre partiti di maggioranza hanno votato in Parlamento in tre modi diversi su questo tema, ma nessuno mette in discussione la loro capacità di stare uniti al governo.»

Voi, per la verità, avete votato anche cinque mozioni diverse, una per partito… «Non dimentichiamo, però,» replica la Schlein «che in politica estera siamo riusciti a costruire convergenze molto importanti, come la nostra "Piazza per Gaza" del 7 giugno 2025 alla quale hanno partecipato 300.000 persone. Siamo uniti nel chiedere all'Unione europea uno sforzo diplomatico e politico molto più forte dell'attuale per costringere Putin a sedersi a un tavolo negoziale per una pace giusta, che non può essere la resa dell'Ucraina alle ragioni dell'aggressore. Nessun accordo deve essere raggiunto senza che gli ucraini si siedano al tavolo.»

C'è divergenza all'interno del Pd tra chi, come Dario Franceschini, ritiene che sia illusorio pensare di poter vincere solo grazie all'apporto decisivo del centro, come è avvenuto in passato, e chi, come Paolo Gentiloni e Lorenzo Guerini, non è disposto a cedere ad altri fuori dal partito una posizione centrista, che vorrebbe invece vedere ben radicata al suo interno? «Il Pd sta ritrovando la sua anima progressista su temi unificanti sui quali si può facilmente trovare una convergenza sia con i 5 Stelle sia con l'Alleanza Verdi e Sinistra sia con i liberaldemocratici. L'allargamento della coalizione è molto positivo ed è stato premiato dagli elettori.»

### *«Grazie a Trump per Gaza, ma la Meloni gli chieda dei dazi…»*

Elly Schlein si schermisce quando le riporto la diceria che Renzi voglia usare Silvia Salis contro di lei e che lei stia pensando alla contromossa delle primarie a doppio turno. «Intanto non si capisce perché la maggioranza abbia tanta fretta di cambiare la legge elettorale: evidentemente teme di perdere.» E continua: «Al momento, non sono in grado di confermare le ipotesi che lei mi prospetta, perché è difficile parlare del nulla. Se arrivasse una proposta di riforma, la valuteremmo nel merito, come sempre».

Andiamo all'estero. Che ne dice dell'efficace brutalità con cui Donald Trump ha ottenuto la tregua a Gaza? «Naturalmente siamo felici che la tregua abbia fatto cessare i bombardamenti e abbia permesso sia la liberazione degli ostaggi israeliani sia la scarcerazione dei prigionieri palestinesi» afferma, e poi aggiunge: «Prima di parlare di pace bisogna consentire l'accesso pieno e incondizionato degli aiuti umanitari nella Striscia. Non dobbiamo dimenticare che, come hanno riconosciuto le stesse Nazioni Unite, la fame è stata utilizzata come arma di guerra da parte del governo israeliano. Bisogna salvaguardare il diritto dei palestinesi alla propria autodeterminazione, alla soluzione politica dei due popoli e due Stati, e al riconoscimento dello Stato di Palestina (ovviamente senza Hamas), e mettere fine all'occupazione illegale della Cisgiordania. Non possono restare impuniti i crimini compiuti in questi anni da Netanyahu».

La Schlein conferma che vanno riconosciuti gli sforzi diplomatici del presidente degli Stati Uniti, dell'Egitto, del Qatar e della Turchia per l'accordo ottenuto a Gaza. «Ma il mio giudizio su Trump resta negativo» precisa. «Nessuno di noi vuole rinunciare allo storico asse transatlantico del rapporto con gli Stati Uniti, di cui Trump è fortunatamente solo il presidente pro tempore. Mi aspetto che il governo italiano faccia quel che finora non ha fatto. Quando Trump ha promosso in mondovisione l'edizione inglese dell'autobiografia di Giorgia Meloni, mi aspetto che lei gli abbia chiesto di evitare dazi mostruosi sulla nostra pasta, visto che non si parla più dei dazi sugli altri beni al 15 per cento, ai quali bisogna sommare la svalutazione del dollaro. Il governo italiano faccia sentire la sua voce, invece di dimostrare subalternità al presidente degli Stati Uniti.»

Aveva senso la spedizione d'inizio ottobre 2025 della Global Sumud Flotilla per portare aiuti a Gaza, sapendo benissimo che gli israeliani non le avrebbero consentito di violare il blocco navale?, le chiedo. «È stata una grande operazione umanitaria,» risponde la Schlein «nata dal basso per fare quello che i governi europei avrebbero dovuto fare, e cioè non accettare il blocco illegale di aiuti imposto dal governo israeliano ai palestinesi. È stato illegale anche il sequestro di tutti gli attivisti in acque internazionali, che sono stati condotti in Israele e poi rimpatriati. Mi pare ora indispensabile che cibo, acqua, medicine, energia, tutto quello che serve per sopravvivere, vengano portati con assoluta continuità a una popolazione che si è vista distruggere da Israele l'80 per cento delle case e delle infrastrutture.»

Lei ricorderà che fin dal 2011 l'Onu ha riconosciuto la legittimità del blocco navale israeliano per interrompere il continuo flusso di armi a Hamas... «Le Nazioni Unite, però, hanno accusato Netanyahu di usare la fame come arma di guerra, e una loro commissione ha definito "genocidio" quello compiuto dal governo israeliano. E mi dispiace che il nostro governo, in Europa, non si sia unito agli altri 17 che hanno votato a favore di una sospensione dell'accordo di cooperazione tra l'Unione europea e Israele. L'Europa rischia di essere marginalizzata dall'atteggiamento della nuova amministrazione americana, così come dalle minacce russe e dall'espansionismo cinese. L'integrazione europea deve fare un coraggioso salto in avanti, come ha detto il presidente Mattarella.»

La tregua a Gaza rende più vicino il riconoscimento dello Stato di Palestina da parte dell'Italia. D'altronde, la Convenzione di Montevideo del 1933 prescrive per il riconoscimento di uno Stato la sovranità assoluta su un territorio definito e, purtroppo, quello palestinese ancora non lo è, anche se speriamo tutti che lo sia al più presto. Faccio presente alla Schlein che noi abbiamo, dal 1974, un ambasciatore palestinese a Roma. Per trentun anni lo fu Nemer Hammad, vicinissimo ad Arafat, che mi procurò più di un incontro con il leader palestinese. «Finora,» replica «la Meloni ha sempre detto che il riconoscimento dello Stato di Palestina era prematuro. Non si capisce cosa aspetti, visto che, dopo i bombardamenti israeliani, di Gaza non è rimasto quasi più nulla. Anche i palestinesi hanno diritto, come gli israeliani, a esistere e vivere in pace e in sicurezza in un loro Stato. Se 150 paesi hanno già riconosciuto la Palestina, vuol dire che si può fare, riconoscendo l'Autorità nazionale palestinese, che va rafforzata. A meno che la Meloni non stia accusando Francia, Regno Unito, Australia e Canada di voler legittimare Hamas.»

*«Il premierato? Eccessiva concentrazione di poteri»*

Torniamo alla politica interna. Quali pericoli vede nel premierato? «L'eccessiva concentrazione di poteri nelle mani di chi governa. Indebolisce i poteri del Parlamento, già frustrati da molti anni dalla decretazione di urgenza, che questo governo sta portando ai massimi storici. Quale autonomia possono avere le Camere elette a traino del premier? La riforma finirebbe per ridimensionare anche i poteri del capo dello Stato. La destra lo nega, dicendo che non intacca gli articoli della Costituzione che li definiscono. Ma se il presidente della Repubblica e il presidente del Consiglio hanno una legittimazione di origine diversa e il secondo viene eletto dal popolo, questo inficia fatalmente il ruolo di rappresentante dell'unità nazionale e garante della Costituzione del primo.»

Una pausa, e poi la segretaria del Pd aggiunge: «Trovo peraltro inutile la riforma del premierato, perché da moltissimo tempo non c'era un governo con una maggioranza parlamentare così solida. E allora Meloni decida: se si fregia ogni giorno della stabilità del suo governo, non ha bisogno che cambi la Costituzione a colpi di maggioranza per accentrare maggiormente i poteri nelle mani di chi comanda».

Be', obietto, a proposito di colpi di maggioranza ricorderà che nel 2001 la modifica del Titolo V della Costituzione (a mio avviso, con conseguenze disastrose per gli equilibri tra le istituzioni dello Stato) fu approvata dal centrosinistra con 3 voti di maggioranza, salvo poi ottenere la legittimazione referendaria. Ora il referendum più vicino è quello sulla separazione delle carriere dei magistrati. Qual è la sua opinione in merito? «Abbiamo contrastato duramente questa riforma in Parlamento,» mi risponde la Schlein «perché, dopo la legge Cartabia, i passaggi dal ruolo di pubblico ministero a quello del giudice, e viceversa, non superano i 20 all'anno su 9000 magistrati. Lo stesso ministro Nordio ha ammesso candidamente che questa riforma non tocca nessuno dei nodi che potrebbero migliorare il funzionamento della giustizia: dalla carenza di organico all'interno dei tribunali alla lentezza con cui si sta passando al processo telematico e digitale, allo scarso ricorso alle misure alternative alla detenzione, con un sovraffollamento carcerario che ha toccato picchi altissimi grazie anche alla serie di nuovi reati sfornati da questo governo. E tutto ciò avviene mentre cresce il numero di suicidi tra i detenuti e tra gli stessi agenti di custodia. Si tratta, quindi, di una riforma ideologica che vuole indebolire la magistratura, dividendone i rappresentanti in due diversi Consigli superiori.»

Potrei obiettare che la scelta del sorteggio per la loro composizione garantisce una maggiore autonomia dalle correnti, al pari dell'istituzione di un'Alta Corte per giudicare i magistrati, evitando gli scambi di favori ai quali abbiamo spesso assistito.

Nel nostro colloquio, Elly Schlein difende doverosamente la posizione storica del suo partito. Tuttavia, sul «Foglio» del 17 ottobre, Carmelo Caruso evoca la «maledizione di Garlasco» lanciata da Giovanni Donzelli, capo dell'organizzazione di Fratelli d'Italia, che avrebbe fatto mutare opinione al Pd. Afferma Donzelli: «Il referendum sulla separazione delle carriere lo vincerà il popolo di Garlasco. Quel popolo silenzioso di italiani che sono rimasti sconvolti dalle sviste, dalle indagini condotte male. Il caso Garlasco ci aiuta». Il Pd vuole fermare la riforma «in nome della Costituzione e non dei magistrati» ha dichiarato Francesco Boccia, capogruppo al Senato. «Il referendum sarà un passaggio decisivo. Il Pd chiederà al paese di dire no alla riforma per impedire a Meloni di assumere i pieni poteri. Il referendum non si farà sui magistrati, ma sulla natura delle istituzioni.»

E mentre Schlein ripete quello che il Pd ha sempre sostenuto, e cioè che la riforma indebolirebbe la magistratura, il suo collega di partito ed ex ministro della Giustizia Andrea Orlando ha detto a Caruso che non farà «una campagna in difesa della magistratura, che ha perso credibilità, ma solo contro una riforma che ne aumenta l'arbitrio». E David Ermini, ex vicepresidente del Csm in quota Pd, conferma che «si corre il rischio di avere un esercito senza controllo».

*Liste d'attesa sanitarie e salario minimo*

Uno dei punti di maggior contrasto tra il Pd e il governo Meloni sono le liste d'attesa in sanità. Grazie all'intelligenza artificiale si è scoperto che in Puglia, come abbiamo visto, il 43 per cento delle Tac e risonanze magnetiche erano frutto di prescrizioni inappropriate. Finché si esagererà nelle prescrizioni, anche come cautela assicurativa, non crede che sarà difficile accorciare le liste?, domando alla Schlein. «L'unico modo per superare le liste d'attesa sono più medici e infermieri: si stima ne manchino, rispettivamente, 30.000 e 70.000» mi risponde. «21.000 professionisti sono già andati a lavorare all'estero. Il governo ha scelto di incentivare gli straordinari senza rendersi conto che il personale è già sottoposto a turni massacranti e non è una spugna che si possa strizzare all'infinito. Per di più, occorre togliere il blocco alle assunzioni, che le regioni subiscono dal 2009 su parametri del 2004. È una situazione assurda in vigore da ventun anni, dopo che abbiamo avuto la spaventosa pandemia del Covid-19. Al di là dei proclami, ho il sospetto che questo governo voglia una sanità a misura del portafoglio delle persone.»

E il numero eccessivo di prescrizioni? «La medicina del futuro sta nelle case e negli ospedali di comunità che evitano l'affollamento nei pronto soccorso, alleggerendo la pressione sui medici di base che sono troppo pochi, oberati di lavoro con 1500 pazienti a testa, con due conseguenze negative: prescrizioni inappropriate e corsa al pronto soccorso per garantirsi una visita sollecita, anche quando non ce ne sarebbe bisogno.»

Elly Schlein ha un giudizio ovviamente negativo sulla legge di bilancio per il 2026. «Purtroppo, questo governo toglie con una mano quello che dà con l'altra. Se il taglio del cuneo fiscale è costato 17 miliardi, il drenaggio fiscale – cioè lo scatto delle aliquote superiori – ha tolto a pensionati e lavoratori dipendenti 25 miliardi di tasse in più. La nostra proposta è, perciò, di sterilizzare il drenaggio fiscale e di indicizzare gli scaglioni all'inflazione, come avviene nella maggior parte dei paesi avanzati. L'Istat dice che in Italia ci sono più di 1 milione 300.000 bambini poveri, e questo dimostra il fallimento dell'assegno d'inclusione con cui il governo ha cancellato il reddito di cittadinanza. Lo ha voluto dichiarando che intende sostenere le famiglie con i minori, ma l'Istat osserva che sono proprio queste a essersi impoverite di più. Vogliamo, perciò, un rafforzamento dell'assegno unico universale e un salario minimo legale, come avviene già in 22 paesi europei. Una legge che rafforzi la contrattazione collettiva in ogni settore, impedendo che possa scendere al di sotto dei 9 euro lordi all'ora.»

Le faccio notare che soltanto sei paesi dell'Unione europea (Lussemburgo, Germania, Francia, Belgio, Olanda, Irlanda) hanno un salario orario superiore ai 9 euro, ma si tratta di nazioni con un reddito pro capite sensibilmente maggiore rispetto a quello italiano. «La verità è che il governo ha voluto buttare la palla in tribuna,» ribadisce la Schlein «voltando le spalle a circa 4,5 milioni di lavoratori che sono definiti "working poors", lavoratori poveri. Avremmo potuto discutere sul quanto e il come, ma il governo non ha accettato nemmeno di fare questa discussione; ha messo la proposta su un binario morto senza nemmeno il coraggio di votarle contro, perché i partiti di maggioranza sanno che anche molti loro elettori sono a favore. Siamo contenti quando l'occupazione sale, ma ricordiamo che, visto che la produttività non aumenta, stiamo producendo lavoro povero e precario quasi solo per gli over 50, mentre i giovani sono tagliati fuori. Abbiamo i salari tra i più bassi d'Europa, con il 32 per cento di donne che lavorano part-time, spesso forzato, senza che venga loro proposta un'occupazione più stabile. Servono interventi seri, che questa destra ignora.»

### *L'officina di Franceschini*

Sulla vecchia porta di un'officina meccanica al quartiere Esquilino di Roma, una targa avverte che si offrono riparazioni e si può rinnovare il bollino blu per l'automobile. Si apre uno spiraglio e, al posto di un uomo in tuta, si affaccia

Dario Franceschini. «Ogni tanto bussa qualcuno per una riparazione. Una signora insisteva perché le rinnovassi il bollino blu. Poi si è rassegnata.» Eppure, lui vuole mantenere il vezzo della targa, anche a prezzo di qualche incomodo.

Quando Franceschini mi ha dato appuntamento nella sua «officina», ho pensato a un nome virtuale, a un laboratorio di idee, come quello che negli anni Cinquanta compariva sulla testata della rivista letteraria fondata da Pier Paolo Pasolini, Roberto Roversi e Francesco Leonetti. O a Gabriele d'Annunzio, che definiva la sua attività poetica e letteraria «officina» di parole, immagini e suggestioni. Questa, invece, è una vera e propria officina meccanica, ceduta a Franceschini nel 2024 dal signor Romeo, che l'ha tenuta da quando aveva 14 anni fino agli 85.

Davanti a una parete interamente occupata da chiavi inglesi di ogni tipo e misura, e da altri attrezzi del mestiere di meccanico, troneggia una meravigliosa motocicletta Bmw, che il senatore pd comprò e poi vendette nel 1979 e, dopo sette passaggi di proprietà, gli fu restituita in regalo dagli amici per il suo cinquantesimo compleanno, nel 2008. Appesa in aria, come un trofeo, una bicicletta montata da suo padre negli anni Trenta per andare sul Falzarego e il Pordoi, e recuperata dal figlio nel 1978 per un viaggio da Ferrara a Parigi. Un bellissimo divano in pelle, impreziosito dalle rughe del tempo, è affiancato da due poltrone di velluto verde. Al centro, un piccolo tavolo rettangolare di legno vecchio sotto il quale è montato l'asse che serviva al meccanico per scivolare sotto le automobili. Vi è appoggiato il computer sul quale Franceschini sta scrivendo il suo nuovo libro. La parete opposta a quella delle chiavi inglesi è interamente coperta di libri e cassetti di archivio.

Il 13 settembre 2025, alla Festa dell'Unità di Reggio Emilia, Franceschini ha incontrato Conte per la prima volta in pubblico dopo i quattro anni che ci separano dalla fine del governo giallorosso. Tre giorni dopo, in un'intervista a Stefano Cappellini della «Repubblica», ha affermato che non si vince necessariamente con un candidato moderato, privilegiando invece l'ala sinistra del Campo largo.

Che è successo? Franceschini mi risponde citando il Talmud, corpus fondamentale dei testi rabbinici: «Costruiremo una casa con i sassi che ci siamo tirati contro». E continua: «Con il Movimento 5 Stelle ci siamo bastonati fino al giorno prima di fare il governo insieme. Il partito di Conte avviò un percorso che l'ha portato dall'essere una forza sovranista antisistema a diventare una normale forza progressista. L'obiettivo di quel governo non era soltanto di evitare che Salvini trionfasse alle elezioni anticipate, ma di aprire una prospettiva perché, insieme ai 5 Stelle, si intraprendesse un percorso comune. Ho dato atto a Conte del cammino compiuto e ho rivendicato la scelta di allora. Adesso la nostra alleanza può farci vincere le prossime elezioni».

Obietto che, nelle stesse ore in cui lui rilasciava l'intervista a Cappellini, Conte dichiarava di non essere un alleato del Pd e il verde Bonelli non riconosceva alcuna alleanza organica. Dov'è l'equivoco? «Allearsi non significa rinunciare alla propria identità» mi risponde. «Il M5S non viene dal nostro percorso dell'Ulivo e del centrosinistra, ma governiamo insieme in alcune regioni e molti comuni. È più facile un'alleanza elettorale con un programma comune, come è capitato nelle ultime elezioni al centrodestra. Nei simboli c'era scritto: "Salvini premier" oppure "Berlusconi presidente". Ciascuno, a cominciare dalla Meloni, si presentava con la propria identità, e poi hanno formato insieme un'alleanza per vincere in un po' di collegi uninominali e poi governare. La stessa cosa accadrà a noi, che abbiamo governato già insieme e lo abbiamo fatto in una fase drammatica come quella della pandemia.»

## *Niente candidati moderati? Franceschini: «La storia cammina»*

Darà atto che il rispetto dell'identità dev'essere compatibile con le esigenze di un'alleanza, dico a Franceschini. «Assolutamente sì» conferma. «Si governa con un programma comune, pur non avendo necessariamente un'identità comune. Le differenze identitarie dei partiti della destra di governo sono maggiori delle nostre. Pensi a quelle tra Berlusconi e Bossi: il Cavaliere guidava un partito moderato di centro che, per governare, aveva bisogno dei voti della destra, Lega e Alleanza nazionale.»

Faccio notare che, quando afferma che la politica è anche aritmetica, da un lato ha ragione, ma dall'altro dimentica le due esperienze governative di Prodi, allorché la maggioranza aritmetica del centrosinistra e dell'Unione cadde per le spallate di Bertinotti. Quando lei sostiene che per vincere non è necessario un candidato moderato, non si capovolge un pochino la storia del Pd? «La storia cammina» replica. «L'Ulivo è nato quando le percentuali dei votanti erano molto alte e, quindi, rubare agli altri un voto centrista valeva doppio. Per questo tutta la competizione si giocava al centro. I moderati servivano a tranquillizzare una fascia di elettori che, pure, votavano per una coalizione aperta anche alla sinistra radicale. Oggi che le percentuali di votanti sono calate in maniera mostruosa, si vince facendo passare dalla tua parte un elettore che prima si era astenuto. Questo meccanismo, la destra lo ha capito prima di noi, facendo vincere Trump negli Stati Uniti, Milei in Argentina e Meloni in Italia. Si tratta di candidati molto caratterizzati, che hanno sconfitto il modello tradizionale del candidato moderato e unificante.»

Una forza centrista di supporto è comunque indispensabile?, gli chiedo. «Il fatto che il candidato premier non debba essere un moderato, non significa che non ci sia spazio per un'area che affianchi Pd, 5 Stelle e Verdi e che parli al mondo dei moderati. Se la sinistra unita raggiunge il 40 per cento dei voti e non puoi raschiare oltre il fondo del barile, devi cercare, per vincere, anche un'area di questo tipo.»

Mi pare che Matteo Renzi si sia già associato… «Renzi, intelligentemente, si è messo a disposizione di questo disegno, ma ci sono anche altre forze minori che possono aggregarsi al centro.»

Quando Paolo Gentiloni afferma che l'opposizione non è pronta per governare, si autocandida come grande federatore? «Non credo si tratti di un'autocandidatura, ma di una posizione politica» precisa Franceschini. «Vorrei che anche Paolo ricordasse quanta strada abbiamo fatto con i 5 Stelle dalle posizioni che sembravano inconciliabili nel 2019. Abbiamo fatto battaglie comuni su temi importantissimi che ci consentiranno di essere credibili. D'altra parte, quali sono le alternative realistiche a questo disegno? C'è qualcuno che pensa davvero che il Pd possa vincere da solo?»

Cosa risponde a una riformista come Pina Picierno, che le rimprovera di aver dichiarato che nel Pd ci sono troppi galli a cantare e non è elegante paragonare il partito a un pollaio? «Non ho assolutamente mai paragonato il partito a un pollaio, ma ricordo che un giorno, parecchi anni fa, un militante mi disse che nel Pd ci sono troppi galli che credono che il sole sorga solo quando cantano loro. Certe obiezioni che oggi vengono mosse a Elly Schlein sono state mosse negli anni a tutti i segretari precedenti…»

È vero che, in un eventuale governo del Campo largo, Esteri, Difesa ed Economia andrebbero ai riformisti?, gli domando. «Pronunciarsi su questo porterebbe sfortuna.»

Per scegliere il candidato premier, visto che verosimilmente lo imporrà la nuova legge elettorale, dovrete andare a elezioni primarie? «Se cambiasse la legge elettorale e fosse prevista l'indicazione del candidato premier prima delle elezioni, le primarie sarebbero per noi la strada maestra.»

Parliamo un momento di Giorgia Meloni. Si aspettava un ruolo internazionale così influente? «Mi aspettavo qualcosa di più coraggioso» obietta Franceschini. «In Italia manca oggi lo spazio di una destra moderata europeista, che è colmata soltanto da Forza Italia. Per migliorare la sua credibilità personale, la Meloni dovrebbe aiutare questo percorso europeista, tagliando molte radici del suo movimento. Non basta parlarne.»

In conclusione del nostro colloquio, gli chiedo se pensa che, in prospettiva, la Meloni possa entrare nel Partito popolare europeo. «Per il bene del paese, me lo augurerei» risponde prontamente. «Ormai in politica estera ed economica i margini dei singoli paesi in Europa sono sempre più ristretti. La Francia è in crisi, la Germania è in difficoltà, la Gran Bretagna è uscita dall'Unione. Un paese europeista come l'Italia, indipendentemente da chi lo governi, potrebbe svolgere un enorme ruolo di traino dell'Europa. La Meloni ha davanti questo spazio: o ha scelto di non colmarlo o non è capace di farlo.»

*Guerini: «Se il Pd guarda solo a sinistra...»*

«Il problema del Campo largo non è tanto quello di associarsi per vincere le elezioni, ma di darsi una prospettiva di governo che, allo stato, mi pare molto lontana.»

Una sconfessione della segreteria? «Ma no, non voglio sconfessare nessuno. L'incontro del 24 ottobre 2025 [*a Milano, a cui hanno partecipato diversi esponenti dell'area riformista del Pd*] era stato pensato per mettere al centro il tema della crescita dell'economia, che è fondamentale per sostenere il welfare. Dopodiché, le vicende delle ultime settimane gli hanno conferito un carattere diverso, al quale però non vorrei dare una caratura eccessiva. È innegabile che Elly Schlein abbia rivitalizzato il partito, e con lei dobbiamo collaborare lealmente. La linea politica resta quella di costruire un'alleanza larga, ma credo occorra far chiarezza su alcune questioni di fondo, necessarie per governare, e anche per essere credibili e meritarci la fiducia degli italiani. E questo mi pare complicato se non è chiara, per esempio, la posizione in politica estera di quello che chiamiamo il "Campo largo".»

Nel suo piccolo studio di presidente del Comitato parlamentare per la sicurezza della Repubblica (Copasir) al sesto piano di palazzo San Macuto, affacciato su Roma, Lorenzo Guerini usa le sfumature della vecchia scuola democristiana per esprimere il disagio crescente dell'ala riformista del Partito democratico, che rispetta senza equivoci la segretaria Elly Schlein ma teme che vadano perduti alcuni punti di forza di quello che, una volta, era un partito di centrosinistra.

(Riavvolgiamo il nastro della memoria. Nel 2002, quando i Popolari si sciolsero nella Margherita, Francesco Cossiga affermò di stare molto attenti a conservare il trattino nel termine «centro-sinistra», per non confondere le due anime della coalizione. L'aveva detto fin dai tempi in cui la Dc si alleava con il Psi. Oggi, dopo la vittoriosa rivoluzione di Elly Schlein, nel Pd – oltre al trattino – è scomparsa anche la parola «centro», perché è difficile riconoscervi anche una posizione centrista, visto che nessun riformista occupa nel partito posti di responsabilità.)

«Manca un anno e mezzo alle elezioni,» mi spiega Guerini «è tempo di confrontarci, non solo sulla ricerca di una posizione comune del Campo largo sulla politica estera, ma anche sull'identità del Pd. Sono rimasto molto sorpreso dall'intervista di Dario Franceschini [*"la Repubblica", 16 settembre 2025*] in cui afferma che è finita l'era dei leader moderati per vincere le elezioni. Lei conosce la mia amicizia e il mio rispetto nei confronti di Dario, ma questa idea che il Pd debba guardare soltanto alla sua sinistra rischia di tagliare i ponti con i ceti medi, la piccola impresa, l'artigianato, il mondo dei commercianti e delle partite Iva. Settori della società che pongono sul tavolo temi che riguardano il sostegno alla crescita, le leve fiscali, la sicurezza. L'idea della divisione dei compiti per cui il Pd dovrebbe appaltare ad altri la rappresentanza di questi mondi rischia di farci parlare soltanto a un pezzo di paese. In una fase storica, un grande partito come il Pd può anche radicalizzare in parte il suo messaggio, ma, se vuole tornare al governo, non può trascurare il dialogo con il ceto medio, al quale la sinistra italiana sta attenta fin dai tempi di Togliatti.»

Perché è fallito il rapporto con Bonaccini?, gli domando. «Stefano, dopo il congresso che abbiamo perso, è stato eletto presidente del partito e sta svolgendo bene questo ruolo, che è di garanzia, con il pieno riconoscimento da parte di tutti. Le nostre opinioni si sono differenziate sul come valorizzare una rispettosa, ma utile dialettica interna al partito. Su questo si è manifestata una diversità di opinioni, che ci ha portato a scegliere strade diverse su come portare il nostro contributo al Pd. Per quanto mi riguarda, senza recriminazioni e nel pieno rispetto delle persone.»

«Energia popolare», la corrente di Stefano Bonaccini, è implosa il 20 settembre quando alla prevista riunione online, nell'imminenza della Direzione nazionale del Pd, non hanno partecipato pezzi da novanta come Lorenzo Guerini e Graziano Delrio, ma anche figure influenti come Pina Picierno, Lia Quartapelle, Giorgio Gori, Marianna Madia. Assente anche Filippo Sensi, storico portavoce di Renzi a palazzo Chigi. Mi dice Sensi: «I riformisti devono tornare ad avere una voce, per troppo tempo c'è stato un colpevole silenzio».

Chi era presente non ha lesinato critiche a Bonaccini. «Non si può impedire il dibattito» sostiene Simona Malpezzi, per contrastare l'unanimismo chiesto dal presidente del Pd. E Sandra Zampa, in quell'occasione, ha annunciato che abbandonava la corrente sostenendo che questa «ha esaurito la sua funzione. Con questo unanimismo fittizio viene da rimpiangere i tempi in cui si litigava con Renzi». (Zampa è una storica collaboratrice di Prodi e si sa che il Professore è molto critico con la linea della segreteria.) Si aggiunga che nelle stesse ore, parlando a Faenza alla convention del «Post», Paolo Gentiloni, rispondendo alla domanda se Elly Schlein possa andare a palazzo Chigi, ha detto: «Le opposizioni hanno da fare moltissimi passi in avanti per guadagnare la credibilità per poter essere alternativa di governo». La reazione di Bonaccini («Questo è un riformismo da Palazzo») non ha attenuato i dissensi.

Faccio notare a Guerini che un sondaggio tra gli elettori del Pd segnala un 70 per cento favorevole a un partito di sinistra e un 24 per cento orientato su un partito riformista. «Capisco che questa fase storica possa richiedere un profilo più marcatamente di sinistra» ammette. Ma aggiunge: «Dentro questo contesto io cerco di dar voce a quel quarto di partito che si riconosce nella radice riformista».

### *«Il possesso della forza sarà sempre più importante»*

«Il Foglio» ha suggerito a Elly Schlein di spruzzarsi qualche goccia di Guerini e Delrio… «Posso darle una notizia?» mi dice sorridendo il presidente del Copasir. «Il mio rapporto con la segretaria è molto, molto profondo: ci parliamo, ci confrontiamo e sento che ha molto rispetto nel considerare le mie posizioni, soprattutto sugli argomenti di cui mi occupo maggiormente, come la difesa, la sicurezza, i temi geopolitici. Elly non ha bisogno di spruzzarsi niente perché, avendo una leadership così riconosciuta a sinistra, se esprime parole chiare sulla difesa o sulla sicurezza europea risultano più rassicuranti e accettabili per l'elettorato che in lei si riconosce.»

Nelle sei principali elezioni regionali dell'autunno 2025, la Schlein ha avuto il merito di presentare ovunque coalizioni unitarie, pur non strappando alcuna regione al centrodestra, anche se le è costato non poco in termini di concessioni al M5S. «Questo è sicuramente un passo importante, che riconosco volentieri, necessario ma non sufficiente per governare il paese» precisa Guerini. «Bisogna trasformare l'indispensabile unità delle opposizioni in una credibile alternativa politica alla destra, costruendo una chiarezza di fondo sugli elementi centrali di una coalizione di governo: l'idea di paese, della sua crescita, del suo welfare, del suo posizionamento nella politica internazionale.»

Le rammento che lei non può fare tante storie, visto che ha governato con Conte a palazzo Chigi… «E ci ho governato anche bene, come ministro della Difesa. E infatti non contesto l'alleanza, basta che ci intendiamo su profilo e ruolo del Pd in essa. Voglio ricordare che il governo Conte è quello che ha dato il maggiore impulso alla crescita di investimenti nella difesa. Piaccia o non piaccia, il tema della politica estera e di sicurezza sarà decisivo nei prossimi anni. La fatica della politica sta nel trovare punti di mediazione. Ma se non affrontiamo con chiarezza questo tema, rischiamo un brutto risveglio. È giusto far rilevare al governo che la Meloni dice una cosa sulla Russia e Salvini il suo contrario, ma nel momento in cui rimproveriamo il centrodestra non possiamo ignorare che abbiamo gli stessi problemi in casa nostra.»

Lei ha detto che il riarmo è il primo passo per stare nel mondo che cambia. «L'autonomia strategica europea è indispensabile, anche in relazione all'incognita Trump. Ci sono lacune rilevanti nella difesa europea, penso a quella antimissile e antidrone, che è molto precaria, usando un eufemismo. Dobbiamo fare investimenti importanti sullo spazio e sulla difesa cibernetica. Dobbiamo, insomma, essere in grado di far fronte autonomamente anche a scenari sempre più complessi e imprevedibili in cui il possesso della forza avrà un significato importante.»

Si riferisce anche all'imbarazzante abbandono dell'Afghanistan da parte degli Stati Uniti e della Nato?, chiedo. «La modalità dell'uscita dall'Afghanistan fu vergognosa» riconosce Guerini. «Ricordo che dissi ai miei colleghi della Nato che, abbandonando così i nostri amici, davamo al mondo un messaggio di grande debolezza. Penso che anche l'invasione dell'Ucraina da parte di Putin nel 2022 sia stata in parte condizionata da quel messaggio di debolezza. Sono orgoglioso delle forze armate italiane che, in quell'occasione, salvarono la vita ad attivisti, giornalisti e magistrati afghani, ma ricordo che quando abbiamo dovuto organizzare il rientro delle nostre infrastrutture da Herat, noi – come tutti gli europei – abbiamo dovuto metterci in fila in attesa che gli americani ci dessero gli aeroplani per farlo o abbiamo dovuto affittarli, e questo è significativo, da operatori russi o ucraini. Ecco cosa intendo quando parlo di autonomia strategica europea.»

Qualcuno, faccio notare a Guerini, rimprovera il governo – e anche chi la pensa come lei – di sottrarre i soldi per gli armamenti alle opere sociali. «Certo, prenderei applausi se dicessi che è meglio costruire una scuola con quegli stanziamenti. Ma per mantenere la sicurezza di quella scuola c'è bisogno anche di avere una linea di rafforzamento della difesa, su questo sono d'accordo con Crosetto. Sulla politica di crescita delle nostre capacità militari c'è tra me e lui continuità di visione» mi risponde.

La accusano di essere un atlantista molto convinto. «Qualcuno, con accento critico, ogni tanto mi definisce un turboatlantista. Eppure, sono molto angosciato in questo momento per le relazioni transatlantiche tra Europa e Usa, che sono state l'architrave della nostra sicurezza e un punto fondamentale della politica internazionale di questi anni. Sono preoccupato perché Trump è imprevedibile, lo si è visto sui dazi. Trump è uomo abituato a firmare contratti, perciò con lui bisogna essere chiari e duri nelle trattative. Per lui, ciò che ritiene sia l'interesse nazionale è più importante dell'assonanza ideologica. Per questo ho ritenuto velleitaria l'idea che la vicinanza politica immaginata dal centrodestra italiano potesse essere una leva per la presidente Meloni per "mediare" con Trump. La cronaca ha mostrato che così non è stato. Io credo nel valore della relazione transatlantica, ma questa fase richiede di interpretarla in modo diverso, con più coraggio e determinazione da parte europea, sia sul piano dei valori sia su quello economico e tecnologico. Non vedo alternative.»

*Salis: «Sono progressista, con il cuore a sinistra»*

Alla Leopolda, Matteo Renzi ha detto che nelle prevedibili primarie di coalizione, che si terranno prima delle elezioni del 2027, Casa riformista avrà un proprio candidato o una propria candidata.

Domando a Silvia Salis, presente alla convention, se non ha pensato, come tanti, che il leader di Italia Viva si riferisse a lei. «La positiva attenzione nei miei confronti mi onora,» mi risponde «ma sono sindaca di Genova da pochi mesi ed è questo il lavoro che voglio fare, visto che ne ho trovato tanto. Non ho valutazioni su quello che lei mi chiede, anche se sarebbe bello che il Campo progressista trovasse un accordo senza andare alle primarie.»

Si considera una riformista? «Sono progressista, con il cuore a sinistra e una spiccata attenzione ai diritti, alla dignità della persona e alla laicità dello Stato.»

Lei sostiene che, se la coalizione che l'ha portata a guidare il comune di Genova fosse riprodotta in tutta Italia, potrebbe vincere ovunque. «È un calcolo aritmetico» mi spiega. «Per di più, il Campo progressista ha un potere espansivo nei confronti dell'elettorato attivo e inattivo che la destra non ha.»

Non mi pare, obietto, che alle elezioni regionali questo discorso abbia funzionato, visto che due regioni considerate dal centrosinistra contendibili (le Marche e, in un primo momento, anche la Calabria) sono rimaste al centrodestra. «In queste due regioni il Campo progressista partiva svantaggiato» precisa «e, su Matteo Ricci, pesava ingiustamente la vicenda giudiziaria. Dal punto di vista psicologico, se si fosse votato prima in Toscana, Puglia e Campania, la narrazione complessiva sarebbe stata diversa.»

Quando dichiara «sono madre, moglie e cattolica» non ripete lo schema di Giorgia Meloni? «Si può essere madre, moglie e cattolica e avere al tempo stesso un senso laico dello Stato,» replica la Salis «riconoscendo, per esempio, i figli di due madri, in modo che possano vivere sereni se una delle due venisse a mancare. Ma questo non c'entra niente con la mia collocazione personale.»

Perché lei sostiene che la Meloni ha una concezione maschile del potere? «Per quanto mi riguarda, chiamatemi "sindaco" o "sindaca", come volete. Ma è un peccato che la prima donna alla guida del governo italiano voglia essere chiamata "Signor Presidente", visto che avrebbe potuto fare un'operazione di rottura.»

Sarò un vecchio formalista, ma nel protocollo del Quirinale non esiste il genere femminile. Si dice «il presidente» e «il ministro». Per quanto mi riguarda, la considero una definizione neutra, che non manca di rispetto a nessuno. «Capisco che ci sia molto da fare per il cambiamento del linguaggio, ma, se guardiamo ai dati reali, il tasso di occupazione femminile italiano è il più basso d'Europa.»

Giusto, ma abbiamo toccato il record storico… «Se non vogliamo prenderci in giro, dobbiamo riconoscere che, in alcune regioni italiane, due donne su tre non lavorano.»

Lei ha dichiarato di aver votato principalmente per il Partito democratico. Nelle altre occasioni a chi ha dato la sua preferenza?, le chiedo. «Ho votato una volta per Italia Viva» mi risponde con franchezza. «Conosco Renzi da tanti anni, ci presentò il presidente del Coni, Giovanni Malagò, e ci sono state anche frequentazioni familiari.»

Come vede adesso il partito di Renzi, si chiami Italia Viva o Casa riformista? Si è spostato sensibilmente a sinistra…

«Per avere successo, il Campo largo deve essere unito e trovare assolutamente un'intesa sul programma.»

Lei sogna un ministero del Futuro: che cos'è? «È una suggestione venuta alla Leopolda. Una provocazione per richiamare la politica a non inseguire soltanto il consenso, ma a concentrarsi sulle cose giuste da fare e misurarne l'effetto. Lavorare per il futuro è ovviamente il contrario che fare cose di corto respiro, e ricordare sempre che, per portare a casa risultati importanti, occorre spesso molto coraggio.»

Concludiamo la nostra conversazione con leggerezza.

«Sa che ho perso tredici chili da quando non faccio più il lancio del martello?» mi confida. Come mai? «Tredici chili di muscoli…» E sorride, ripensando agli anni d'oro dello sport che da un circolo di Genova – di cui suo padre, comunista, era custode – l'ha portata per due volte alle Olimpiadi.

Posso chiederle come le è saltato in mente di lanciare il martello? «Avevo cominciato con il salto in lungo» mi racconta il sindaco – o, se preferite, la sindaca – di Genova. «Ero fisicamente esile, ma con una grande forza e un piglio deciso, un carattere grintoso rispetto alle colleghe. Così l'allenatore ha detto che per me era giusto il lancio del martello: tutta la forza si esprime in tre secondi.»

Poiché la politica richiede grinta e buona salute, lei si alza ogni mattina alle 6.30 e va a correre…

## *Conte: «L'alleanza con il Pd dipende dal programma»*

Il modesto risultato (4,34 per cento) ottenuto dal Movimento 5 Stelle nelle elezioni regionali toscane (12-13 ottobre 2025), dopo i 16 punti di scarto che hanno diviso in Calabria il candidato pentastellato Pasquale Tridico dal vincitore Roberto Occhiuto e l'altrettanto modesto 5 per cento nelle precedenti elezioni nelle Marche, ha provocato una forte scossa all'interno del partito di cui Giuseppe Conte mantiene, comunque, saldamente la guida. E il 18 ottobre Chiara Appendino si è dimessa da vicepresidente del M5S dopo aver denunciato due punti critici: l'alleanza con il Pd starebbe erodendo il profilo del Movimento e «non ci si può sempre nascondere dietro un dito», accampando scuse quando si perde. (Dimissioni ritirate il 24 ottobre dopo un chiarimento.)

Ma, nel nostro colloquio, con Conte andiamo subito al punto chiave della politica italiana da qui alle elezioni nazionali nel 2027.

Se una nuova legge elettorale richiedesse l'indicazione del candidato premier sulla scheda, lei indicherebbe il nome Schlein nel simbolo del Movimento 5 Stelle?, gli domando. «Non escludo affatto che le primarie possano essere un criterio per individuare il candidato premier» risponde il presidente del M5S nel suo studio al centro di Roma. «Ma non è l'unico.»

L'alternativa? «Lo stesso sistema che abbiamo usato per le competizioni regionali» mi spiega Conte. «Abbiamo definito un programma ben chiaro e poi abbiamo individuato il candidato più competitivo. Deve essere chiaro che non condizionerò il successo di un progetto a forte impronta progressista alla mia personale ambizione.»

Lei ha dichiarato che sarete alleati con il Partito democratico solamente quando converrete su un progetto progressista scritto nero su bianco. Questo vuol dire che non lo sarete fino alla campagna elettorale del 2027? «Vuol dire che non accettiamo scelte fatte a tavolino dalle segreterie di partito, tanto per stare insieme in un'allegra brigata unita solo dall'obiettivo di sconfiggere la Meloni. L'alleanza dipenderà soltanto dal raggiungimento di una chiara intesa su temi e contenuti. Altrimenti faremo la fine dell'Unione di Prodi e sarà impossibile governare.»

Gli ricordo che, anche lì, un programmone scritto c'era. Nel 2006 andai a consultarlo nello studio romano del notaio Gennaro Mariconda ed era un volume vero e proprio. Eppure, questo non impedì a Fausto Bertinotti di far saltare il tavolo. «Non è questione di lunghezza del testo dell'accordo, quanto di condivisione degli obiettivi strategici. Dobbiamo essere bravi a privilegiare il merito sul metodo» sottolinea «e a progettare un reale cambiamento del paese dopo il declino a cui ci sta condannando questo governo Meloni, senza limitarci alla mera gestione del potere, pratica che di per sé non appassiona il M5S.»

Si dice che lei non abbia mai mandato giù la manovra di Renzi per far cadere il suo governo in favore del gabinetto Draghi e che, da allora, si sia incrinato anche il suo rapporto con il Pd… «Ho lasciato palazzo Chigi con il volto disteso, perché ero a posto con la mia coscienza,» chiarisce l'ex presidente del Consiglio «dopo una guida di governo faticosa e stressante dovuta all'emergenza Covid-19. Ho lasciato palazzo Chigi con gli applausi di tutto il personale e con un indice di gradimento altissimo. Ho sempre ritenuto l'uscita di scena più importante dell'entrata in scena. Quando vieni accolto, all'inizio non sei conosciuto, ma quando ti applaudono in uscita giudicano il tuo operato. Peraltro, sono sempre portato a guardare avanti, alle nuove sfide, non amo star lì a rimestare nel passato. Detto questo, ritengo che sia stato un grande errore interrompere un progetto progressista dopo che eravamo riusciti a portare a casa oltre 200 miliardi del Pnrr, che – se li avessimo gestiti noi, con rigore e massima attenzione – avrebbero arricchito il paese di asili nido, di scuole, di presidi sanitari territoriali più efficienti. È stata una grande sciocchezza lasciare questa enorme opportunità, di portata storica, al governo Meloni, che non ha fatto nulla per averli, anzi ha provato a ostacolare questo grande piano e adesso sta sprecando tali risorse in malo modo, mentre sarebbero utilissime per offrire un futuro migliore ai nostri giovani e anche alle nostre imprese.»

### *«Dobbiamo essere alleati degli Stati Uniti e non sudditi»*

Uno dei punti critici dell'alleanza con il Pd sarebbe la politica estera e, in particolare, la vostra posizione sul conflitto russo-ucraino. «Noi abbiamo condannato l'aggressione di Putin e ci siamo schierati subito a fianco dell'Ucraina» precisa Conte. «Riteniamo peraltro assolutamente fallimentare la politica acquiescente perseguita dall'Italia, che finora non è stata capace di imprimere nell'ambito dell'Unione europea e della Nato una svolta che era già a portata di mano subito dopo l'invasione dell'Ucraina per indirizzare a soluzione ragionevole il conflitto armato. Abbiamo dovuto aspettare un cambio di amministrazione a Washington per scoprire con Trump che c'era un'altra strada possibile ed è quella del negoziato. Questa, naturalmente, adesso è più faticosa per le vittorie sul campo che ha ottenuto Putin, ma è assolutamente urgente sperimentare delle vie di uscita con coraggio e determinazione, soprattutto ora, visto che le parti in conflitto stanno ormai attaccando reciprocamente le centrali energetiche, che sono vitali per le rispettive economie.»

Sollecitato sulle posizioni del Pd, Conte si riserva una stoccata: «Sarebbe utile che facessero un po' di chiarezza al loro interno, perché emergono sensibilità diverse dai vari esponenti del partito. Vale per l'immigrazione, per la sicurezza, per la sanità: bisogna definire al più presto la linea politica su questi temi nevralgici per evitare che, una volta al governo, si ascolti fin dall'inizio una babele di lingue che rischiano di sfociare presto in contrasti insanabili».

Lei pensa che, per arrivare a una pace, l'Ucraina debba cedere i territori conquistati finora dai russi?, gli chiedo. «La storia ci insegna che esistono anche sul piano giuridico soluzioni per proteggere tutti gli interessi in gioco, specie in quelle aree del Donbass che, essendo popolate da russofili, hanno costituito fin dall'inizio il punto principale di contesa.»

Lorenzo Guerini, ministro della Difesa nel suo secondo governo, mi ha ricordato che approvaste il maggior numero di stanziamenti per la difesa. L'ottica di palazzo Chigi è diversa da quella di chi sta all'opposizione? «Sono sempre stato pacifista ma mai antimilitarista» mi spiega Conte. «Come Movimento 5 Stelle non siamo contrari all'ammodernamento dello strumento militare. Sarebbe una follia non investire nella sua maggiore efficienza. Quando ero al governo, ho stanziato un miliardo all'anno in più per tre anni. Non mi procura alcun rimorso, perché nello stesso periodo ho stanziato 12 miliardi per la sanità e 8 miliardi 400 milioni per la scuola. Oggi il governo Meloni ci sta portando a un incremento folle delle spese militari, tali che si abbatteranno su sanità, scuola, innovazione e politiche del lavoro.»

Lei sa, però, che il governo sostiene che l'aumento delle spese militari «non toglie nemmeno un euro alle spese sociali». Conte replica pronto: «Impossibile. Dove potrebbero prendere 445 miliardi nei prossimi 10 anni per rispettare l'incremento al 5 per cento del pil delle spese Nato? E come finanzieremo, se non con i tagli, le spese europee di riarmo che la Commissione europea ha appena quantificato in 6800 miliardi di qui al 2035?».

Andiamo avanti. I sondaggi dicono che su alcuni temi sensibili, in materia di politica estera, ci sono delle curiose affinità tra il suo elettorato e quello della Lega. «Credo che l'elettorato del M5S faccia valutazioni pragmatiche, senza troppi pregiudizi ideologici, per cui valuta il concreto operato dell'amministrazione americana e riconosce che a Gaza si è avviato un processo di pace per quanto precario, anche se non può dimenticare che sempre Washington ha dato copertura per due anni al genocidio compiuto da Israele» precisa Conte. E aggiunge: «Per quanto riguarda il conflitto russo-ucraino, immagino che il mio elettorato prenda atto senza difficoltà che, a differenza di Biden che ha promosso un'escalation militare pericolosissima, Trump sta facendo un grande sforzo per avviare un percorso di pace che, purtroppo, finora non ha dato dei frutti. Un punto deve essere chiaro: dobbiamo essere alleati degli Stati Uniti e non sudditi che vanno a Washington con il cappello in mano, svendendo l'interesse nazionale e sventolando il patriottismo della domenica».

E quale sarebbe la colpa di Giorgia Meloni? «È andata alla Casa Bianca promettendo l'acquisto di armi e del costosissimo gas americano e, al tempo stesso, assicurando che non avrebbe tassato i giganti americani del web. Ha sottoscritto l'impegno ad aumentare le spese militari fino al 5 per cento del pil: una follia, viste le condizioni dell'Italia, in cui abbiamo avuto un calo della produzione in 31 mesi sui 34 di governo Meloni, con una perdita dei salari reali del 9 per cento del pil dal 2021.»

Lei sa bene, obietto, che tutti questi provvedimenti sono stati concordati in sede europea. «Ma è proprio questo il punto,» replica Conte «anche a Bruxelles non si può andare a sottoscrivere patti che danneggiano il nostro sistema sociale e mettono in difficoltà famiglie e imprese italiane. Le ricordo che in sede europea Meloni e Giorgetti hanno accettato un patto di stabilità che taglia 13 miliardi l'anno al welfare italiano, salvo poi accorgersi che avevamo ragione noi e che è una fregatura. Adesso vorrebbero una revisione del patto. Gli 800 miliardi in cinque anni decisi dall'Europa per il miglioramento della difesa servono soltanto ad agevolare la Germania, che ha deciso di mettere sul piatto 1000 miliardi per diventare una superpotenza mondiale della difesa, portando l'intera Europa a riconvertirsi in un'economia di guerra.»

### *«Amico dei cinesi? Non voglio dividere il mondo tra buoni e cattivi»*

Trump considera la Cina il suo peggior nemico. Voi, invece, avete mantenuto con Pechino rapporti eccellenti… «Se vogliamo dividere il mondo tra buoni e cattivi» ironizza Conte «e pensiamo che il fronte Nato sia quello dei buoni e che dall'altra parte ci siano soltanto i cattivi, ci troveremo sempre più a malpartito nel gestire la complessità e arginare i conflitti armati e commerciali che si stanno scatenando sotto i nostri occhi nei vari angoli del mondo. Con Washington dobbiamo essere chiari: siamo vostri alleati, ci chiedete di interrompere i rapporti con la Cina e di non averne con l'economia dei Brics [*Brasile, Russia, India, Cina, Sudafrica*], e poi ci fate la guerra commerciale con i dazi, che oggi ci costano il 30 per cento, perché al 15 per cento delle tariffe dobbiamo aggiungere un altro 15 di svalutazione del dollaro sull'euro, e con molte altre imposizioni pesantissime sull'acciaio e l'alluminio, sino al 50 per cento, e ancora più alte sulla pasta.»

Il 21 giugno 2025 lei fu protagonista di una grande manifestazione pacifista. Sulla «Stampa» Marcello Sorgi si chiese: può essere candidato premier un leader che manifesta contro la Nato? Cosa gli risponde? «Sorgi ha completamente frainteso la nostra manifestazione. La nostra iniziativa è stata contro le spese folli del riarmo, non contro la Nato» precisa il presidente del M5S. «Io non ho mai invocato o adombrato l'uscita dell'Italia dall'Alleanza atlantica, neanche quando nel 2019 Macron ne decretò la "morte cerebrale". Da presidente del Consiglio dissi anzi che era un'uscita completamente sbagliata. Ma rivedere, dopo tanti decenni dalla sua creazione, la missione e le finalità della Nato nel nuovo contesto mondiale non può essere letto come un attacco all'Alleanza. E poi c'è il tema che in Europa non si ha il coraggio di affrontare: quando ci decideremo ad avere una difesa europea e, in tal caso, come definiremo i rapporti con la Nato per realizzare economie di scala ed evitare inutili duplicazioni delle spese militari?»

Lei è stato molto abile nella trattativa con il Partito democratico sui candidati alla presidenza delle regioni. Ma i 16 punti di distacco tra Pasquale Tridico e Roberto Occhiuto in Calabria fanno riflettere se il rilancio del reddito di cittadinanza a livello regionale o la promessa di abolire il bollo auto siano la strategia giusta per conquistare consenso. «Occhiuto» replica Conte «considerava la sua situazione giudiziaria pregiudicata dopo aver ricevuto l'avviso di garanzia e ha imposto a fine estate 2025 una campagna elettorale brevissima, prendendo in contropiede il fronte avversario. In una situazione di emergenza, il Movimento, su richiesta unanime di tutti gli alleati, ha messo in campo il candidato più competitivo. Siamo passati dal 27 per cento rimediato dalla candidata progressista nel 2021 al 41,7 per cento raggiunto da Tridico. Un deciso passo in avanti in una terra elettoralmente molto difficile. Quanto alle misure proposte, come l'abolizione del bollo auto, quelle nascono da rapine compiute dal governo, che ha sottratto alla Calabria 9 miliardi 400 milioni di euro per fare l'alta velocità ferroviaria sulla Salerno-Reggio Calabria e altri 400 milioni di fondi di coesione dirottati sul Ponte sullo Stretto. L'assenza di strutture ferroviarie nella regione e la carenza di collegamenti costringono i calabresi a lunghissimi percorsi in automobile. Di qui la richiesta di esonerarli dal pagamento del bollo auto, almeno per una certa soglia di Isee.» E aggiunge: «Abbiamo fatto una campagna elettorale contro i signori delle tessere che spostano i loro pacchetti di voti da un partito all'altro, indifferenti ai temi e ai progetti, e che spesso si mascherano dietro liste civiche che solo apparentemente evocano movimenti della società civile. La politica migliore all'insegna della legalità, dell'etica pubblica e della giustizia sociale è una strada difficile e faticosa, rispetto alle scorciatoie di lobby e apparati di potere, ma noi la intendiamo percorrere fino in fondo, con la massima determinazione».

### *Renzi e la sfida di Casa riformista*

Uno che si mantiene splendidamente in forma è Matteo Renzi. Ricordate il giovanotto grassoccio e vestito di marrone che faceva il presidente della provincia di Firenze? Adesso è un'altra persona. Camicia candida sotto l'abito sartoriale blu, cravatta solo quando serve, calzature giuste senza cedimenti alle sneakers. Intendiamoci: il carattere, purtroppo, è lo stesso.

Renzi è leader della Serie A, ma, se non fosse Renzi, sarebbe in Champions League. Troppo movimentista, troppo imprevedibile, una ne pensa e cento ne fa.

Nelle settimane dell'ottobre 2025 successive alla Leopolda, è comparso in televisione più di tutti gli altri leader messi insieme. Ha attribuito al suo amico Tony Blair un ruolo nella tregua a Gaza oggettivamente superiore al reale. Sulle ali dell'eccellente risultato ottenuto nelle elezioni regionali toscane di metà ottobre, è riuscito a venderle come se l'8,8 per cento l'avesse preso alle elezioni nazionali. E siccome il brand Italia Viva zoppica, ha costruito in quattro e quattr'otto Casa riformista, che è esattamente quel piccolo valore aggiunto che serve al Campo largo, dal momento che Dario Franceschini – come abbiamo visto – non ritiene vincente l'area riformista all'interno del Pd.

«Casa riformista è la terza lista in Toscana dopo Pd e Fratelli d'Italia, davanti a Lega, Forza Italia, AVS e 5 Stelle» dichiara Renzi al «Foglio» il 14 ottobre. «E in Calabria siamo davanti ad AVS. Prima o poi capiranno che questo progetto è decisivo per vincere anche alle politiche.» Lo stesso giorno ribadisce alla «Stampa»: «Casa riformista sarà decisiva. Arriveremo al 10 per cento». E poi: «Casa riformista nasce per andare oltre Italia Viva. Voglio allargare il perimetro della coalizione. In questo progetto, sindaci come Salis o Manfredi o Sala saranno fondamentali» («Quotidiano Nazionale», 16 ottobre).

Il 2 ottobre, ospite a «Porta a porta», Renzi aveva spiegato: «Casa riformista è un contenitore nel quale ci sono le idee che noi abbiamo sempre difeso: meno tasse, più sicurezza, più soldi in tasca degli italiani che hanno beneficiato ai tempi del mio governo di leggi come gli 80 euro, il Jobs Act, l'Industria 4.0. Questo contenitore deve avere un leader e quel leader non posso essere io. Anche chi dice "però, alla fine, comunque Renzi non è male in politica" sa perfettamente che io non sono più spendibile per fare il leader di questa cosa». Di qui il richiamo a Silvia Salis, a Gaetano Manfredi e ad altri sindaci.

Critico sulla spedizione della Flotilla («La politica non si fa in barca a vela e, comunque, mi piacerebbe che andassero anche in Ucraina»), critico sugli scioperi generali («Mi colpisce che li abbiano fatti sulla Flotilla e non sugli stipendi da fame o sul fatto che l'inflazione sta mangiando i risparmi degli italiani»), critico nei confronti della sinistra che non ha votato la mozione comune sul piano Trump per la tregua a Gaza («Ha sbagliato. Io ho votato la mia, quella della maggioranza e quella dell'opposizione»), Renzi non risponde quando gli chiedo che cosa non gli piaccia della politica estera di Giorgia Meloni e dirotta il discorso su quella interna.

«La presidente del Consiglio» mi dice «è molto brava a comunicare, ma intanto è salita la pressione fiscale, la vita costa di più e il debito pubblico cresce. Di queste cose Giorgia Meloni non parla mai anche perché aiutata da chi fa troppo caos: se uno assalta una stazione o spacca una vetrina, è evidente che lei può dire "siete dei teppisti" e nessuno parla del fatto che alla fine del mese non ci si arriva più e nemmeno del fatto che ogni anno ci sono 191.000 italiani che vanno all'estero». E aggiunge: «Quando lei stava all'opposizione, voleva un disegno di legge costituzionale per portare la pressione fiscale al massimo al 40 per cento. Io ero al governo e la pressione stava al 41 per cento. Oggi è al 42,5 per cento, cioè la Meloni sta facendo peggio di noi.»

### *«Giorgia Meloni vuole il Quirinale. Bisogna impedirlo»*

Perché lei sostiene che le prossime elezioni si vinceranno sulla sicurezza e, in questo, la sinistra è in ritardo? «Sul tema della sicurezza la sinistra è in ritardo da venti o trent'anni» risponde Renzi. «Vedo i dati, vedo le statistiche, vedo le preoccupazioni della mia generazione e di quella dei nonni. Nelle scuole stanno tornando i coltelli. I "maranza" non sono un fenomeno sociologico, sono un problema reale in parti di alcune città. Nessuna ragazza di 20 anni va nelle stazioni alle 23.30. O, se ci va, si mette al telefono e parla con l'amica perché, fino a quando non arriva a casa, ha paura. In questo scenario, se noi fossimo capaci di incalzare il governo, diremmo: "Scusa, Meloni, che cosa hai fatto per migliorare la sicurezza? Spendi 800 milioni di euro per i centri immigrati in Albania e ci spedisci 500 carabinieri e poliziotti che stanno a fare la guardia ai cani randagi albanesi. Ma non hai risolto il problema della sicurezza". E invece, su questi temi, giochiamo con il freno a mano tirato perché abbiamo paura, crediamo nel buonismo, e allora il gioco della destra è facile.»

Darà atto, però, che l'occupazione maschile e femminile ha raggiunto i suoi record storici... «Voglio darne atto al governo. Ma sa perché il numero degli occupati è così alto? Perché è stata bloccata la legge Fornero. Ricorda quando Salvini diceva che dell'abolizione della Fornero avrebbe fatto una questione di principio? Bene, la Fornero è rimasta lì e, poiché questa legge porta l'età pensionabile a 67 anni, è evidente che c'è più gente che lavora. Purtroppo, non sono i giovani. E allora io ho fatto alla Leopolda una proposta di legge che si chiama "Startax" per trattenere in Italia i giovani che oggi vanno via. Lo Stato spende 225-230.000 euro per portare un ragazzo dall'asilo alla laurea. E poi il ragazzo se ne va in Svizzera perché lì guadagna due volte quello che guadagnerebbe in Italia. Questo è il problema.»

Lei si è sempre battuto per avere un centro autonomo dagli schieramenti, ma… «Io ho creduto all'ipotesi che, dopo trent'anni, il bipolarismo potesse essere messo in discussione» replica il leader di Italia Viva. «E invece gli italiani ci si sono abituati. La sua trasmissione "Porta a porta", che compie trent'anni, ha sancito che c'è una destra e una sinistra. Allora c'era Berlusconi contro Prodi, oggi i protagonisti sono cambiati, ma c'è ancora un centrosinistra contro un centrodestra. A destra lo schieramento è chiaro, ci sono Giorgia Meloni e i suoi alleati…»

Tommaso Cerno, direttore del «Tempo», si chiede come lei possa essere alleato di un partito che chiama il referendum per bocciare il suo Jobs Act e che osserva Francesca Albanese applaudire i fischi al sindaco di Reggio Emilia, Marco Massari, che chiedeva di far cessare i bombardamenti israeliani, ma anche di liberare gli ostaggi, criticando Hamas. («Sindaco, la perdono, ma mi deve promettere che questa cosa non la dice più» lo redarguì la rappresentante speciale dell'Onu per la Palestina, nel delirio del pubblico.) «La Albanese ha una posizione molto ideologica,» concorda Renzi «avendo detto che non bisognava chiedere la liberazione degli ostaggi. Mi sembra una cosa enorme e, nel criticarla, ho preso l'applauso anche di una parte del Pd, a cominciare dal mio amico Graziano Delrio che, di Reggio Emilia, è stato sindaco, come il malcapitato aggredito dalla Albanese.»

Che cos'è la sinistra?, gli chiedo. «Questa è una grande domanda» mi risponde. «Casa riformista vuole essere il tentativo di dare un tetto ai più moderati di quella grande casa.»

Perché teme che Giorgia Meloni voglia andare al Quirinale? «Le elezioni politiche si svolgeranno nel 2027 e il mandato di Mattarella scade a gennaio 2029. Se vince di nuovo la Meloni, per come io la conosco, punterà al Quirinale per dare al presidente della Repubblica un ruolo più simile a quello che ha in Francia.»

Be', un pochino l'aveva fatto anche Giorgio Napolitano...

«È una cosa ben diversa,» assicura Renzi «perché Napolitano giocò una partita molto importante in un momento di crisi. Qui sarebbe il capo del principale partito che va direttamente al Quirinale. Penso che sia un disegno contro il quale la sinistra dovrebbe svegliarsi e agire.»

### *Calenda: «L'alleanza di centrosinistra non può governare»*

Forse è fantascienza, ma un uccellino posatosi sul mio computer mi suggerisce che, semmai il centrodestra dovesse vincere le prossime elezioni, Carlo Calenda potrebbe essere nominato presidente della commissione Attività produttive del Senato, se non addirittura ottenere qualche incarico di governo. La rottura di Calenda con il Campo largo sembra totale e irreversibile, mentre i segnali di fumo che si scambia con Giorgia Meloni e con Forza Italia sono sempre più evidenti. La nuova legge elettorale che ha in mente il centrodestra (proporzionale, con il nome del candidato premier scritto sulla scheda elettorale) li avvicina ancora di più.

«È una legge» mi dice Calenda «che lascia spazio a un partito liberale di centro, non costringendo gli elettori a scegliere soltanto tra i partiti, ma anche sulla qualità dei candidati alla presidenza del Consiglio. Un modello più vicino a quello con cui si vota nei comuni sarebbe l'ideale.»

Renzi sostiene che, se la Meloni fosse eletta al Quirinale, avrebbe pieni poteri, con un forte rischio di regime autoritario. «Bisogna sempre costruire un pericolo democratico per giustificare alleanze contronatura, come quella che va da Renzi ai 5 Stelle» è la secca replica di Calenda. «Io credo che la Meloni voglia rimanere a palazzo Chigi e che, per come si presenta oggi la situazione, l'alleanza di centrosinistra non avrebbe possibilità di governare, perché i partiti che la compongono hanno le idee più disparate, dalla politica internazionale al problema energetico, al Green Deal. La prevalenza netta al suo interno dell'estremismo di sinistra ne farebbe una coalizione di governo che l'Occidente in tempesta non può permettersi.»

Il problema, osservo, è che il centro è molto affollato. Da un lato ci sono Forza Italia e Noi Moderati, dall'altro la nuova Casa riformista di Renzi. «In tutta Europa c'è un partito liberale indipendente dai due poli, che si presenta da solo e poi magari si unisce in coalizione sui programmi» commenta il leader di Azione. «Forza Italia, nel centrodestra, ha una sua ragion d'essere e, a sinistra, non so che cosa farà Renzi in quel Campo largo che è un'accozzaglia di persone che la pensano in modo diverso. Le coalizioni eterogenee si traducono sempre nell'ingovernabilità del paese. Basta vedere quello che è successo in Francia.»

Lei è stato molto applaudito alla festa dei giovani di Forza Italia. «Con Forza Italia, partito di tradizione popolare ed europeista, ci troviamo d'accordo su molti temi, in particolare sullo sviluppo, ma è una forza che resterà nel centrodestra. E qui, per me, la presenza di Salvini e di Vannacci resta un problema, perché, anche se Fratelli d'Italia ha ormai acquisito una fisionomia europeista, sulla Lega ho molti dubbi.»

Calenda ha sempre rifiutato la scorta. Vede un forte salto di qualità nella violenza?, gli chiedo. «Sono stato minacciato da destra e da sinistra» mi racconta. «Hanno fatto scritte davanti alla scuola di mio figlio. C'è una faziosità crescente, una tensione nelle piazze che rischia di scapparci di mano e arrivare a un punto di rottura. È inaccettabile quando arriva dalla destra di Casa Pound, quando arriva dalla sinistra che inneggia a Ilaria Salis, quando avviene nelle piazze dove mio figlio sedicenne che portava un cartello con la scritta "Giustizia per le vittime del 7 ottobre e per i civili palestinesi" è stato contestato. Se lasciamo spazio alla parte giovanile di Potere al popolo!, che si chiama "Cambiare rotta", se la Cgil, invece di riprendere il suo ruolo di controllo delle istanze politiche ed economiche, dà spazio a questa gente, se si continua a far finta di niente e a chiudere gli occhi, prima o poi qualcuno si farà male.»

Lei vorrebbe una Costituente per le riforme... «L'unico modo per riscrivere la seconda parte della Costituzione è un'assemblea di 100 membri eletti con il sistema proporzionale che non siano candidabili alle successive elezioni politiche. Il loro interesse principale dovrebbe essere quello di imitare De Gasperi e Togliatti, che approvarono la Costituzione quando avevano rotto politicamente e il Pci non faceva più parte del governo.»

### *L'intesa con Meloni e l'attacco a Stellantis*

Giorgia Meloni la cita come esempio di collaborazione con l'opposizione, a proposito, per esempio, dell'energia. «Ci sentiamo su molte questioni,» mi confida Calenda «seguendo lo spirito di Luigi Einaudi, che definiva costruttiva l'opposizione capace di farsi approvare almeno un emendamento su un tema importante. Abbiamo lavorato bene su Impresa 4.0 e su come ridurre il costo dell'energia per le imprese. Oggi l'industria italiana ha bisogno di 100 terawattora [*1 terawattora è 1 miliardo di kilowattora*] e ne produciamo 50 di energia idroelettrica. Le concessioni idroelettriche, che devono essere rinnovate, sono totalmente ammortizzate: producono a un costo di 20 euro a megawattora [*1000 kilowattora*] e vendono tra 100 e 120 euro. Ho suggerito alla Meloni di utilizzare la scadenza delle concessioni per dire ai concessionari: noi vi paghiamo l'energia al prezzo medio degli ultimi dieci anni prima della crisi, e cioè 60 euro a megawattora, che per loro rappresentano comunque un bel guadagno. Trasferiamo l'energia a questo prezzo alle imprese in modo che possano pagarla al livello di Francia e Germania. Aggiunga che Enel distribuzione e Terna fanno più utili di Hermes e li fanno scaricando tutto sulla bolletta. Allora io ho proposto di rivedere tutta la remunerazione della distribuzione e della trasmissione, in modo da allineare gli utili di queste due aziende a quelli di tutte le aziende dello stesso tipo in Europa. Questo ci consentirebbe uno sconto ulteriore sugli oneri di sistema.»

(Calenda ha ripetuto queste critiche il 14 ottobre al Forum Coldiretti di Roma, accusando l'amministratore delegato di Enel, Flavio Cattaneo, di fare utili del 42 per cento e di lucrarci il bonus. Cattaneo ha reagito duramente, smentendo le due affermazioni e annunciando una querela per diffamazione.)

Lei, dico a Calenda, fa spesso l'esempio dell'Ilva per dimostrare che in Italia è difficile lavorare. «Per accontentare i 5 Stelle pugliesi,» controbatte «noi abbiamo tolto agli amministratori uno scudo penale che diceva: se tu rispetti il piano ambientale approvato dal governo, non sei perseguibile per reati ambientali. Serviva per evitare che, appena entrata in carica una nuova amministrazione, la magistratura la bloccasse. D'altra parte, il comune di Taranto non vuole neppure una nave rigassificatrice perché la ritiene rischiosa, pur non essendoci mai stato un incidente nella storia. Sembra che tutti vogliano che l'Ilva chiuda e che gli operai rimangano in cassa integrazione all'80 per cento fino alla pensione. Tutto questo ha un costo enorme e già oggi noi spendiamo 100 milioni al mese per l'Ilva, senza nessuno sbocco.»

Il leader di Azione è molto critico anche nei confronti di Stellantis. «Il governo Conte 2 ha dato a Stellantis una garanzia dello Stato su 5 miliardi 900 milioni e, invece di collegarli a dieci anni di investimenti in Italia, gli ha consentito di pagare i dividendi e di smantellare la società vendendo prima Magneti Marelli, poi Comau e ora Iveco. L'Italia, oggi, produce le stesse vetture del Portogallo ed è stata superata dall'Ungheria, dalla Slovacchia, dalla Polonia, per non parlare della Spagna, che non aveva case automobilistiche, a parte la Seat, ma è riuscita ad attrarre investitori proprio per la sua politica energetica, garantendo costi bassi e incentivi agli investimenti.»

Secondo Calenda, la decisione di John Elkann, che controlla il gruppo Gedi, di vendere «la Repubblica» al gruppo mediatico greco Antenna Group e lo storico quotidiano di famiglia, «La Stampa», al gruppo veneto-friulano Nem, che controlla i giornali del Nordest, dimostra la volontà di abbandonare progressivamente il mercato italiano. L'annuncio di metà ottobre di un investimento di 13 miliardi negli Stati Uniti andrebbe in questa direzione.

Concludiamo il nostro incontro riprendendo il discorso iniziale sulle prospettive dell'opposizione, quando si tornerà a votare per le elezioni politiche. «La Schlein si è consegnata mani e piedi a Conte e all'Alleanza Verdi e Sinistra» sospira Calenda. «Conte non resisterà al richiamo di candidarsi alla presidenza del Consiglio e farà questo discorso: se volete continuare a essere testardamente unitari, il candidato lo faccio io, che sono già stato a palazzo Chigi, sono amato dalla base del Pd più della stessa Schlein e sono l'unico che può contrastare davvero la Meloni. E se il Partito democratico rifiuterà questa soluzione, Conte correrà da solo con il Movimento 5 Stelle.»

# Volumi e articoli citati


Aga Rossi, Elena, *Una nazione allo sbando*, Bologna, il Mulino, 2006.
Alfieri, Dino, *Due dittatori di fronte*, Milano, Rizzoli, 1948.
Amendola, Giorgio, *Lettere a Milano*, Roma, Editori Riuniti, 1973.
Amicucci, Ermanno, *I 600 giorni di Mussolini*, Roma, Faro, 1948.
Anfuso, Filippo, *Roma Berlino Salò*, Milano, Garzanti, 1950.
Baldissara, Luca e Pezzino, Paolo, *Il massacro*, Bologna, il Mulino, 2009.
Baldoli, Claudia, *I bombardamenti sull'Italia nella Seconda Guerra Mondiale*, in «Deportate, esuli, profughe», 13-14, 2010.
Balisti, Fulvio, *Da Bir el Gobi alla Repubblica sociale italiana*, Abano Terme (PD), Piovan, 1986.
Bandini, Franco, *Le ultime 95 ore di Mussolini*, Milano, Sugar, 1963.
Barker, Arthur J., *Eritrea 1941*, Milano, Res Gestae, 2021.
Battaglia, Roberto, *Storia della Resistenza italiana*, Torino, Einaudi, 1953.
Beahm, George, *Trump contro tutti*, trad. it. Milano, Rizzoli-Etas, 2016.
Bedeschi, Giulio, *Centomila gavette di ghiaccio*, Milano, Mursia, 1963.
Beevor, Antony, *La seconda guerra mondiale*, trad. it. Milano, Rizzoli, 2013.
Bellini delle Stelle, Pier Luigi («Pedro») e Lazzaro, Urbano («Bill»), *Dongo: ultima azione. La testimonianza del comandante che arrestò Mussolini*, Milano, Mondadori, 1962.
Bertelli, Sergio e Bigazzi, Francesco, *Pci, la storia dimenticata*, Milano, Mondadori, 2001.
Bertoldi, Silvio, *Salò*, Milano, Rizzoli, 1978.
Biagioni, Aldo, *La visita del Duce*, in *Italiani all'estero. I diari raccontano*, Fondazione Archivio Diaristico Nazionale, https://www.idiariraccontano.org/estratti/la-visita-del-duce/.
Bianchi Bandinelli, Ranuccio, *Dal diario di un borghese*, Milano, il Saggiatore, 1962.
Bocca, Giorgio, *La repubblica di Mussolini*, Roma-Bari, Laterza, 1977.
–, *Storia dell'Italia partigiana*, Milano, Mondadori, 1995.
Bolla, Luigi, *Perché a Salò*, Milano, Bompiani, 1982.
Bonomi, Ivanoe, *Diario di un anno (2 giugno 1943 - 10 giugno 1944)*, Milano, Garzanti, 1947.

Boratto, Ercole, *A spasso col Duce*, Roma, Castelvecchi, 2014.
Bottai, Giuseppe, *Vent'anni e un giorno*, Milano, Garzanti, 1949.
–, *Legione è il mio nome*, Milano, Garzanti, 1950.
–, *Diario 1935-1944*, Milano, Rizzoli, 1982.
Caccia Dominioni, Paolo, *El Alamein 1933-1962*, Milano, Longanesi, 1962.
Cardini, Franco e Mancini, Roberto, *Hitler in Italia*, Bologna, il Mulino, 2020.
Castellano, Giuseppe, *Come firmai l'armistizio di Cassibile*, Milano, Mondadori, 1945.
Caulaincourt, Armand de, *With Napoleon in Russia*, New York, Praeger, 1976.
Caviglia, Enrico, *Diario 1925-1945*, Roma, Casini, 1952.
Cervone, Pier Paolo, *Enrico Caviglia, l'anti Badoglio*, Milano, Mursia, 1992.
Churchill, Winston, *La seconda guerra mondiale*, 12 voll., trad. it. Milano, Mondadori, 1970.
Ciano, Edda, *La mia testimonianza*, Milano, Rusconi, 1975.
Ciano, Galeazzo, *Diario 1937-1943*, edizione integrale a cura di Renzo De Felice, Milano, Rizzoli, 2000.
Coco, Giovanni, *Un mosaico di silenzi*, Milano, Mondadori, 2025.
Colarizi, Simona, *L'opinione degli italiani sotto il regime, 1929-1943*, Roma-Bari, Laterza, 2009.
Corradi, Egisto, *La ritirata di Russia*, Milano, Mursia, 2011.
Costa, Vincenzo, *L'ultimo federale*, Bologna, il Mulino, 2005.
Deakin, Frederick W., *Storia della Repubblica di Salò*, 2 voll., trad. it. Torino, Einaudi, 1963.
De Felice, Renzo, *Storia degli ebrei italiani sotto il fascismo*, Torino, Einaudi, 1961.
–, *Mussolini il duce*, 2 voll., vol. I: *Gli anni del consenso (1929-1936)*; vol. II: *Lo Stato totalitario (1936-1940)*, Torino, Einaudi, 1981.
–, *Mussolini l'alleato*, 2 voll., vol. I: *L'Italia in guerra (1940-1943)*; vol. II: *La guerra civile (1943-1945)*, Torino, Einaudi, 1990.
Dinale, Ottavio, *Quarant'anni di colloqui con lui*, Milano, Ciarrocca, 1953.
Dolfin, Giovanni, *Con Mussolini nella tragedia*, Milano, Garzanti, 1949.
Dollmann, Eugen, *Hitler e le donne*, trad. it. Roma, Edizioni del Borghese, 1960.
–, *La calda estate del 1943*, trad. it. Firenze, Le Lettere, 2012.
Fenoglio, Beppe, *Il partigiano Johnny*, Torino, Einaudi, 1968.
Ferragamo, Salvatore, *Il calzolaio dei sogni*, Milano, Electa, 2020.
Ferraresi, Mattia, *La febbre di Trump*, Venezia, Marsilio, 2016.
Fest, Joachim, *Hitler*, trad. it. Milano, Garzanti, 1999.
François-Poncet, André, *Memorie di un ambasciatore a Berlino*, trad. it. Milano, Rizzoli, 1947.
–, *A palazzo Farnese. Memorie di un ambasciatore a Roma (1938-1940)*, Firenze, Le Lettere, 2009.
Franzinelli, Mimmo, *Il duce e le donne*, Milano, Mondadori, 2013.
Galli della Loggia, Ernesto, *La morte della patria*, Roma-Bari, Laterza, 1996.
Garibaldi, Luciano, *La pista inglese*, Milano, Ares, 2002.

Gentile, Emilio, *La Grande Italia*, Roma-Bari, Laterza, 1997.
–, *Storia del fascismo*, Roma-Bari, Laterza, 2022.
Giesler, Hermann, *Ein anderer Hitler: Erlebnisse, Gespräche, Reflexionen*, Leoni am Starnberger See, Druffel, 1978.
Gisevius, Hans B., *To the Bitter End*, trad. ingl. Boston, Awesomebooks, 1947.
Goebbels, Joseph, *Diario 1943*, trad. it. Roma, Thule Italia, 2014.
Gorla, Giuseppe, *L'Italia nella II guerra mondiale*, Milano, Baldini & Castoldi, 1959.
Görtemaker, Heike B., *Eva Braun*, trad. it. Milano, Mondadori, 2011.
Grandi, Dino, *25 luglio quarant'anni dopo*, Bologna, il Mulino, 1983.
–, *Il mio paese*, Bologna, il Mulino, 1985.
Guerri, Giordano Bruno, *Galeazzo Ciano*, Milano, La nave di Teseo, 2019.
Gun, Nerin E., *Eva Braun. La donna di Hitler*, trad. it. Milano, Longanesi, 1970.
Halder, Franz, *The Halder War Diary, 1939-1942*, Novato (CA), Presidio Press, 1988.
Hirby, James, *How is Donald Trump Able to File for Bankruptcy So Many Times?*, thelawdictionary.org, The Law Dictionary.
Hull, Cordell, *The Memoirs of Cordell Hull*, 2 voll., New York, Macmillan, 1948.
Junge, Traudl, *Fino all'ultima ora*, trad. it. Milano, Mondadori, 2004.
Keitel, Wilhelm, *The Memoirs of Field-Marshal Wilhelm Keitel*, a cura di Walter Gorlitz, New York, Cooper Square Publishers, 2000.
Kershaw, Ian, *Hitler: 1936-1945*, trad. it. Milano, Bompiani, 2001.
Kitchen, Martin, *Rommel's Desert War: Waging WWII in North Africa, 1941-1943*, Cambridge, Cambridge University Press, 2009.
Lambert, Angela, *La donna che amò Hitler*, trad. it. Milano, Rizzoli, 2006.
Lami, Lucio, *Isbuscenskij, l'ultima carica*, Milano, Mursia, 2011.
Lehnert, Pascalina, *Pio XII. Il privilegio di servirlo*, Milano, Rusconi, 1984.
Lepre, Aurelio, *Mussolini l'italiano*, Milano, Mondadori, 1995.
*Lettere di caduti della Repubblica sociale italiana*, a cura dell'Associazione nazionale famiglie dei caduti e dispersi della Repubblica sociale italiana, Milano, Arti grafiche «F. Cappelli», 1960.
Livatino, Candida, *Dagli scarabocchi alla firma*, Milano, Mursia, 2020; www.livatinocandida.it/2025/09/millennium-grandi-firme/, settembre 2025.
Longo, Luigi, *Un popolo alla macchia*, Milano, Mondadori, 1947.
Magistrati, Massimo, *L'Italia a Berlino*, Milano, Mondadori, 1945.
Manstein, Erich von, *Vittorie perdute*, trad. it. Milano, Hoepli, 2017.
Marazza, Achille, *Milano 25 aprile 1945*, Novara, Interlinea, 2025.
Matard-Bonucci, Marie-Anne, *L'Italia fascista e la persecuzione degli ebrei*, trad. it. Bologna, il Mulino, 2008.
Maugeri, Franco, *Mussolini mi ha detto*, Roma, Politica Estera, 1944.
Milza, Pierre, *Mussolini*, trad. it. Roma, Carocci, 2000.

Misch, Rochus, *L'ultimo*, trad. it. Roma, Castelvecchi, 2007.
Monelli, Paolo, *Mussolini piccolo borghese*, Milano, Garzanti, 1950.
Montanelli, Indro e Cervi, Mario, *L'Italia della disfatta*, Milano, Rizzoli, 1982.
–, *L'Italia della guerra civile*, Milano, Rizzoli, 1983.
Mussolini, Alessandra, *Benito, le rose e le spine*, Milano, Piemme, 2025.
Mussolini, Benito, *Parlo con Bruno*, Milano, Il Popolo d'Italia, 1942.
–, *Storia di un anno (1944)*, Milano, Mondadori, 1944.
–, *Opera omnia*, a cura di Edoardo e Duilio Susmel, 44 voll., Firenze, La Fenice, 1951-1963, poi Roma, Giovanni Volpe, 1978-1980.
–, *Mussolini racconta Mussolini*, a cura di Mimmo Franzinelli, Roma-Bari, Laterza, 2023.
Mussolini, Edvige, *Mio fratello Benito*, Firenze, La Fenice, 1957.
Mussolini, Rachele, *La mia vita con Benito*, Milano, Mondadori, 1948.
Mussolini, Vittorio, *Vita con mio padre*, Milano, Mondadori, 1957.
Oliva, Gianni, *L'alibi della Resistenza*, Milano, Mondadori, 2003.
–, *La guerra fascista*, Milano, Mondadori, 2020.
Orano, Paolo, *Gli ebrei in Italia*, Roma, Pinciana, 1937.
Ortona, Egidio, *Diplomazia di guerra*, Bologna, il Mulino, 1993.
Pagliara, Claudio, *L'imperatore*, Milano, Piemme, 2025.
Paoletti, Paolo, *Il delitto Gentile*, Firenze, Le Lettere, 2005.
Papen, Franz von, *Memorie*, trad. it. Bologna, Cappelli, 1952.
Pavone, Claudio, *Una guerra civile*, Torino, Bollati Boringhieri, 1991.
Perfetti, Francesco, *Non ci fu pugnalata alla schiena!*, in «Il Tempo», 10 giugno 2009.
Petacci, Claretta, *Il mio diario*, Milano, Editori Associati, 1946.
–, *Mussolini segreto*, a cura di Mauro Suttora, Milano, Rizzoli, 2009.
–, *Verso il disastro*, a cura di Mimmo Franzinelli, Milano, Rizzoli, 2011.
Petacci, Myriam, *Chi ama è perduto*, a cura di Santi Corvaja, Gardolo di Trento (TN), Luigi Reverdito, 1988.
Petacco, Arrigo, *L'armata nel deserto*, Milano, Mondadori, 2001.
–, *L'uomo della provvidenza*, Milano, Mondadori, 2004.
–, *Eva e Claretta*, Milano, Mondadori, 2012.
–, *La nostra guerra 1940-1945*, Novara, UTET, 2016.
–, *L'archivio segreto di Mussolini*, Novara, UTET, 2019.
Pezzetti, Marcello, *Il libro della Shoah italiana*, Torino, Einaudi, 2009.
Pezzino, Paolo, *Sant'Anna di Stazzema*, Bologna, il Mulino, 2008.
Piffer, Tommaso, *Sangue sulla Resistenza*, Milano, Mondadori, 2025.
Pini, Giorgio e Susmel, Duilio, *Mussolini, l'uomo e l'opera*, 4 voll., Roma, La Fenice, 1953-1963, vol. III, 1955.
Pisani, Filippo, *In guerra con Napoleone*, Torino, Nordpress, 2006.
Pisanò, Giorgio, *Storia della guerra civile in Italia*, 3 voll., Milano, Archetipografia, 1966.
–, *Sangue chiama sangue*, Milano, CDL, 1994.

Pricolo, Francesco, *Ignavia contro eroismo. L'avventura Italo-Greca – Ottobre 1940-Aprile 1941*, Roma, Ruffolo, 1946.
Pryce-Jones, David, *Unity Mitford: A Quest*, London, Phoenix Giant, 1995.
Puntoni, Paolo, *Parla Vittorio Emanuele III*, Bologna, il Mulino, 1993.
Rampini, Federico, *Suicidio occidentale*, Milano, Mondadori, 2022.
–, *Quello che dovete sapere sull'America di Trump*, Milano, Corriere della Sera, 2025.
Rauschning, Hermann, *Gespräche mit Hitler*, New York, Europa Verlag, 1940.
Rigoni Stern, Mario, *Il sergente nella neve*, Torino, Einaudi, 1954.
–, *Quota Albania*, Torino, Einaudi, 1997.
Rochat, Giorgio, *Le guerre del fascismo*, in AA.VV., *Storia d'Italia. Annali 18*, a cura di Walter Barberis, Torino, Einaudi, 2002.
–, *Le guerre italiane 1935-1943*, Torino, Einaudi, 2005.
Romualdi, Pino, *Fascismo repubblicano*, Carnago (VA), SugarCo, 1992.
Salvemini, Gaetano, *L'Italia vista dall'America*, 2 voll., Milano, Feltrinelli, 1969.
Sangiuliano, Gennaro, *Trump*, Milano, Mondadori, 2020.
Sarfatti, Michele, *Gli ebrei nell'Italia fascista*, Torino, Einaudi, 2007.
Satta, Salvatore, *De profundis*, Milano, Adelphi, 1980 (ed. or. 1948).
Schacht, Hjalmar, *La resa dei conti con Hitler*, trad. it. Milano, Garzanti, 1949.
Schmidt, Paul, *Da Versaglia a Norimberga*, trad. it. Roma, L'arnia, 1951.
Schröder, Christa, *Er war mein Chef*, München, Herbig, 1985.
Schumacher, Elliot e Eskenazi, Maxine, *A Readability Analysis of Campaign Speeches from the 2016 Campaign*, Pittsburgh (PA), Carnegie Mellon University, 2016.
Schuschnigg, Kurt von, *Un Requiem in Rosso-Bianco-Rosso*, trad. it. Milano, Mondadori, 1947.
Serri, Mirella, *Claretta l'hitleriana*, Milano, Longanesi, 2021.
Shirer, William L., *Storia del Terzo Reich*, trad. it. Torino, Einaudi, 1990.
Silvestri, Carlo, *Mussolini, Graziani e l'antifascismo*, Milano, Longanesi, 1949.
Spannaus, Andrew, *Rivincita*, trad. it. Milano, Solferino, 2024.
Spinosa, Antonio, *Mussolini*, Milano, Mondadori, 1989.
Stone, Richard, *The Clintons' War On Women*, New York, Biblio, 2015.
Susmel, Edoardo, *Mussolini e il suo tempo*, Milano, Garzanti, 1950.
Suster, Roberto, *Gli ostaggi di San Gregorio*, Milano, Mursia, 2000.
–, *Per una storia d'Italia del 1943*, Trento, Museo Storico in Trento, 2006.
Tamaro, Attilio, *Due anni di storia*, 3 voll., Roma, Tosi, 1948-1950.
Theodoli, Alberto, *A cavallo di due secoli*, Roma, La Navicella, 1950.
Trump, Donald J., *The Art of the Comeback*, New York, Times Books, 1997.
Trump, Donald J. e Kiyosaki, Robert T., *Perché vogliamo che tu sia ricco*, trad. it. Torino, Gribaudi, 2007.
Unione nazionale italiana reduci di Russia, *Rapporto sui prigionieri di guerra italiani in Russia*, Cassano Magnago (VA), Crespi, 1995.
Vailati, Vanna, *Badoglio racconta*, Torino, ILTE, 1955.

Vance, J.D., *Elegia americana*, trad. it. Milano, Garzanti, 2017.
Vespa, Bruno, *Storia d'Italia da Mussolini a Berlusconi*, Milano, Mondadori-Rai Eri, 2004.
–, *Vincitori e vinti*, Milano, Mondadori-Rai Eri, 2005.
–, *Perché Mussolini rovinò l'Italia*, Milano, Mondadori-Rai Libri, 2021.
–, *La grande tempesta*, Milano, Mondadori-Rai Libri, 2022.
Westphal, Siegfried, *Decisioni fatali*, trad. it. Milano, Longanesi, 1973.
Wiedemann, Fritz, *Der Mann der Feldherr werden wollte*, Velbert, Blick + Bild, 1964.
Zafesova, Anna, *Russia, l'impero che non sa morire*, Milano, Rizzoli, 2025.
Zangrandi, Ruggero, *1943: 25 luglio - 8 settembre*, Milano, Feltrinelli, 1964.

Anche quest'anno il libro esce tre giorni dopo la chiusura per la stampa, con tempi largamente più stretti di quelli di qualunque settimanale.

Ringrazio, per questo, la perfetta macchina editoriale di Mondadori e, soprattutto, Nicoletta Lazzari e il suo gruppo di lavoro, magnifici soprintendenti di quanto scrivo.

Grazie ad Anna, che negli anni ha ormai ridotto la sua agitazione al minimo sindacale.

# Indice dei nomi

Certificato PEFC
Questo prodotto è realizzato con materia prima da foreste gestite in maniera sostenibile e da fonti controllate
PEFC
PEFC/18-32-03
www.pefc.it

Mondadori Libri S.p.A.

Questo volume è stato stampato
presso ELCOGRAF S.p.A.
Stabilimento - Cles (TN)

Stampato in Italia - Printed in Italy